カラー図解
庭木の手入れ
コツのコツ

船越亮二 著

農文協

イヌツゲの枝つくりと刈り込み

伸びすぎた徒長枝は
元から切る

枝の欠けたところに新しく枝をつくる

枝のほしいところは、枝を１本残し（右）、シュロ縄で斜め下に引く（左）
芽が伸び、枝ができてきたら年に１～２回刈り込んで仕上げていく

手入れ前のイヌツゲ

刈り込みによって樹形はできていたが、１年間放任された枝が伸びすぎている
また、左側に枝の欠けたところがある

手入れ後の姿

頭が少し大きいが左に枝ができるとバランスがとれてくる

刈り込み

刈り込みバサミで刈り込み、形をつくる

もう一段つくりたいときは、元気のよい枝を１～２本残して、それを伸ばしてつくる（マメツゲ）

ヒバ類の刈り込み

刈り込み後の姿

伸ばしたくないときは目的の高さで切る

先端を伸ばしたいときは芯の太い枝を１本残す

刈り込み前のシノブヒバ

この程度の枝であれば刈り込みバサミで基本線に沿って刈り込んでいく
下から上へ刈り込んでいくと形をつくりやすい

２～３回刈り込んでいるが、１年間放任され枝が伸びすぎてしまった

カイヅカイブキの芽つみ

少し伸びた芽

この程度で手でつむ（矢印）
これ以上伸びると手でつめなくなる

芽つみで美しい樹形に

強く切ったため伸び出した“スギッパ”
強く切るとスギの葉のような芽（スギッパ）が伸びて美しさがそこなわれる

カイヅカイブキはハサミを使わず芽つみをひんぱんに行なうと美しい樹形に仕上がる

モチノキの整姿

胴吹き芽の切除

幹の途中から伸びた胴吹き芽
元からきれいに枝を切らないと残ったところから必ず胴吹き芽が伸びる

胴吹き芽を切り取る
切り残しの枝から伸びた胴吹き芽は、切り残し部分からきれいに切り取らないと、また伸びる

整姿前の姿

夏に整姿しても、冬にはこの程度に枝が伸びる
幹の途中から胴吹き芽も伸びている

枝抜きによる整姿

枝数を減らすとともに２～３芽残して切る（上）
枝抜きが終わった枝（下）

夏の整姿後伸びだした枝

このように枝抜きしながら整姿をすすめる
中央部の整姿のすんだところ

徒長枝を抜く

長く伸びた徒長枝は必ず元から切り取る

整姿のすんだ枝

刈り込みで整えると小枝の枯れができるので、２～３年に１回は枝抜きで整えていく

落葉広葉樹の枝の切り方

枝はバランスを考えて切る（ナツツバキ）

太枝を切るときは、細い側枝より太めの側枝のところで切るとバランスがよくなる

芯と競合する枝を整理する（ナツツバキ）

こぶのできないように切る（ナツツバキ）

横枝の上に切りこぶができる切り方（右）はよくない
必ずこぶができないようにきれいに切る（左）

著しく樹形を乱す垂れ枝の整理（ハナミズキ）

垂れ枝がなくなりすっきりした整姿後の姿

左指の位置で切り、長く伸びた枝を抜く

春芽が伸びて下に垂れた枝

まえがき

「緑」とは何か。その必要性が強く叫ばれているいま、皆さんはどうお考えでしょうか。街中に残された雑木林、広い道路の両側に植えられた街路樹、それらはただあればよい、との考えをもたれている人もいるでしょうが、手入れがゆきとどいた美しい林や街路樹こそ都市の美化の一助をはたしているわけです。

皆さんの庭はいかがですか。庭木は美しく手入れがゆきとどいているでしょうか。

枝が伸び放題になっていて、枯れ枝が目立ってはかえって見苦しいものです。建物が立派で庭が荒れ放題というよりは、家は質素でも庭木の手入れがゆきとどいているほうがはるかにすがすがしく感じます。庭木は美しいことが大切です。休日を利用して脚立にのぼって木バサミを握ってみてはいかがでしょう。

最初はどの枝を切ればよいのか、どのように曲げたらよいのか、ただただ迷うことばかりと思いますが、庭木はみなそれぞれ私たち同様個性をもっています。ひとくちに花木といっても、バラとツツジ類では花形や花色はもちろん、性質もまったく異なっており、バラは冬期に強いせん定を行なってよいのですが、ツツジ類は夏以降春までほとんどせん定を行ないません。しかし庭木も愛情をもって接すれば、だんだんその性質もわかり、刈り込みも、自由に枝を曲げることもできるようになります。手入れをした木がまあまあの形に仕上がり、花を咲かせ実をつけたときの楽しみはまたかくべつのものです。

本書は私たちの身近によく植えられる庭木約三六種をとりあげ、その庭木にとって美しく仕立てる方法をイラストで描き、見てわかるようにやさしく図解してみました。樹種によっては紙面の都合で十分説明できなかったところもありますが、庭木の管理の相談相手として利用し、楽しんでいただければ幸いです。

二〇一〇年七月

船越　亮二

庭木の手入れ　目次

【口絵】

樹種別手入れと樹形のつくり方　25

本書は、『図解　庭木の手入れコツのコツ』（A5判　農文協刊）に、最近の人気樹種シマトネリコとハナミズキを加え、サクラの刈り込み仕立てを追加するなど一部改定するとともに、カラー化し判型もB5変形と大きくした改訂新版です。

庭木の四季と手入れ

四季に合わせた手入れが大切

わが国は太平洋の片隅に、北は北海道の北端宗谷岬の北緯四五度付近から、南は二四度の石垣島まで、南北に約三〇〇〇キロにわたって美しい弧を描いている。その面積は三七万平方キロで、四つの大きな島と、三〇〇〇余の小島が点在しており、その属する気候区は北は亜寒帯から南は亜熱帯区域にまで及んでいる。さらにその立地条件は、四方を海に囲まれ、大陸から隔絶されているというような諸条件が相まって、世界的にも有数の植物の宝庫であるといえる。

現在、私たちの身近に植えられている植物は日本原産種で約百数十種に及び、それらの園芸品種はじつに数千種を上回る数に達し、四季折々に美しい彩りを与えてくれる。しかし、これらの植物も開花、生長、成熟、休眠を、四季とともに四つのサイクルで年々くり返している。

特に暖かい太平洋岸沿いの地方や、鹿児島以南ではこの四季がはっきりせず、一月にサクラが咲き、一年中ハイビスカスなどが生育しているが、逆に北海道では春と秋が非常に短く、夏から冬へと移り変わってしまう。本州は南北に長いが、

図1　庭木生長の1年の周期

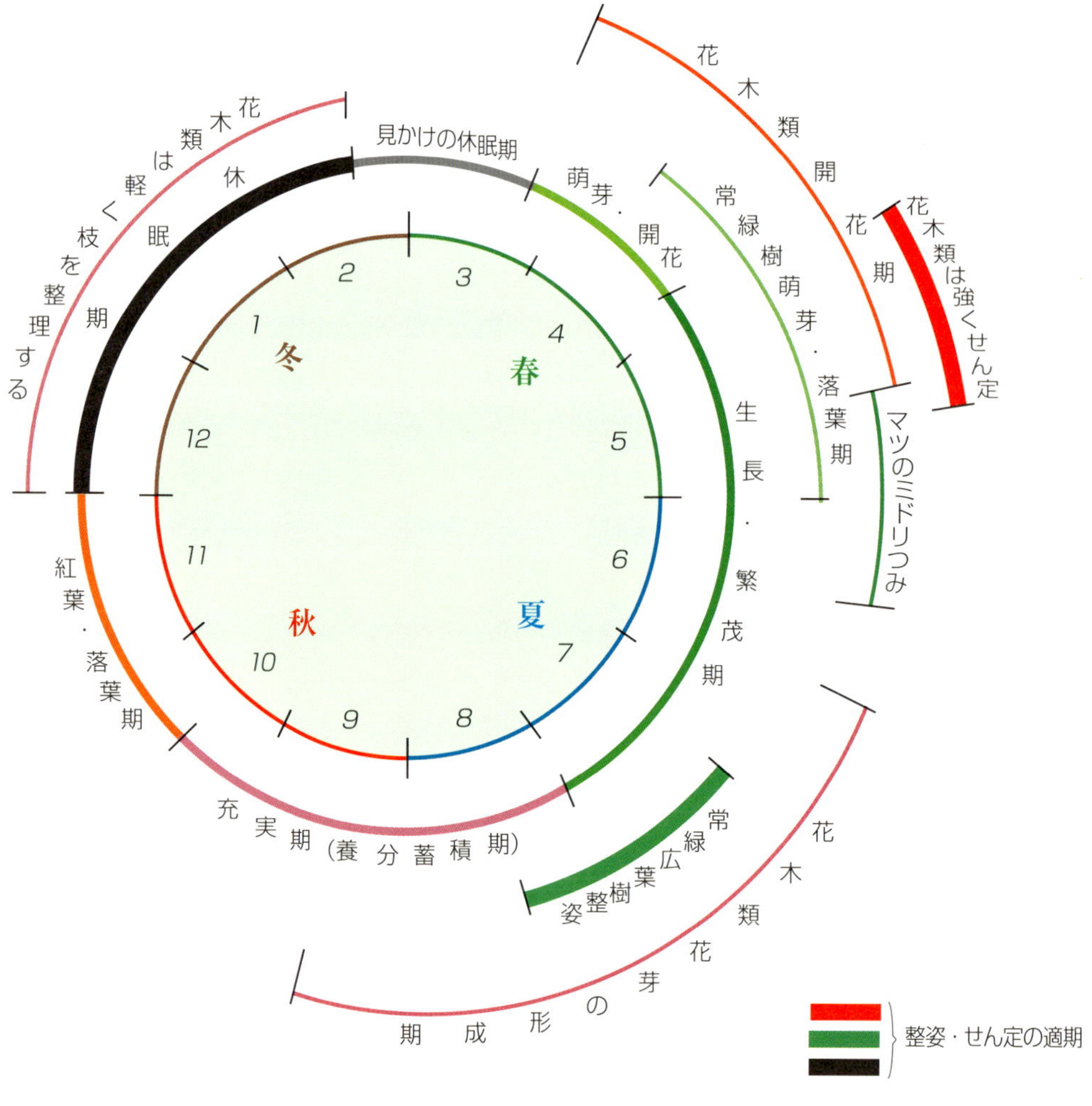

四季の区切りははっきりしているため、植物の生活サイクルもつかみやすい。しかし、東西の差は大きい。

　庭木の手入れも、四季折々の生育の段階に合わせて行なわなければならない。適当な樹形に仕立て、維持していく、また毎年美しい花を咲かせてくれるように行なう管理など、庭木の生育の段階にピッタリ合った時期にやらなければならない。この時期をはずすならば、必ず失敗してしまう。

　四季ごとの生育の特徴、管理のポイントをよくつかんで手入れを行ない、庭木を楽しみたいものである。

四季の生育と手入れのポイント

松柏類

　松柏類とはマツやヒノキ類の総称で、一般には針葉樹類をさす。この針葉樹は、落葉広葉樹と常緑広葉樹の中間的なあつかい方になるが、樹形的にはまったく異なるものが多い。

　松柏類は樹勢が強く、広葉樹とちがい寒さに強いものが多い。

春の生育と手入れ

　すべての生物が冬の長い眠りから覚めて活動を始める。一年のうちで最も生育が盛んに行なわれるのがこの時期である。松柏類のあつかいは、この時期が最も適している。

　ヒバ類は樹齢や季節にあまり関係なく四～十月にかけて随時生長するが、マツ類は四～六月に著しく伸びる。マツの芽の生長過程は大きく二段階に分けることができる。第一段階が春芽であり、次いで夏芽と伸びていく。このうち最も生長量の多いのが春芽である。この春芽は放任すると節間が長くなり、樹形をくずす原因にもなるので、この芽の処置は最も大事である。夏芽はあまり伸びないが密となる。

　松柏類中、マツ以外のものは、萌芽―開葉という順であるが、マツでは萌芽後、幼芽の伸長―開葉という順序となる。

　刈り込みなどの手入れは、ヒバ類については余り時期にこだわらず、生長した時点で刈り込むようにするが、マツについては幼芽の生長が止まり開葉の始まる直前が最もよい時期といえる。この時期は南と北では相当な開きがあるので、時期にはあまりこだわらず、芽の状態を見て行なう。

　仕立てもこの時期は適期といえるので、マツやキャラボク、イヌマキなどは適当な大きさの木があれば仕立ててみるのもおもしろい。

夏の生育と手入れ

　この季節は植物の生育に最も適する高温多湿であるが、わが国の場合、梅雨と梅雨明け後の猛暑が極端なため、梅雨どきには十分すぎるほど水分が供給されるが、半面、明けてからは二～三週間も日照りが続き枯れてしまうほどである。

　春に伸びた枝は、梅雨前に生長が止まり、梅雨から梅雨明けにかけて熟成する。この時期が第一回の整姿の時期である。マツはすでに伸びすぎているので、まだミドリつみを行なっていないものは早めに行ないたい。手では折れなくなってしまったものはハサミで切る。他のヒバ類については芽先を少し手でつんでやるか、ハサミで目的の形に刈り込んでやる。

　しかし、活動の盛んな時期なので、強い

図２　針葉樹の生育段階とおもな管理（関東地方を標準とする）

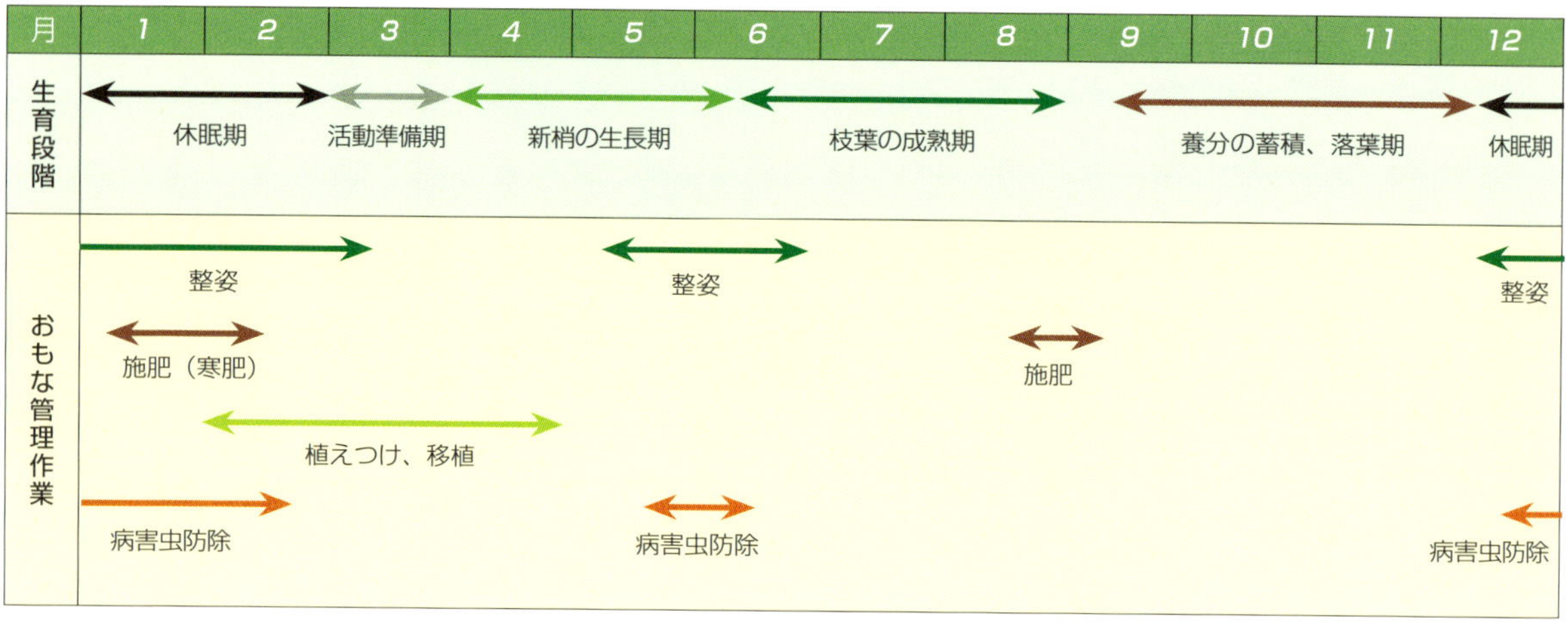

刈り込みは絶対に避けたい。

秋の生育と手入れ

「天高く馬肥ゆる秋」というが、これは動物だけでなく植物の世界でも同じことがいえる。植物は春に上長生長を行ない、秋には肥大生長を行なう。これはだいたい八月下旬から十月上旬にかけてであるが、九月に著しく行なわれる。

八月下旬に過リン酸石灰や園芸用の粒状配合肥料（リン酸、カリ成分の高いもの）を適宜施し、充実した枝や葉をつくってやる必要がある。

冬の生育と手入れ

多くの動植物が休眠、また活動が緩慢になる時期である。針葉樹の多く（常緑樹）は完全に休眠するものはなく、多少なりとも活動は行なわれている。

十二月中に密生する夏芽と枯れ枝、枯れ葉、古葉の整理を行なう。正月前に行ない、きれいな庭木で正月を迎えたいのが常である。

一～二月に施肥を行ないたい。このときの肥料は遅効性の有機質肥料を主体にし、根元に埋めてやればよい。輪状に溝を掘るか、他木との間に穴を掘って埋めるか、それができないときは表面にまいてもよい。

常緑広葉樹

春の生育と手入れ

三月にはすでに活動期に入り、日一日と盛んになっていく。このような時期に枝を切ることは地下部とのバランスをくずしやすいので、好ましくない時期といえる。後半になると病気や害虫の発生がみられるので、早めに駆除したい。

夏の生育と手入れ

常緑広葉樹の最もあつかいやすい時期といえばこの夏である。一般的な考え方としては最も悪い条件のようにみえるが、暖地を好むこれらの木にとっては適期といえる。

整姿については春に伸びた枝が梅雨明けで生育が止まり充実する。生育の小休止という時期であるから、ここで枝抜きや刈り込みを行なう。ちょうどお盆前の手入れということになる。刺激を与えることにより夏芽の活動を促す。

秋の生育と手入れ

この時期は台風の季節であるから、台風対策に気をつけたい。一度倒れた木というものは、なかなか根が張らず、いつ

図３　常緑広葉樹の生育段階とおもな管理（関東地方を標準とする）

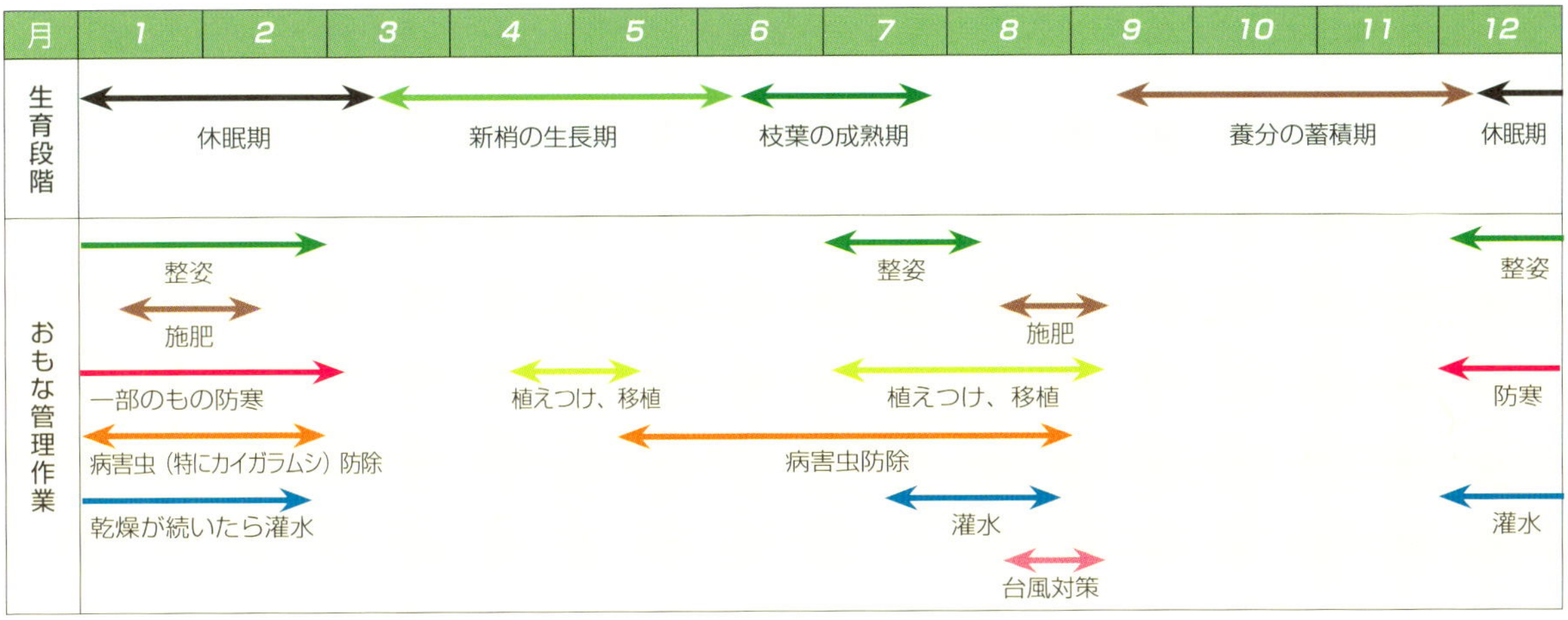

までも支柱を取り付けておくようになるので、このようなことは事前に防ぐ必要がある。

　この時期は一番肥大生長の行なわれる季節なので、ぜひ肥料を施したい。八月中～下旬から九月上旬にかけ過リン酸石灰や園芸用粒状化成肥料、油かす、骨粉などを木の太さに応じ適宜施して枝葉の充実をはかる。

冬の生育と手入れ

　常緑樹は冬期でも活動を停止せずに、わずかではあるが続けているものの、一年のうちでは最も鈍い時期である。整姿は十二月から翌年三月中旬ころまでに行なうが、十二月中に行ない、すがすがしい庭で正月を迎えたいものである。

　一月に入ると寒さも一段と厳しくなるものの、春の活動期にそなえて、寒肥を施してやることが望ましい。寒肥は一月中旬以降二月上旬ころまでに、幹から離れた場所に、幹を中心に輪状に溝を掘って埋めてやるが、肥料は有機質を主体に遅効性のものが最もよい。雪害に対する対策や処置には万全を期したい。

落葉広葉樹

温帯から亜熱帯に最も多くみられる樹勢の強い樹種で、庭木としての利用も多い。四季の変化に応じ、一年を一定の周期で生長をくり返している。

　庭木の配植比を考えると、常緑樹六〇～七〇％に落葉樹三〇～四〇％くらいの割合が最も美しい植栽といっていたのは昔の話。いまは逆である。数少ない庭木でいかに庭を美しく見せるかが腕の見せどころといえる。

春の生育と手入れ

　実際に萌芽がみられるのは相当暖かくなってからであるが、根の活動は一カ月以上も前からすでに始まっており、萌芽の準備を進めている。この萌芽期は水分を相当必要とするので乾燥が続くようなときには十分灌水を行ない、根の活動を正常に働かせてやらないと、芽の伸びが悪くなったり枝葉の生育が阻害されるので十分注意したい。

　整姿、施肥については特に必要ないが、病気や害虫の発生がみられるので、十分注意したい。

夏の生育と手入れ

　春に伸びた新梢は梅雨ころに一時生長が止まり、梅雨明けにかけて枝は充実される。この枝はその後の気象に大きく左右される。七月下旬から八月の一番の酷

図４　落葉広葉樹の生育段階とおもな管理（関東地方を標準とする）

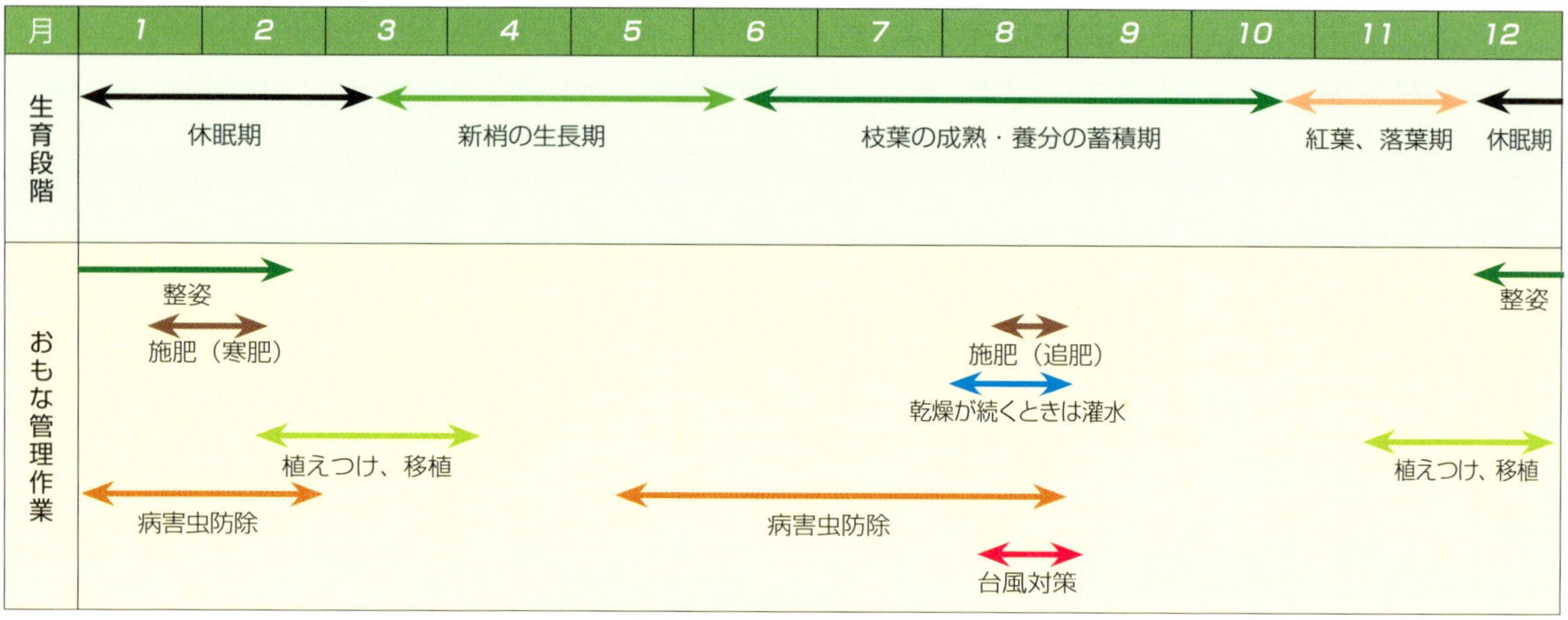

暑期に乾燥が続くと、葉を落とすことによって樹体の調節をはかるので、このようなときには十分灌水してやる必要がある。特に紅葉を楽しむものについては、この夏の乾燥は致命的である。たとえ葉がしおれなくても根元が乾いたら、たっぷり水をかけてやりたい。

　八月半ばすぎには冬にそなえて枝の充実をはかるため、過リン酸石灰、草木灰、骨粉、油かすまたは園芸用の粒状化成肥料を根元にばらまき、表土と混ぜておくとよい。

秋の生育と手入れ

　落葉広葉樹は、葉のついている時期の手入れというものは割合少ないものである。台風による枝の損傷については、傷の程度により、切り取るか外科手術により保護してやらなくてはならない。肥大生長の時期なので夏の末までに肥料を施してないものには早めに施してやりたい。

　この時期の整姿は禁物で、特に折れた枝や枯れた枝を切る程度にしたい。

冬の生育と手入れ

　落葉樹にとっても最も大切な季節といえる。春に萌芽した枝は春から初夏にかけて生長し、夏から秋にかけて充実、肥大して生長が止まり、秋に葉を落として休眠に入る。

　この休眠期とは葉が落ちてから次の萌芽までの間をさすが、実際には萌芽よりかなり前から根の活動は行なわれている。しかし気温も低く、芽が動き出すほどの活動ではないから、あつかいには最も適する。

　整姿については、この時期であれば強くも弱くも自在であり、好みの樹形につくることができる。しかし、萌芽まぎわでは好ましくないので、一～二月上旬にはすませたい。

　肥料は施してすぐ効果が現われるような速効性のものではなく、一五日後くらいに肥効が現われるような遅効性のものがよい。一～二月の整姿後、幹の根元のまわりに根元直径の一〇～一五倍（枝張りの大きさくらい）の大きさに溝（三〇センチ×三〇センチ）を掘り、堆肥、油かす、腐葉土、鶏ふんなどを木の大きさに応じ（たとえば根元直径一〇センチくらいの木で、堆肥ならスコップ五～六杯、完熟鶏ふんなら三杯くらいの割合で）施し、埋めてやる。

　このように落葉樹については、一年の作業の六〇～七〇％が冬期に集中すると考えてよい。

図５　花物・実物の生育段階とおもな管理（関東地方を標準とする）

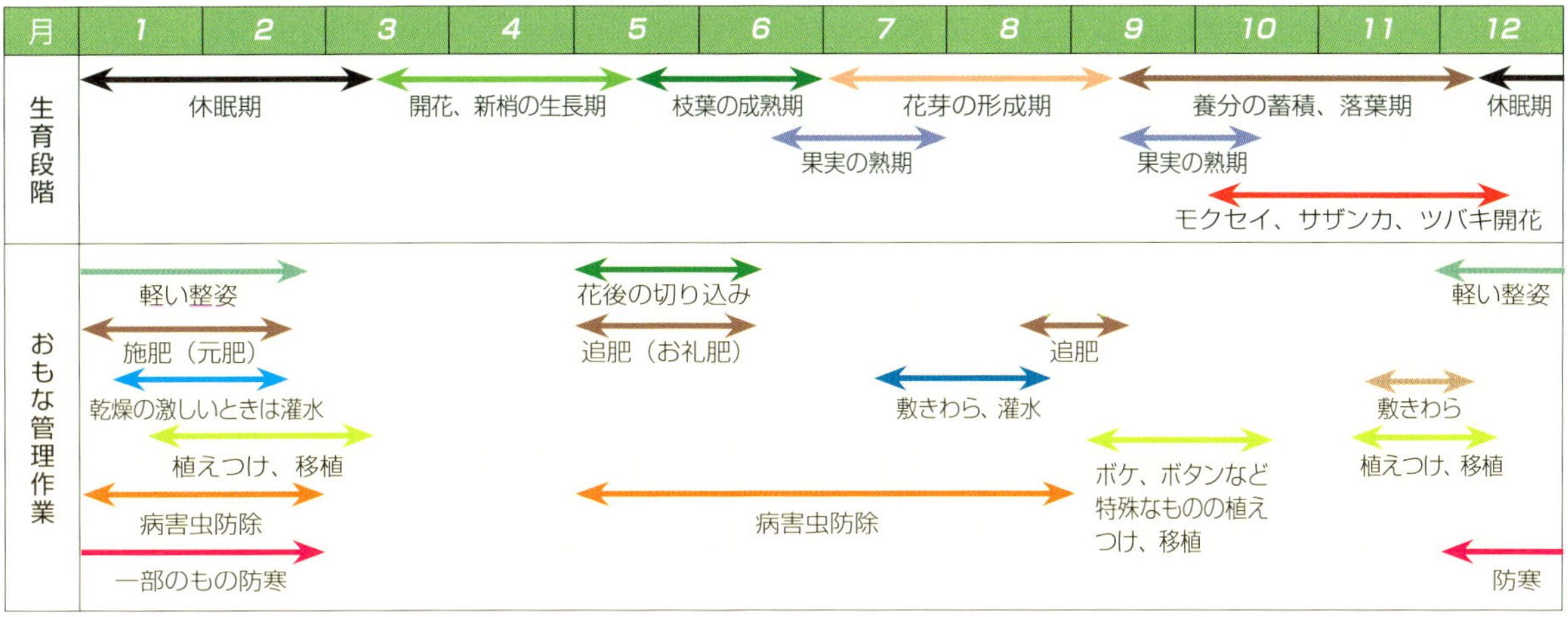

花物・実物

花や実を目的とするものは、いままで述べた針葉樹や広葉樹とちがい、樹形とともに、いかに花をよくつけ、実をならせるか、ということを考えなければならない。樹形を楽しむものと花や実を楽しむものとでは、その管理方法が根本的に異なる点から、常緑、落葉を問わず一項を設けて説明してみる。

春の生育と手入れ

花のつき方にはいろいろなタイプのものがある。たとえば前年生枝にツボミをつけて咲くもの、前年生枝に花芽をつけ、その芽より伸びた新梢に花をつけるもの、バラのように前年生枝に関係なく、新梢の先端に花をつけるものなどさまざまである。しかし多くの花木（実物も花をつけることが先決である）は前年生枝に花を咲かせ、夏から秋に実が熟するとともに、すでに夏の間に翌年の花芽を形成してしまう。

花が目的のものは萌芽から開花までは特に手を加えるようなことはないが、特に低木類は花が終わった直後、早い時期に整姿が行なえる。樹形を小さくするのも大きくするのもこの時期がよく、思いきった強せん定も可能である。整姿後は翌年の開花枝となる新梢の発生を促すため、ややチッソ成分の多い油かす、鶏ふんや化成肥料を施してやりたい。

実物は実の数を整理する程度にしておくが、翌年の開花枝をつくらなくてはならない。実のついていない枝の充実をはかり翌年の開花枝とする。チッソ成分の多い肥料を少量施してやる。

夏の生育と手入れ

この季節は花木類にとって他の樹木と異なり最も大切な時期である。花の終わった後に伸びた枝に翌年の花芽が形成されるが、時期は種類によって異なる。早いもので六月中～下旬から、遅いものでは十月に形成されるものもあるが、だいたいは七～八月のものが多い。新梢は花芽が形成されるまでに十分充実していなければならない。花後できるだけ早く切りつめ、その後のせん定は避ける。

この季節は病気や害虫の発生が多くみられるので、発生しだい駆除する。また、八月にあまり乾燥させると葉が落ちてしまい花芽のつきが悪くなるので、乾燥が続くときには十分灌水するとともに、わらなどを敷いて保護してやりたい。

肥料切れ、チッソ過多の状態でも花芽のできが悪くなるので、冬期や花後の肥培が大切である。八月中~下旬にリン酸、カリ成分を多く含む複合化成肥料を根元に二~三握りばらまいてやり、枝の充実をはかってやる。実のなりすぎたものは数を整理し、木相応の数に減らしてやる。

秋の生育と手入れ

六~七月に充実した枝をこのままの状態で冬までもっていくことが花木類の管理では一番大事なことである。樹姿を楽しむ木は春芽、夏芽、秋芽と伸ばしてもほとんどさしつかえないが、花木類は夏芽、秋芽が最も禁物である。そのため枝は切らずにおきたい。

八月下旬に追肥していないものには、できるだけ早い時期に施し枝を充実させておきたい。

後半は葉を落とすので植え替えができるが、ボケやボタンのように秋を最も好む特殊なものは、中ごろからあつかってよい。寒さから根部を守るための敷きわらなどは後半に行なってもよい。

冬の生育と手入れ

秋まで放任した木は枝が雑然と伸びているが、このころになると花芽も大きくなり、一見して判別できるようになる。整姿はツボミの数や位置を見ながら行なえばよいが、あまり遅くなるとツボミも大きくなり、落ちやすくなるので、一月から二月上旬までには行ないたい。しかしサザンカのように秋に咲くものは翌年三月に、ソシンロウバイのように正月ごろ咲くものは、せん定した枝が正月用の生花にも利用できるので、開花中に行なうと一挙両得といえる。

ただしこの整姿は、あくまでも込みすぎる枝の整理や徒長枝などの不要枝を除く程度にし、花の終わった直後の整姿を主体としたい。

施肥は堆肥や腐葉土、鶏ふんなど有機的な遅効性肥料を主体に、多めに施してやる。施肥方法は株の周囲に溝を掘って埋めてやるか、根元にマルチしてやる。乾燥が続くようなら冬期であれ、一週間おきくらいに十分灌水してやりたい。

移植や植えつけはこの時期が最もよく、植え替えなどをしたい木は二月中旬までには終わらせたい。移植をしたい木が長年植えたままなので根回しをしたいものは、九月のうちに根回しをしておき、翌春やや遅く植えてやりたい。

病気や害虫については特にないが、カイガラムシのようなしぶとい害虫の駆除には休眠期に高濃度の薬剤を使用すると効果があるのでぜひ行ないたい。また、落葉性のものには石灰硫黄合剤を二~三回散布しておくと、萌芽後の病気(たとえばうどんこ病や黒斑病など)をおさえることができるので、ぜひ行ないたいものである。

整姿のねらいと枝の切り方のコツ

「ねらいと枝の切り方」

●伸びすぎる枝の伸びをおさえる

植物は、自然現象によって季節季節に枝を伸ばし、私たちに花を楽しませてくれる。しかし〝庭〟という限られた場所で多くの庭木を楽しむ場合、枝の伸びや花の咲き方などを人為的にコントロールしていきたいものである。現在、経済栽培している果樹園は、花芽のできる枝を人為的にコントロールしているが、庭木も慣れてくれば枝の伸びをおさえ、弱い枝を元気のよい枝につくりかえるなど、

弱った枝の更新

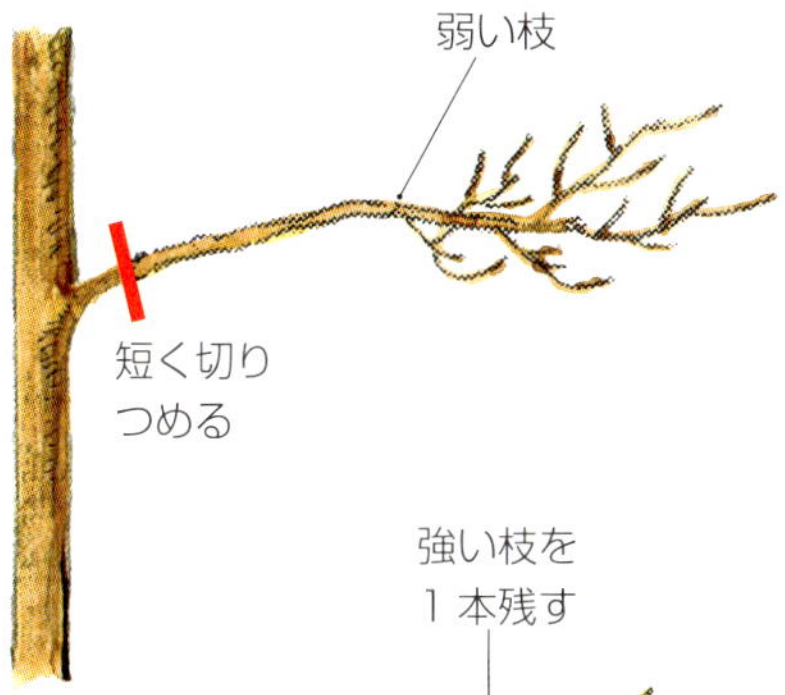
弱い枝
短く切りつめる

強い枝を１本残す

●何本か枝を出すので強い枝を１本残し、枝をつくっていく

枝の伸びのおさえ方

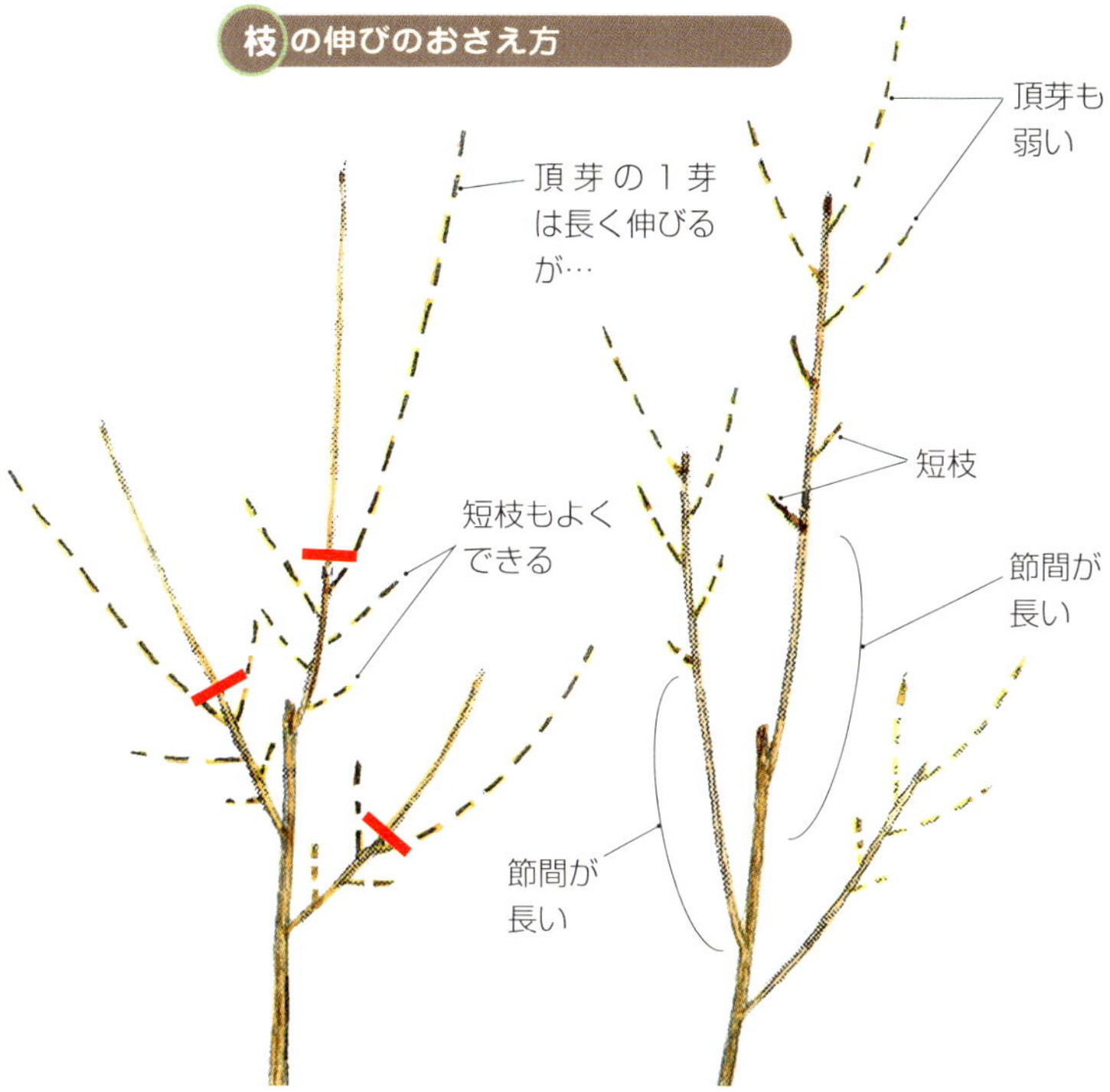
頂芽の１芽は長く伸びるが…
短枝もよくできる
頂芽も弱い
短枝
節間が長い
節間が長い

●強く切りつめると、頂部の芽は強く伸びるが、その下の芽は短枝になり、よく開花結実する

●長く伸びた枝を放任すると、頂部に中庸程度の枝が２〜３本伸びるが、短枝は少なく、節間が長くなってしまう

しだれ性の枝の切り方

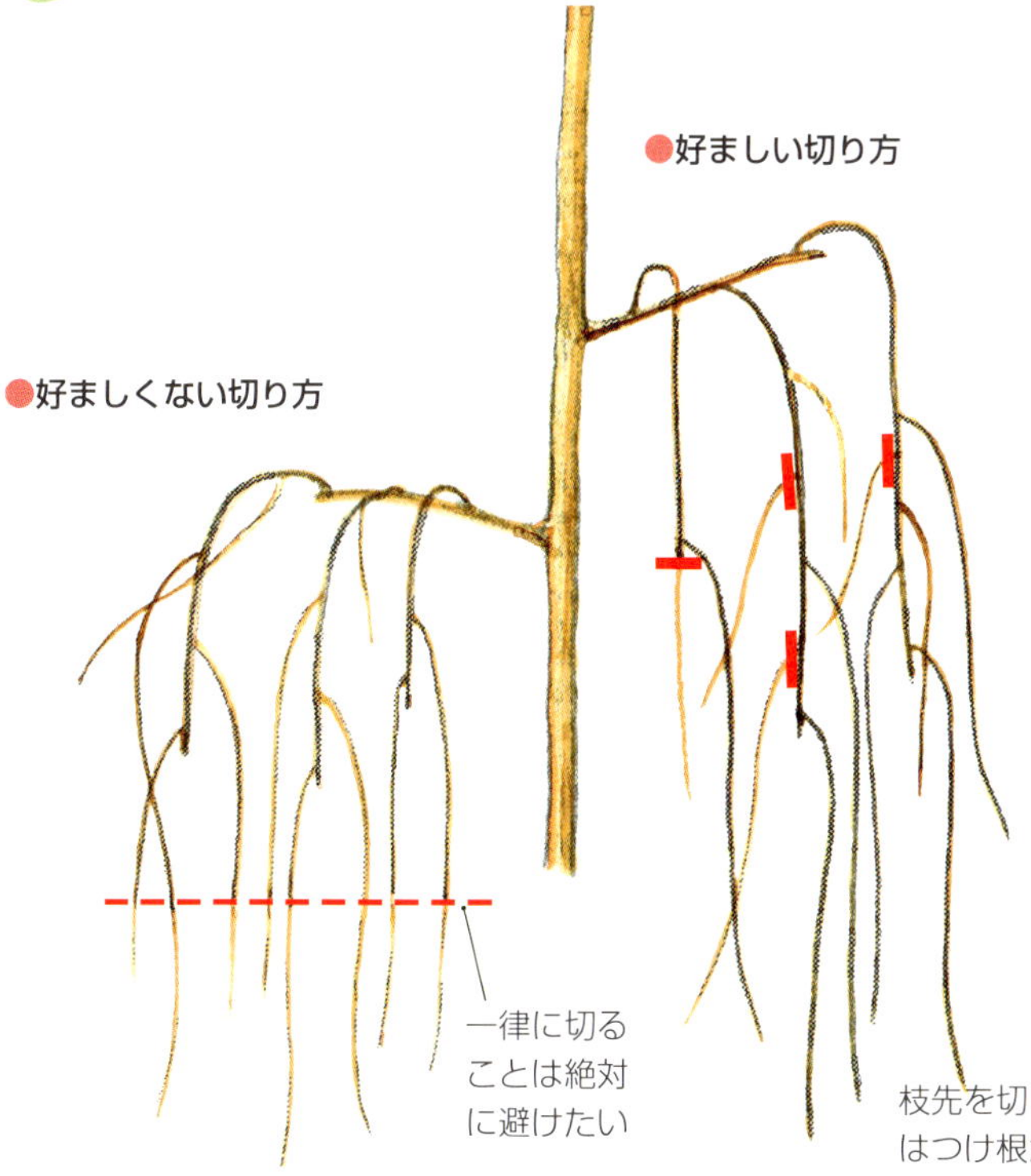
●好ましい切り方
●好ましくない切り方
一律に切ることは絶対に避けたい
枝先を切らず、不要な枝はつけ根から切り取る

枝の切る位置と芽の伸び方

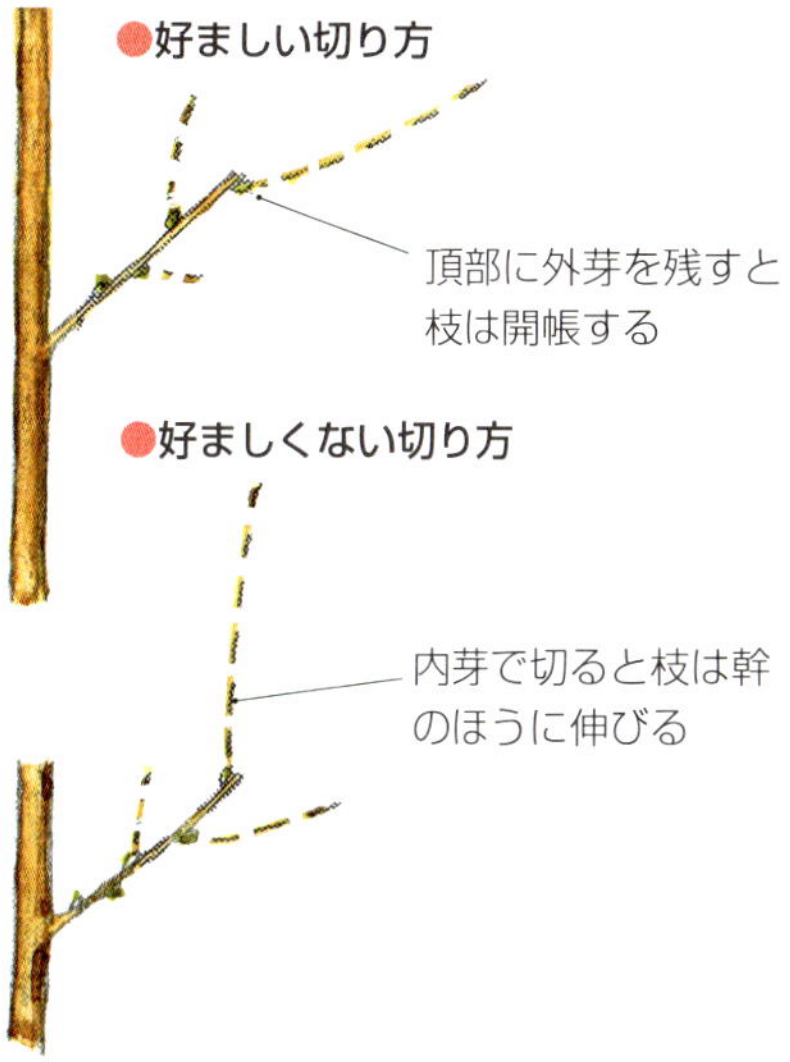
●好ましい切り方
頂部に外芽を残すと枝は開帳する
●好ましくない切り方
内芽で切ると枝は幹のほうに伸びる

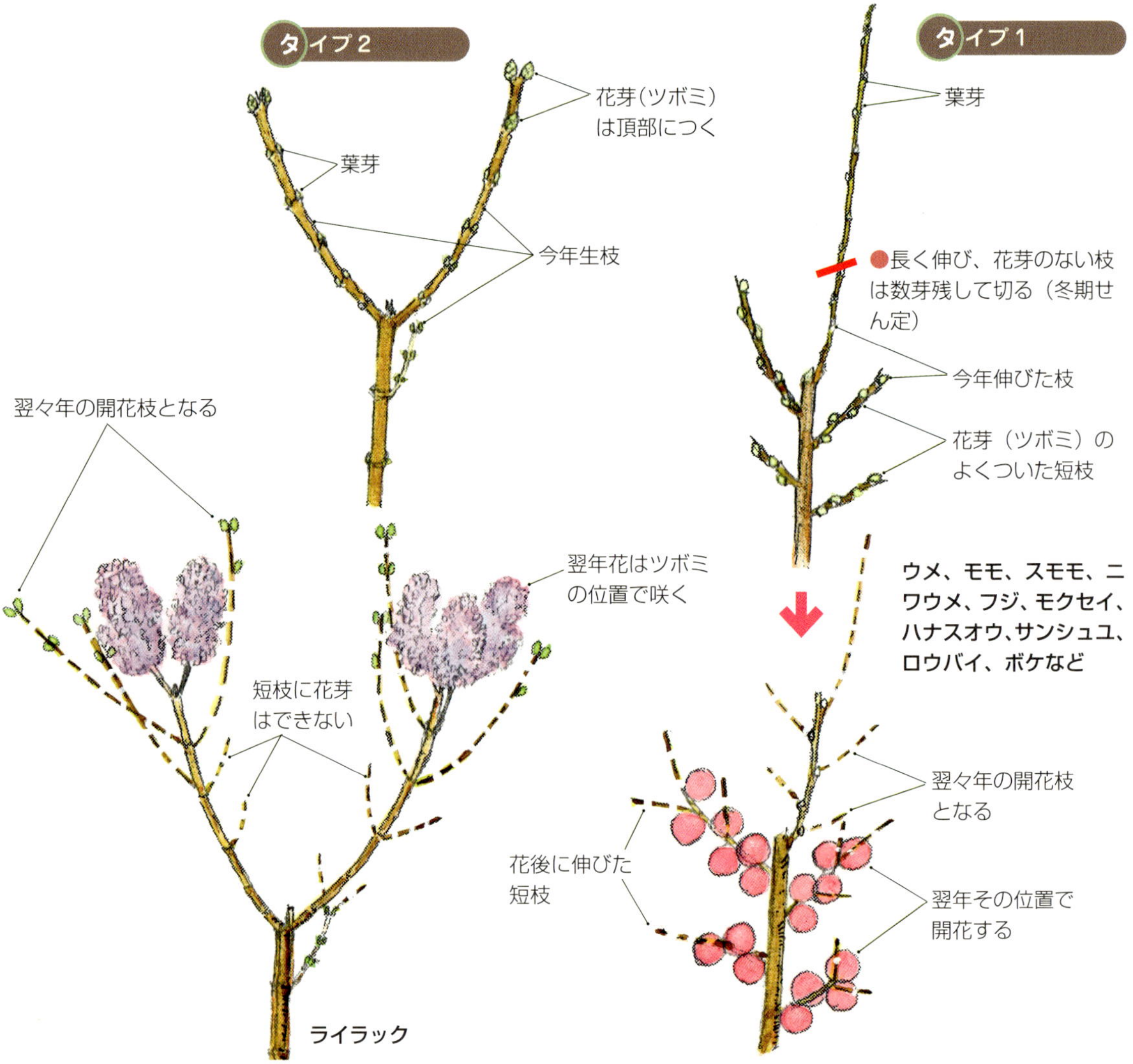

いろいろな作業をすることによって樹形をつくり、保っていくことができる。

枝は春に伸びる春芽、夏に伸びる夏芽、さらに秋芽と伸びるが、春芽が最も長く伸び、この春芽を切りつめるとか折るという刺激によって夏芽、秋芽が伸びるのである。刺激を受けなければそのまま翌年の春までいき、再び春芽を伸ばし、樹冠は勢いよく大きくなっていく。長く伸びた春芽を短く切りつめ、短い枝をたくさんつくり、長く伸びないようにする。

●弱った枝を強くする

弱い枝は強せん定（強く切りつめる）することにより、元気のよい新梢を萌芽させて枝を更新させ、また美しいたくさんの花を咲かすことができる。

●枝の切り方・切る位置と伸び方

枝を切る場合は外芽と内芽をよく確認し、外芽の上で切り、頂芽優勢を利用して開張するように枝を出していく。内芽を伸ばすと枝は幹に向かって伸び、美しい姿にはならない。

●しだれ物は枝先を切らない

しだれ物については、長く伸びた枝を途中から切りつめることは絶対に避け、余分な枝はつけ根から切り取り、自然の優美さを失わないようにせん定する。下枝は一定の高さまでは切り取り、ある程度の高さから下垂させるようにする。

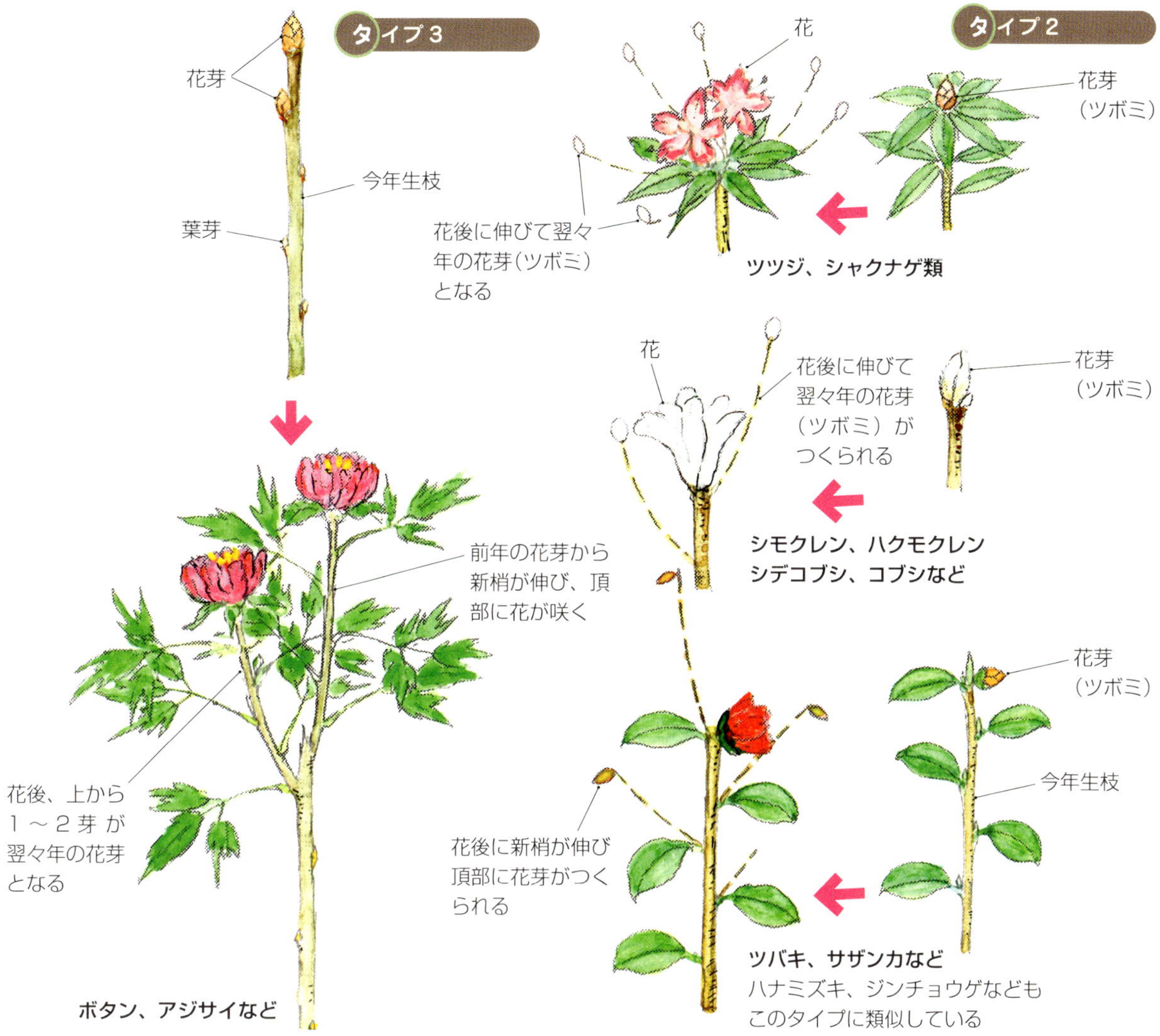

毎年花を咲かせる枝の切り方

花木は新梢の生長、充実、花芽分化、開花、実物は結実という過程を経ていく。たくさんある花木の中に多少とも異なっているものもあるが、いくつかのタイプにまとめてみた。

●タイプ1

今年伸びた枝の腋芽に花芽がつくられるが、長い枝にはほとんどつくられず、短枝によくつくられ、翌年春にその位置で開花するタイプである。せん定は十二月下旬から二月上旬が適し、長い枝は数芽から一〇芽くらい残して切り、花をよくつける短枝を多くつくっていく。

モクセイもこのタイプで、初夏に花芽がつくられ、秋に開花するのが大きな特徴といえる。せん定は花後に。

●タイプ2

今年生枝に花芽がつくられるが、このタイプは長く伸びた枝の頂芽に花芽がつくられるもの（例―ライラック、ツバキ、サザンカなど）や、ツツジ、シャクナゲ類、モクレン類などは頂芽であるが、ライラックと異なり短枝の頂芽に花芽がつくられる。ライラックの開花時にすでに元気のよい新梢が伸び始めるので、これを大事に育てる。それ以外は秋にツボミ

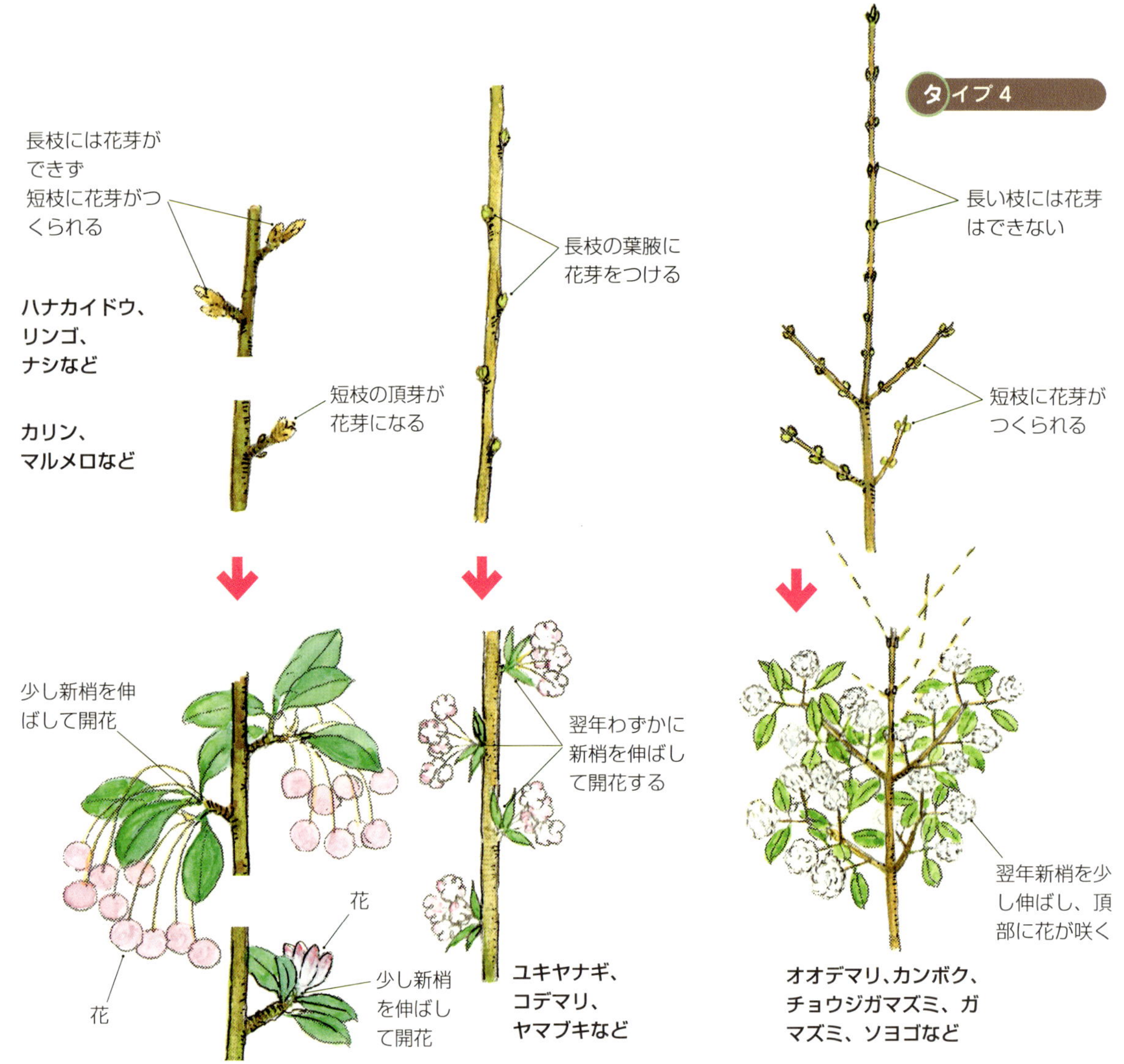

のない枝や著しく樹形を乱す飛び枝の整理くらいにとどめ、強いせん定は花の終わった直後や冬の間に行ないたい。

●タイプ3

このタイプは今年伸びた枝の頂部やその下の腋芽が花芽となり、翌年春にその芽が萌芽して新梢を伸ばし、その頂部に花が咲くタイプで、ボタンやアジサイ、ベニバナトチノキなどがある。

せん定は花が終わった直後に花がらを切り取る程度であるが、ボタンは樹高を低くしたいときには、五～六月に新梢の基部の一～二芽を残し、他の小さい芽はカッターナイフの先で、芽のみを削り取っておくと、基部の残した芽は秋までに肥大し、立派な花芽となる。

●タイプ4

今年伸びた枝の短枝の腋芽に花芽がつくられるもの（ガマズミの仲間）や、長く伸びた枝条の各腋芽に花芽がつくもの（ユキヤナギ、コデマリ、ヤマブキなど）、長枝には花芽はできず、ごく短い枝に二～三個つくものなど、このタイプには三とおりの花芽のつき方がある。これらに共通しているのが、花が咲くときにごくわずかに新梢を伸ばし、葉を一～三枚開き、その間から花を咲かせることである。一般的にはタイプ1と同様にあつかわれている。

カキ、クリなど

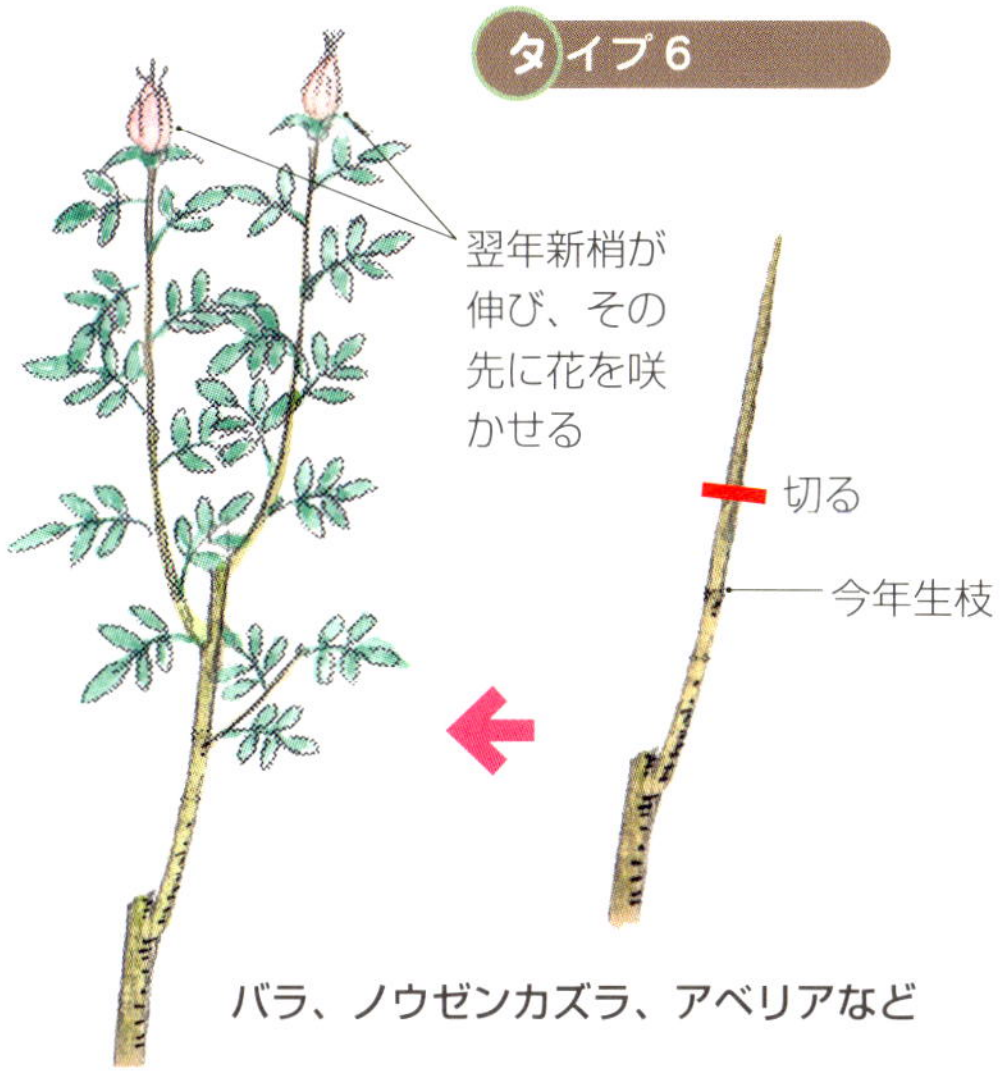

バラ、ノウゼンカズラ、アベリアなど

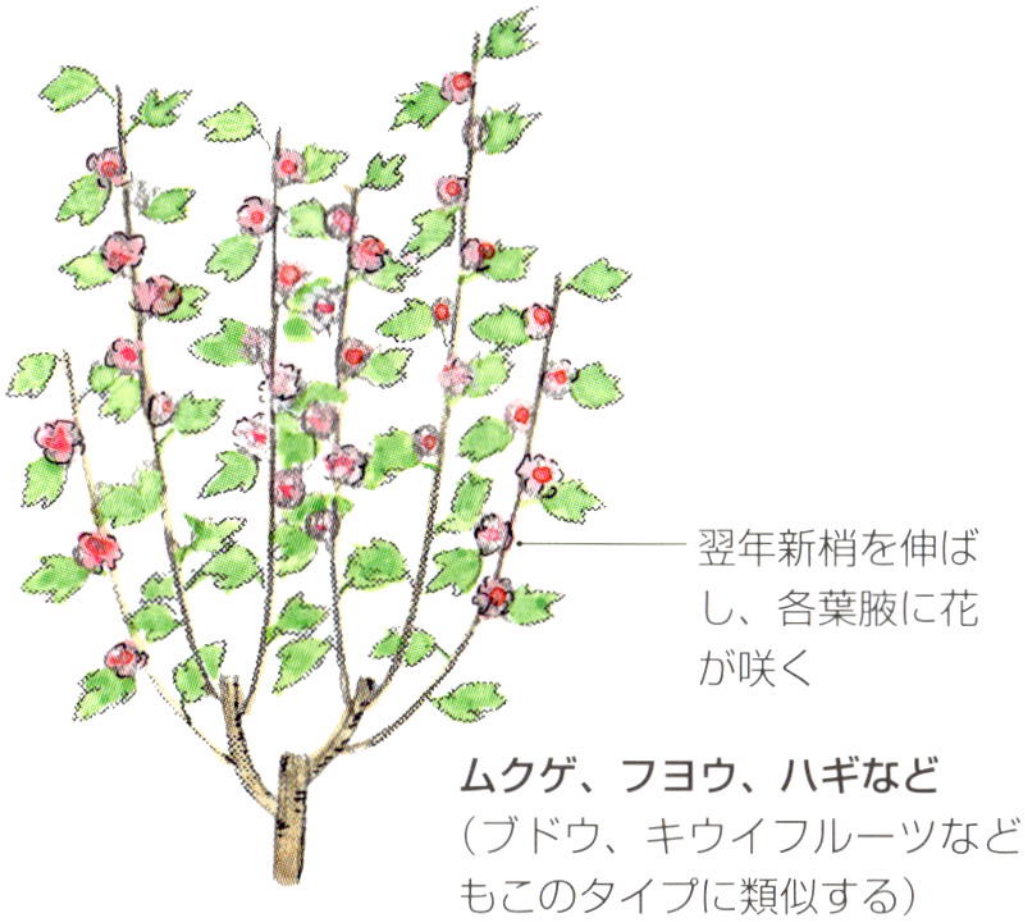

ムクゲ、フヨウ、ハギなど
（ブドウ、キウイフルーツなどもこのタイプに類似する）

ガマズミの仲間やハナカイドウ、リンゴ、ナシやカリンなどは、長く伸びている枝を冬の間に、短枝が多く出るよう、数芽から一〇芽くらい残して切るようにする。

ユキヤナギやコデマリは長く伸びた枝条の各腋芽がすべて花芽になるので放任して四～五年楽しみ、花が終わった直後に地ぎわから切り取り、枝条の更新をはかるとよい。

●タイプ5

このタイプは今年生の割合元気よく伸びた枝の頂芽、およびその下一～二芽が花芽となり、翌年春にこの花芽が萌芽し、新梢を伸ばしてこの葉腋に開花結実していく。カキ、クリなどがこれに入る。

このタイプのものは徒長枝や細い枝には花芽ができないので、冬期にせん定を行ない、樹形を整えるとともに、毎年よく結実するように枝を整理していく。

●タイプ6

特に花芽に関係なく、充実している枝から出た新梢に花をつけるタイプで、バラやノウゼンカズラなどのように、新梢の先端に花をつけるものや、ムクゲの仲間やハギなどのように、新梢の葉腋に花を咲かせるものがある。

いずれも花つきが非常によく、整姿・せん定は十二月下旬から一月に行ない、

枝の曲げ方

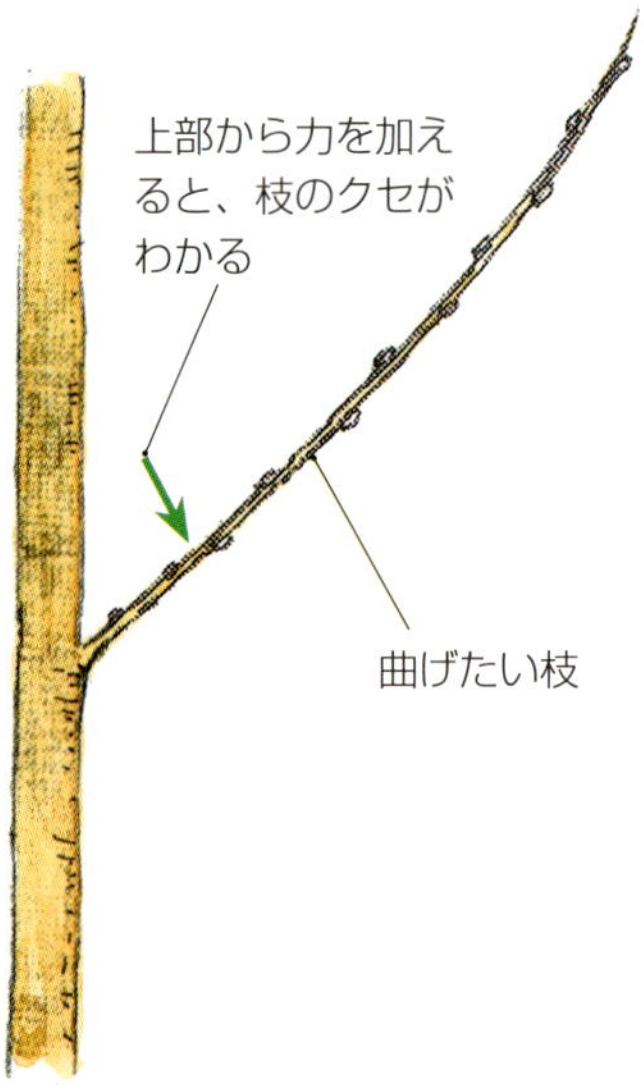

●細い枝を曲げたいときには、まず指で挟んで下に引き下げてみると、その枝のクセがわかる

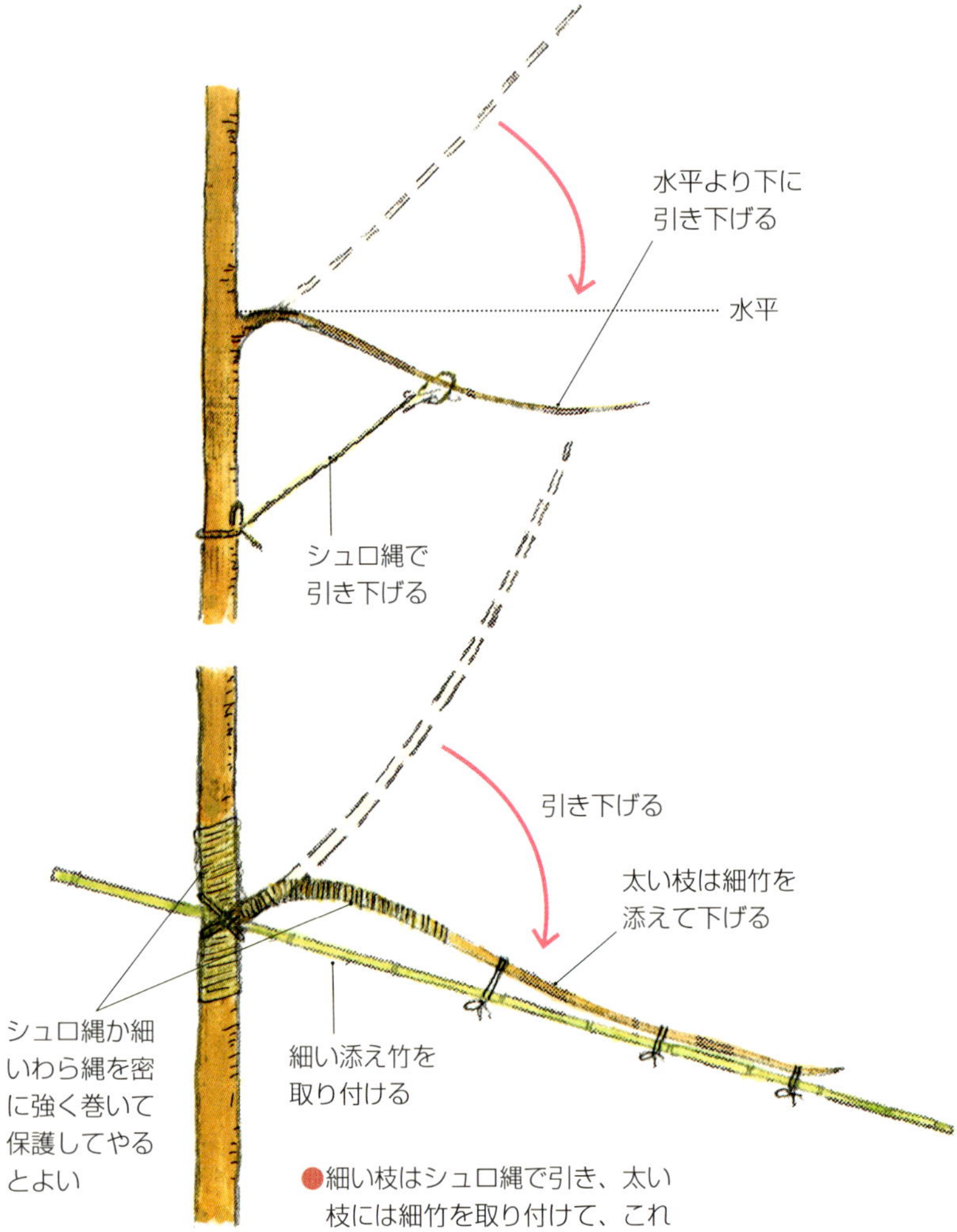

●細い枝はシュロ縄で引き、太い枝には細竹を取り付けて、これに枝を誘引する

新梢は花が咲き終わるまで絶対に切らないことがコツ。

枝の上手な曲げ方

わが国の庭の特徴ともいえる「曲げ物仕立て」（幹に二〜三カ所曲《きょく》をつける仕立て方）の場合、長年にわたって風雪に耐えて生きぬいた樹形に模して仕立てるところから、枝はすべて水平よりも下に誘引することが大きな特徴である。枝は細い枝から太い枝まで引き下げてつくるが、枝のクセをよく見て引くことが大切である。

ふつう枝は斜上しているので、枝のつけ根近くを真上から押し下げると最も無理のない方向に下がるので、できるだけその位置につくっていくのが自然である。細い枝はシュロ縄で引き下げ、太い枝は細竹か細い丸太を取り付け、しっかり固定することが大切。

枝のつけ根の太さが直径一〇センチ以上のものは、マツ類やイヌマキの項で説明するように、平ノミで〝割り〟を入れ、曲げやすいように加工して目的の形に仕立てていく。

太い幹や枝を自然に曲げる場合は、ロープを使い、五〜一〇日かけて少しずつていねいに曲げていく。

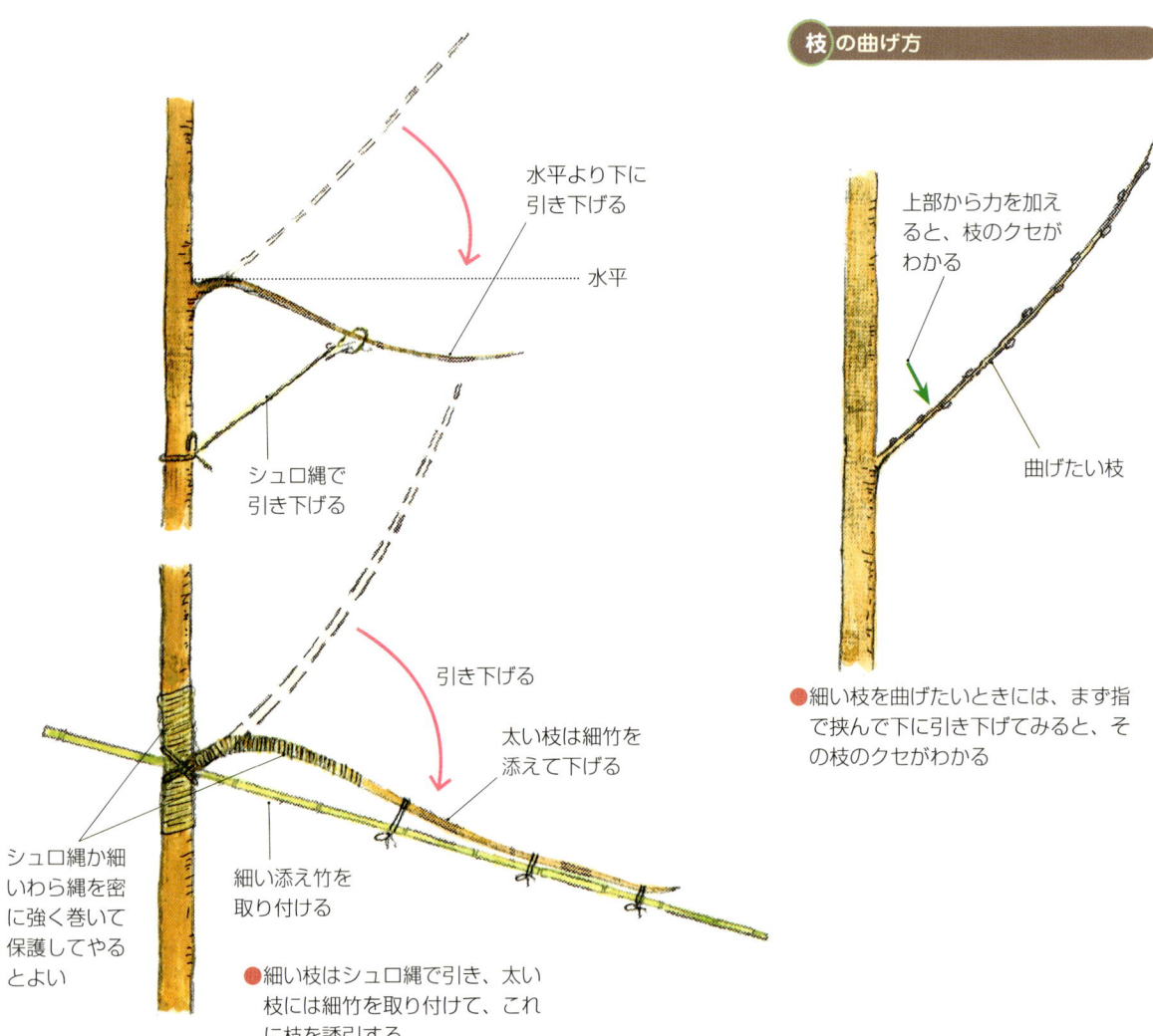

固定材のいろいろ

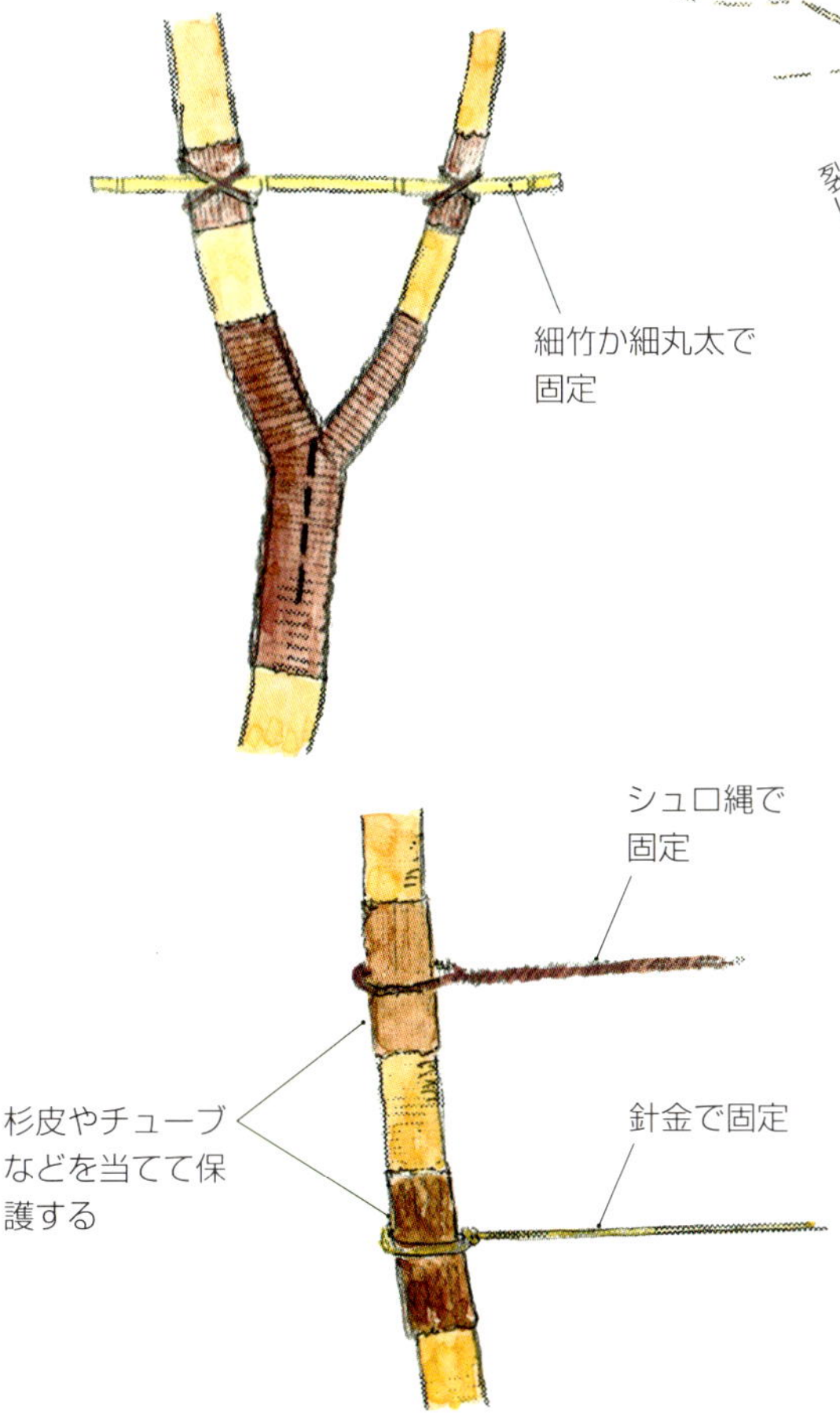

裂けた枝の処置

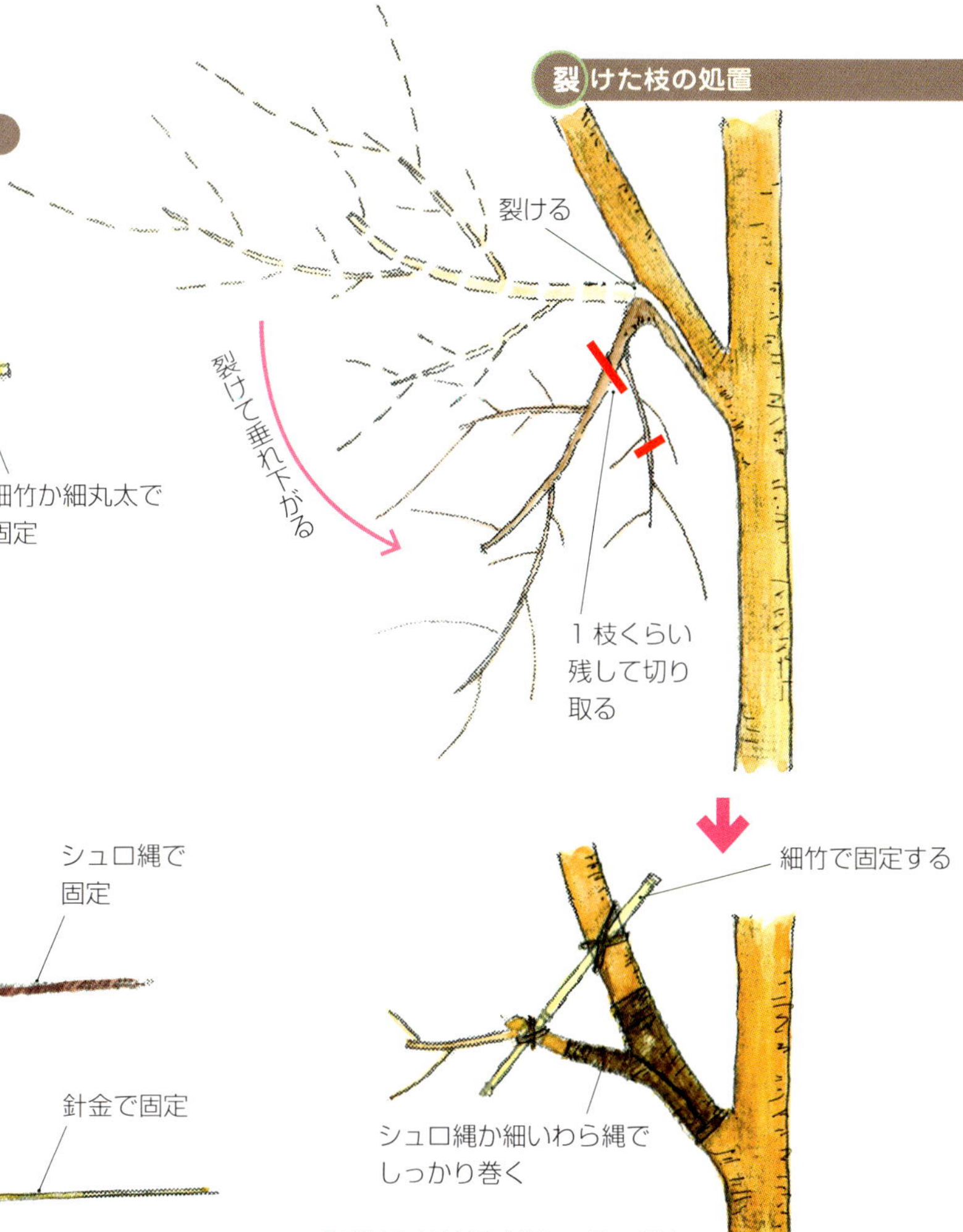

●裂けた枝は短く切りつめ、縄をしっかり巻いて養生し、細竹を取り付けて固定しておく

折れた枝の処理

台風や強風、積雪などで、美しく仕立てていた庭木の枝を折ってしまう場合がある。折れた枝は切ってしまえば簡単だが、以前の状態にもどしたい場合は、まず傷をさらに大きくしないよう注意しながら枝を切りつめ身軽な枝にし、ていねいに元にもどす。

もどして傷を密着させ〝仮止め〟し、さらに傷の部分をシュロ縄か細いわら縄で強く、密に、包帯を巻くようにしっかり固定する。さらに両枝を細竹か細い丸太、またはシュロ縄や針金などで開かないように固定しておく。

作業は、枝が裂けたらできるだけ早く処置してやることが大切。固定材は一～二年から、太いものは三～四年の取り付けを必要とするので、必ず杉皮かゴムチューブなどを枝にしっかり当て、結縛材が枝にくいこまないようにすることも大切だ。

また、何らかの影響やアリの被害などにより幹や太い枝に大きな傷やウロができた場合は、傷の表面やウロの内部をワイヤブラシでよくそうじをし、水洗いの後、乾いたらトップジンMペーストを二～三回ていねいに塗って保護しておく。

ハサミの使い分けと刈り込みバサミの使い方

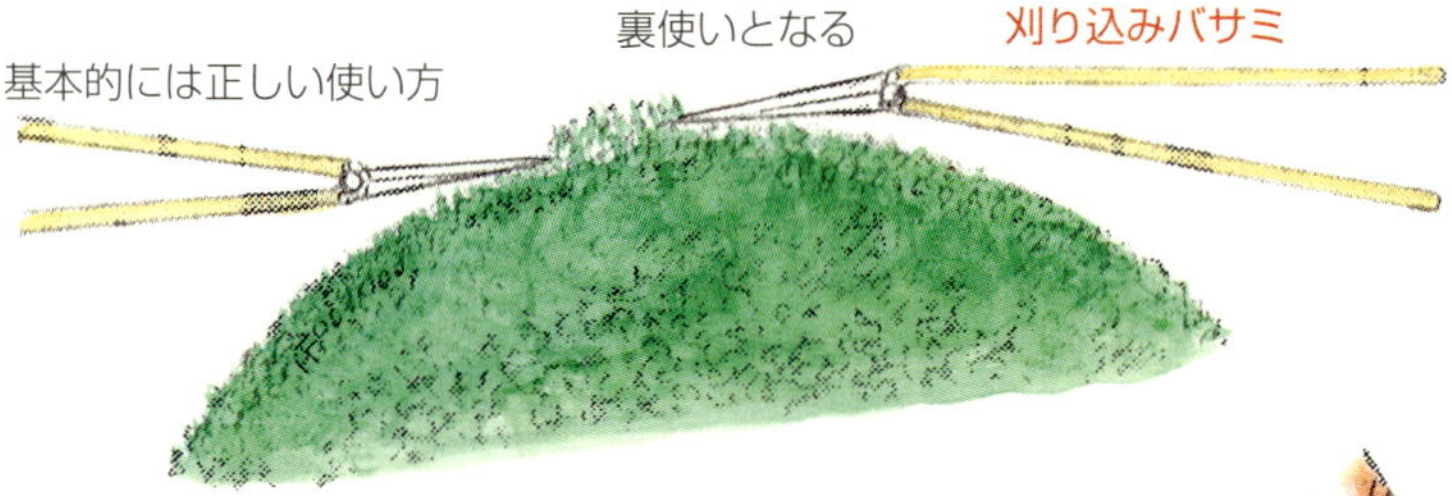

●刈り込みバサミは本来左図のように使うが、慣れてくれば玉物などは右図のように使う場合が多い
●平らなところは左図の使い方がよい

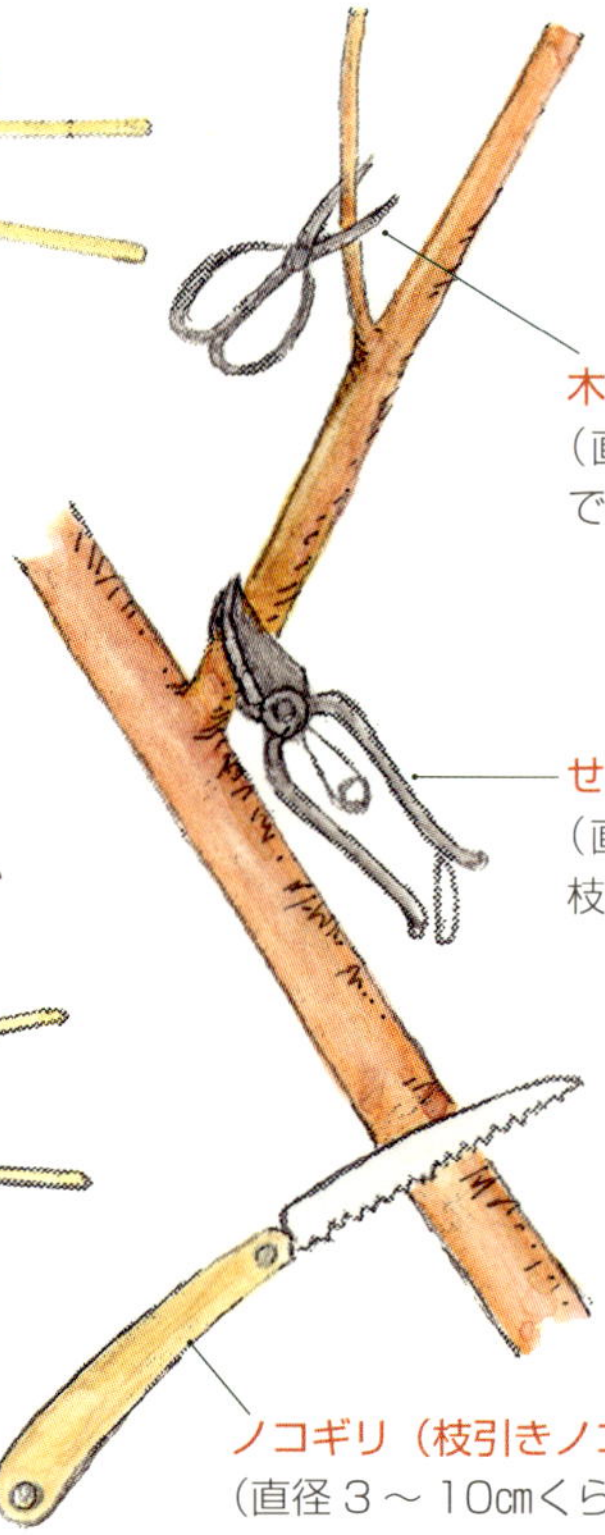

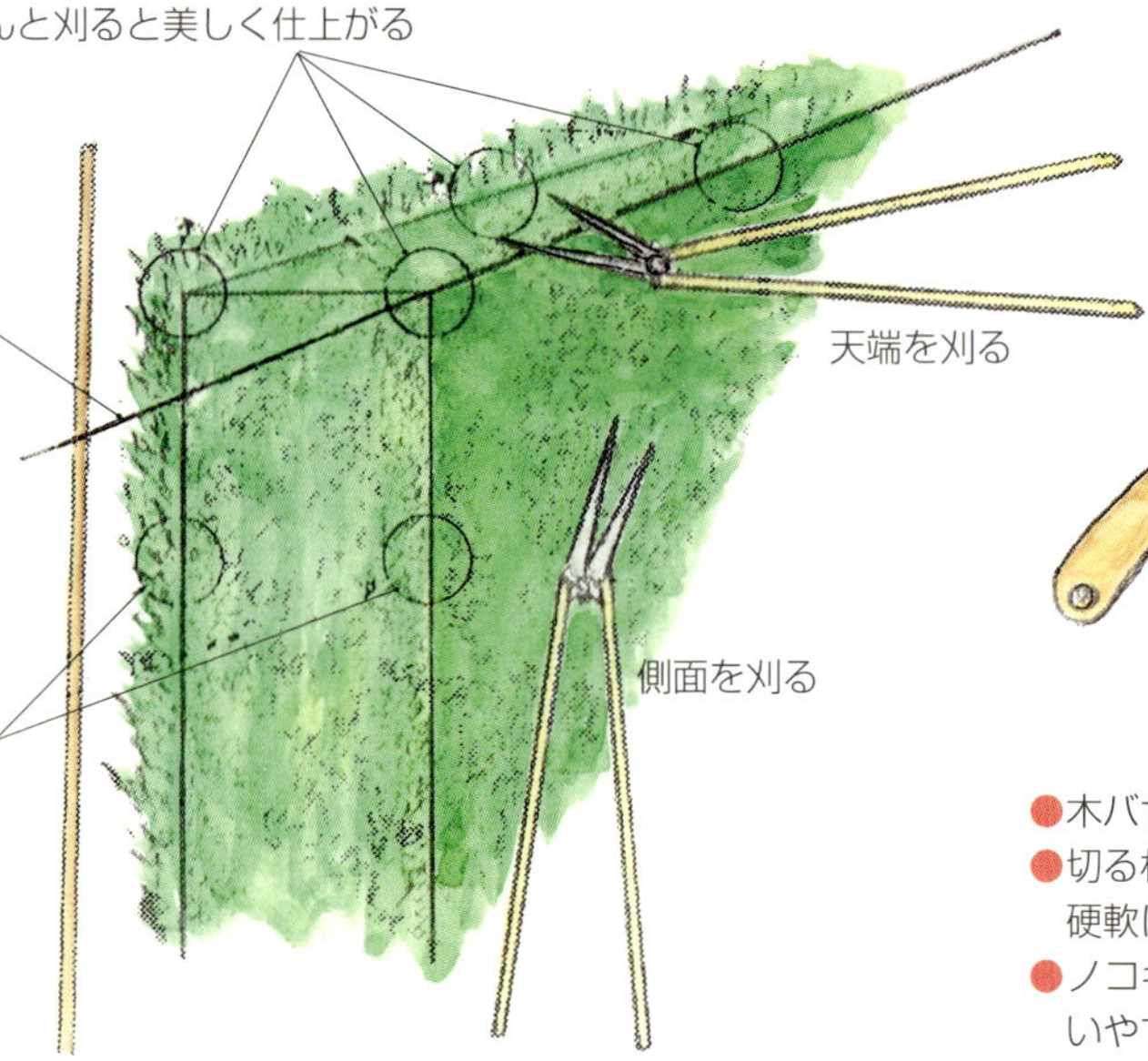

●木バサミとせん定バサミの使い分けは特にない
●切る枝の太さは目安であって、刃の長さ、枝の硬軟にもよる
●ノコギリは刃の長さが 20 〜 25㎝のものが使いやすい

道具の使い方と切り方のコツ

ハサミの使い分け

木バサミとせん定バサミの使い分けは特にないが、太さの直径が一センチ以下の枝を切る場合は木バサミを、それ以上の太い枝はせん定バサミと使い分けるとよい。慣れると木バサミのほうが作業が早くできるし、細かい枝すかしには木バサミが最も適する。さらに太い枝は小さなノコギリで切る。

刈り込みバサミの使い方

刈り込みバサミは球面や平面、側面を一律に刈る作業に適する。刃に対し柄の部分が五〜七度上向きになっているが、これが正しい使い方である。慣れた人は曲面を裏使いで刈るが、慣れないと刃先が深く入ってしまうので注意したい。正しい使い方で慣れることが大切である。

きれいに刈るコツ

生け垣などは、角《かど》の線をはっきりと、きれいに出すことが美しく見せる大切なコツである。低いものは側面を刈ってから天端《てんば》（頂部）を刈ると作業しやすいが、どちらから刈ってもよい。

高い生け垣（二メートル以上のもの）は必ず天端（頂部）から下に刈っていくことがポイントである。

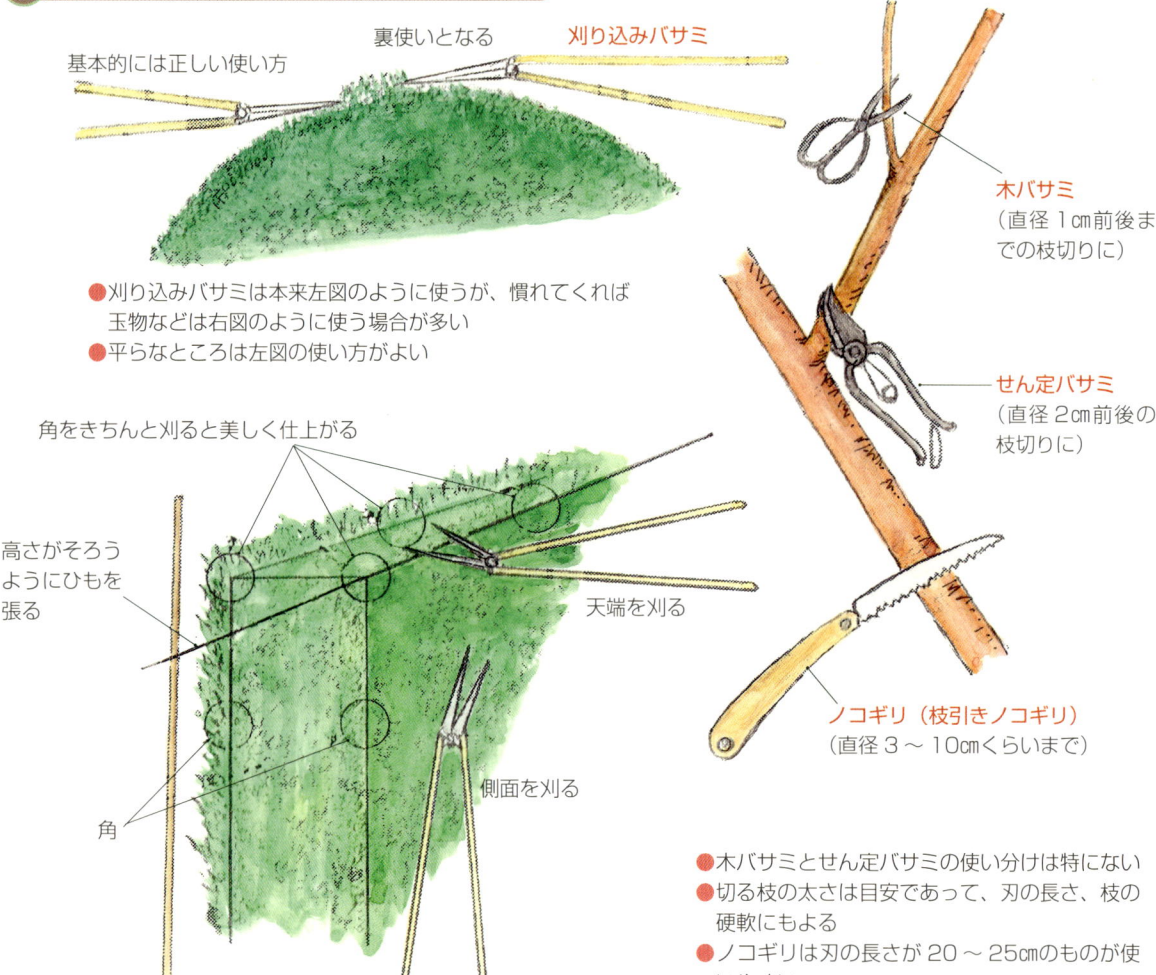

樹種別手入れと樹形のつくり方

“ミドリつみ”と“もみあげ”

“ミドリつみ”と“もみあげ”の方法

新梢（ミドリ）が伸びたところ
まだ葉は伸び出さない４～５月の状態

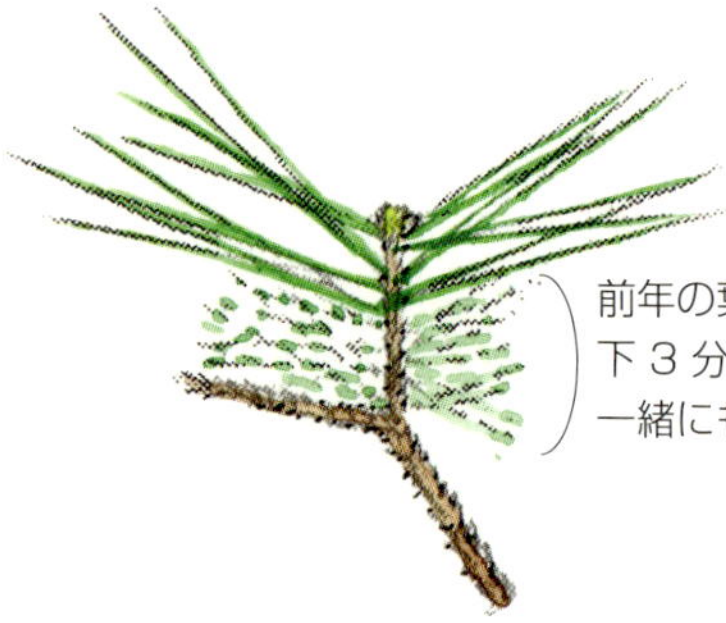
前年の葉
下３分の２は
一緒にもぎ取る

ミドリをつみ取った状態

ミドリをつみ取ったあと、夏芽が伸びた状態
８月以降の姿

前年の葉

もみあげ（古葉もぎ）
- １０月下旬ころからは生育もにぶくなるので、整姿を始めてもよい
- もみあげは夏芽を整理し、２本くらい残して他は切り取る。残した枝の下３分の１の葉をもぎ取る
- さらに前年の古葉はきれいにもぎ取る

手入れ時期

月	作業
1	
2	
3	
4	ミドリつみ
5	ミドリつみ
6	ミドリつみ
7	
8	
9	
10	もみあげ
11	もみあげ
12	もみあげ

▼マツは、一年に伸びる長さを短くし、小枝を密生させると美しい形になる。そのために元気よく、長く伸びる春芽をほとんど摘み取ってしまい、新たに夏芽を出し、節間を短く、つめて仕立てていく過程が「ミドリつみ」である。このミドリつみは美しい樹形をつくり、維持していくためには絶対必要な作業のひとつである。

▼春芽は気温の上昇にしたがい徐々に伸びて長くなるが、夏芽は春芽をつみ取られるという大きな刺激を受けて萌芽する。このころは気温が相当高くなるため、わずかな日数で伸長し葉を展開するので、春芽に比べ非常に短い枝になり、節間のつまった美しい樹形になる。

▼このミドリは葉が伸びる前の、まだ棒状のときであれば、指で簡単に折れるので、四月中旬～五月につみ取り、葉が伸び始めたら木バサミでていねいに切り取る。

▼また細い竹でミドリをたたき折っておくのもひとつの方法であり、大事な作業である。

簡単なミドリつみ

●４月下～５月上旬ならミドリも折れやすいので、細い竹棒でたたくと簡単に折れる

●指でもいだようにきれいには折れないが、十分に効果がある

アカマツのミドリつみ

●アカマツはクロマツにくらべて樹勢がやや弱いので、ミドリつみもやや軽く行なう

●中程度の芽を２～３本くらい残して、ほかはつけ根からもぎ取る
残した芽は２～３㎝残して折る

伸びすぎた枝のあつかい方

枝が伸びすぎたときの処置

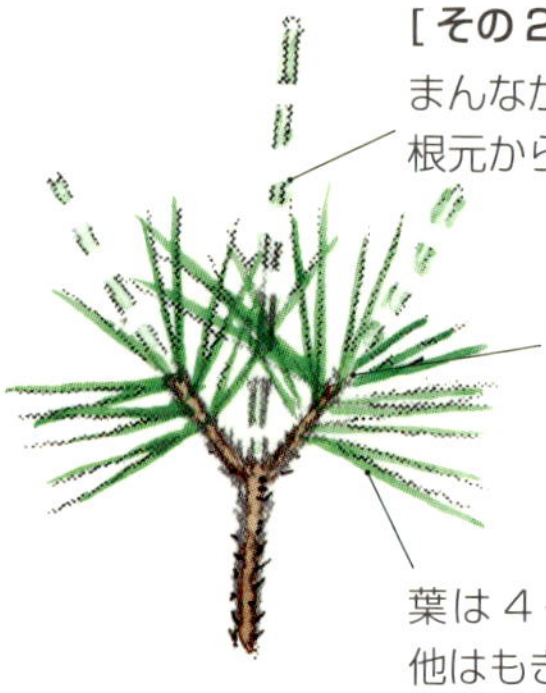
[その2]
まんなかの強い芽は根元から切る
芽を出したい位置で切る
葉は４～５束残して他はもぎ取る

目的の位置に新しく芽ができる

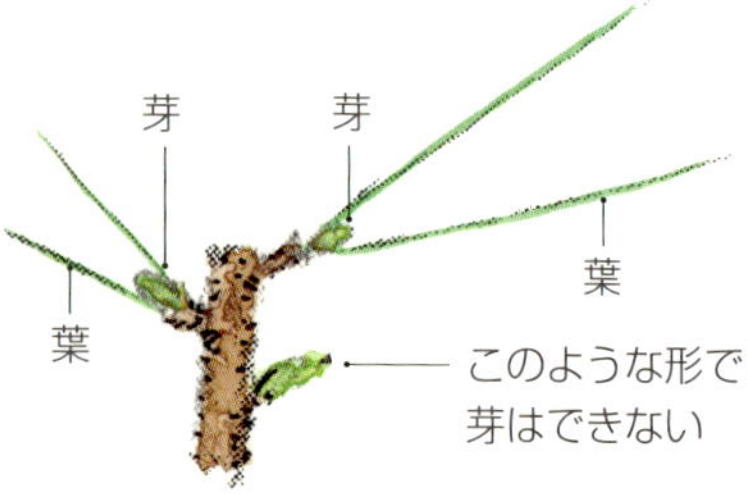
芽
芽
葉
葉
このような形では芽はできない

●新しい芽は枝から萌芽するのではなく、葉の間にあり、この芽が生長する

[その1]

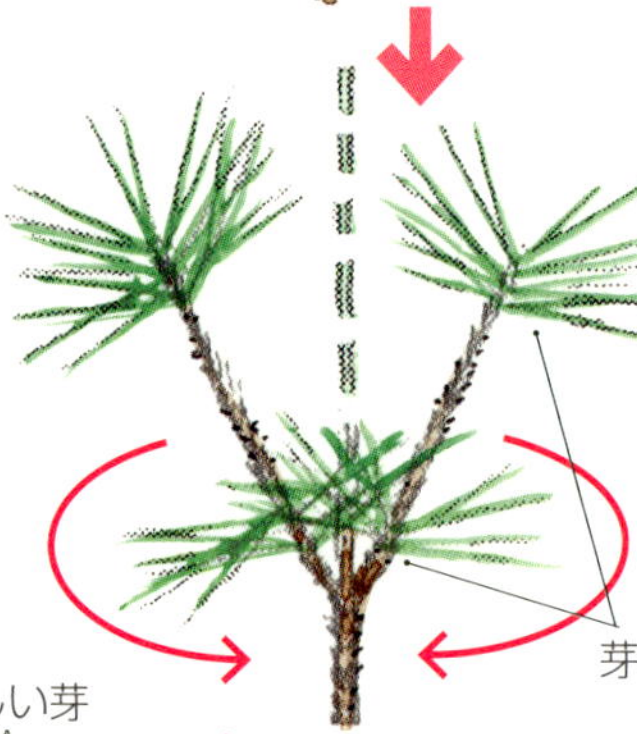
芽を出したい

新しい芽
新しい芽

新しい芽ができたところ

●中央の長い枝は３～４㎝残して切り、上部の葉を４～５束残して他はきれいにもぎ取る
●両脇の枝は図のように曲げ芽をつくりたい位置の葉のみを４～５束残し、他の部分はきれいに葉をもぎ取っておく

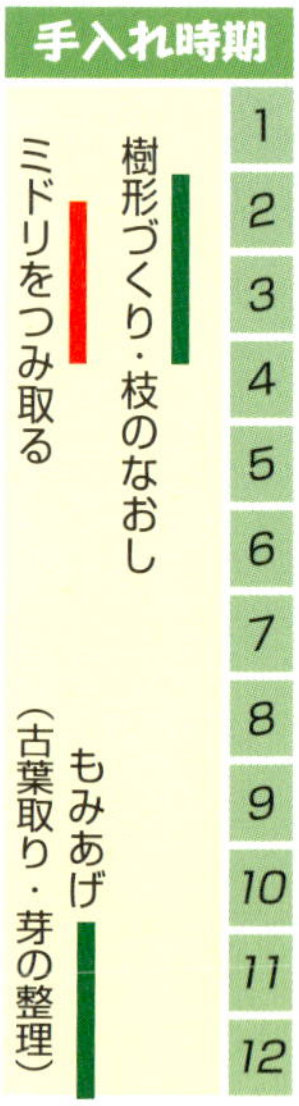
手入れ時期
1
2
3
4
5
6
7
8
9
10
11
12
樹形づくり・枝のなおし
ミドリをつみ取る
もみあげ
（古葉取り・芽の整理）

▼一年放任した木は節間が長くなり、樹形はすっかり乱れてしまい、庭木の役目を果たさないほど短期間でくずれてしまうが、半面、他の木に比べ、仕立てなおしが容易なこともマツ類の大きな特徴である。

▼葉が全部落ちてしまった古い枝からは、胴吹き芽や切り口などからの萌芽はほとんど望めないが、葉がついていればそこに芽をつくることは容易である。

▼たとえばクロマツの葉は二本ずつになっており、もぎ取ると二本が一緒に枝から離れる。この二本の葉の間には芽があり、手当てしだいで小さな芽を活動させ、枝がつくれるわけである。二年生枝くらいまでのほうが結果がよいが、長く伸ばしてしまった枝の途中に新しい芽をつくりたいときには、芽を出したい位置の葉を少し残して前後の葉をきれいに取り除いておくとよい。

▼長くなった枝を曲げて節間を短くし、さらに前述の処置をして不定芽を出させる方法もある。

“頭”は３～４本の枝でつくる
同じくらいの長さの小枝３～４
本を下に引き下げておく

放任した木を仕立てる

●枝を著しく曲げて、できるだけ小枝の発生を密につくっていく

正しく管理した理想的な樹形

（曲幹散らし玉仕立て）

この程度つんでおくとよい

仕立てる前の管理

●苗木から育て、仕立てる場合には、あまり強いせん定の必要はないが、４～５年目ころからミドリを半分くらいにつみ取り、節間を短く育てておくと、仕立てが非常に容易である

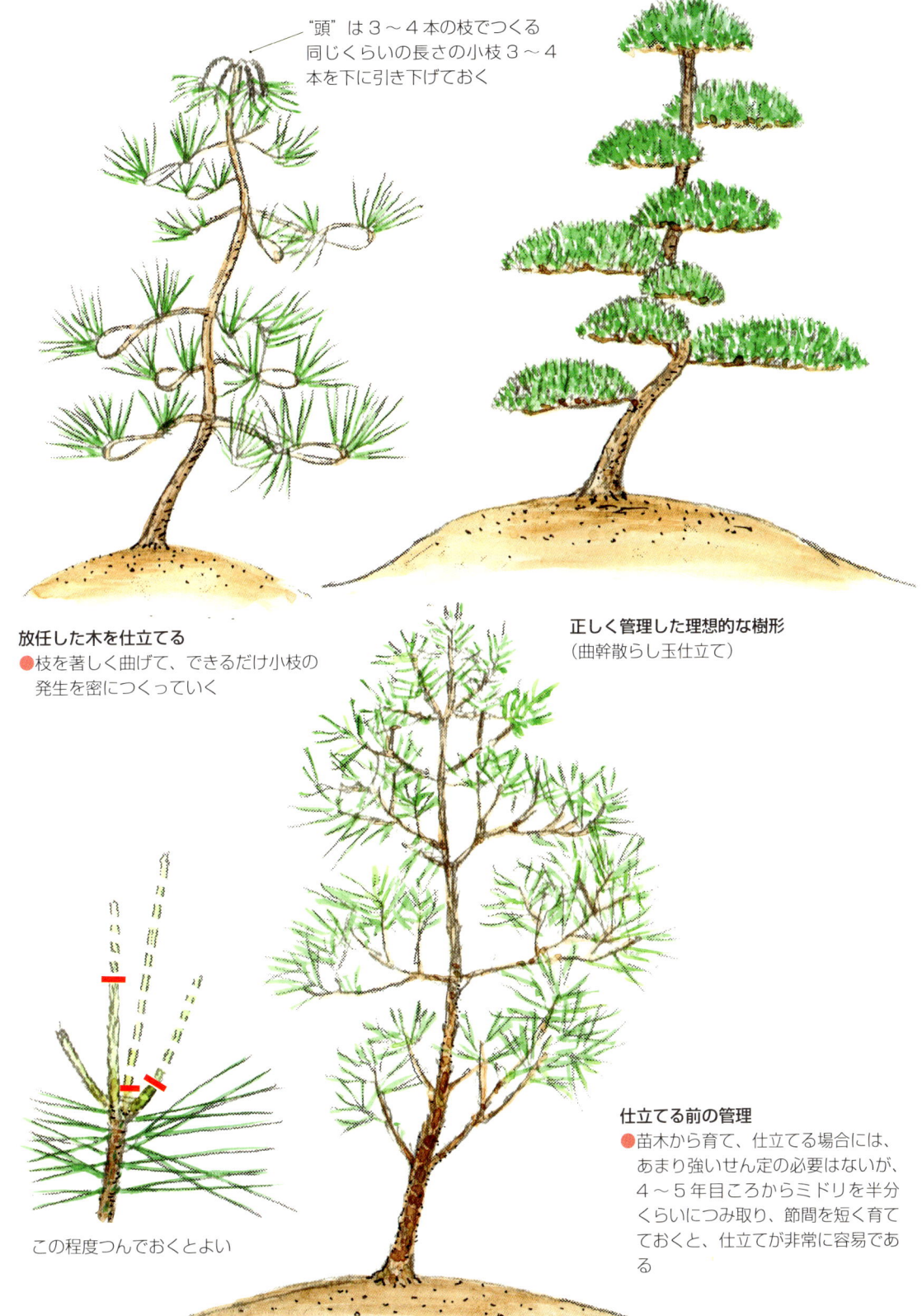

一般的な仕立て方

自然木の仕立て方

仕立て前の苗

●一般的には 2.5 ～ 3.5 m（実生 15 ～ 18 年生）くらいの大きさになったものを仕立てる

仕立て前の準備

●斜幹、曲幹仕立ての場合は、1 ～ 2 年前に 50 ～ 60 度くらい幹を傾けて植えつけておき、根をしっかり張らせておくとよい

●直幹仕立ての場合はまっすぐのままでよい

手入れ時期

掘り取り・植え替え（1～4月）
整姿（2～3月）
掘り取り・植え替え（9～12月）

▼日本庭園の特徴は、庭木を最も自然木らしく人為的に仕立て、狭い庭におさまるようにすることである。

▼このため一定の大きさになったところで幹や枝を曲げ、葉をつみ取って生育をおさえながら樹形をつくっていく。しかし、あまり小さいうちから仕立て始めると、木のすなおさを失い、箱庭用の樹形になってしまう。マツは十数年間は特に長く伸びたミドリを切る程度にとどめ、半ば放任状態で育てて幹を太らせ、ある程度の大きさにしてから仕立てていくとよい。

▼木は仕立てる一～二年前に畑や庭に植えて根を十分に張らせておくと、太い幹を曲げるのも容易である。門かぶりや曲幹仕立ては、あらかじめ一定の角度（五〇～六〇度）に幹を斜めに植えると仕立てやすい。枝は輪生状に出るので、左右交互に大きい枝と小さい枝を配置していく。

▼枝抜きはやや抜きすぎたくらい切り取っても、枝葉が繁るとちょうどよくなってくる。

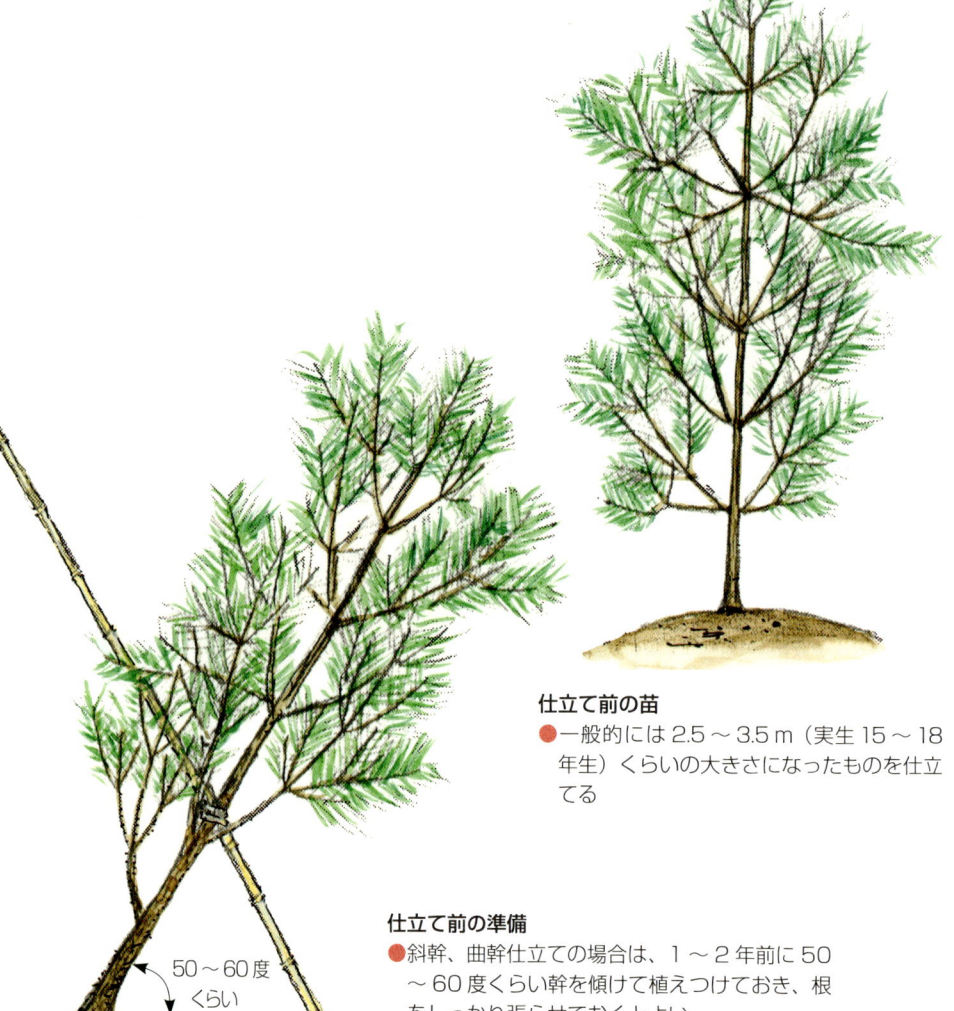

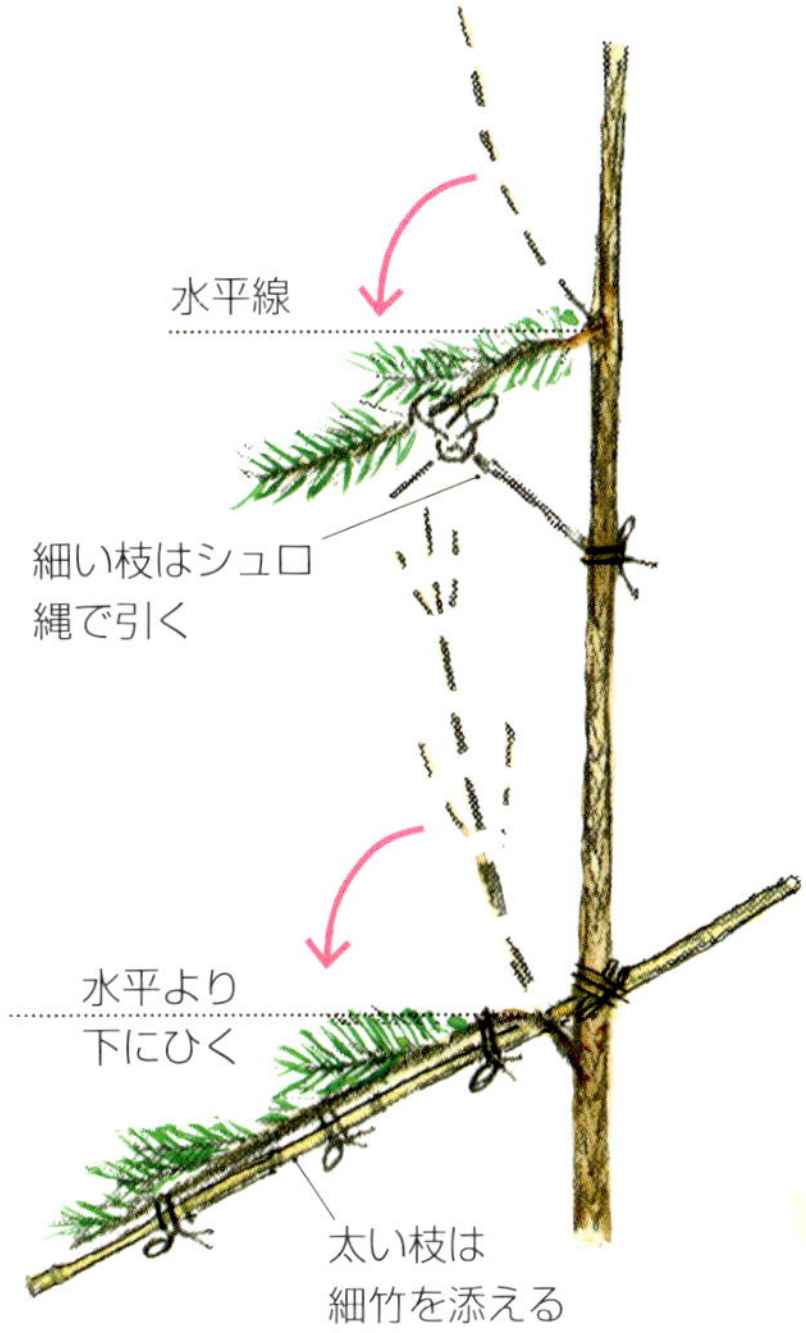

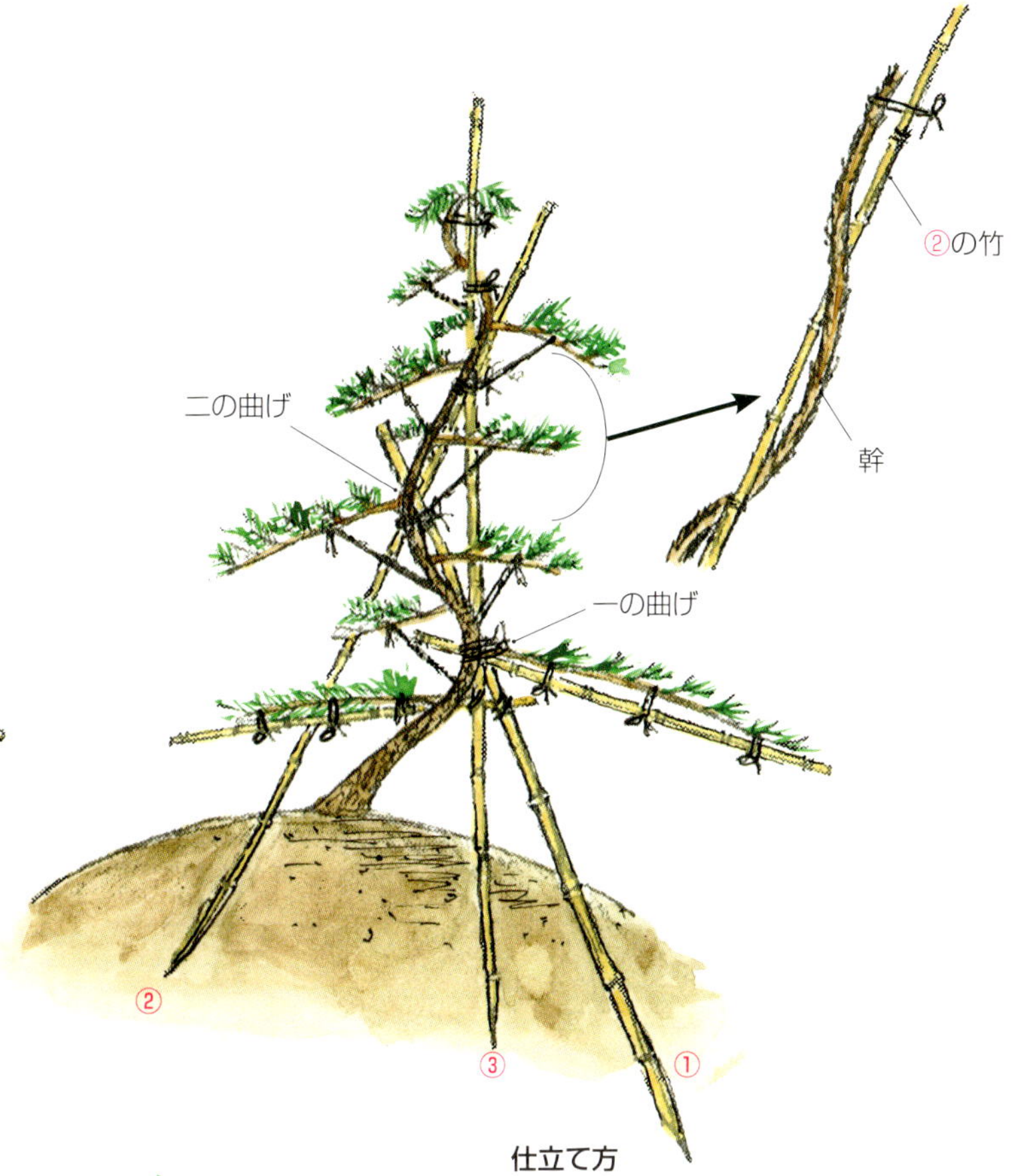

枝のつくり方

- 太い枝は竹の先の細い部分（裏竹）を取り付けて誘引し、細い枝はシュロ縄で引き下げる
- 枝は水平より下に固定することがコツである
- 枝は６ヵ月くらいで水平かやや上にもどるので、ミドリつみ、もみあげのときに必ず修正していく

仕立て方

- 最初は太い①の竹か丸太をしっかり取り付け、一の曲げをきれいにつくることが大切である
かなり力のいる作業である
- 次に②の竹を挿し、二の曲げをつくる
- 三, 四の曲げは②や③の竹に幹を巻き込みながらつくっていくので、一、二の曲げのようにはっきりは出なくてもよい

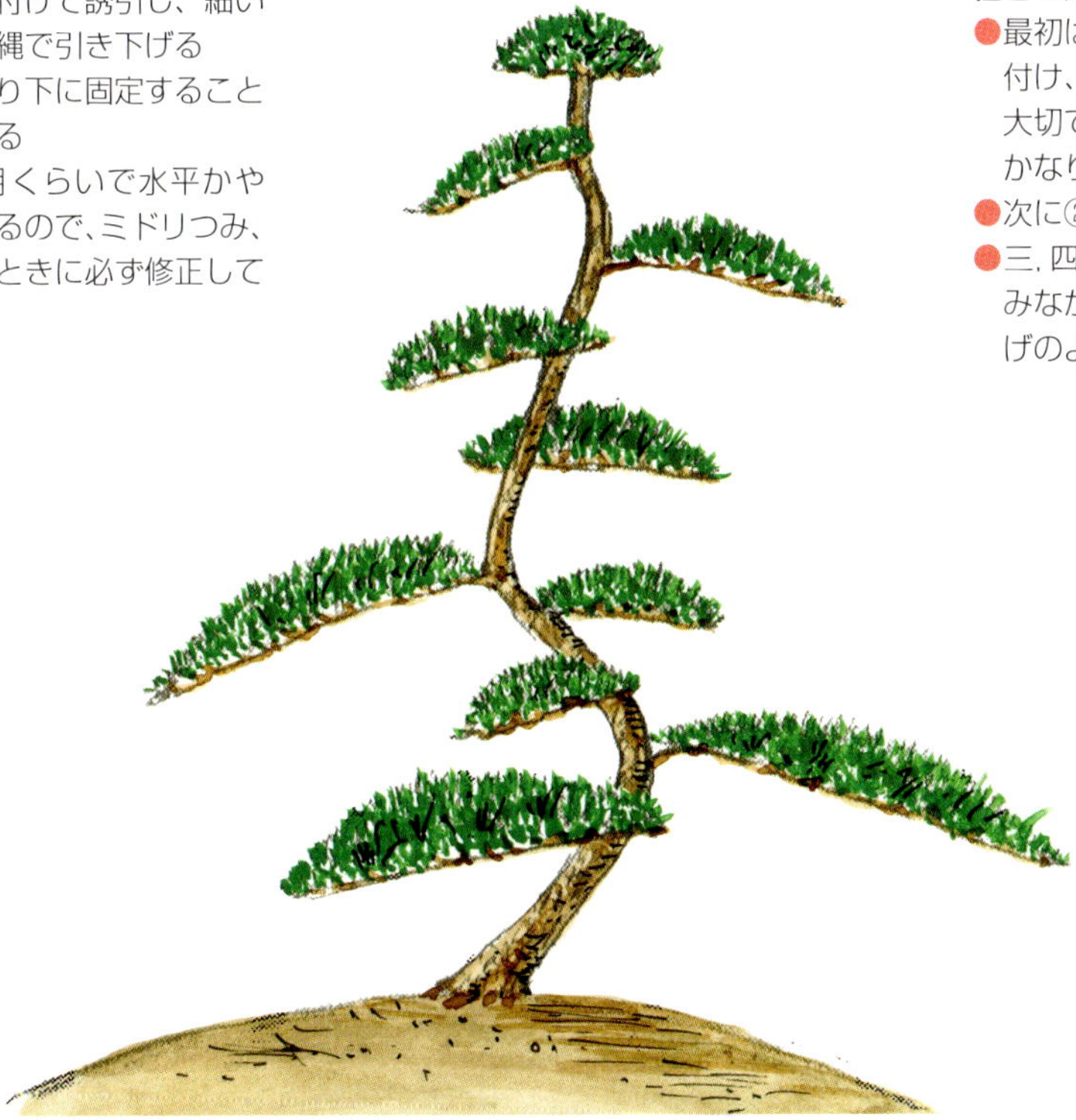

仕立てあがり

- 仕立てて４～５年の管理で、一応は眺められる樹形になり、その後はミドリつみ、もみあげ、枝なおしをくり返していけばよい

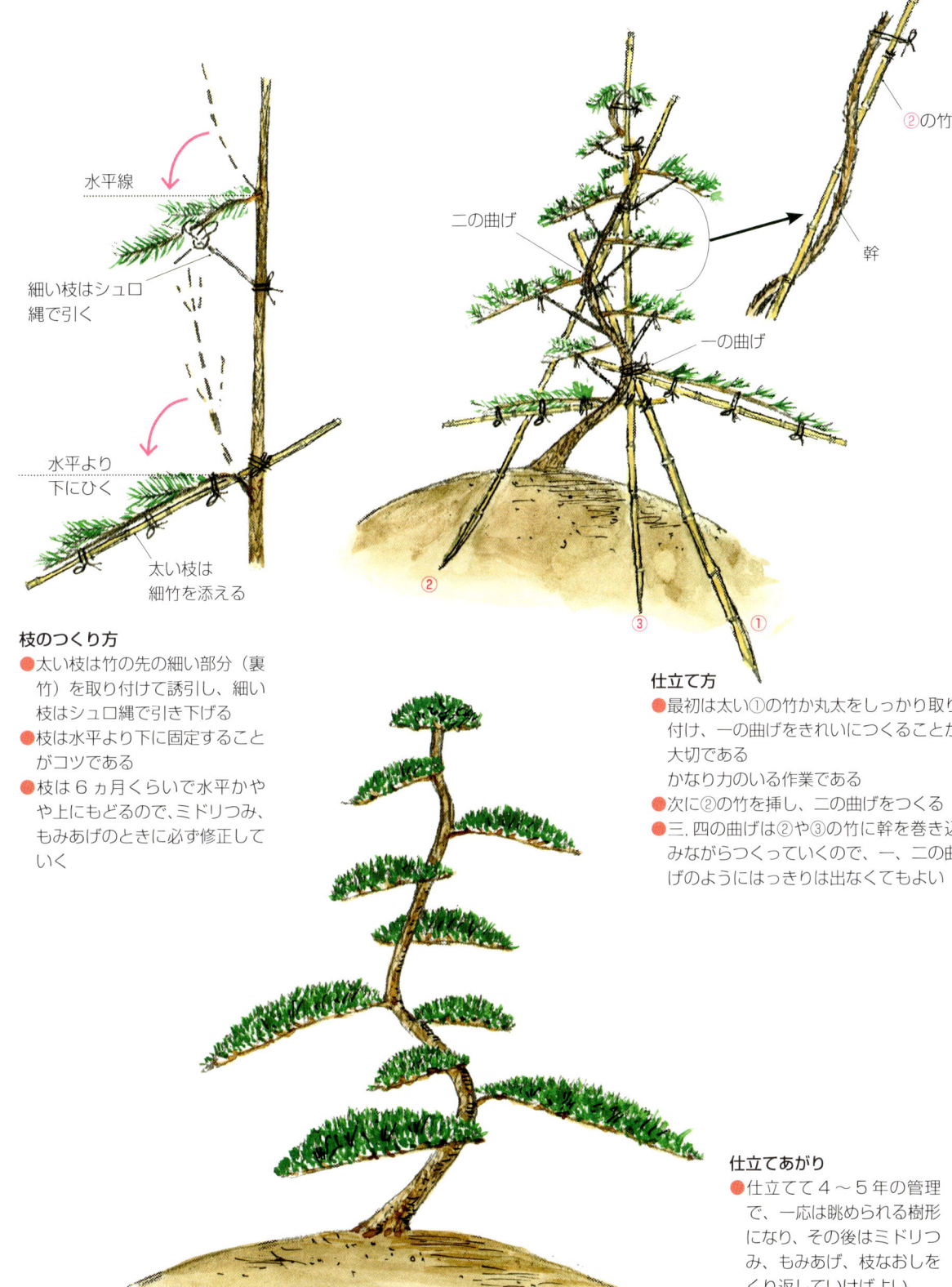

樹高を低くしたい

樹形をなおしたいとき

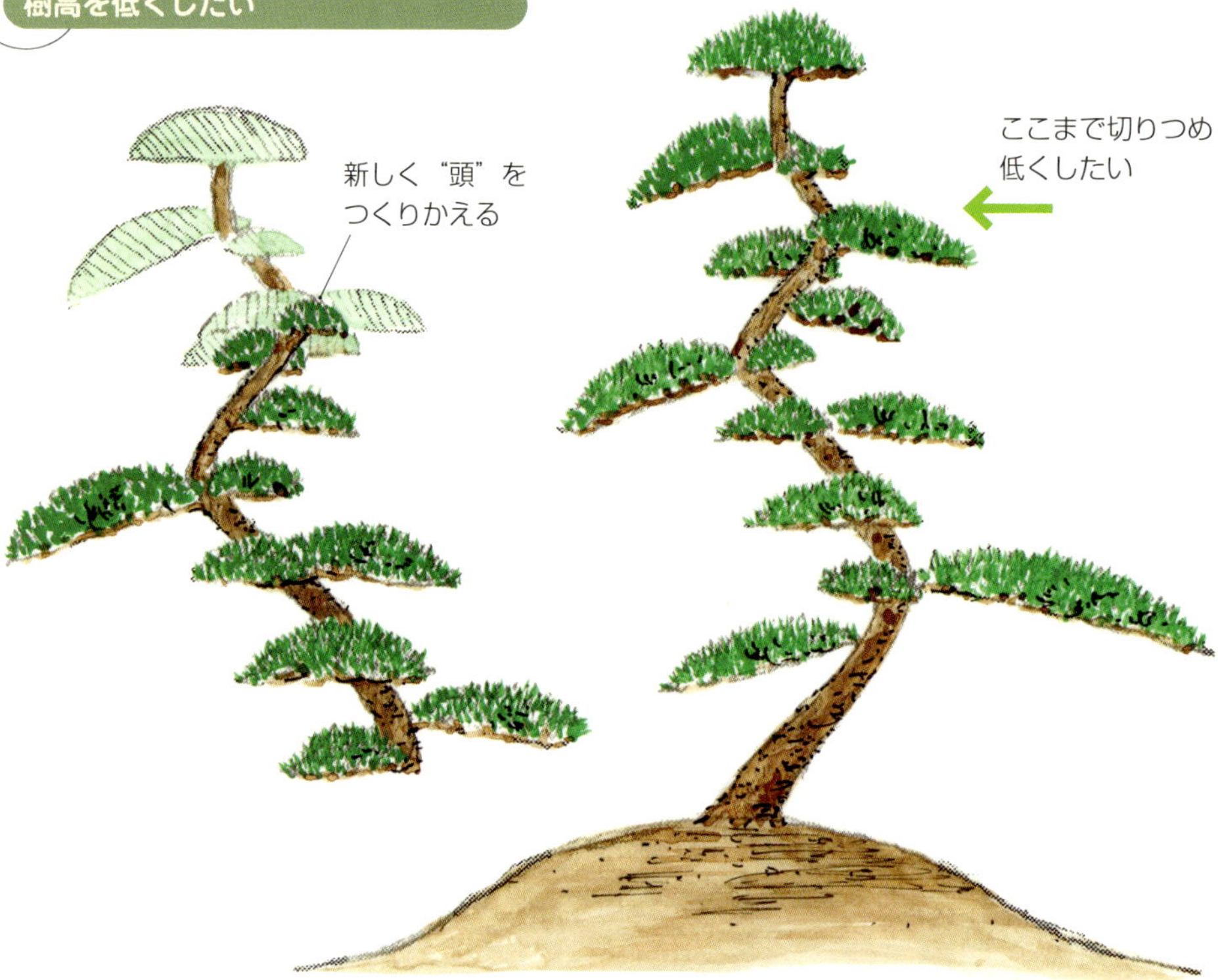
新しく“頭”をつくりかえる
ここまで切りつめ低くしたい

●目的の高さの枝を残し、上部を切り取る
●太い幹からの萌芽は望めないので、必ず現在できている枝を使って“頭”をつくりかえていく

残せる小枝は極力残し“頭”をつくる

手入れ時期

枝の切りつめ・せん定・整姿

1 2 3 4 5 6 7 8 9 10 11 12

▼マツに限らず、完成した庭木も年々少しずつ大きくなり、また家庭環境の変化などで、その場に釣り合わなくなる場合がある。

▼このようなときに、木を入れ替えることは大変であり、不経済でもある。そこで、いま植えてある木をさらに大きく、または小さく仕立てなおしていくことをすすめたい。幸いにも新しく伸びる芽は上に伸びるので、ミドリつみのときに頂部の玉の中心部から伸びた元気のよい芽を残すが、短いときには二年伸ばすなど、気長にかまえて頭に描いた樹形をつくっていきたい。

▼逆に小さくする場合は、目的の高さに、玉のすぐ上で切り取り、玉をくずして小枝を幹の中心部に集めて〝頭〟としていくが、低く仕立てなおすときほど全体のバランスをみて切る位置を考えていきたい。

▼大きくするにも、小さく仕立てなおすにも、あまり急がずに年数をかけて美しい樹形に仕立てていくことが大切である。

樹高を高くしたい

幹にするので、葉はもぎ取る
不要な枝は切り取る
従来の“頭”は小枝を抜き、くずしておき、上と並行してつくりなおしていく

ふつうは中心の枝を残すが、幹をやや右に曲げたいときには、右側の芽を残してもよい
この“頭”を左に大きくつくりかえる場合は
その下の枝は幹のまわり近くに枝をまとめるとバランスがとれるようになる
元の形

翌年もミドリは強くつまないで伸ばす
竹を添えて目的の位置にもっていく

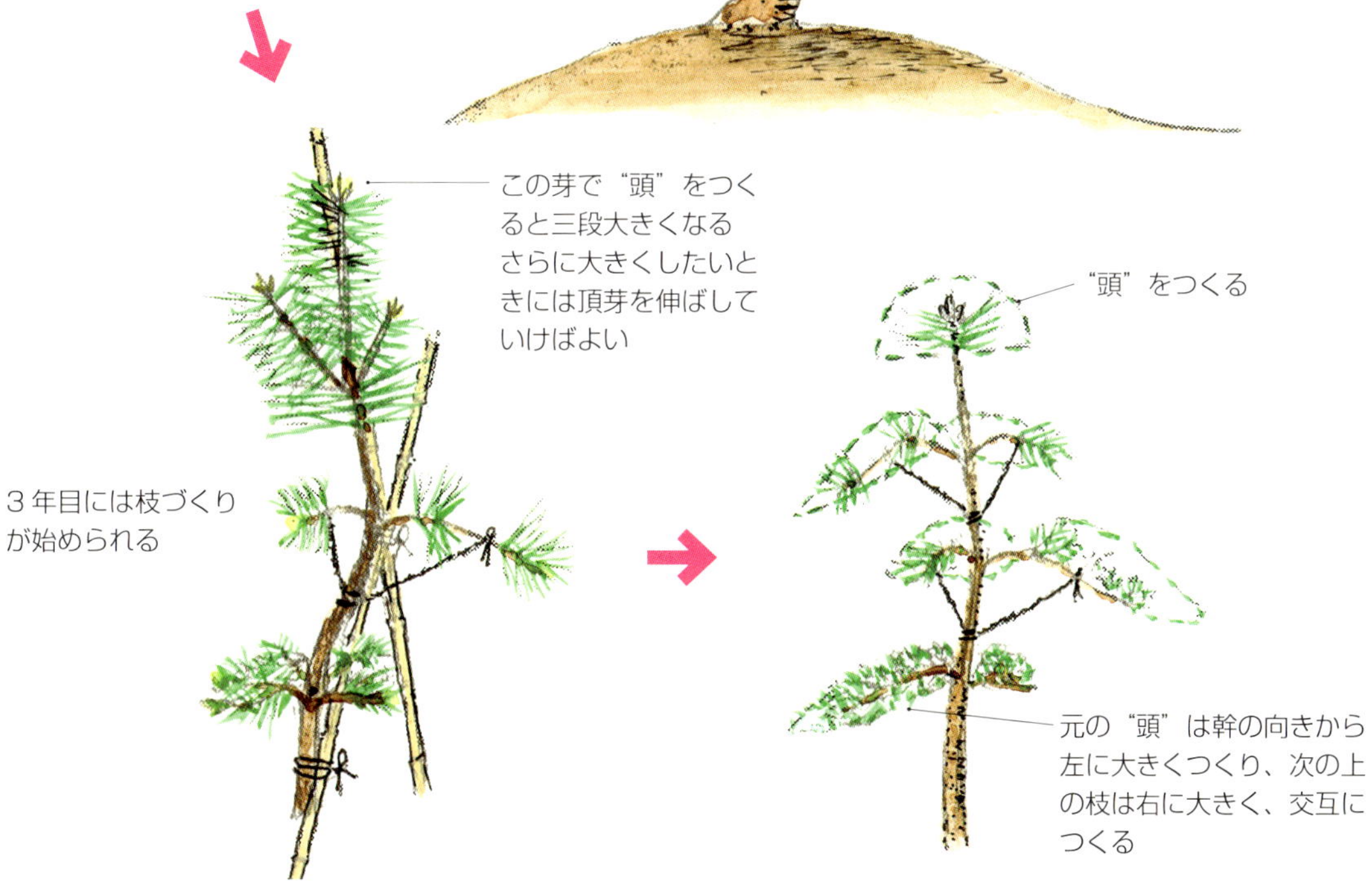
この芽で“頭”をつくると三段大きくなる
さらに大きくしたいときには頂芽を伸ばしていけばよい
３年目には枝づくりが始められる
“頭”をつくる
元の“頭”は幹の向きから左に大きくつくり、次の上の枝は右に大きく、交互につくる

形よく仕上げる整姿のコツ

ヒバ類を形よく仕上げる

［ヒバ類の枝の出方］（特にヒノキ、サワラ、チャボヒバ）

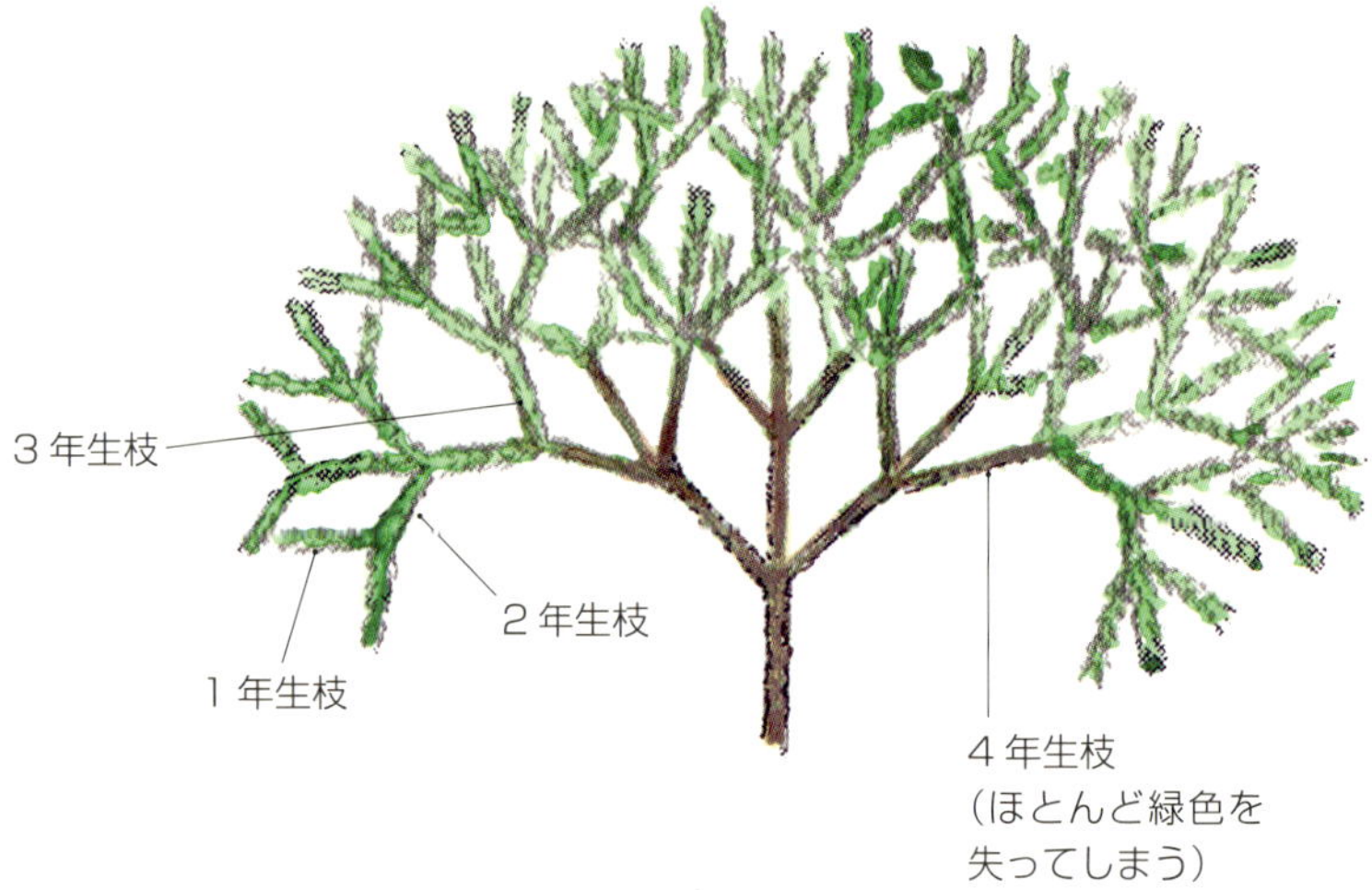
３年生枝
２年生枝
１年生枝
４年生枝
（ほとんど緑色を
失ってしまう）

［ヒバ類の整姿のコツ］

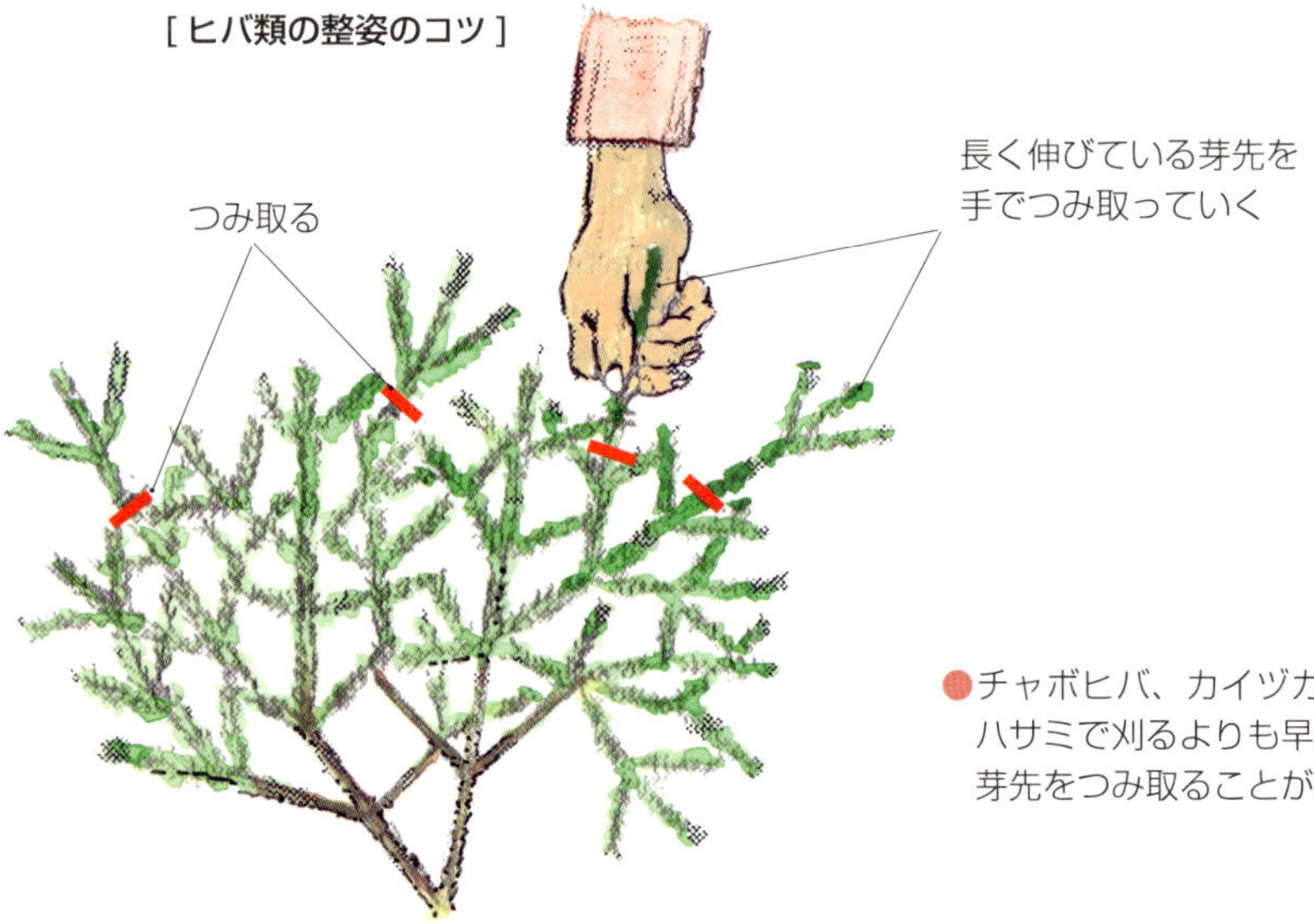
つみ取る
長く伸びている芽先を
手でつみ取っていく

●チャボヒバ、カイヅカイブキなどは、ハサミで刈るよりも早め早めに指先で芽先をつみ取ることが理想的である

手入れ時期

1
2
3
4
5
6
7
8
9
10
11
12
刈り込み
刈り込み
刈り込み
刈り込み
イトヒバ、チャボヒバなどの整姿

▼ひとくちにヒバ類といっても種類が多く、それぞれ小枝の出方や密生度、葉の大きさなどが異なるので、整姿作業も多少ちがってくる。

▼共通していえることは、三～四年生枝以前の緑色を失った古い枝からの萌芽はまず見込めないので、せん定の回数を減らし、長く伸ばして強く刈り込むことは絶対に避けたい。したがって大きくなりすぎたものを小さくつくりかえるには、少し年月をかけて行なう。

▼ヒバ類は花に関係なく、美しい樹形をつくるには刈り込みの回数を多くし、小枝を密生していくことがポイントである。刈り込みの時期については、十二～二月のほとんど生長しない時期を除き、少し伸びたところで芽先をつみ取っていくことのみの作業をくり返していけば、美しい樹形が保てる。

▼小枝を長く伸ばすイトヒバや、生育の遅いチャボヒバ、クジャクヒバなどは、新梢のかたまった七月ころと十二月の二回、あるいはどちらか一回でも十分である。

針葉樹の円錐形仕立ての仕立て方

（ヒノキ、サワラ、シノブヒバ、ヒムロスギ、イチイ、イヌマキなど）

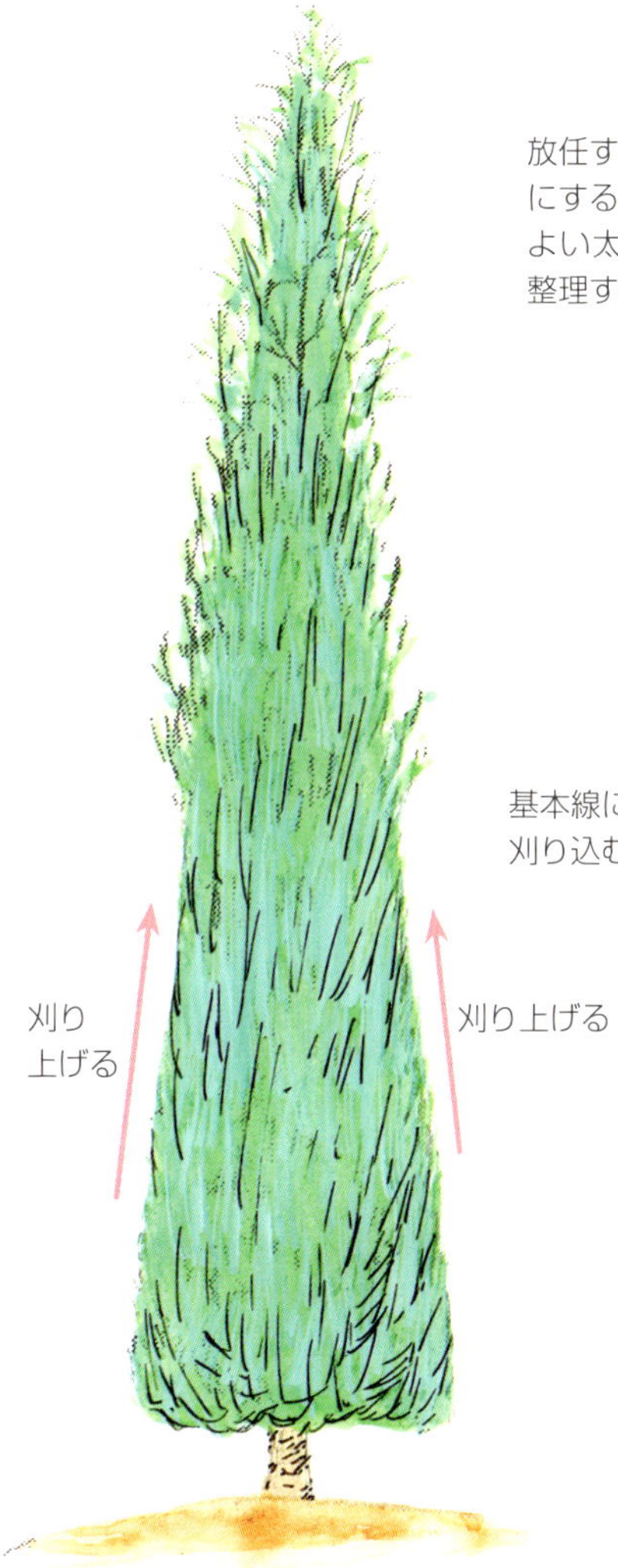
放任すると芯が数本立ち、そのままにすると太い枝となるので、元気のよい太い枝を１本残して他の枝は整理する
刈り上げる
刈り上げる

- 側面の刈り込みはできるだけ回数多く行ないたい
- 刈り込みは下から上に刈っていく

さらに大きくしたいときには、芯の太い枝を１本残し、これを刈り込んでいく
このような小枝を基本線に沿って刈り込んでいく

基本線に沿って刈り込む
［完成］

ふところ枝が枯れ込むとき

枯れ枝を出さない刈り込み法

緑の部分を残さずに強く刈り込むと、枝枯れを多く生ずる
枝先を軽く刈るだけでは年々大きくなってしまい、しまった樹形にならない
3～4年以前の部分で、ここより内側には緑色の部分はなく、褐色になっている
緑色の部分を少し残して刈り込むことが望ましい

手入れ時期

月	作業
1	
2	
3	
4	
5	
6	刈り込み、枝枯れ箇所への枝の誘引
7	
8	刈り込み
9	
10	
11	刈り込み
12	刈り込み

▼ヒバ類は古い枝からの萌芽が望めないので、ふだんの管理には十分気をつけ、枝枯れを起こさないようにしたい。枝枯れの原因には、強い刈り込み、いたずらや倒れ物などによる枝折れ、病害虫による枯損、生理障害などがあげられる。枝枯れを生じたときの処置としては、枯れ枝を深めに切り取り、周囲から小枝を誘引して穴を埋めていくのが最も確実な方法といえる。

▼まず枯れた枝はつけ根から切り取り、そのまわりの枝を手か小さなホウキでよくはたいて小さな枯れ枝もきれいに落とす。さらに切り取ってできた穴の大きさよりもやや大きめのカゴを、細い篠竹か割り竹で五×五センチ目くらいの大きさに編み、これを穴の中に入れ、周囲の小枝を平均に誘引して止めて穴をふさぐ。

▼その後は一般的な刈り込みによって小枝をふやしていけば、二～三年で完全にふさがる。小さい枯れ穴は、周囲の小枝をシュロ縄で引いておくだけでよい。

部分的に枝枯れが出たときのなおし方

枯れている部分
生きている部分
枯れている部分より深く切る
枝枯れを生じたら、枯れた部分よりもやや深く切り取る
枯れた部分はきれいに切り取る
やや大きめに切る

- 周囲の小枝を引き寄せ、穴に平均に配る
- 穴が大きいときは、細い割り竹で、穴よりやや大きめのカゴを編み、切り取った部分にはめ、このカゴに小枝を誘引する

〈竹カゴ〉

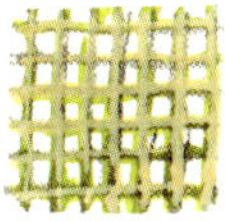

5×5㎝くらいのマス目に細い篠竹か割り竹で組む

用途による仕立て方のくふう

［円筒形仕立て］
幹は頂部より 50 ～ 70㎝下で止める

［自然形］

［玉仕立て］
（丸刈り仕立て）

- 自然形は広い庭の外周に植え、目隠し用樹としてよく利用するが、狭い庭では大型円錐形などをよく利用する
- 円筒形は庭の主木によく使われる
- 小型円錐形や玉仕立てなどは通路沿いや法面などによい

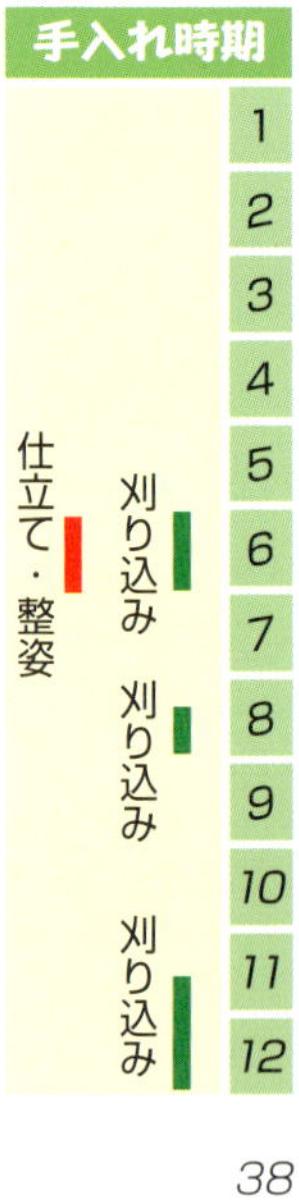

▼ヒバ類は、枝を伸ばすとき、一応円錐形の姿はつくっていく。しかし広い庭であればこれでもよいが、狭い場合、場所相当の大きさに仕立てなければならない。幸いにもこの仲間は樹勢が強く、土質もほとんど選ばないこと、生長が早く萌芽力もよいので、思いどおりの樹形をつくれる。苗木の生産量も多く、価格も安く、使いやすいといった利点があるので、主木としてよりも、脇役として庭のドラマを盛り上げるのに適した材料といえる。

▼用途別にいろいろな形につくり楽しめるが、いずれの樹形にも共通することは、小さいうちからその樹形にそって仕立てていくことである。小苗のうちから仕立てる形を描きながら、刈り込み回数を多くして小枝を密生させることがポイントである。

▼肥料切れは枝枯れや、枝と枝の間隔が広くなることにつながり、目的の樹形に至らなくなる結果ともなるので、チッソ過多にならない適切な肥培管理も大切である。

[小型円錐形]
（多少変形にアレンジすると
おもしろい）
下から刈
り上げる
[円柱形仕立て]
（ローソク仕立て）
[大型円錐形]
[散らし玉仕立て]
[スタンダード仕立て]
樹冠を楕円形にした
スタンダード仕立て
天端を刈ってから
側面を刈る
[生け垣仕立て]

小さく仕立てなおしたいとき

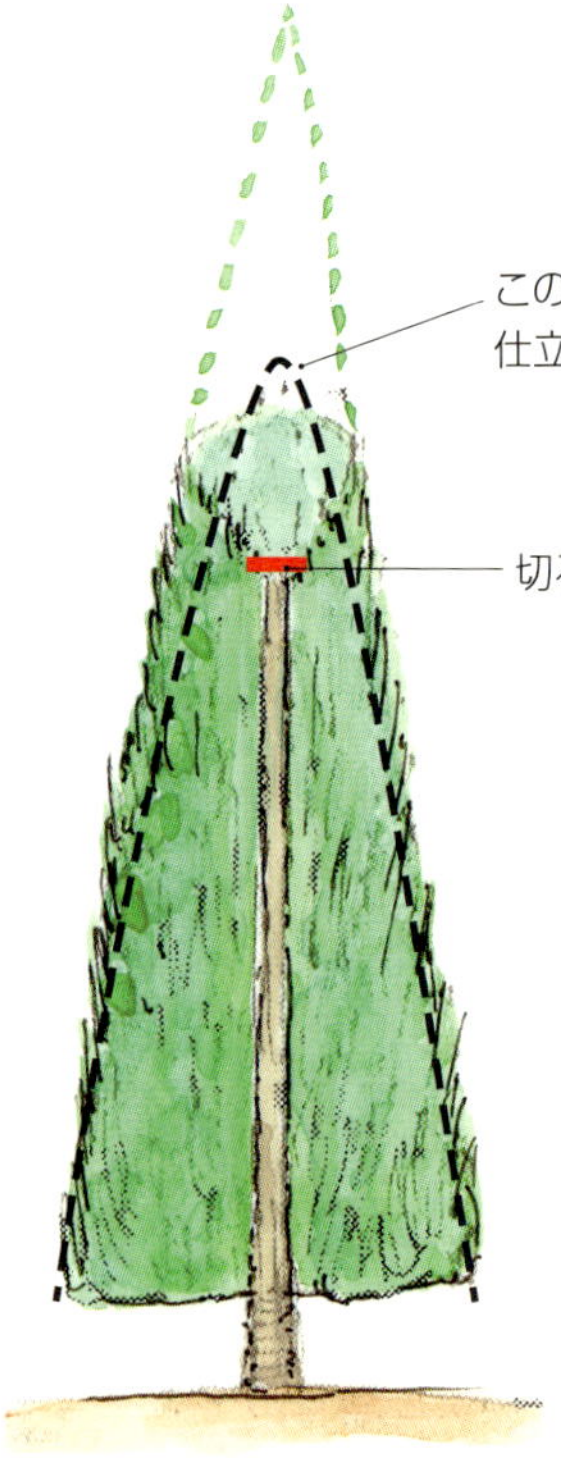
この形までは小さく
仕立てなおせる
切る

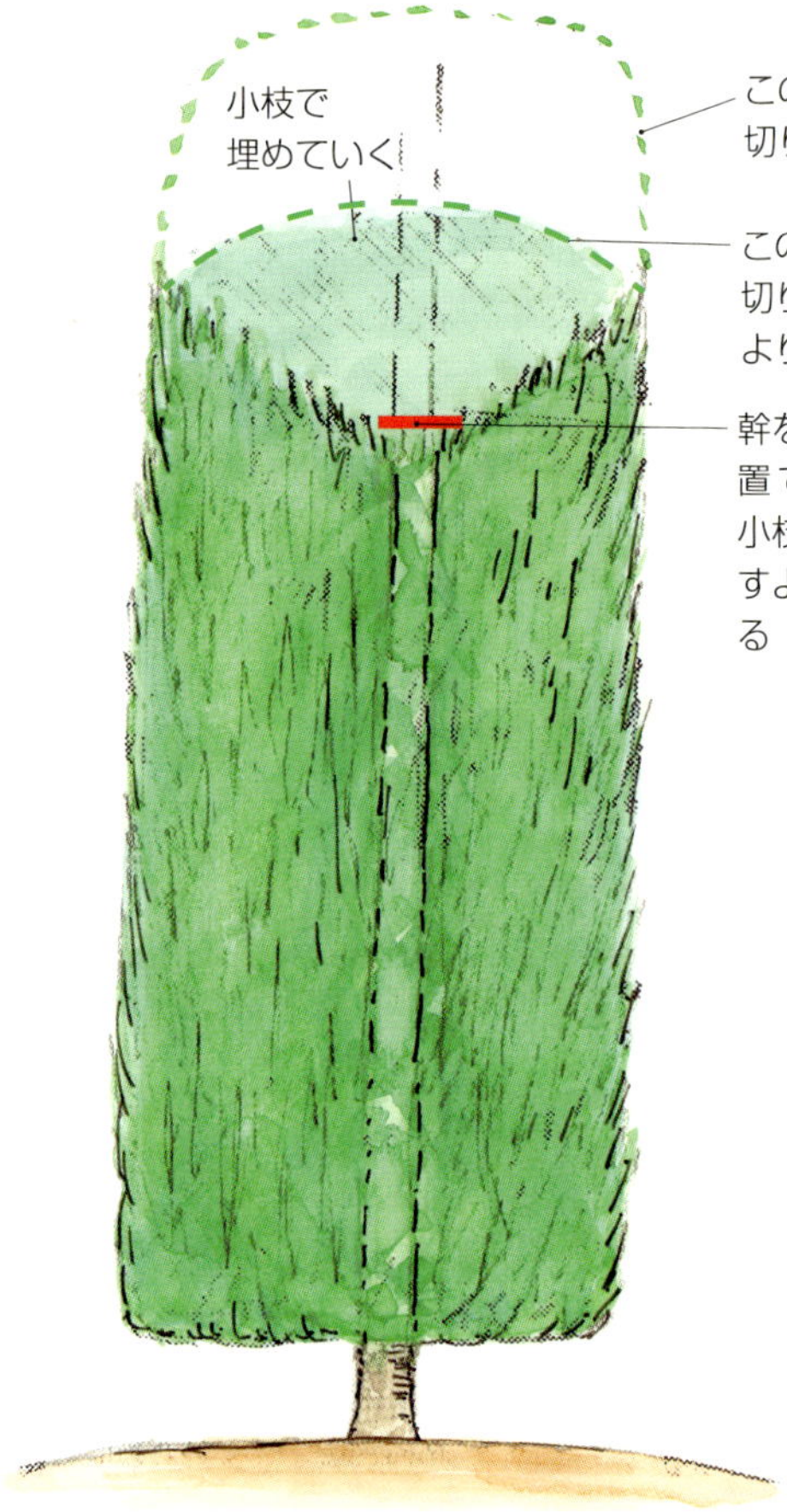
小枝で
埋めていく
この部分を
切りつめる
このように
切りつめる
よりは
幹を低い位置で切り、小枝を伸ばすようにする

[円筒形仕立ての切りつめ方]

[玉仕立ての切りつめ方]

小さくするのもこれくらいである
このように小さく
仕立てなおすこと
は困難である

▼ヒバ類は強度の刈り込みが適さないところから、イヌツゲやモチノキなど、常緑広葉樹のように、樹高も枝張りも著しく切りつめて樹形をつくりかえる、ということはできない。せめて樹高を低く切りつめる程度で、側面までも強く切ることは不可能といえる。

▼上部の切りつめは、若木のうちであれば、目的の高さよりやや低い位置でスッパリ平らに切り取ってもよい。

▼しかし、ある程度太くなったものは、目的の高さよりも五〇～七〇センチ低いところで幹のみを切る。すると、ちょうど頂部がスリバチ状の状態になる。これは、一～二年では元通りにはならないが、四～五年でほとんど埋まり、仕立てなおせるので気長に管理していく。

▼スタンダード状のように玉状に仕立てる場合には、小枝が幹を中心に、四方に均等に密生している部分を利用し、枝先を軽く刈り込みながら、小枝を密生させ、玉を徐々に大きくしていく。

手入れ時期

月	作業
1	
2	切りつめ・仕立てなおし
3	切りつめ・仕立てなおし
4	切りつめ・仕立てなおし
5	
6	
7	
8	
9	
10	
11	
12	

4～5年で小枝が伸び、頂部ができる

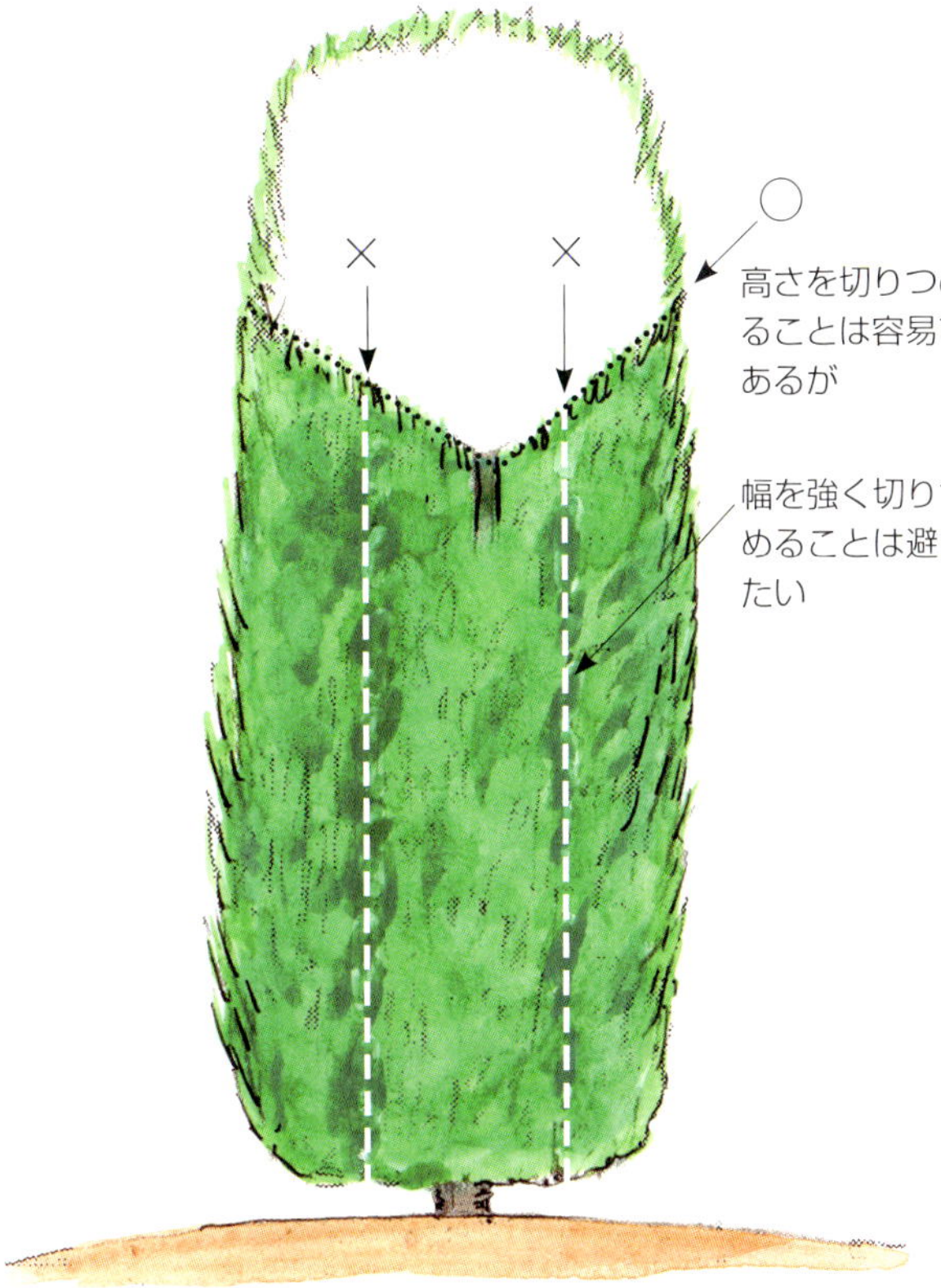
×
×
○
高さを切りつめることは容易であるが
幅を強く切りつめることは避けたい

●切りつめは、まず幹を目的の高さより50～70㎝低いところで切り、スリバチ状になったところを、年数をかけて自然に埋めていくようにする
一定の高さで水平に切りつめることは絶対に避ける

水平に切りつめないこと

チャボヒバの仕立て方

●２ｍくらいの大きさから枝をつくり始めていく

●樹高 1.8～２ｍくらいまでは長く伸びる枝を切り取る程度のせん定にとどめ、芯を伸ばしていく

●挿し木７～10年生苗（支柱を取り付けて芯を立てていく）

手入れ時期

月	作業
1	
2	
3	仕立て・整姿
4	仕立て・整姿
5	
6	芽つみ
7	芽つみ
8	
9	
10	
11	芽つみ
12	芽つみ

▼本種はヒノキの変種で、この仲間のうちでは最も生育が遅く、小枝が密生するところから、チャボ＝矮性と呼ばれているが、決して大きくならない木ではなく、高木となる。樹形が美しいことから、ヒバ類中最も価値のある樹種で、昔から庭の景養樹として大いに利用されてきた。

▼枝が極端に伸びるようなことはなく、小枝を密生していくので、半ば放任しても、ある程度樹形を整えるのが特徴といえる。

▼しかし移植をあまり好まないという欠点もある。人の背丈くらいまでの大きさのものであれば、むずかしくはないが、大きくなるにしたがい、また四～五年以上植えたままの木は、十分根回しをして、細根を十分つくってから移すようにしたい。大きな木は一～二年かけてていねいに根回しをしてからあつかいたいものである。

▼肥培がすぎると先祖返りして、きれいにつくられた樹冠から枝が出る。これらの枝は早めにつけ根から切り取る。

[円筒形仕立て]

[散らし玉仕立て]

[円柱形仕立て]

イトヒバの仕立て方

苗からの仕立て方

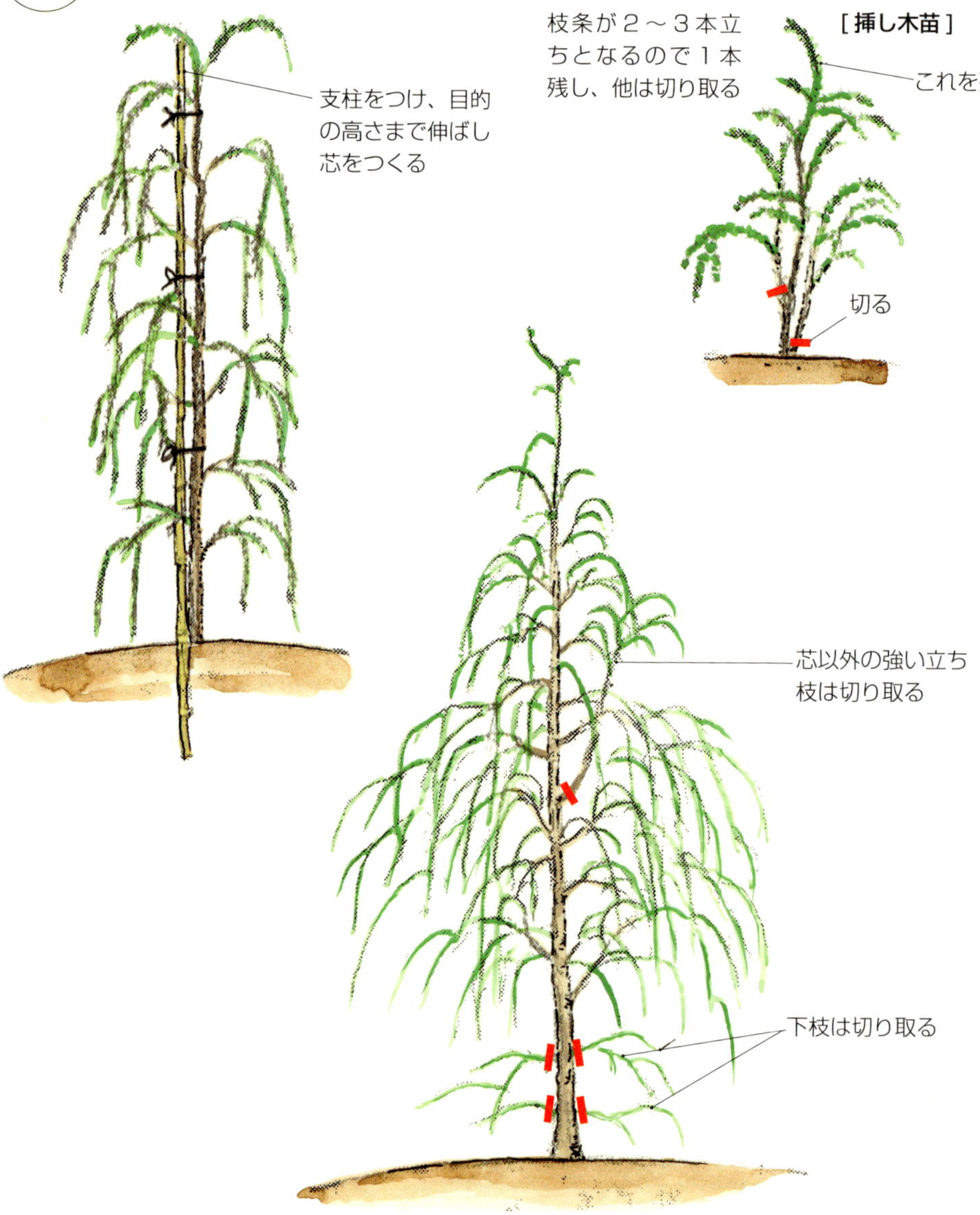

支柱をつけ、目的の高さまで伸ばし芯をつくる
枝条が２～３本立ちとなるので１本残し、他は切り取る
［挿し木苗］
これを残す
切る
芯以外の強い立ち枝は切り取る
下枝は切り取る

手入れ時期

月	作業
1	
2	
3	
4	
5	
6	
7	整姿
8	
9	
10	
11	
12	整姿

▼サワラの変種の本種は、この仲間では唯一のしだれ性で、葉が糸のように細くて長く下垂する。

▼放任しても樹形をよく整えるが、小苗のうちから添え木を取り付けて芯を立てていかないと、枝は垂れ下がって地を這うように張ってしまい、芯も二〜三本立ってしまう。

▼挿し木苗を庭に植え、五〇〜七〇センチ育ったときに、まっすぐに伸びた元気のよい枝を一本残して他を切り取り、これを幹として目的の高さまでは添え木によって伸ばしていく。二メートルくらいまでは枝をよく伸ばして横に大きく張るが、少し間引く程度にし、小さいうちから強い枝抜きや切りつめは避け、芯を上に伸ばすとともに、幹の太りを助けてやる。

▼幹が目的の高さになったら芯を止め、枝を整理していく。枝は幹から四方に等しく配し、上下の間隔も同じようにとりたい。細かい枝は、枝先を一律に切らず、一、二、四本とか、三、六本という順に小枝をふやしていく。

［好ましい整姿法］

●小枝をつけ根から間引き、全体を整えていく

［好ましくない整姿法］

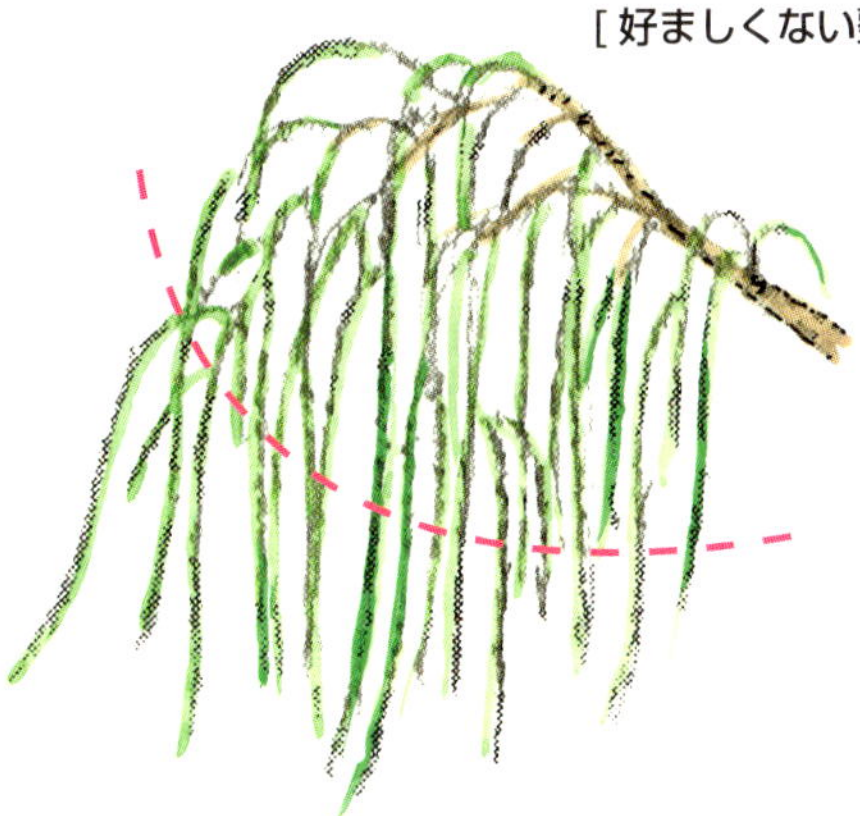

●一律に切ることは絶対に避けること

［標準的な樹形］

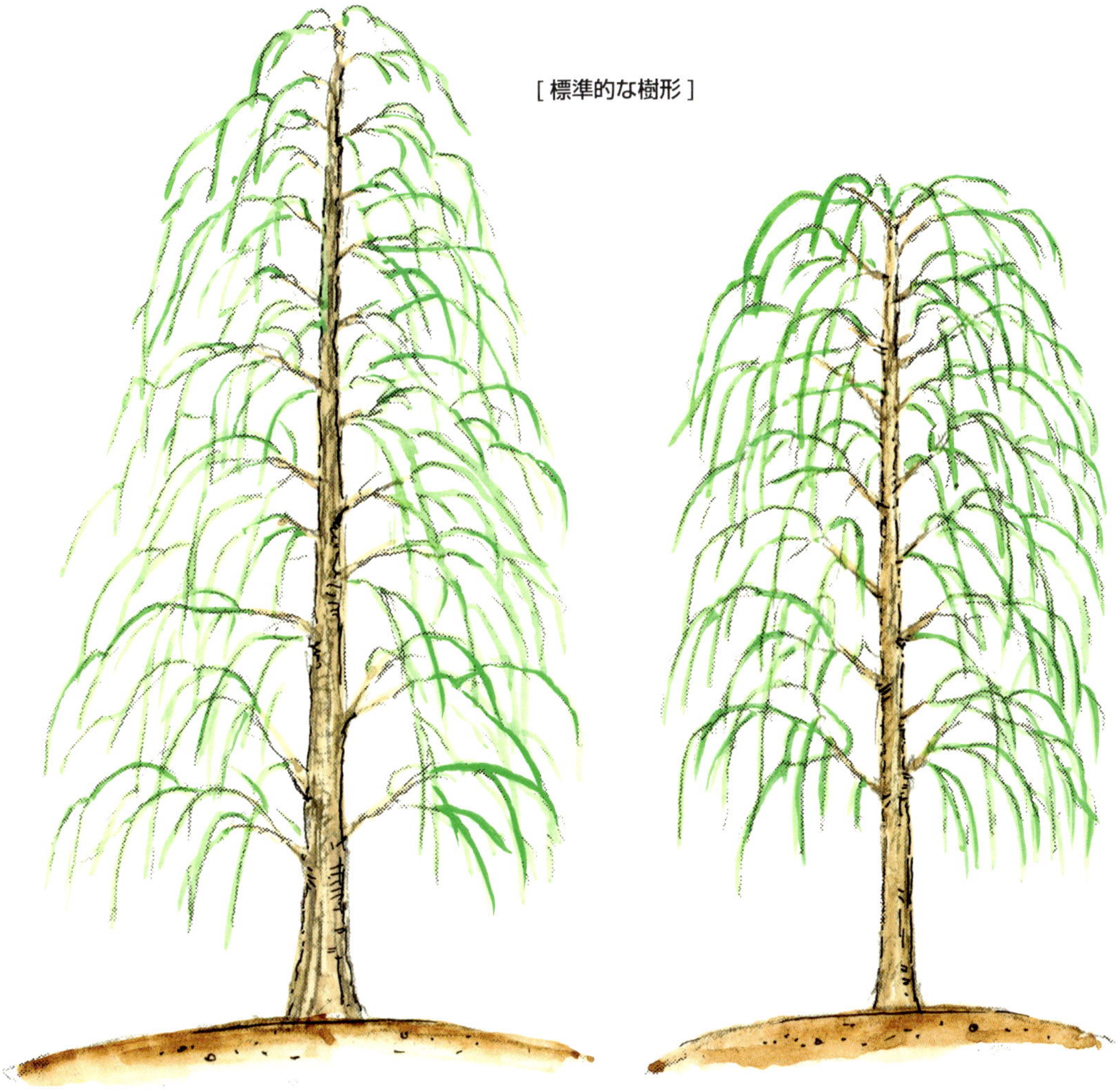

樹形と使い方

庭の外周沿いや建物ぎわの列植に適する

手入れ時期

月	作業
1	
2	
3	
4	芽つみ・刈り込み
5	芽つみ・刈り込み
6	芽つみ・刈り込み
7	芽つみ・刈り込み
8	芽つみ・刈り込み
9	芽つみ・刈り込み
10	芽つみ・刈り込み
11	
12	

▼本種は純然たるわが国原産の木でありながら、最も洋風的な樹木であるところから、その人気は衰えることなく、庭や公園、学校などによく使われている。ヒノキ、サワラと同じヒノキ科でありながら、その樹形や葉の色彩が他種に見られない点などが、好まれる要因と考えられる。

▼仕立て方は、円錐形が自然樹形であるところから、少し手を加えると美しい円錐形になる。この形が最も一般的である。

▼このほか最も多く仕立てられるのが円筒形で、目的の高さで芯を止め、側面の芽先をつんでいくと容易に仕立てられる。玉仕立てでは挿し木三～四年生苗から芯を止めて仕立てる。スタンダード仕立ては、下枝の枯れ上がった苗を使い、球形や縦長の楕円状に仕立てていく。

▼イヌツゲやマツ類のように、枝を大きく半球状に仕立てる散らし玉仕立て、幹を曲げた曲幹散らし玉仕立て、生け垣にもよく使われている。

[玉仕立て] アプローチや芝庭によい

[円筒形] 景養木に適する

[スタンダード仕立て]
洋風の建物や庭によく調和する樹形

[散らし玉仕立て]
マツやイヌツゲなどのように、庭の主木や景養木として使われる

[生け垣]

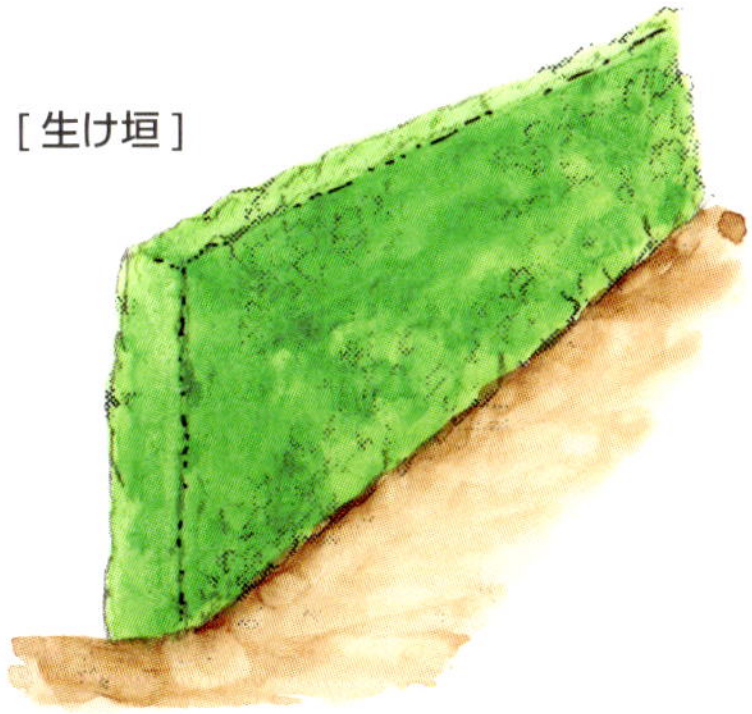

枯らさない苗木の植え方

素掘り苗と根巻き苗

イ
長い枝は
切りつめる

［根巻き苗］

● 1.5ｍ以上の苗は、ほとんど稲わらか根巻き材で根鉢が巻いてある

①
長い枝は
切りつめる
植えるときに長い
根、折れている根
を切る

［素掘り苗］

● 1.2ｍ以下の苗はほとんど根鉢をつけない

●生け垣などはこのような苗を使う

手入れ時期

- 3～4月：植えつけ・移植
- 8～11月：植えつけ・移植

▼大きな木は掘り取るときに、木の大きさ相応の根鉢をしっかりつけるが、小さい苗木は根鉢をつけず、ただ掘り取ったままの状態（素掘り苗と呼ぶ）であつかう。

▼落葉樹やイヌツゲのように細根の多いものはよいが、ヒバ類は常緑樹であり、地上部の枝葉の量に比べて根がややそまつなところから、小さい苗は慎重にあつかいたい。

▼素掘り苗は、届いたら、まず折れている根や著しく長い根は切りつめ、調整したらすぐ水に浸け、水揚げを十分に行なう。水揚げした苗はそのまま植えつけてもよいが、植える場所と同じ土を微粉状にして用意しておき、ぬれている根にこの細かい土をまんべんなくふりかけてから植えつけると、非常に結果がよい。

▼この方法はヒバ類に限らず、ミカン、キンカンなど常緑性はもちろん、落葉性の果樹苗、花木類などの素掘り苗にも効果がある。植えつけ後は支柱をしっかり取り付け、灌水は植えつけ後に行なう。

根巻き苗の植え方

ロ
支柱をしっかり
取り付ける
根巻き材や稲わらは
そのまま植えてよい
(ビニールシートや
ビニールひもは必ず
取り除く)

素掘り苗を枯らさない植え方

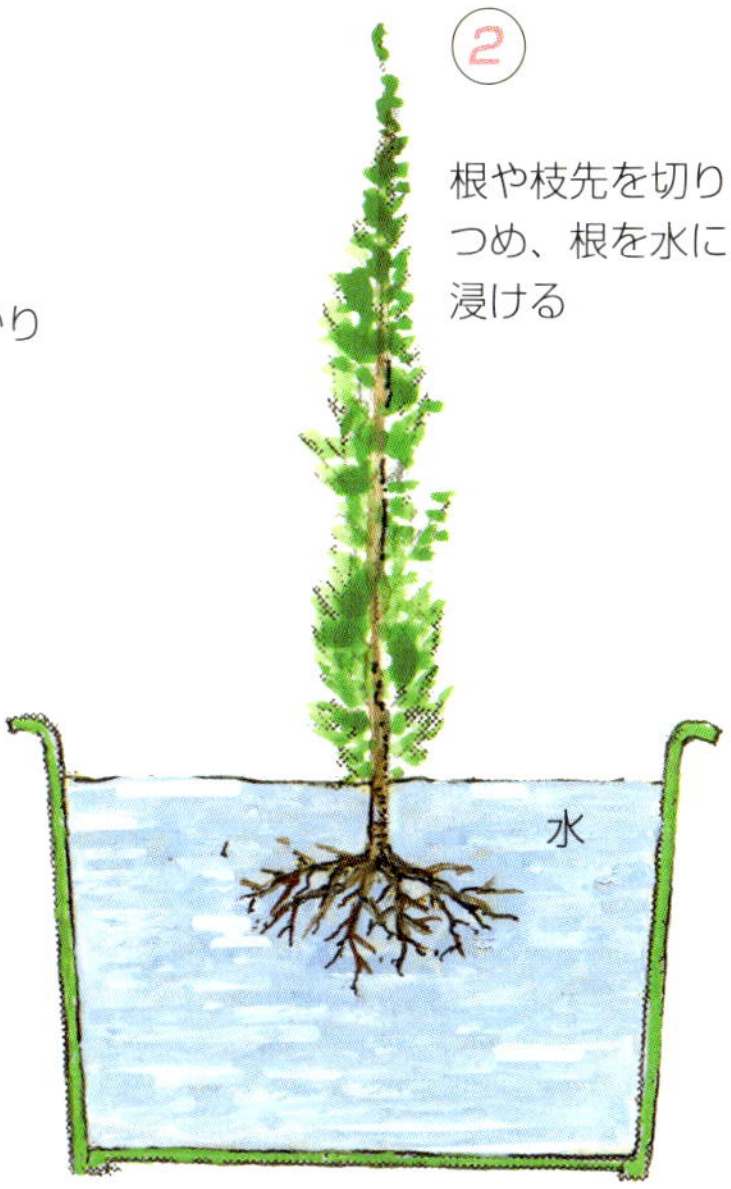
2
根や枝先を切り
つめ、根を水に
浸ける
水

3
ぬれている根に、
植えるところの土
を細かく砕いてま
ぶす

4
土の微粉を根にまん
べんなくまぶす

5
支柱をしっかり
取り付ける
必ず高めに
植えつける
植え穴は
大きめに
土があまりよくない
ところでは、穴底に
完熟堆肥を入れてよ
く踏み込む

整姿と放任樹の手入れ

芽つみの方法

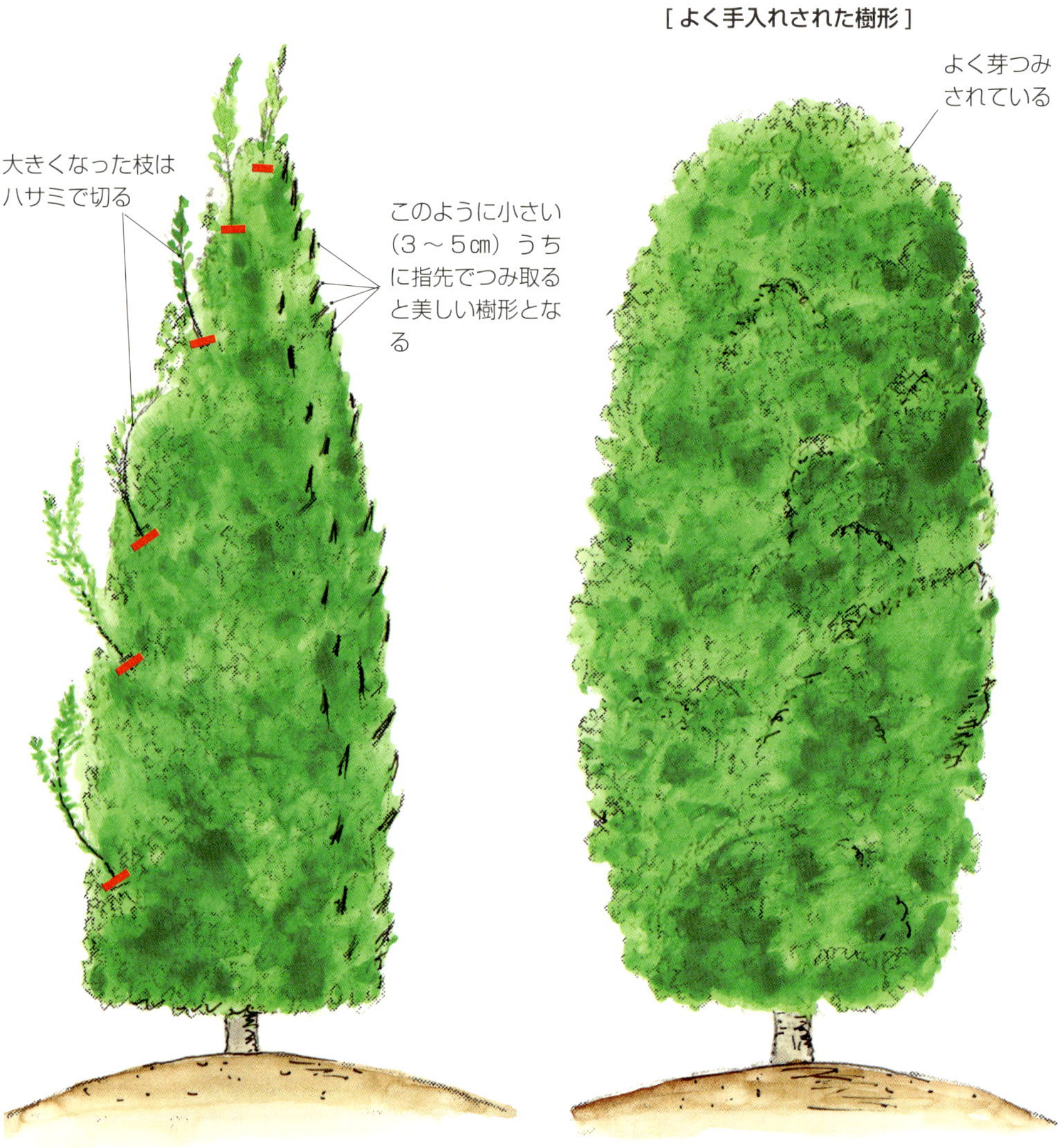
大きくなった枝はハサミで切る
このように小さい（3～5㎝）うちに指先でつみ取ると美しい樹形となる
［よく手入れされた樹形］
よく芽つみされている

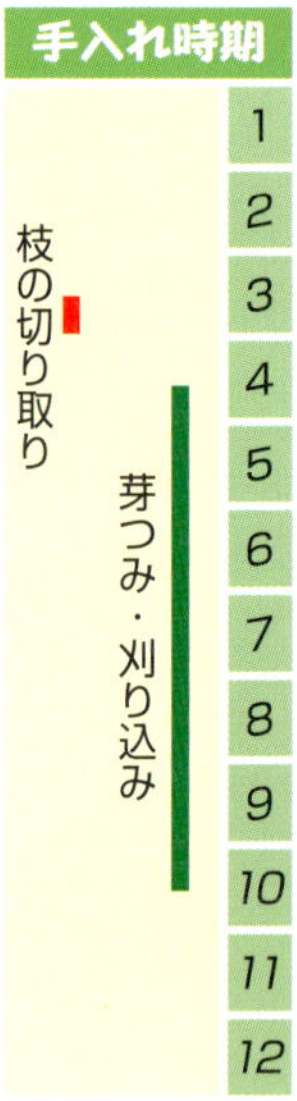
手入れ時期
1
2
3
4
5
6
7
8
9
10
11
12
枝の切り取り
芽つみ・刈り込み

▼本種の観賞目的は樹形であるから、整姿については時期にこだわらず随時行なってよく、つめばつむほど美しい樹形になる。

▼上手に仕立てるには、日当たり、排水のよい、やや乾きぎみの場所を選び、十分肥培する。肥培して萌芽を促し、芽が少し伸びたところで念入りにつみ取ることが、美しい樹形をつくるコツである。

▼関西地方は花崗岩質の吸肥力のない砂質の庭土であり、決して肥沃な土ではないが、美しい樹形になる。気候が非常に適しているためと思われる。

▼肥沃な土では枝がよく伸びてしまうので、時期を問わず芽先をつみ取っていく以外にはないといえる。半ば放任して大きく伸びてしまった枝は、つけ根から切り取り、あとにできた穴は三～四年かけて埋めていくか、思いきって枝抜きをし、散らし玉樹形につくりかえるのもひとつの方法である。いずれにしても強い刈り込みさえ避けていけば、意外といろいろな樹形に仕立てやすい。

長く伸びた枝の切り方

長く伸ばして
しまった枝

[好ましくない切り方]

樹冠線に沿って
切るとスギ状
の葉が出て
みにくく
なる

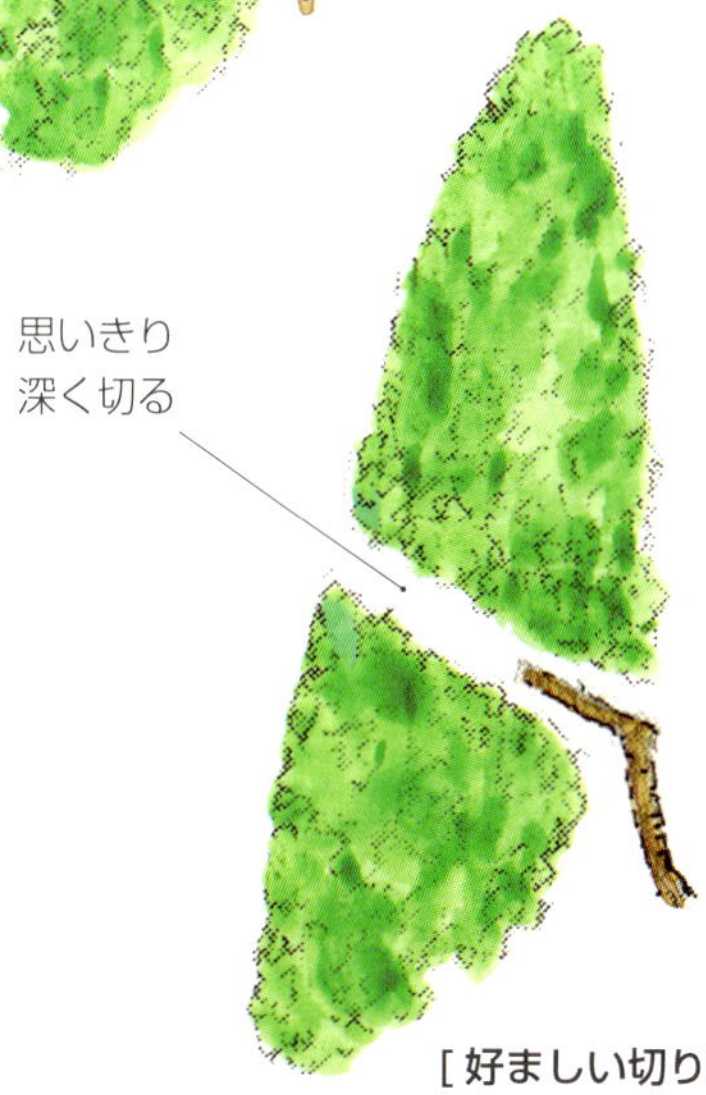
思いきり
深く切る

[好ましい切り方]

半ば放任した木の手入れ

このように長く伸ばした
枝は思いきって切り取る

不良苗や枝枯れ樹の仕立てなおし

不良苗のいろいろ

［芯が折れてしまった苗］　［芯が２〜３本に分かれている苗］　［芯の曲がった苗］

玉仕立てにつくりかえる

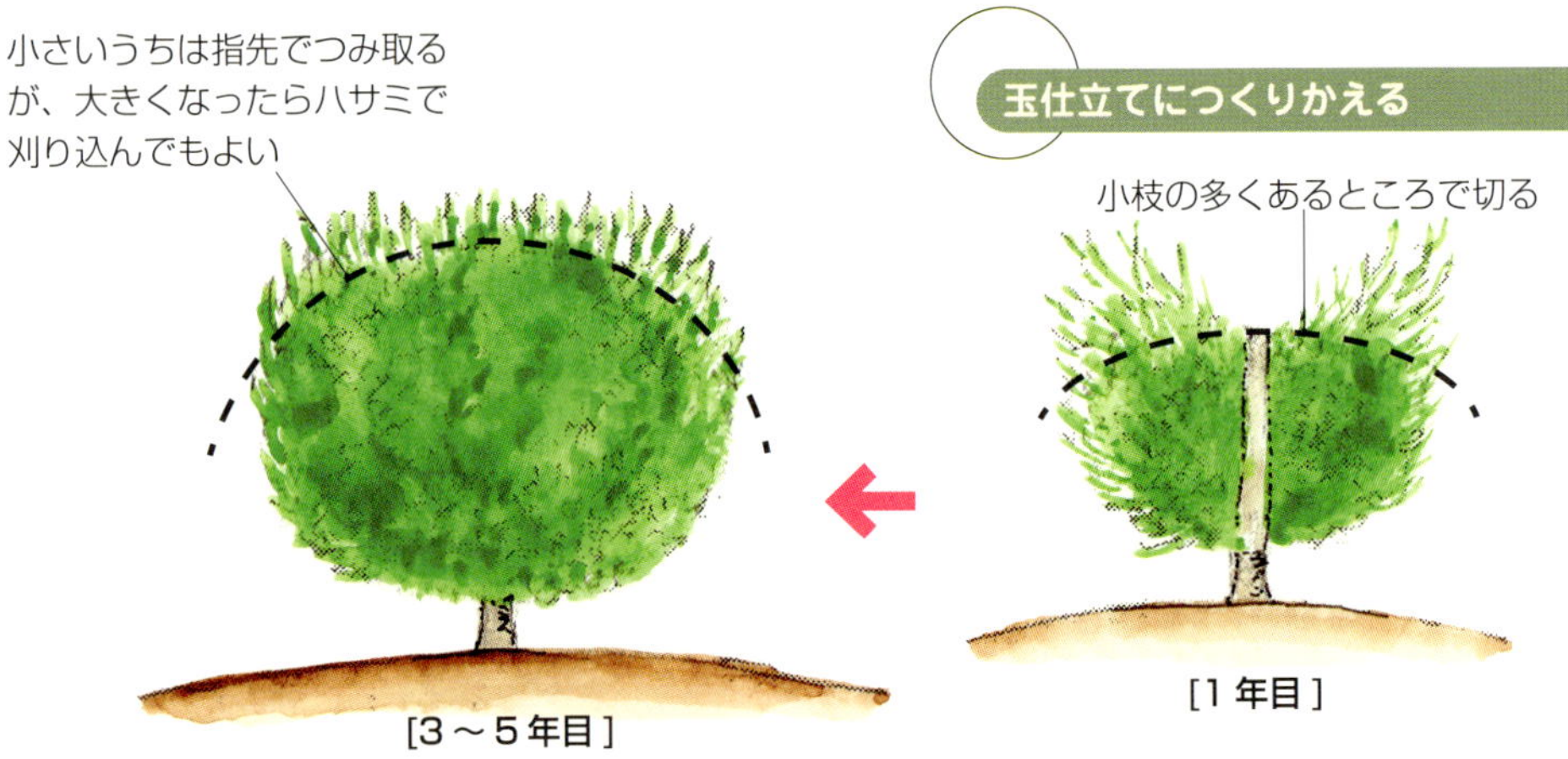
小さいうちは指先でつみ取るが、大きくなったらハサミで刈り込んでもよい
小枝の多くあるところで切る
［3〜5年目］
［1年目］

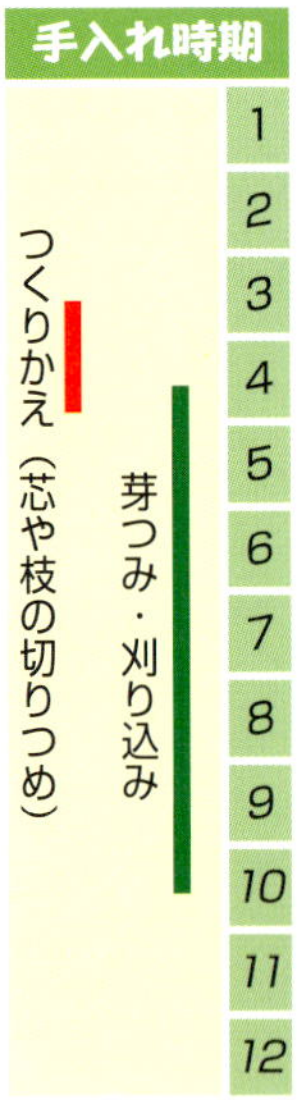
手入れ時期
1
2
3
4
5
6
7
8
9
10
11
12
つくりかえ（芯や枝の切りつめ）
芽つみ・刈り込み

▼〇・九〜一・二メートルくらいのときに、風雪や人為的に芯が折れたり、著しく曲がってしまったり、生長点が二〜三本ある苗などは、芯の立てなおしも可能であるが、思いきって切りつめて玉仕立てにするとよい。玉仕立てでも切る位置により球状になったり、やや高い位置で切れば縦長の楕円状樹形になる。

▼根元に他の株物があると、いつの間にか株物が大きくなり、せっかくきれいに仕立てたカイヅカイブキも下枝が枯れてしまうことがある。このようなときはスタンダード仕立てにするとよい。スタンダード仕立ては近年の建築様式や芝庭、生け垣にかわるネットフェンスや白いしゃれた木柵などにはよく調和する。

▼ただしスタンダード仕立ては、むやみに樹冠を大きくすると倒れやすくなるので、幹の太さに応じた樹冠をつくることが大切である。玉仕立て、スタンダード仕立てなど、いずれも簡単にできる仕立て方といえる。

枝が枯れたときの仕立てなおし

下枝はよいが
上部が枯れて
しまった木
上部はよいが
下枝が枯れて
しまった木
よく手入れの
いきとどいた
円錐形仕立て
円錐形の変形仕立てに
２～３年かけて丸く
刈り込んでいく
目的のところで
芯を止める

生け垣仕立ての枝枯れの処置

〈生け垣仕立て〉

枝枯れを起こした

枝枯れ
箇所

手入れ時期

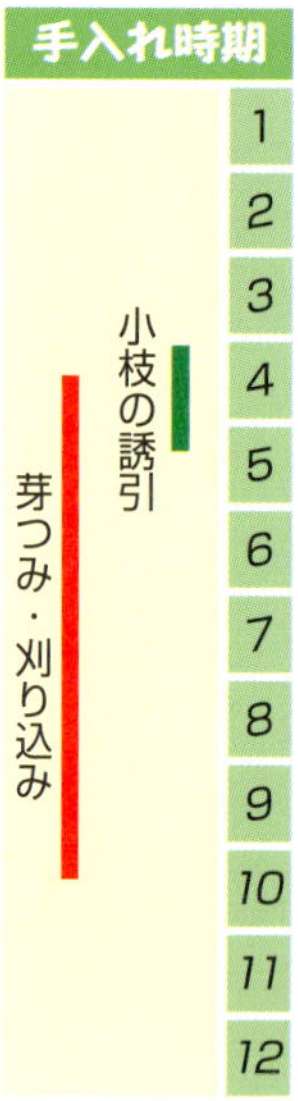
1
2
3
4
5
6
7
8
9
10
11
12
小枝の誘引
芽つみ・刈り込み

▼本種の部分的な枝枯れは致命的である。枝枯れには人的損傷と生理的障害などがあるが、そのままにせず、早い時期に処置したい。

▼枯れている部分のみ切り取っても、切り口付近から萌芽するようなことはほとんど望めないので、必ずつけ根から切り取りたい。

▼若木であれば、枯れ枝を切り取って穴があいても、二～三年管理すれば元どおりにふさがっていくが、太い枝は大きな穴になるので人為的に処置し、手助けして早めに埋めてやりたい。

▼小さい穴は、周囲の小枝を細いひもで引き、埋めていくが、大きな穴には細い割り竹で、五～六センチ目のカゴを編み、これを穴の中に入れて止め、カゴの周囲に小枝を引き寄せて止めて穴をふさぎ、伸びた芽先をつみながら枝をつくり、元の形にもどしていく。

▼枝枯れが多いときは、思いきった枝抜きをし、残した枝先を小さい玉状に刈り込み、散らし玉状の生け垣につくりかえるのもおもしろい。

〈断面図〉

穴の周囲の小枝を誘引して表面を平均に埋める
竹カゴを差し込む
※穴が小さいときは、シュロ縄で周囲の小枝を少しずつ引いて埋めていく

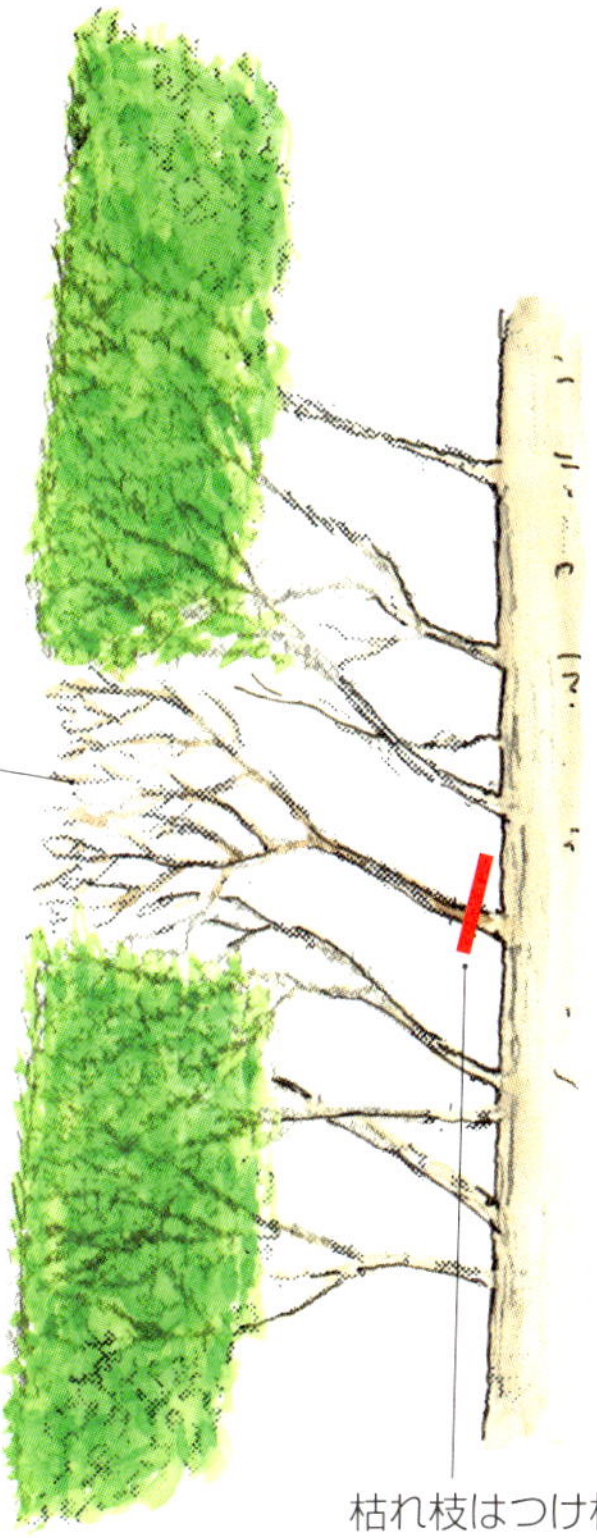
枯れ枝
枯れ枝はつけ根から切る

〈平面図〉

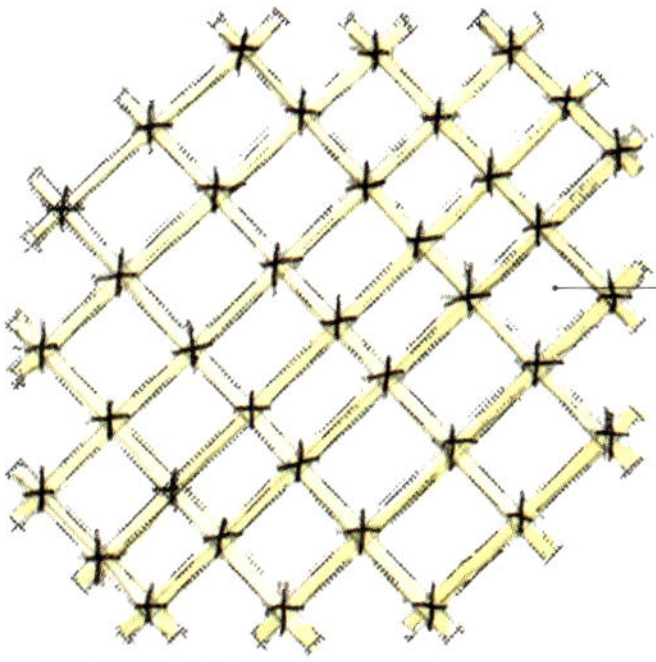
目の大きさは5×5㎝角くらいでよい

細く裂いた割り竹でカゴを編む

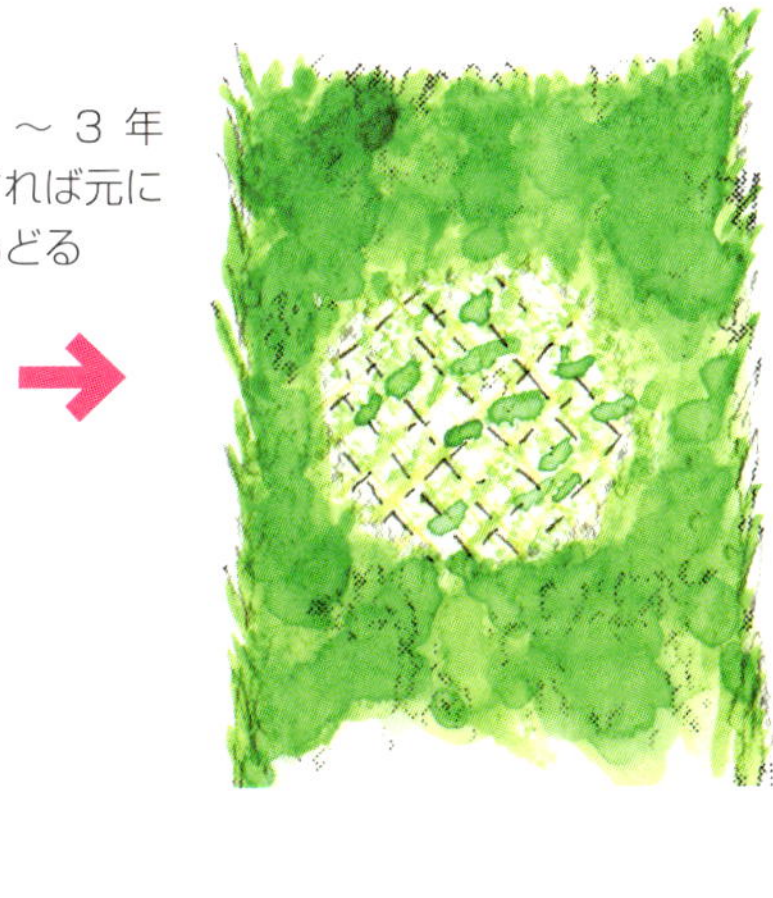
2～3年すれば元にもどる

幅の狭い生け垣のつくり方

一般的な生け垣の仕立て方

［整形的な仕立て方］
●刈り込みバサミできれいに刈りそろえた仕立て

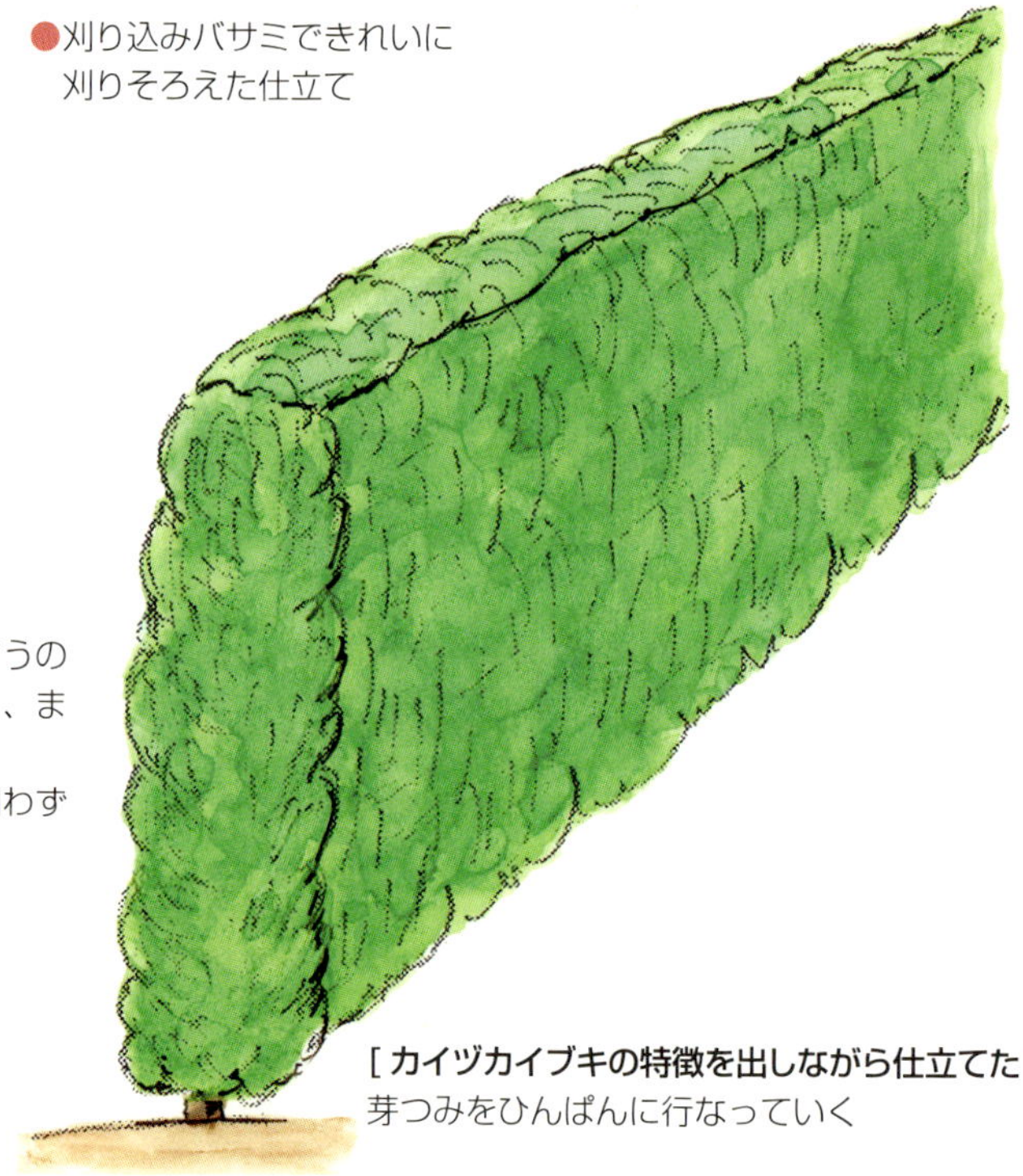

［カイヅカイブキの特徴を出しながら仕立てた］
芽つみをひんぱんに行なっていく

●どうしても幅が広くなってしまうのがカイヅカイブキの特徴であり、また欠点ともいえる
●幅狭く仕立てるには、時期を問わず芽先をつむことである

手入れ時期

月	作業
1	
2	
3	大きな刈り込み、芽つみ・刈り込み
4	大きな刈り込み、芽つみ・刈り込み
5	芽つみ・刈り込み
6	芽つみ・刈り込み
7	芽つみ・刈り込み
8	芽つみ・刈り込み
9	芽つみ・刈り込み
10	芽つみ・刈り込み
11	芽つみ・刈り込み
12	

▼カイヅカイブキに限らず、ヒバ類はどうしても幅が広くなってしまうのが欠点といえる。刈り込みは、毎回前に伸びた部分を少し残していくので、どうしても年々幅が厚くなる。しかし他の木のように強い切りもどしができないので、道路側に一メートル近くも張り出している生け垣をよく見かけるが、ふつうの手入れではある程度やむをえないことといえる。

▼最も大切なことは、新芽のかたまるころの六～七月と十一月以降の二回とイヌツゲなどではいわれているが、本種はこれにこだわらず、三～十一月まで随時伸び出すたくさんの芽先を、時期を問わずつみ取っていくことである。

▼すでに幅ができてしまい、強い刈り込みが不可能な場合は、生け垣の裏側から、片すみから順に一方向に枝を強く引き寄せることによって、相当幅を狭くできる。当初は不自然な形ではあるが、二年もすれば表面が美しくなり、立派な生け垣となる。この場合、多少の枝抜きはさしつかえない。

大きくせず美しく育てるコツ

[理想的な形]

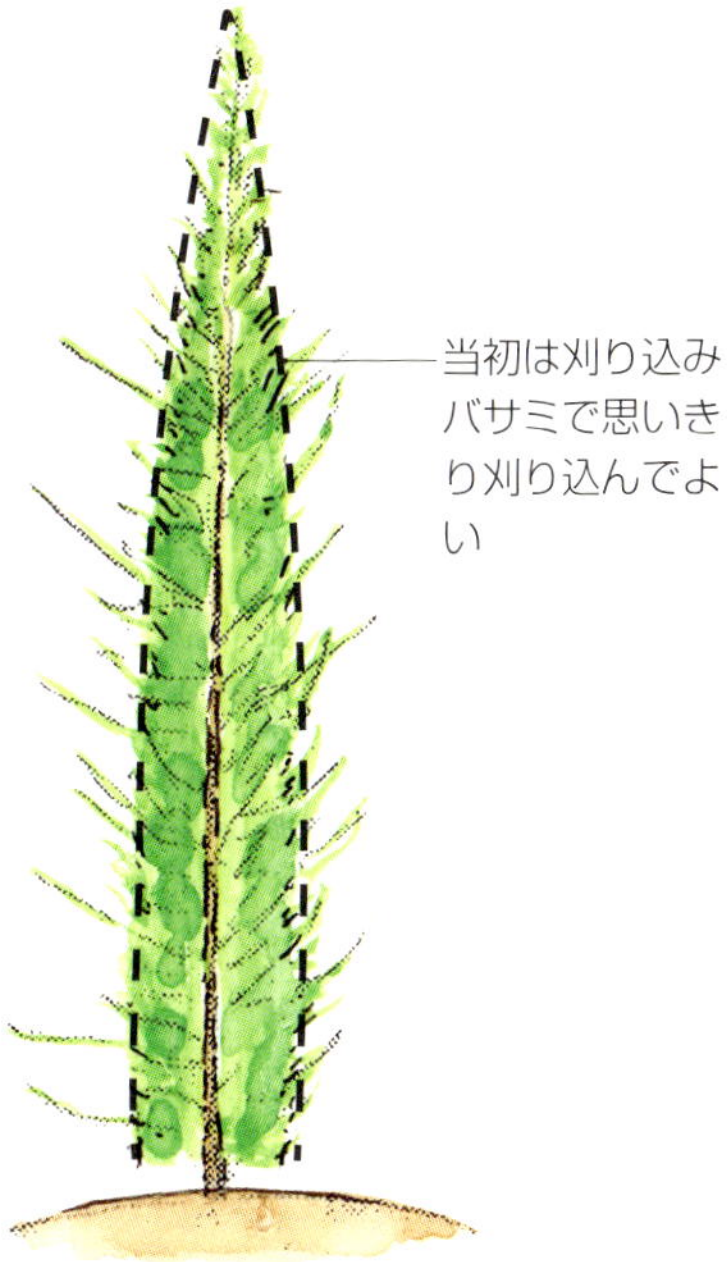
当初は刈り込みバサミで思いきり刈り込んでよい

- 最初のうちは刈り込みバサミで刈ってもよいが、年を経るにしたがい、刈り込みと芽つみを併用していくと美しい生け垣ができる
- 刈り込みは、下部は弱く、上部を強く行なわないと、上部が年々広くなってしまう

- ひんぱんに行なえば刈り込みバサミで刈り込んでもよい
- 5㎝内外で刈り込むようにする

- カイヅカイブキは伸ばしてから強く刈り込むことを嫌うことから、芽つみをひんぱんに行ない徐々に大きくしていく

庭木仕立ての方法

完成した樹形

- キャラボクは枝条がたくさん出るところから、高さよりも下枝が大きくなりやすい
- 下枝を仕立てながら上部をつくっていく

最も一般的な曲幹散らし玉仕立て

▼キャラボクは北国の寒地に生育する高木のイチイの変種であるが、イチイのような単幹で高木とは異なり、地ぎわから数本の枝幹を伸ばし大きな株状になるので、まったく別の植物のようである。

▼このためキャラボクは幹を一本にして曲をつくり、枝を四方に出して小枝を丸くつくる「曲幹散らし玉仕立て」や「玉仕立て」、低い「境栽垣」などが最も一般的な仕立て方である。

▼曲幹仕立ては複数の枝幹のうち、最も太くて高いものを残して他の枝幹はつけ根からきれいに切り取るか、細い枝幹で差し枝（一の枝）に利用できるものがあれば利用するが、下部に大きな枝があるので、差し枝や返し枝（二の枝）がどうしても大きくなってしまう。樹高を高くする場合は、下部の枝が仕上がっても、芯を伸ばすなど、他の木では見られない仕立て方が必要である。

▼差し枝を長く伸ばす「流《な》枝《げ》し仕立て」は、池の端には欠かせない樹形のひとつである。

手入れ時期

月	作業
1	
2	
3	仕立て・整姿
4	仕立て・整姿
5	
6	刈り込み
7	刈り込み
8	
9	
10	
11	刈り込み
12	刈り込み

差し枝(一の枝)
とする

●挿し木 15 ～ 20 年放任状態で育てた苗
●これくらいから仕立て始める

●太い枝条を 1 本残し、仕立てていく
●差し枝（一の枝）、返し枝（二の枝）になる枝をよく見極めて残す

●幹は①～③の順に竹を取り付け、かなり無理をして曲げていく

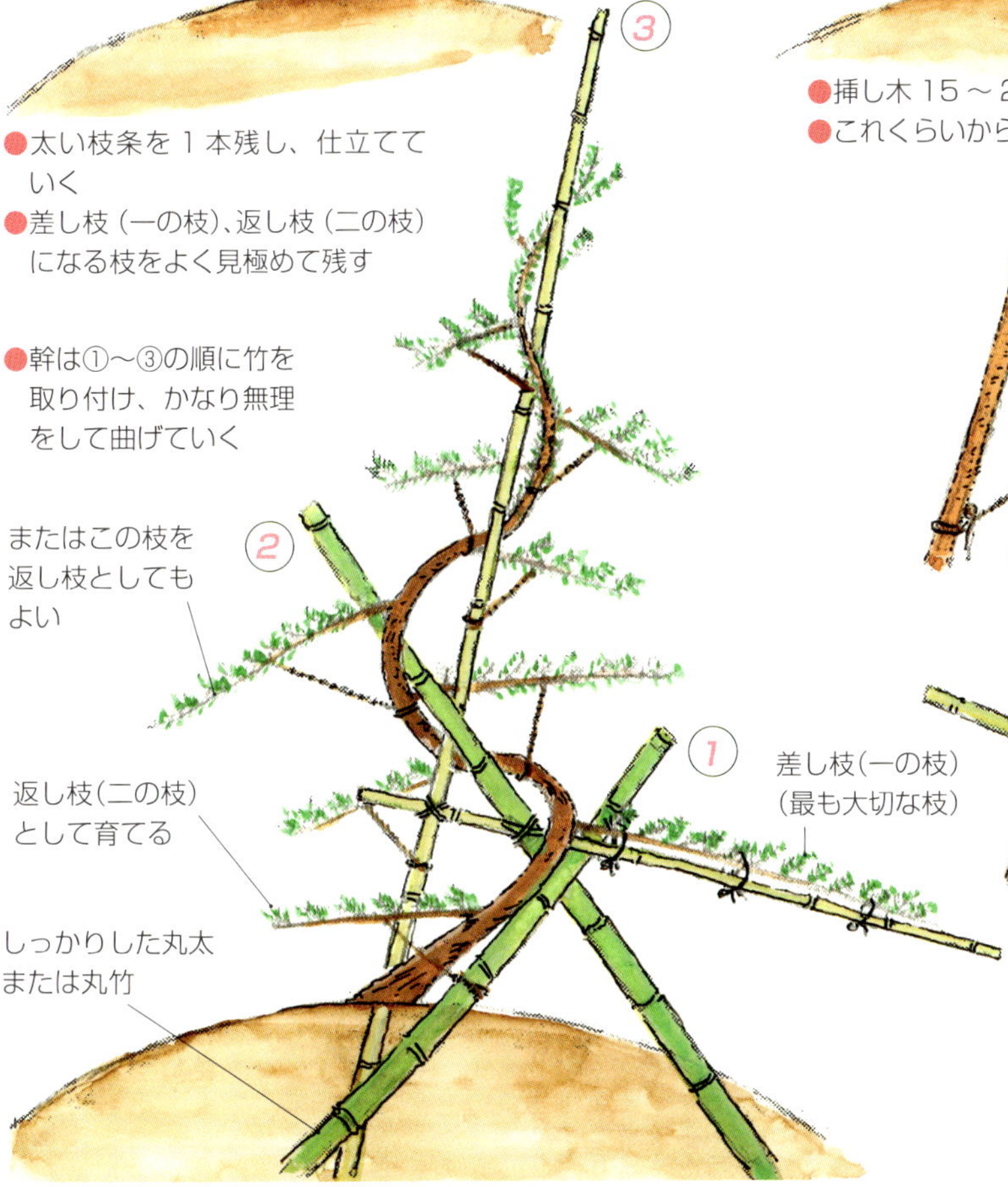
3
2
1
またはこの枝を
返し枝としても
よい
返し枝(二の枝)
として育てる
しっかりした丸太
または丸竹
差し枝(一の枝)
(最も大切な枝)

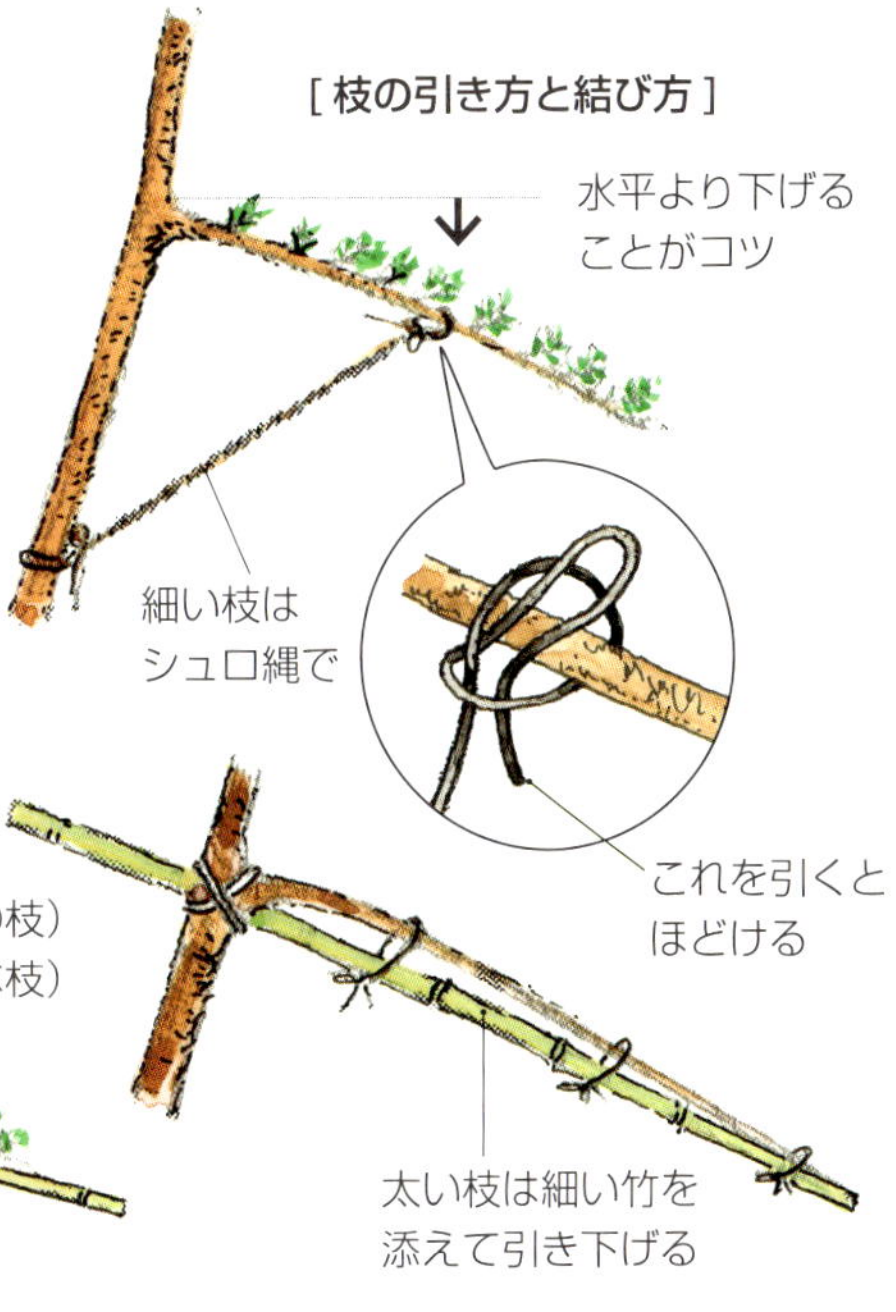
[枝の引き方と結び方]
水平より下げる
ことがコツ
細い枝は
シュロ縄で
これを引くと
ほどける
太い枝は細い竹を
添えて引き下げる

利用しやすい玉仕立て

完成した樹形

- 挿し木５～７年生くらいの苗は、芯が３～５本同じように伸びているので、一律に刈ればよい
- その後は春芽が充実した６月下旬～７月と 11 ～ 12 月を刈り込みの基本とするが、芽出し前の３月上旬～４月中旬に軽く刈りそろえることも、美しい玉を仕立てるうえで大切な作業である
- 仕上がったあとは、基本線に沿って１～２㎝残して刈っていく

乾燥を好むので必ず高植えとする

手入れ時期

月	作業
1	
2	
3	仕立て・整姿
4	仕立て・整姿
5	
6	刈り込み
7	刈り込み
8	
9	
10	
11	刈り込み
12	刈り込み

▼玉仕立ては技術的にむずかしい点はなく、つくりやすいうえに美しく、利用価値の高い樹形である。

▼苗は挿し木で容易に得られ、五～七年は放任しておくが、このころから複数の芯が立ってくるので、二〇～三〇センチの高さで中心部をやや高く、丸く刈り込み、側面も上から見て円形に刈っておく。その後は半球形になるよう刈り込みのたびに一～二センチ高く刈り、年々樹冠を大きくしていく。刈り込みは年に二～三回すれば十分である。

▼庭木としての大きさは樹冠の直径が四〇センチくらいからであり、この大きさになるには、挿し木から一五年くらいを要する。上手に管理すれば、一〇〇年以上と、非常に樹齢が長く、何代にもわたって美しく楽しめる。

▼苗木のうちは玉のすそが斜め上に張っているが、大きくなるにしたがって垂れてくるので、七～一〇年目ころから高めに、大きくなるにしたがいさらに高めに植えていくことが大切である。

仕立て方の手順

刈り込み６～８年生　　年２～３回刈り込んでいく　　挿し木５～７年生苗

［丸く刈るハサミの使い方］

●ハサミは本来左側のように使うようにつくられているが、慣れてくれば右側のように使うと丸く刈りやすい

完成（樹冠径 40㎝くらい）
刈り込み 10 ～ 15 年くらい

簡単な仕立て方

幹模様も十分生かして仕立てるとよい
曲幹、直幹ともによく、好みで仕立てる

●イヌマキ（ラカンマキ含む）は風格があり、若木でも十分見られる代表的な主木である
●仕立ては３月下旬～５月が適期

▼クロマツの勇壮さに比べ、イヌマキは気品を感じさせる木である。マツとともに代表的な庭木に数えられ、庭をつくるとぜひ一本植えたくなる。

▼生長は遅く、マツと同程度の太さ、大きさにするにはかなりの年数を要する。実生苗から仕立てる場合は、二〇年以上育ててから枝をつくり込むのが最も簡単な仕立て方である。仕立てていないものなら割合安く買えるので、このような野木《のぎ》を買って、仕立てながら楽しむのもよい。

▼古い枝からも割合よく萌芽するし、枝も細かく出るのでマツに比べ、はるかに仕立てやすく、また見た目にも価値あるものに映る。

▼イヌマキは樹肌や幹のねじれなどが美しいので、枝ばかりにとらわれず、幹の美しいところがあれば、たとえその姿が裏側になろうと見せてもよい。

▼ラカンマキはイヌマキに最も近縁種であり、葉が短く、生長も遅い。まれに見られる程度であるが、あつかいはまったく同じである。

手入れ時期

1
2
3
4
5
6
7
8
9
10
11
12
仕立て
刈り込み
刈り込み

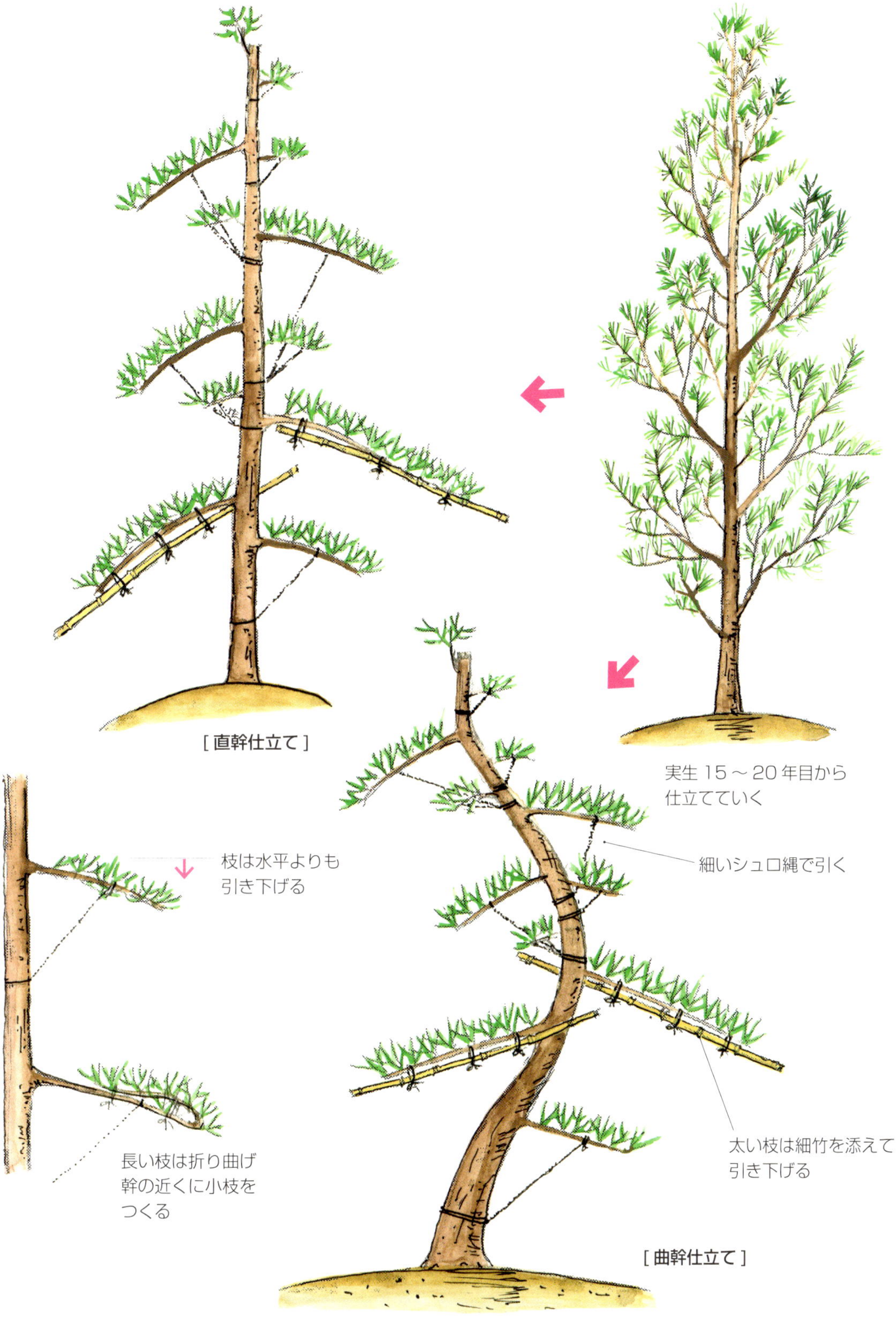
実生 15 ～ 20 年目から
仕立てていく
[直幹仕立て]
枝は水平よりも
引き下げる
長い枝は折り曲げ
幹の近くに小枝を
つくる
細いシュロ縄で引く
太い枝は細竹を添えて
引き下げる
[曲幹仕立て]

中程度の枝の曲げ方

枝の曲げ方

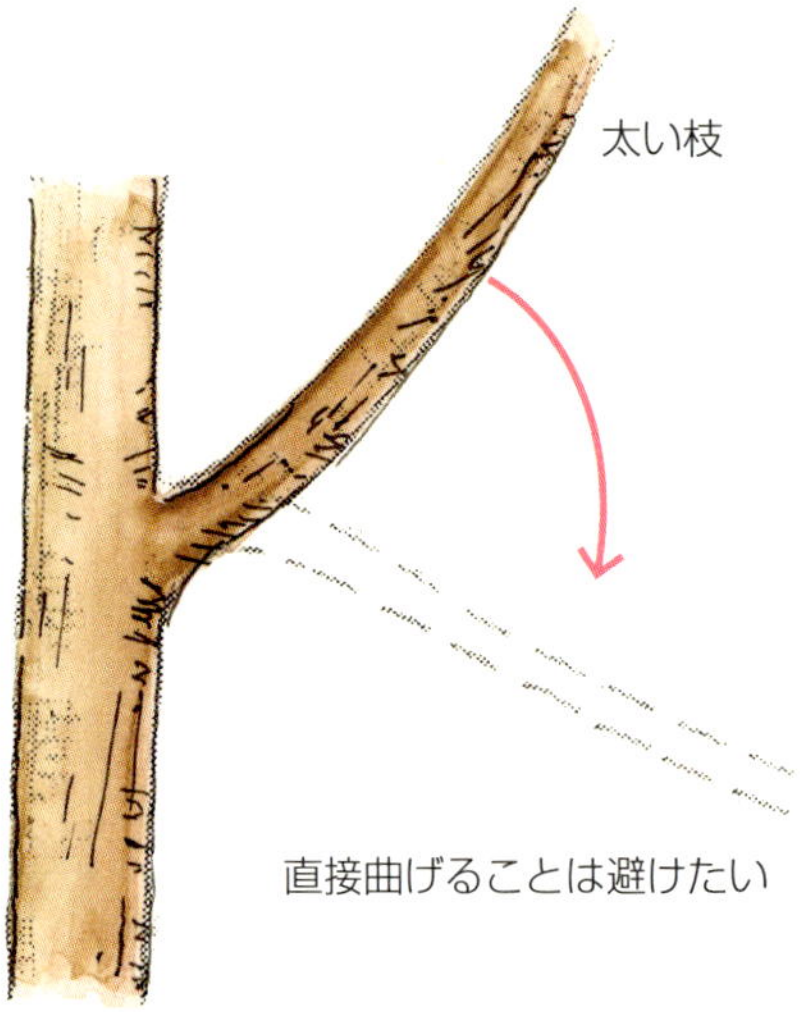
太い枝
直接曲げることは避けたい

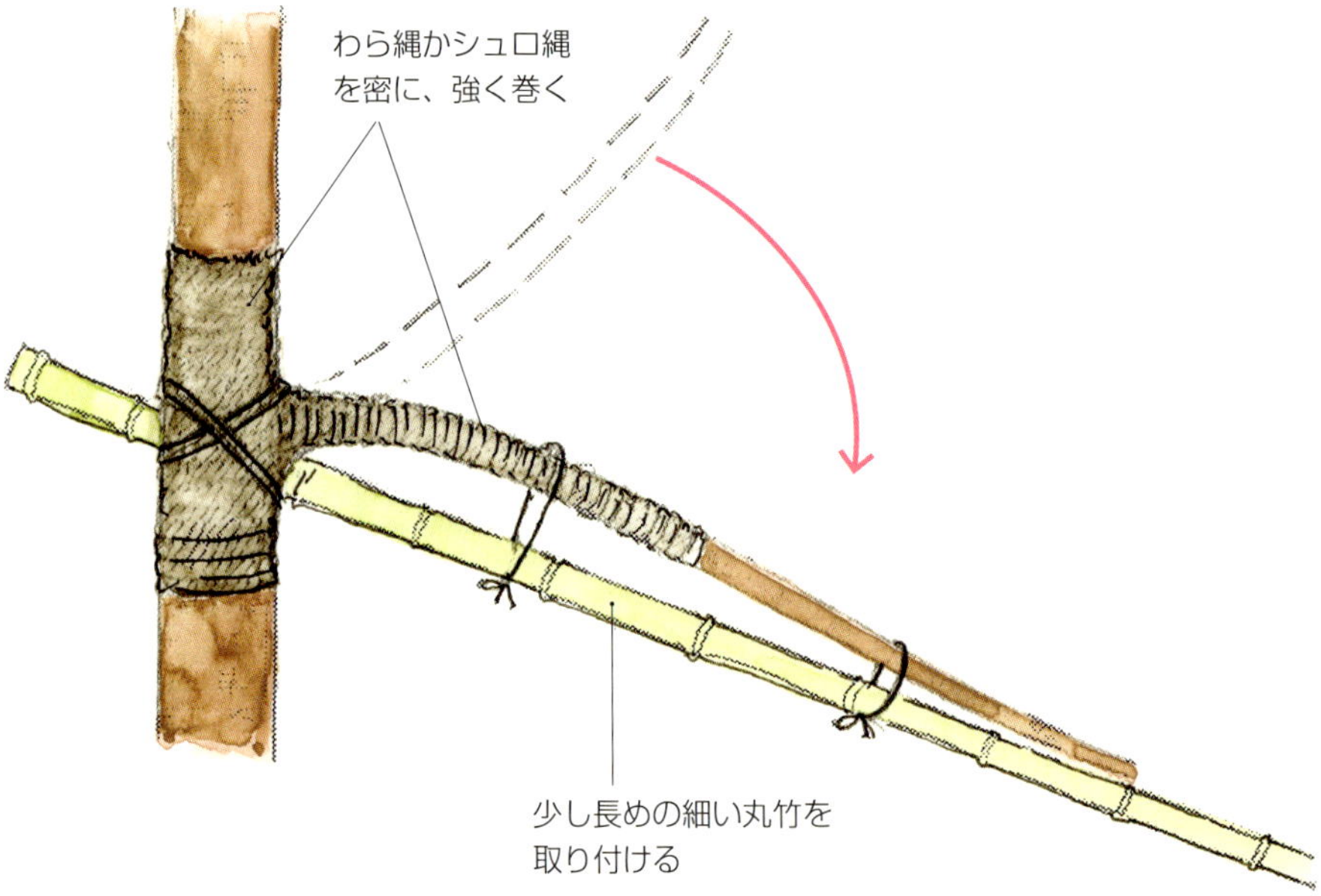
わら縄かシュロ縄を密に、強く巻く
少し長めの細い丸竹を取り付ける

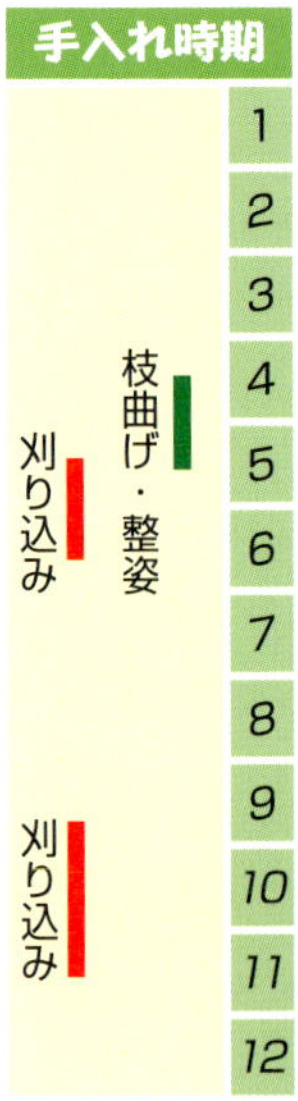
手入れ時期
1
2
3
4
5
6
7
8
9
10
11
12
枝曲げ・整姿
刈り込み
刈り込み

▼イヌマキはマツとともに、仕立てるのに割合荒療治を施せる木である。幹を太らせるためには放任して枝葉を繁らせるが、目的の太さになると樹高もかなりできてくるので、そのまま枝をつくるわけにはいかず、どうしても仕立てなおしが必要になってくる。しかし、イヌマキはマツより仕立ての加工が容易な木といえる。

▼イヌマキやマツは幹が太く、樹高が低くて枝を大きく張っているものが一般に喜ばれる。

▼強い整姿は四月中旬から五月上旬がよく、ここに図示したような太い枝の整姿は、かなり熟練した技能者でないとむずかしいが、少し器用な人なら腕くらいの太さの枝なら曲げることができる。ノミを入れた枝は必ずわら縄を密に強く巻いて保護する必要がある。

▼太い枝、細い枝とも整姿後は丸太や竹、シュロ縄などで固定するが、細い枝で二年、腕くらいの枝で三～四年、さらに太い枝では五～六年はしっかり固定しておく必要がある。

幹や太い枝の曲げ方

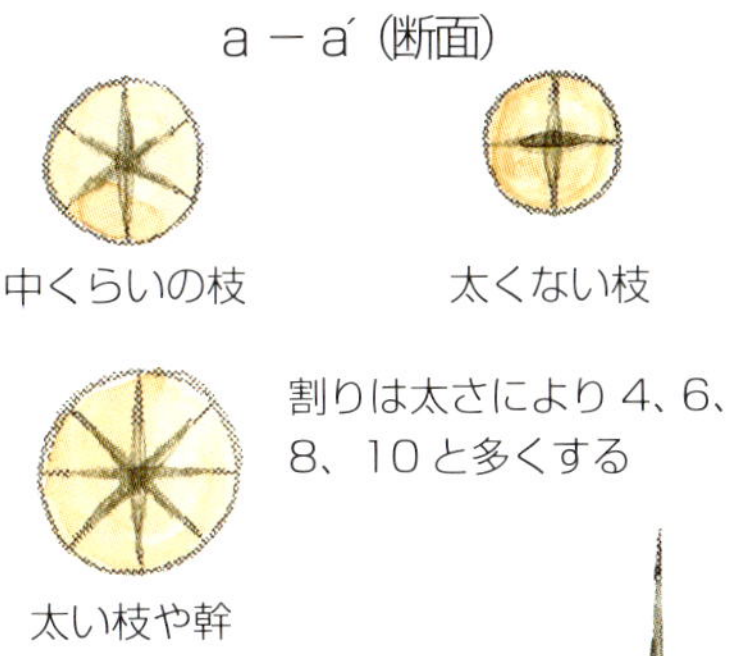
a – a´ (断面)
中くらいの枝
太くない枝
割りは太さにより 4、6、8、10 と多くする
太い枝や幹

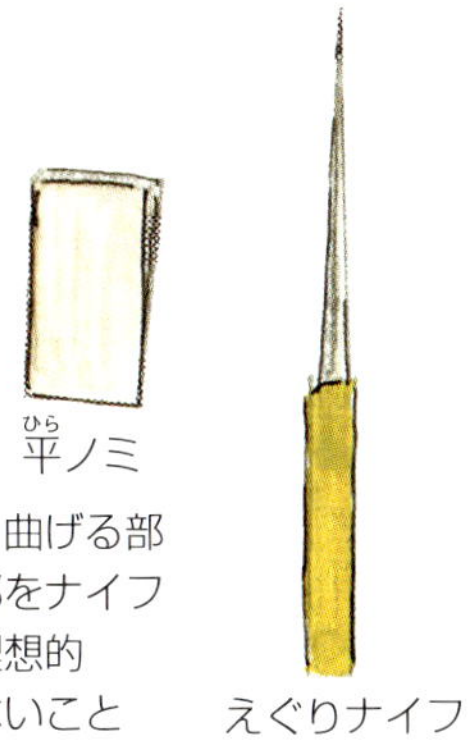
平《ひら》ノミ
えぐりナイフ

- 幹や枝を曲げる場合、曲げる部分をノミで割り、木部をナイフで少し削り取るのが理想的
- ノミは絶対横に使わないこと

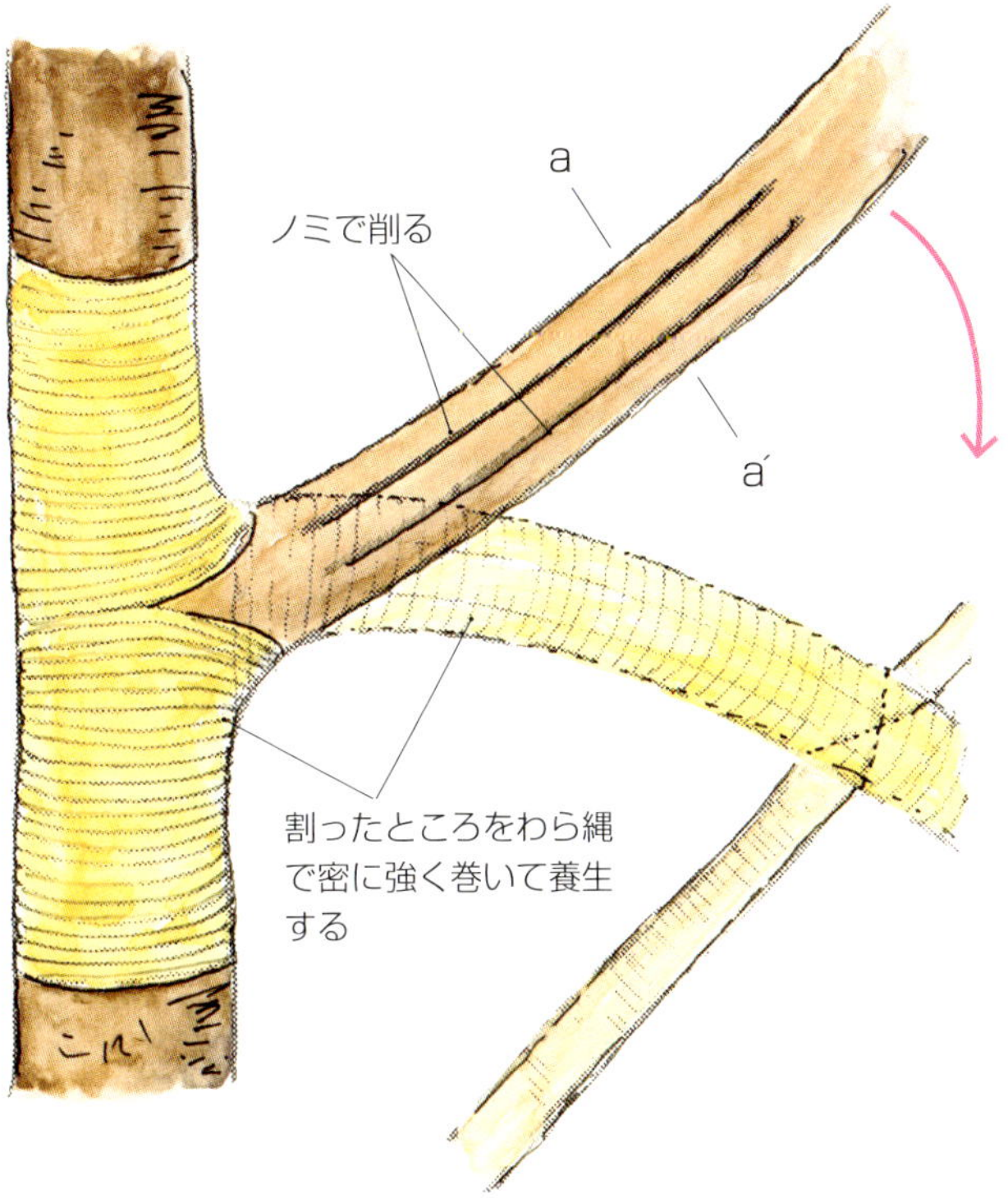
a
ノミで削る
a´
割ったところをわら縄で密に強く巻いて養生する

細い枝の曲げ方

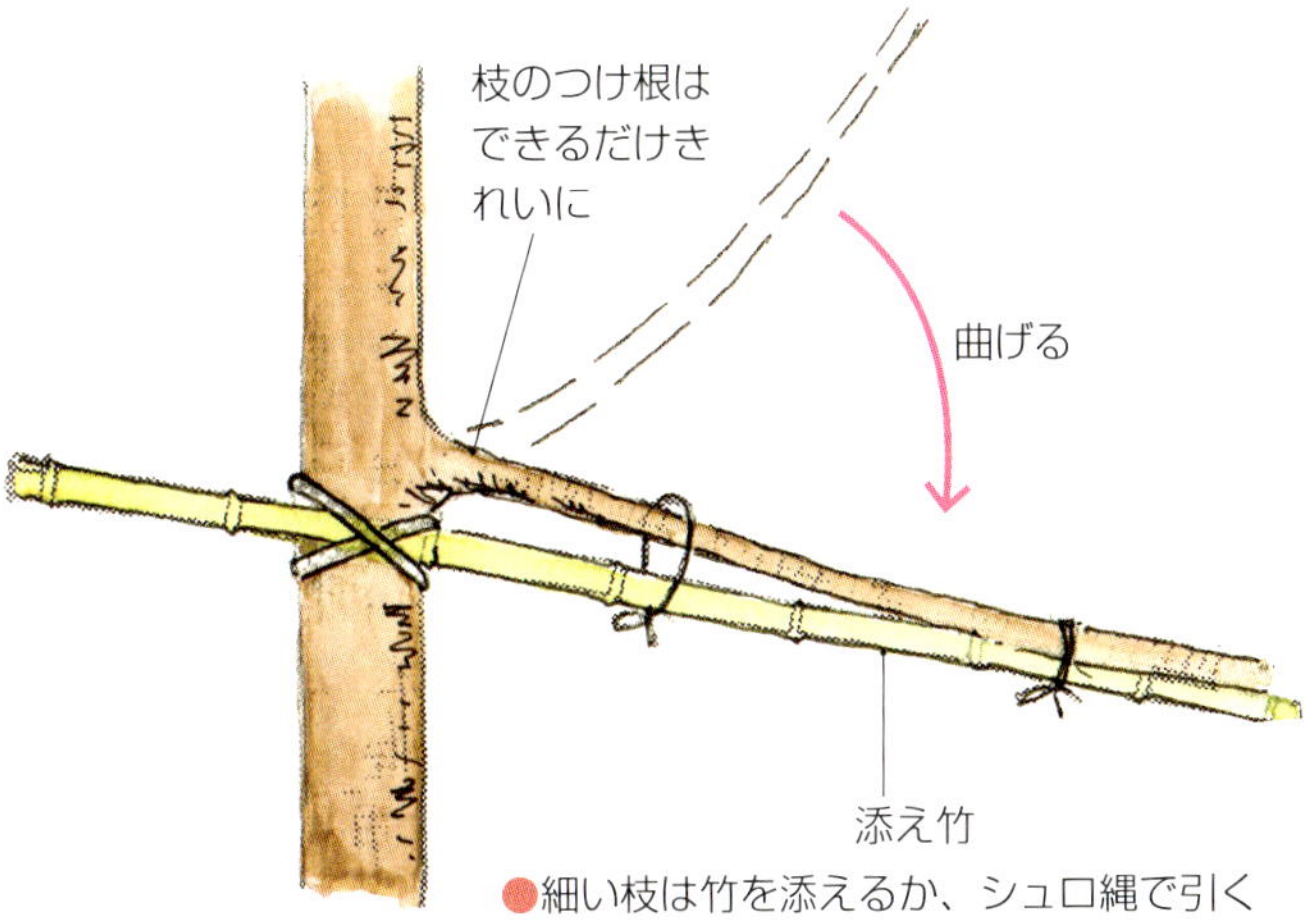
枝のつけ根はできるだけきれいに
曲げる
添え竹

- 細い枝は竹を添えるか、シュロ縄で引く

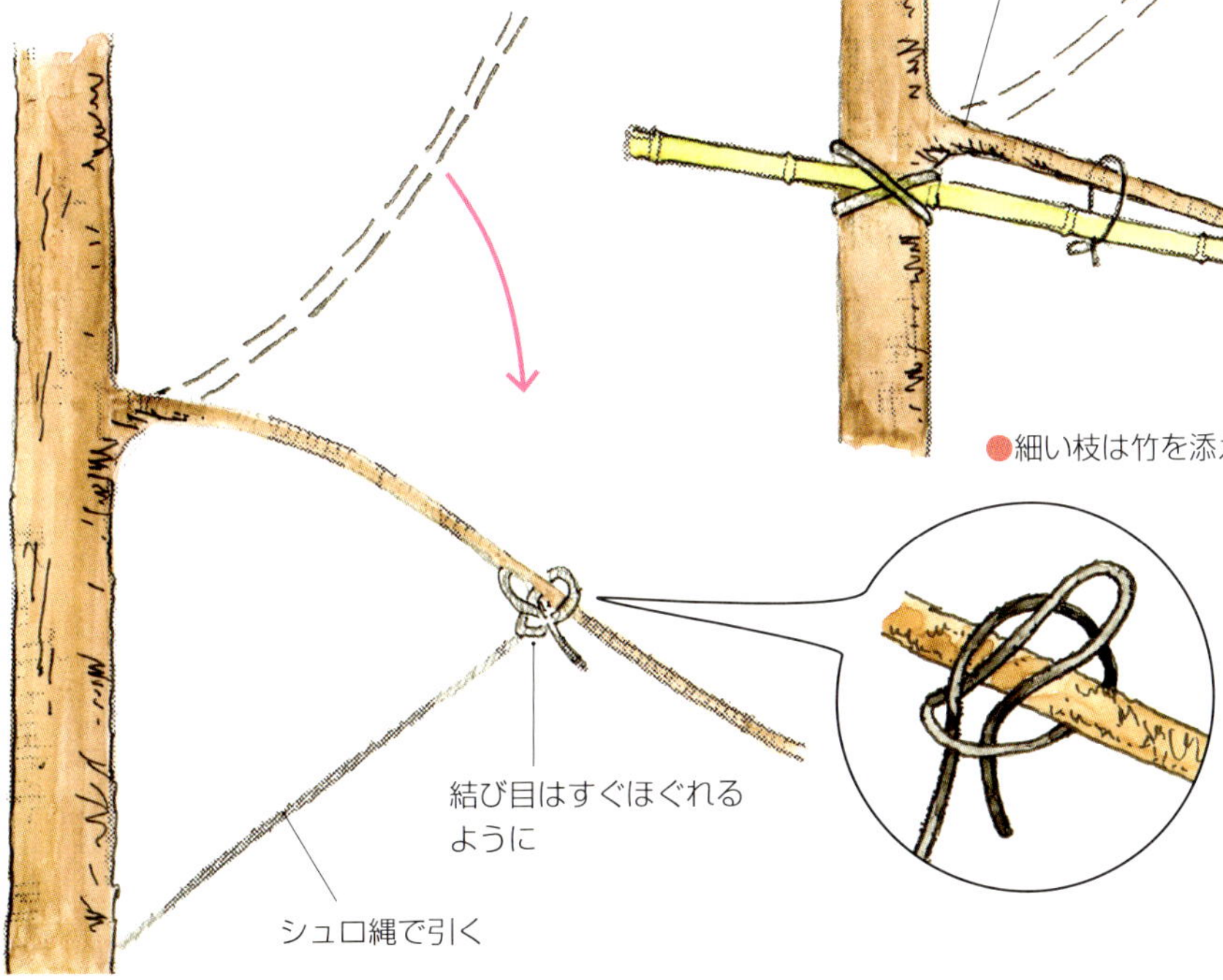
結び目はすぐほぐれるように
シュロ縄で引く

枝の切り方

手入れ時期

月	作業
1	
2	
3	
4	
5	刈り込み
6	刈り込み
7	
8	刈り込み
9	
10	刈り込み
11	刈り込み
12	刈り込み

▼イヌマキは小枝を密生するとともに、古い枝からの萌芽が割合によいので、マツのような芽つみの必要はなく、刈り込みでもすむ。

▼若木は枝を長く伸ばす。このような枝は、枝の基本線より低いところからハサミで切り取るが、基本線より一律に伸びた小枝は、その基本線か、ごくわずかに長めに残してハサミで刈り込めばよい。枝の修正や補修は、この刈り込みのときに誘引したり切り込んだりしてつくりかえる。

▼枝葉をいかに密につくりあげるかが仕立てのコツといえるので、刈り込みの回数は多いほどよいが、枝はそうむやみに伸びるわけではないので、年二回くらいが適当と思われる。

▼マツより寒さに弱いので、東京付近では最後の刈り込みを十一月中旬くらいにしたい。止め刈り後にリン酸、カリ成分を多く含む粒状化成を木の大きさにより適宜施し、夏芽の充実をはかる。東京付近以西なら十一～十二月中旬の枝抜き、刈り込みも可能である。

枝の切り方

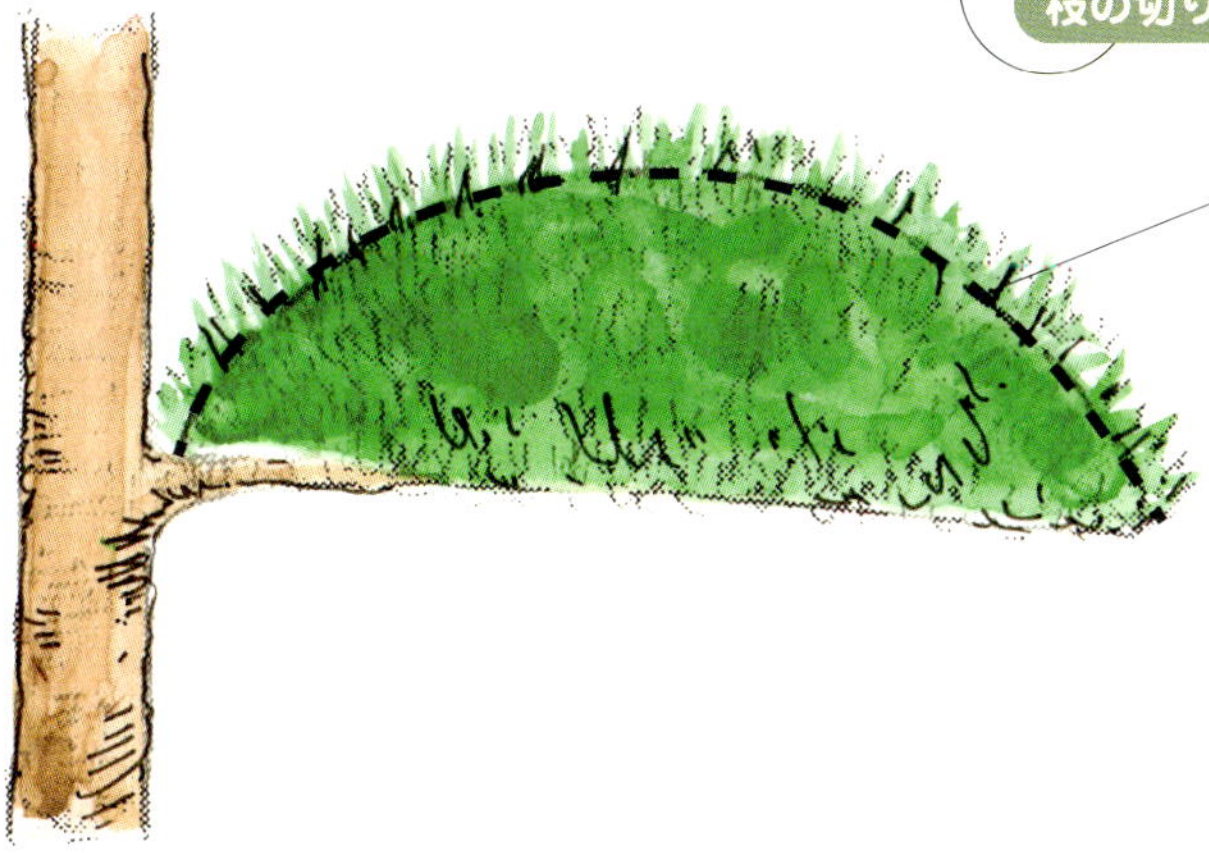
一応完成しているものの刈り込みは年２回くらいでよい
前の刈り込み後伸びた部分を刈り取るつもりで刈る
大きくしたいときは少し残して刈っていく

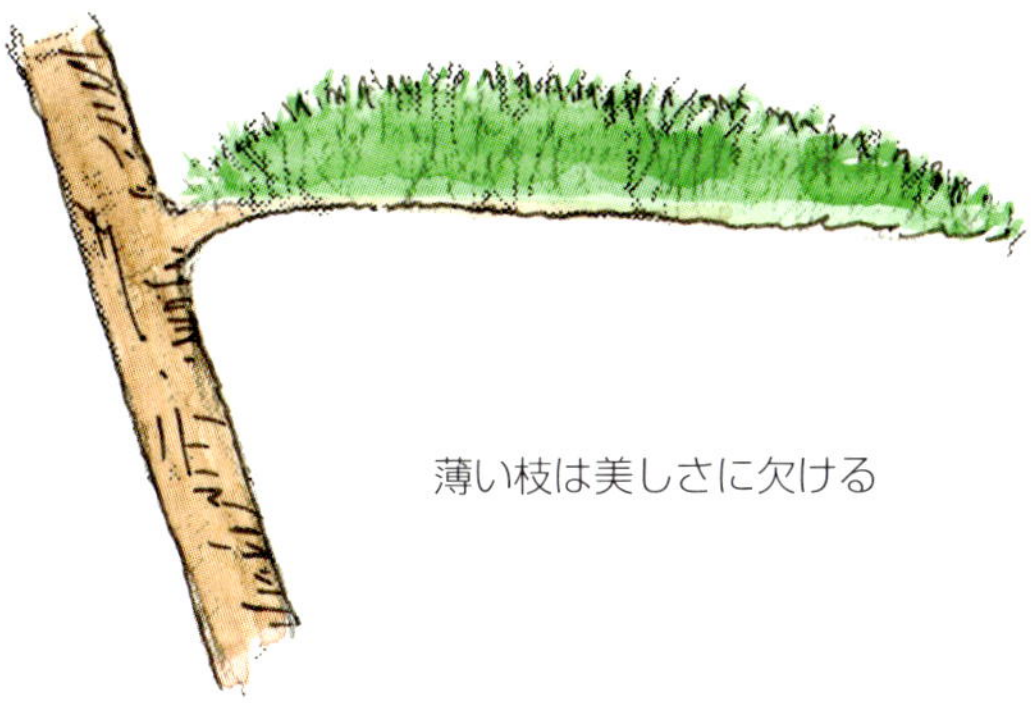

薄い枝は美しさに欠ける

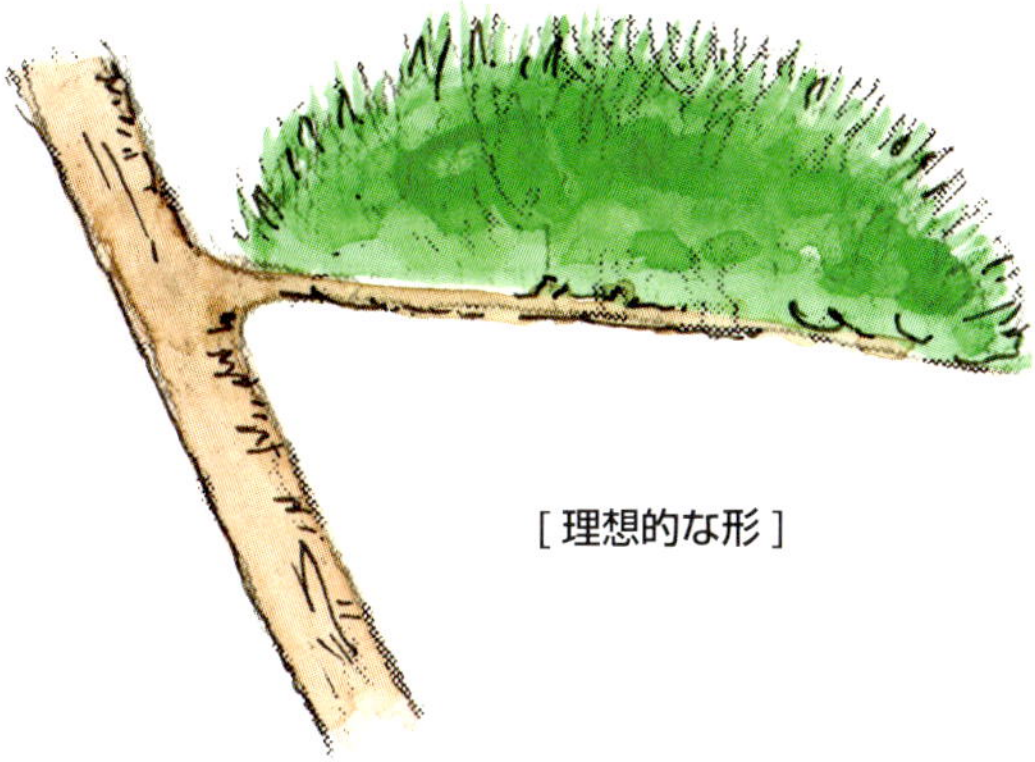

[理想的な形]

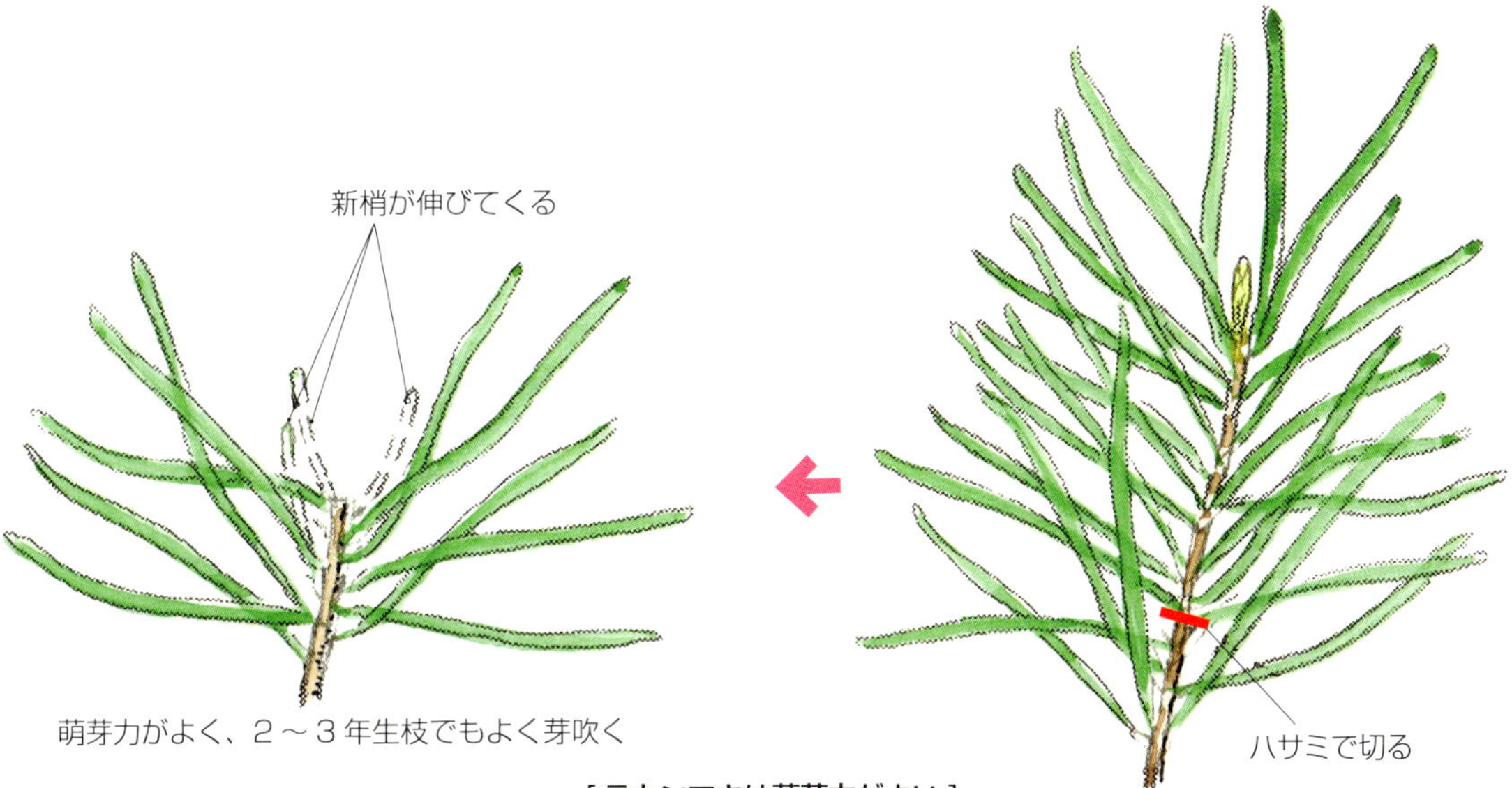
新梢が伸びてくる
萌芽力がよく、２～３年生枝でもよく芽吹く
ハサミで切る

[ラカンマキは萌芽力がよい]

最も一般的な樹形

間延びしたときの枝のつくり方

●最も一般的に仕立てられる樹形である
●幹を見せるのもひとつの方法である

［直幹散らし玉仕立て］

手入れ時期

月	
1	
2	
3	
4	枝の処理
5	枝の処理
6	
7	
8	
9	
10	
11	
12	

▼放任した木は、部分的に枝が密生していても、半面、間延びした部分も生じ、どうしても必要な部分に枝がなく、思いどおりの形に仕立てられない場合がある。しかし、イヌマキは古い枝からも不定芽を出しやすく、枝を必要とする位置とは一致しないまでも、その近くに枝をつくることが可能である。枝を必要とする部分のすぐ先を切れば否応なしに萌芽するが、切りつめることのできない枝であるから苦心するわけである。

▼そんなとき芽を出したい部分の先の樹皮に傷をつけたり、針金を少し強めに巻いて刺激を与えると、萌芽させることができる。また近くに若い枝があれば、これを幹や枝に添わせて目的の位置に誘引し、そこに小枝をつくれば、四〜五年たつと遠くから誘引した枝とは思えないほどの立派な枝となる。

▼樹冠の頂部の玉をつくりかえるときは、ごくわずかに伸びた小枝を生かし、上部の大きな枝を切りつめて、頭の位置を下げる。

間延びしたときの枝の処理

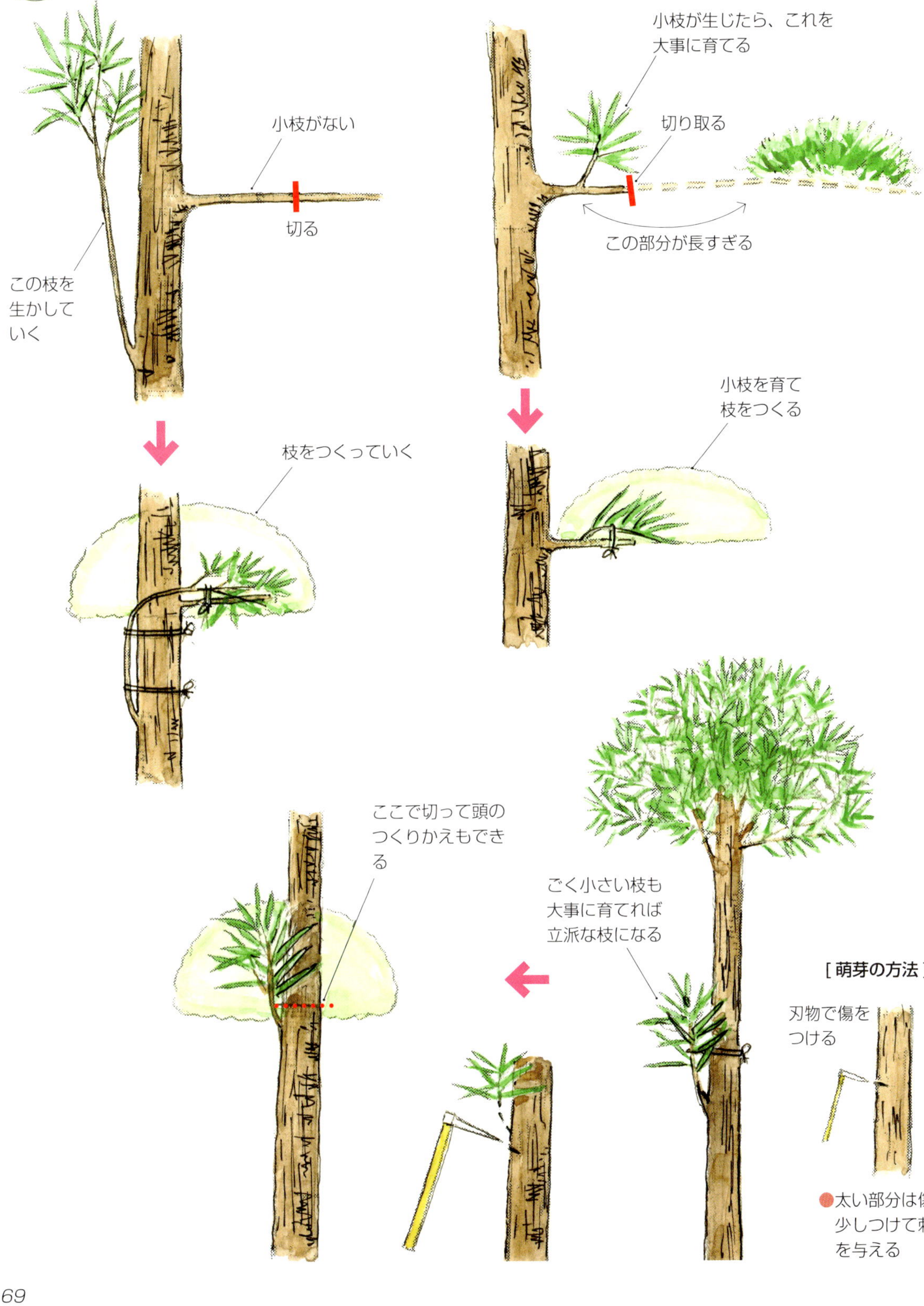
小枝がない
切る
この枝を
生かして
いく
枝をつくっていく
小枝が生じたら、これを
大事に育てる
切り取る
この部分が長すぎる
小枝を育て
枝をつくる
ここで切って頭の
つくりかえもでき
る
ごく小さい枝も
大事に育てれば
立派な枝になる

[萌芽の方法]

刃物で傷を
つける

●太い部分は傷を少しつけて刺激を与える

樹形や大きさを保つ方法

●萌芽力が強いので、他の針葉樹にくらべると樹形の維持は非常に容易である

手入れ時期

1 2 3 4 5 6 7 8 9 10 11 12

枝抜き（4〜5月）
枝の刈り込み（5〜9月）

▼針葉樹のなかでは一番萌芽力が強く、幹や枝の途中からも芽が出るので、大きくなりすぎたら強せん定を行なうなどの方法もとれるが、刈り込みを行なうことによって樹形を保っていくことが望ましい。

▼刈り込みには二通りの方法が考えられる。ひとつは前回の刈り込み後に伸びた枝を五～一〇ミリ残して刈っていく方法で、これは少し大きくしていきたいときの刈り込みであり、一般的な方法である。

▼もうひとつは、前回伸びた部分をすっかり刈り取る方法である。これを二～三年繰り返すと、小枝の枯れが目立ってくるので、二～三年に一度は木バサミでていねいに枝抜きをし、採光、通風をはかってやると、枝に力がつき、樹形を保っていける。

▼刈り込みは毎年行なわず、一枝一枝の切りつめや枝抜きによって手入れをすれば、ほとんど大きくすることなく樹形が保て、病害虫を防ぐうえにも非常に効果的である。

刈り込み法

●刈り込みバサミで目的の形に沿って刈り込んでいけばよい

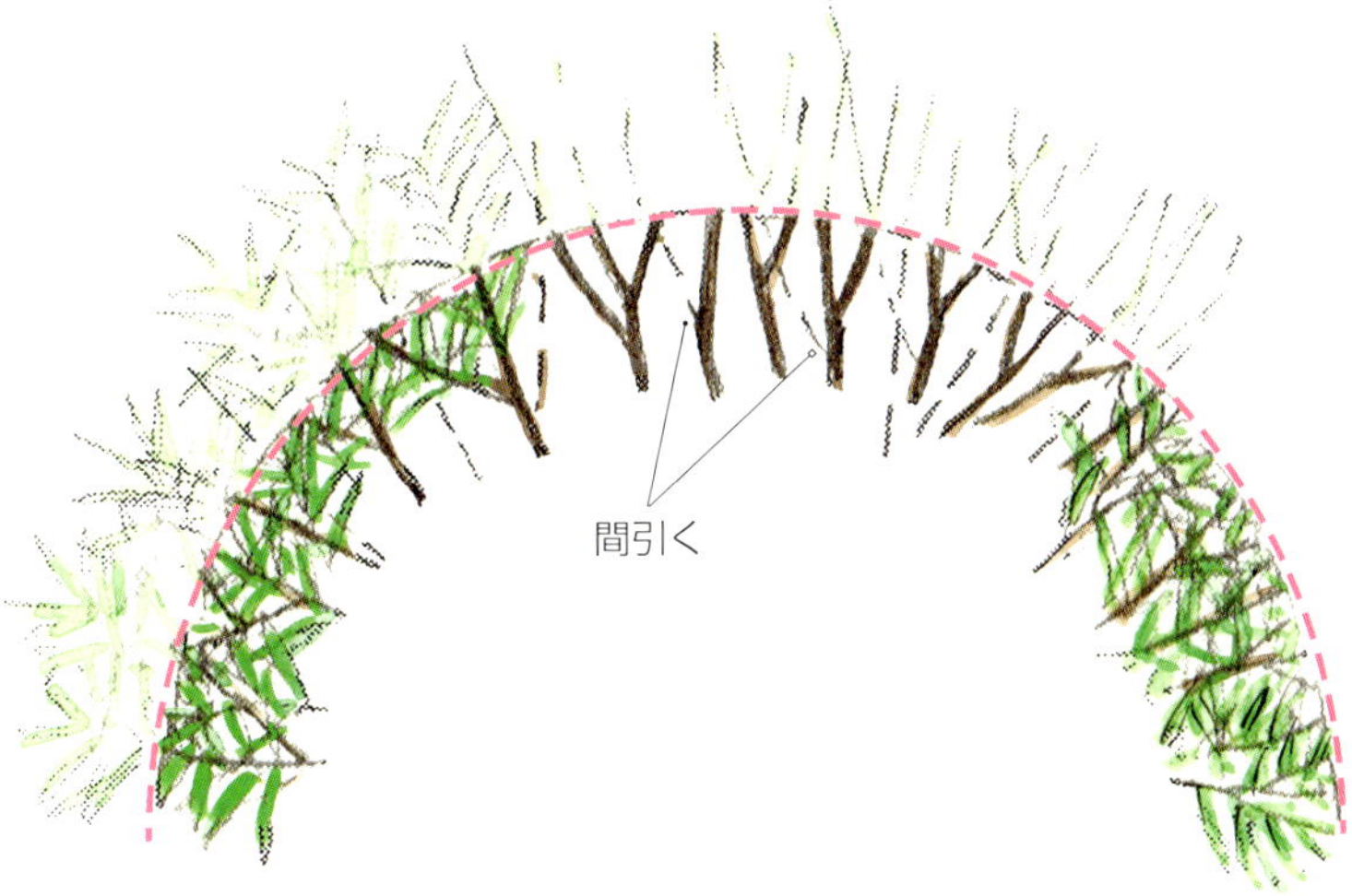

●刈り込みを続けていくと小枝の枯れが多くなるので、2～3年に一度は枝抜き法により整姿していくとよい
●枝先を目的の線で切りつめるとともに、細い枝や枯れ枝を切り取り、通風、採光をはかるとよい

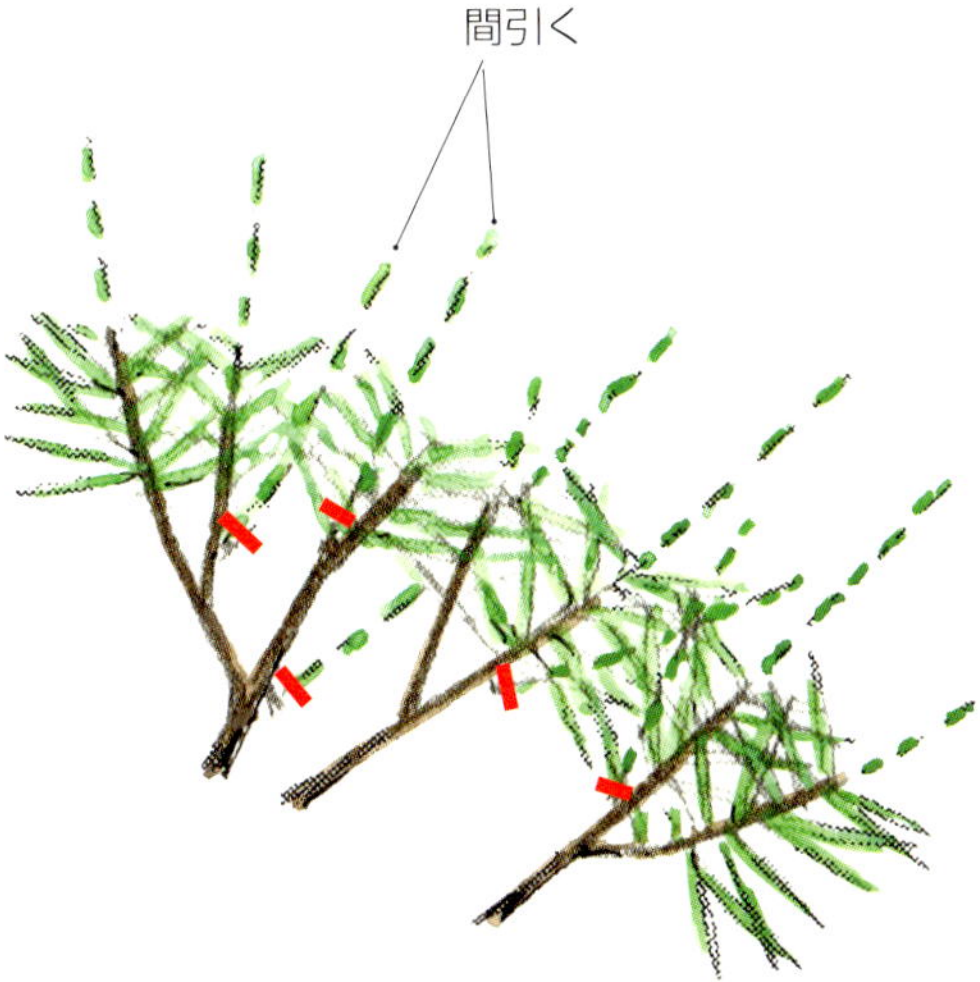

仕立て方と枝抜きの方法

[20～50年生くらい]
最も樹形の美しいころ

[5～6年生苗]

樹齢を経ると枝は下垂してくるが生長は続く

手入れ時期

月	作業
1	
2	
3	枝抜き・枝切り・整姿
4	枝抜き・枝切り・整姿
5	
6	
7	
8	
9	
10	
11	整姿
12	整姿

▼コウヤマキは特に手を加えなくても美しい樹形を整える代表的な木で、広い庭ならそのまま育てられ、理想的な樹形がつくれる。狭い庭では整姿が必要になるが、その前に円錐形の樹形をつくるために手を貸してやりたい。

▼二〇～三〇年生くらいまでは半ば放任してよい。しかし小さいうちは株状になり芯が数本立つので、中心の強い枝を一本残して他の枝は切り取るが、あまり遅くなってから行なうと美しい円錐形になりにくい。

▼下枝の張りが左右異なるとき（これは苗のうちに生じる場合と枝枯れを起こした場合とがある）には下枝の整理をしたい。これらは早めに切りそろえ、木のすそをきれいにつくる。このほか樹冠の途中から小富士のように枝が元気よく伸び、芯を立ててくる場合があるので早めに切り取りたい。

▼樹形をおさえるための整姿は中心の強い枝を切っていくが、さらに強く切る場合は特に短い枝を残して切り取る。

芯を1本にして仕立てる

主幹を1本残し、
長い側枝は切る

- 早めに幹を1本にして芯を立てていく
- 長い側枝を切りつめる

[樹形を整える]

- この後は特に伸びた枝を切りつめる程度で、半ば放任してよい

枝の切り方

- 若木のうちはときどき枝を出すので切りつめる

途中で切るのは
避けたい
長い枝は切り取る

長い枝は切り取り、同じくらいの
枝でそろえる

刈り込みの方法

刈り込んでこのような形をつくることができる

●刈り込み仕立ては若木のうちから刈り、仕立てていくことが大切である

手入れ時期

月	作業
1	
2	
3	
4	
5	
6	刈り込み
7	刈り込み
8	
9	
10	
11	刈り込み
12	刈り込み

▼コウヤマキはヒマラヤスギ、ナンヨウスギ（アローカリア）とともに樹形が美しいところから、世界の三大美樹のひとつに数えられ、ほとんど手を加えなくても美しい姿になっていく。大きくなるので一般の家庭ではなかなか植えられないが、刈り込みによって小さい庭でも十分楽しめる。

▼実生一〇年目くらいからようやく芯が立ち始め、この芯を一本に整理して円錐形の基本をつくってやれば、二〇～三〇年は美しい円錐形を保っていく。刈り込みもこのころから始めたい。

▼刈り込みは刈り込みバサミで六月下旬～七月と十一～十二月に行なうが、表面を目的の樹形に沿って一律に刈っていけばよい。刈り込みはあまり伸ばして刈るようなことは避け、ひんぱんに刈っていくことが大切である。

▼このように小さいうちから刈り込んでいけば、小庭園や狭い場所に植えられる木である。太い樹形より、円錐形やこれに近い細い樹形が美しい。

整姿のポイント

- 若木のうちから刈り込んでいくとよい
- 刈り込みは６月下旬～７月、または 11 月以降に
ただし厳寒期は避けたい

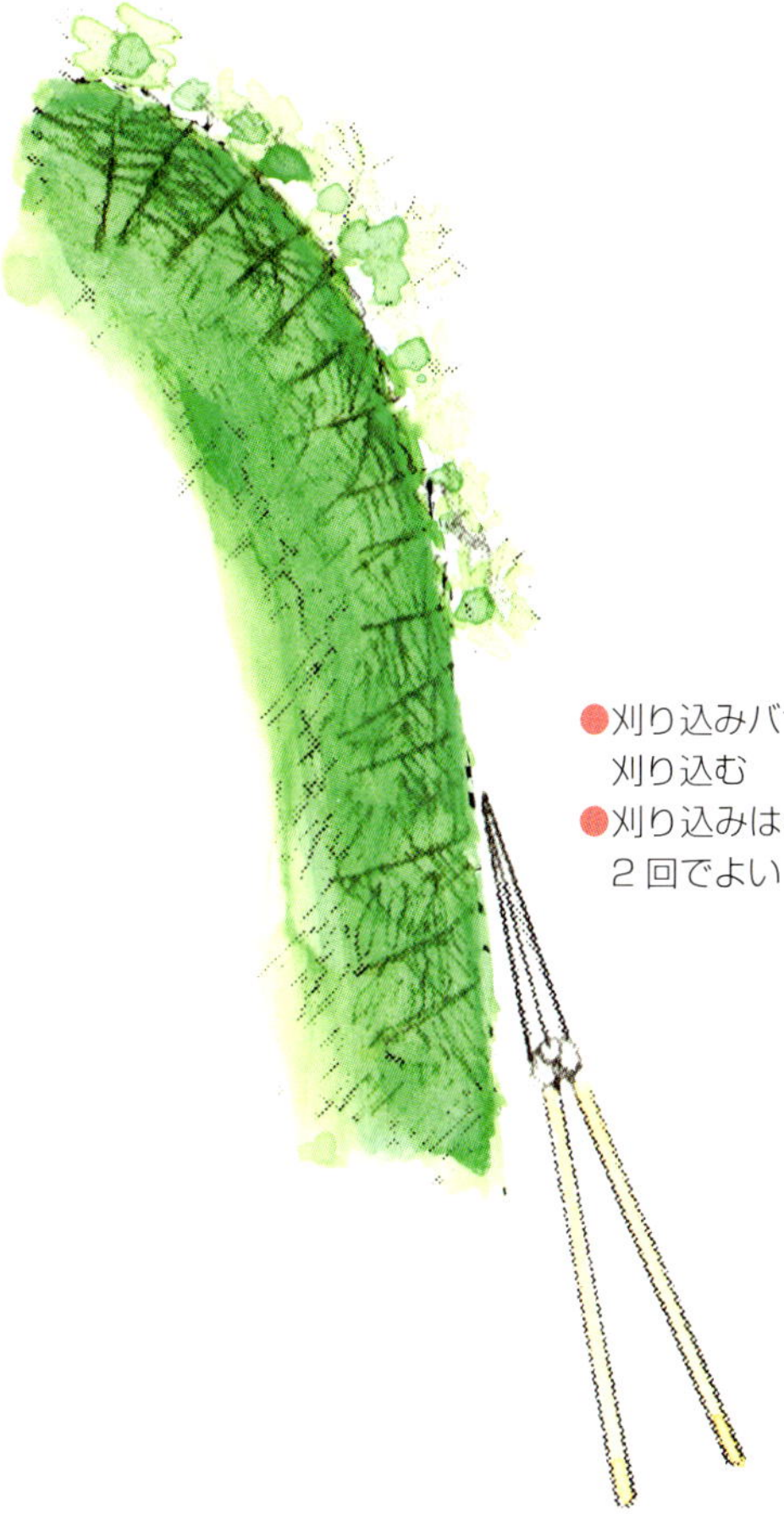

- 刈り込みバサミで刈り込む
- 刈り込みは年１～２回でよい

２～３年に一度枯れ枝を抜いていくとよい

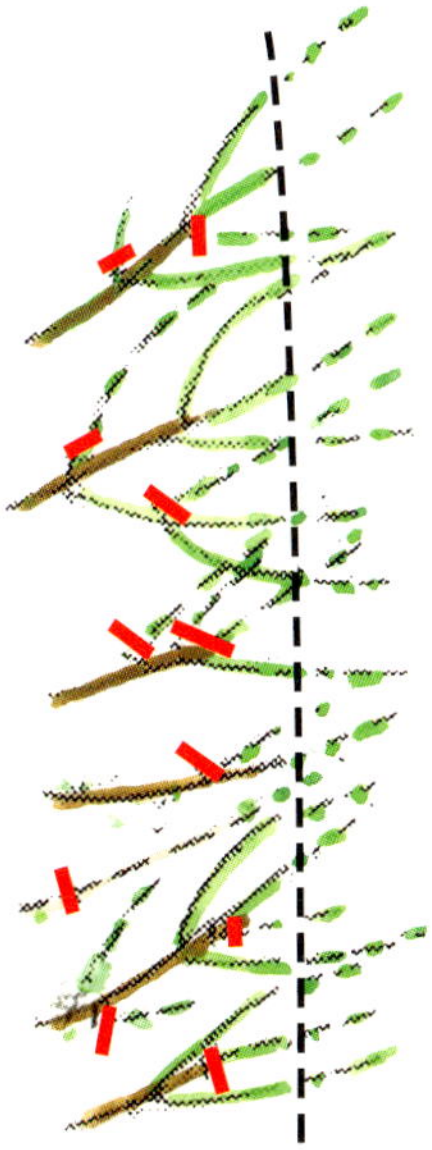

場所に合わせた仕立て方

［寸胴仕立て］

●狭い庭で太い木が楽しめる

［自然樹形］

ただしスダジイとシラカシでは多少異なる

●スダジイ、シラカシ、アラカシ、モチノキなどは庭木としての需要が多い

●これらは樹勢が強く、萌芽力がよいところからいろいろな樹形で楽しむことができる

手入れ時期
1
2
3
4
5
6
7
8
9
10
11
12
枝切り・仕立て
刈り込み
刈り込み

▼モチノキは昔からモッコク、モクセイとともに庭木として欠かせない樹種であり、スダジイもこれらについで庭木として用途の広い木である。この二種は価値的には天地の差（モチノキのほうが庭木としての価値が高い）こそあるが、仕立て方、管理面で類似した点が多いので一緒にあげてみた。

▼スダジイは樹勢が強く、移植が容易で、萌芽力が強いところから、目隠し的な使い方として庭の外周に植え、刈り込まれたり生け垣に仕立てられたりする場合が多い。また、この仲間のシラカシやアラカシは小枝を払い、細い幹だけのものを三～五本寄せて植える棒ガシ仕立ても狭い庭には利用価値が高い。

▼モチノキはスダジイに比べて太りが遅いが、庭の主木としての風格はまた格別である。樹勢が強く、移植、萌芽力があるので、抱えるような木を切りつめ、胴切り（寸胴）仕立てなどにして主木に利用されるほか、地域性はあるが生け垣にもよく使われる。

[棒ガシ仕立て]

- 関西に多く、アラカシでつくられている
- シラカシでもよく、狭い庭で楽しめる

[散らし玉仕立て]

- 庭の外周に目隠しとして用いられる場合が多い

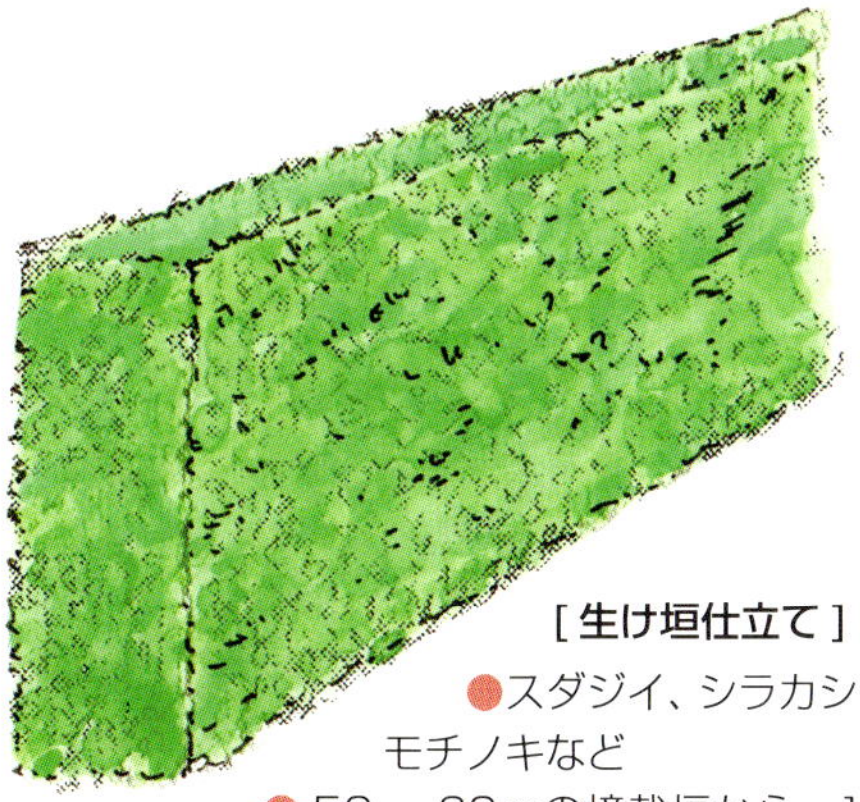

[生け垣仕立て]

- スダジイ、シラカシ、アラカシ、モチノキなど
- 50 ～ 60㎝の境栽垣から、1.5 ～ 5、6mの生け垣、高垣まで仕立てられる

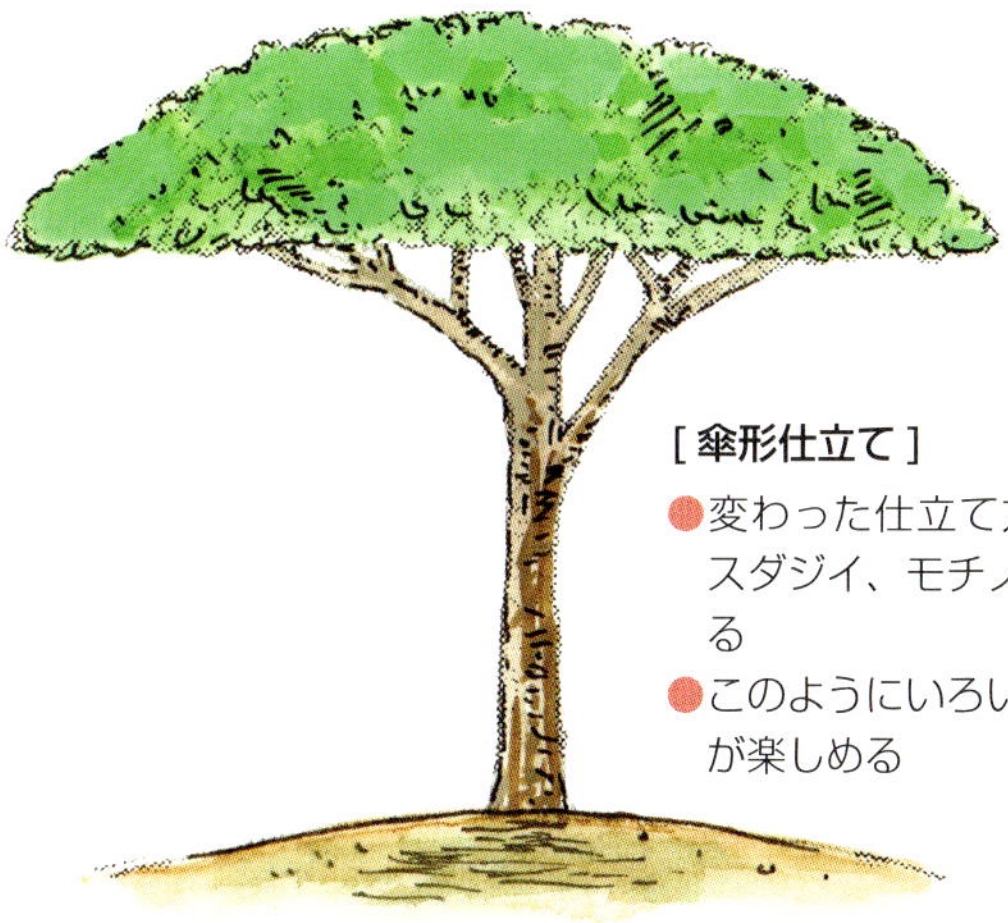

[傘形仕立て]

- 変わった仕立て方であり、スダジイ、モチノキが適する
- このようにいろいろな樹形が楽しめる

春から夏にかけての状態

整姿は夏と冬にする

●春芽は元気よく、長く伸びるので放任すると著しく樹形を乱す

手入れ時期

月	作業
1	
2	
3	
4	
5	
6	春芽の切りつめ
7	春芽の切りつめ
8	
9	
10	
11	夏芽の切りつめ
12	夏芽の切りつめ

▼スダジイ、モチノキは樹形と常に美しい葉が命である。そのため、花芽の形成や開花結実にこだわることなく整姿を行なう。整姿は夏と冬の二回行なえば理想だが、最近ではどちらか一度ですませる場合が多い。

▼夏の整姿は梅雨明け、お盆前に行なう。新梢が四月下旬から六月上旬にかけて生長し、梅雨明けころに充実するからである。その方法は、長く伸びた枝の葉を二〜三枚残して先端を切りつめ、同時に前年の古い葉をつみ取る。樹冠をそろえることも大事なので、残す芽数にはこだわる必要はない。

▼冬の整姿は、夏の整姿後に伸びた夏芽や、密生する小枝を整理するために行なう。多すぎる枝数を整理するとともに短く切りつめ、古葉を取って樹冠を整える。

▼樹冠線に沿って刈り込みバサミで刈る場合もあるが、これを二〜三回続けて行なうと小枝が密生し、内部に枯れ枝を生ずるので、ときにはこの枯れ枝を整理する必要がある。

整姿法

[枝抜き法]

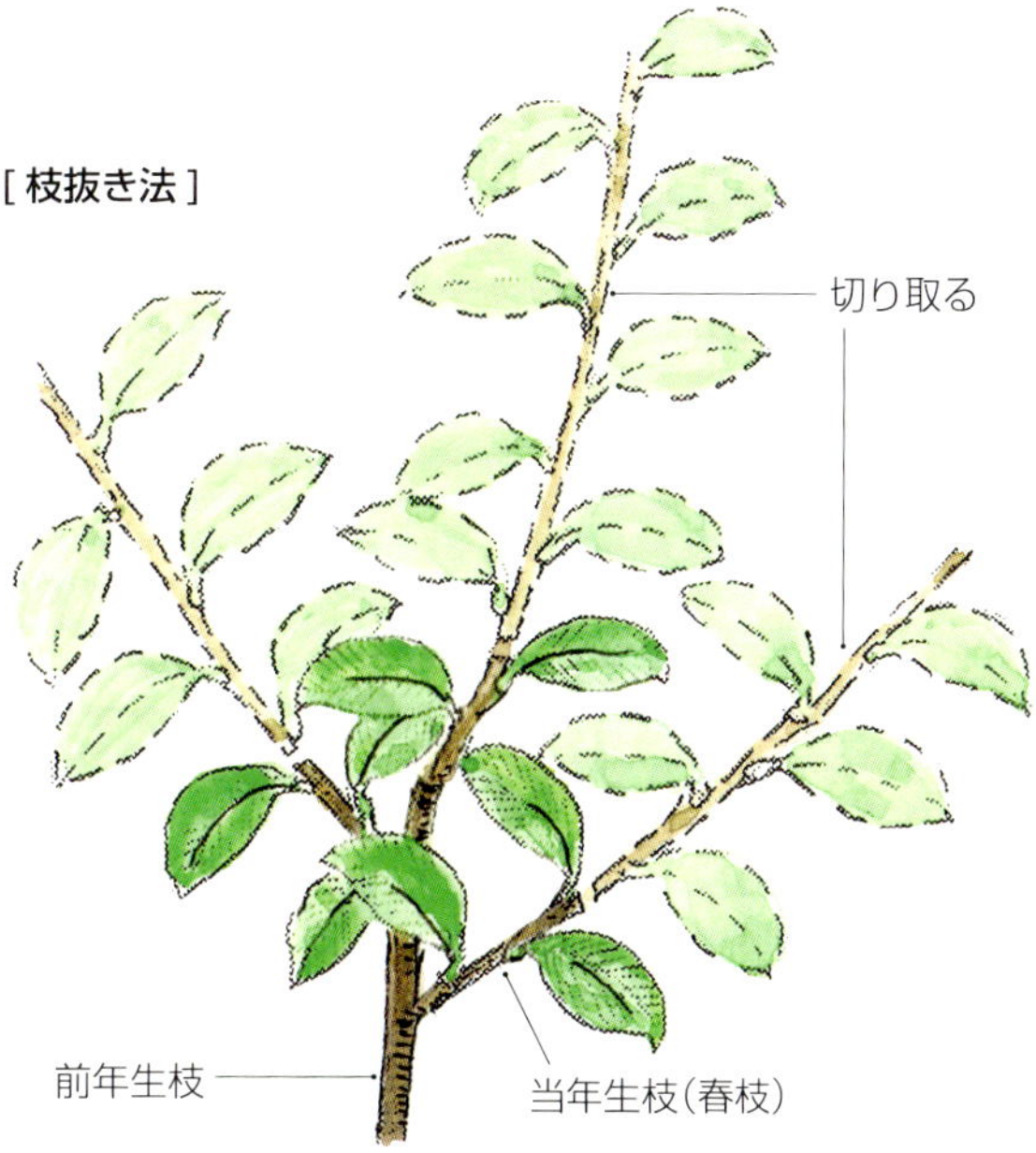

- 春芽は元気よく、長く伸びるので、6月下旬～7月（関東地方）に2～3芽残して切りつめ、樹形を整えておく

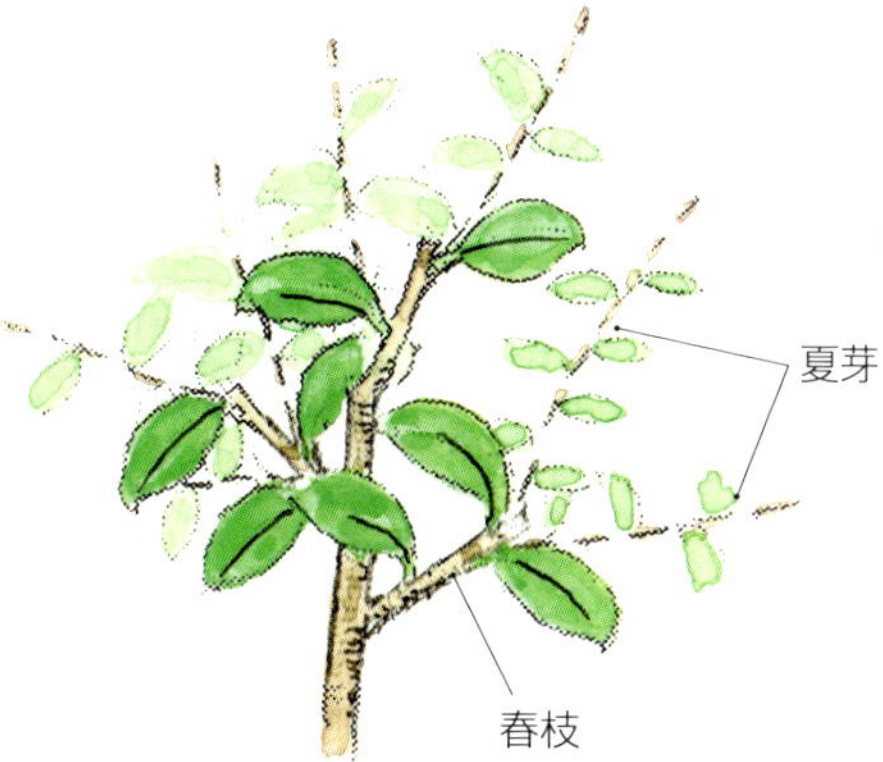

[夏の整姿後、夏芽の伸びた状態]
（8月下旬以降の状態）

- 春枝を切りつめると、すぐに萌芽して夏芽が伸びる
- 夏芽は春枝の各葉腋から伸びるが、長くは伸びない

[11月下旬以降に]

- 夏芽も2～3芽残して整える
- 切りつめるだけでなく、間引くことも必要

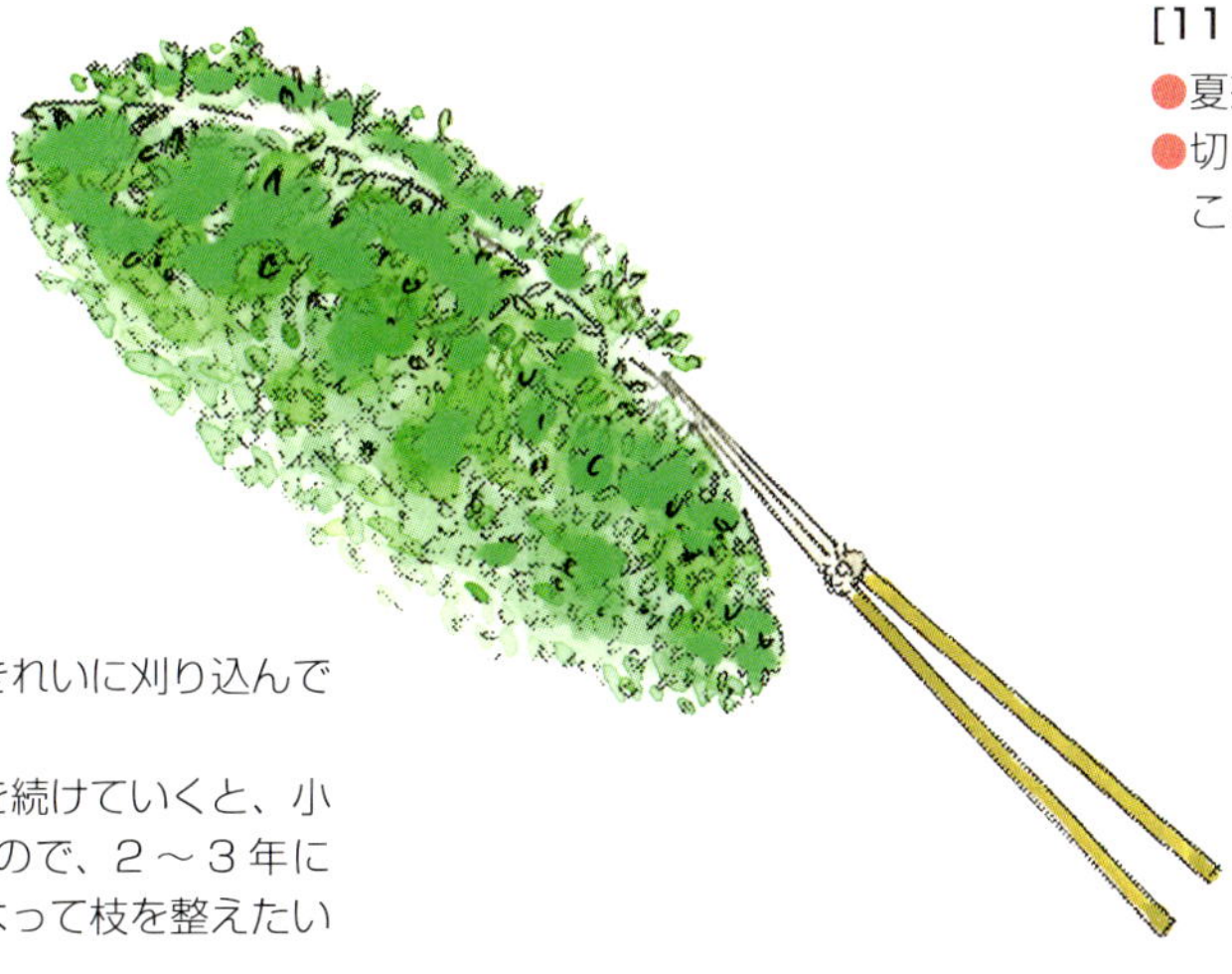

[刈り込み法]

- 刈り込みバサミできれいに刈り込んで整えてもよい
- しかし、刈り込みを続けていくと、小枝の枯れができるので、2～3年に一度は枝抜き法によって枝を整えたい

小さく仕立てなおす

［自然樹形］

●この状態では庭木に適さないので小さくつくりかえるとよい

手入れ時期
1
2
3
4
5
6
7
8
9
10
11
12
切りつめ
小枝の刈り込み
切りつめ
小枝の刈り込み

▼スダジイ、モチノキともに高木性で、放任すると十数メートルにもなり、樹冠を大きく張るので、相当広い庭でないと使いきれない。しかし両種ともに強いせん定に耐え、萌芽力が強く、思いの樹形に仕立てられるので、狭い庭にはそれなりの樹形で楽しめる。

▼強いせん定は、十分暖かくなった六月下旬から七月までがよいが、暖地では五月から始めることができ、寒い地方では六月以降がよい。枝は一度に切ってよい。

▼切り込み後はいままで葉におおわれていた幹が露出し、日焼けを起こして枝枯れしたり、はなはだしいときには枯れるおそれもあるので、わらやこもによる幹巻き保護を行ないたい。

▼このようにして目的の高さや枝幅に整え、木はそのまま二年くらい放置（しかし目的以外の部分に萌芽したものは早めにつみ取る）して、小枝をたくさん出してから、その枝を整理し、目的の枝をつくっていく。その後の管理は整姿法に準ずる。

小さく仕立てなおす（玉仕立て）

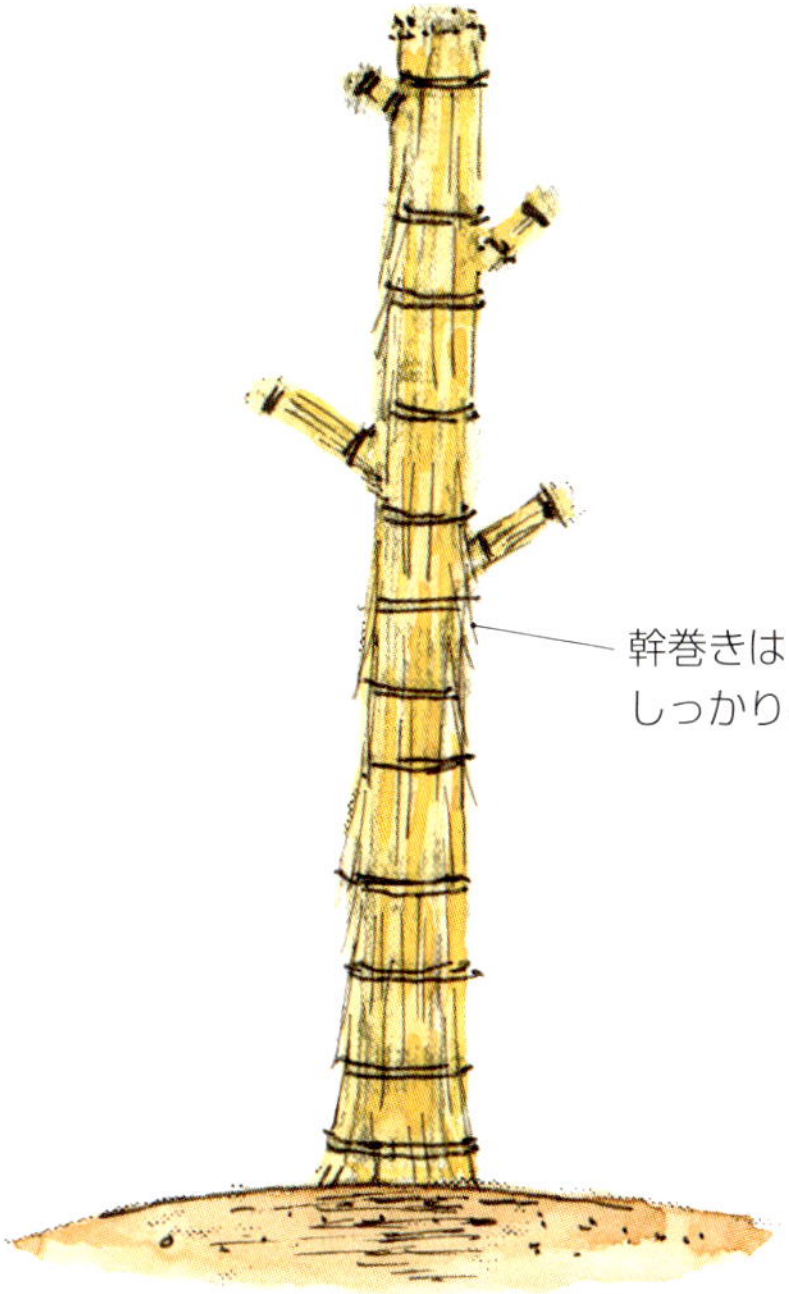
幹巻きは
しっかりと

[切りつめ]

- 切りつめは４～５月、および８～９月が適する
- 強く切りつめたら幹や枝すべてを、稲わらかこも、幹巻き材などできれいに巻き、保護する

[刈り込み]

- 切り口部分から萌芽するので、この小枝は６月下旬～７月、および 11 月下旬以降の年２回刈り込んでいく

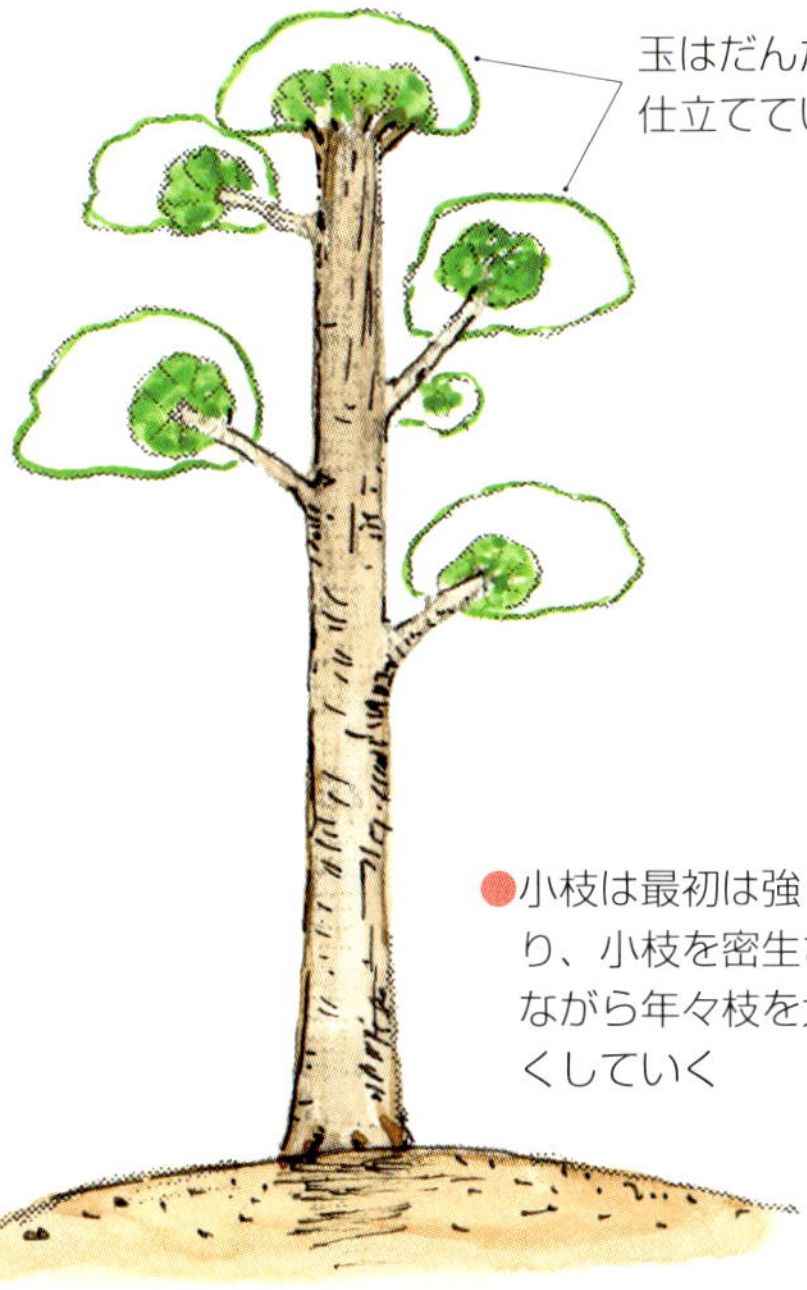
玉はだんだん大きく
仕立てていく

- 小枝は最初は強く刈り、小枝を密生させながら年々枝を大きくしていく

[完成]

- ５年くらいで枝ができ完成する

手入れを始める樹齢

芯は１本にしておく
長い枝を切る程度に

［実生６～７年生苗］

［実生３～４年生苗］

このくらいの線を基本線に刈り込んでいき、おおまかな形をつくっていくようにする

［実生 10 年生くらい］

- あまり小さいうちから強く刈り込まず、おおまかな形にまとめておく
- 基本的には飛び枝を切る程度でよい

手入れ時期

月	作業
1	
2	
3	
4	
5	
6	春芽の切りつめ
7	春芽の切りつめ
8	
9	
10	
11	枝の刈り込み・整姿
12	枝の刈り込み・整姿

▼昔から庭木といえばモチノキ、モッコク、モクセイの三種は欠かせない木であり、モッコクがなければ庭ではない、とまでいわれてきた代表的な樹種である。

▼モチノキやモクセイは、本種にくらべ割合生長が速く、緑も濃く男性的な様相なのに比べ、モッコクは葉の色も銅褐色を帯びた緑で照りが美しく、女性的である。

▼モッコクは生長が非常に遅く、一人前の庭木となるには二〇年以上かかり、それまでは本当の美しい樹形は望めない。実生の場合、一〇年生くらいまでは枝葉が叢《そう》状に繁り、幼樹といった感じだが、それ以降は芯も元気よく伸び、庭木らしい姿になっていく。庭木として手を加え始めるのはこのころからがよい。

▼最初は細かい枝をできるだけ抜き、太い枝を幹のまわりに均等に残していくが、枝の間隔はとりすぎるくらいのほうが仕上がったときによい。新木《あらき》は枝を強く切り込むので、三～五年は放任して肥培し、小枝を出してから整姿したい。

枝の玉は最初は小さく、たくさんできるが…

年々手を加えていくと層雲状となっていく

[放任樹形]

- 本格的に手を加えていくのは15～20年目ころからに
- しかし6～7年生くらいから長く伸びた枝は切りつめ、小枝の密生につとめていく

枝すかしの方法

理想的な樹形

- ８月になるとハマキムシの発生が多く見られるので枝すかしをよく行ない、通風、採光を十分にはかってやる
- 枝すかしによる整姿は６月下旬〜７月、または 12 月に行なう

手入れ時期

月	作業
1	
2	
3	
4	
5	
6	枝すかし
7	枝すかし
8	
9	
10	
11	枝すかし
12	枝すかし

▼モッコクはモチやモクセイに比べて生長が遅く、そのため小枝を密生するが、放任しても割合樹形を整える木で、前二種よりは手のかからない木といえる。

▼しかし小枝が密生するとハマキムシやカイガラムシの発生がひどく、ときにはハマキムシで葉がほとんど落ちてしまったり、カイガラムシによりすす病を併発して木全体が真っ黒になってしまうこともある。これらの駆除、予防には、薬剤散布よりも整姿が最も効果がある。適切な整姿を行ない、通風、採光をはかってやる。

▼樹形は大きな散らし玉仕立て（雲紋状）につくるのが最も一般的であるから、この姿を頭において枝を切ったり抜いたりしていく。七月の整姿は新梢がかたまった直後で、長く伸びた新梢を切りつめ、古葉をつみ取る。

▼樹勢の強い木であれば三分の一くらいの枝葉を切り取ると思ってよい。しかし、樹勢の弱い木は特に不要な枝を切る程度にし、肥培を要する。

春芽の処理

[中心の春芽はほどほどの伸び]

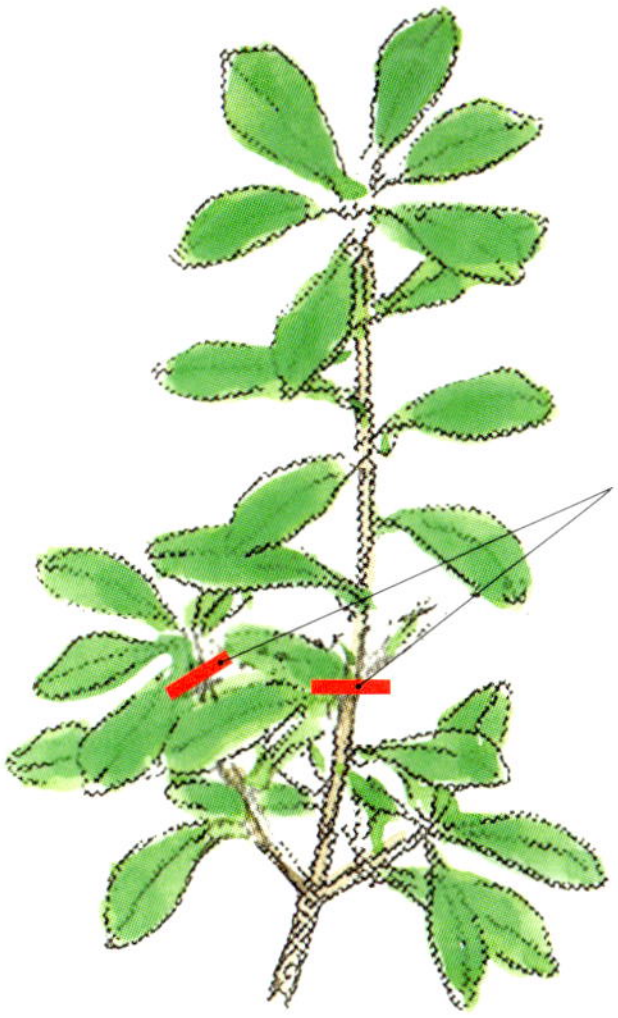
春芽（新梢）は2～3芽残して切りつめる

夏芽が出る

● 今年伸びた新梢がかたまれば（7月）、刈り込みや枝抜きによって樹形を整えていく
● 枝の切りつめは2～3芽残して行なうが、枝数の整理もこのときに行なう

[中心の春芽が長く伸びた]

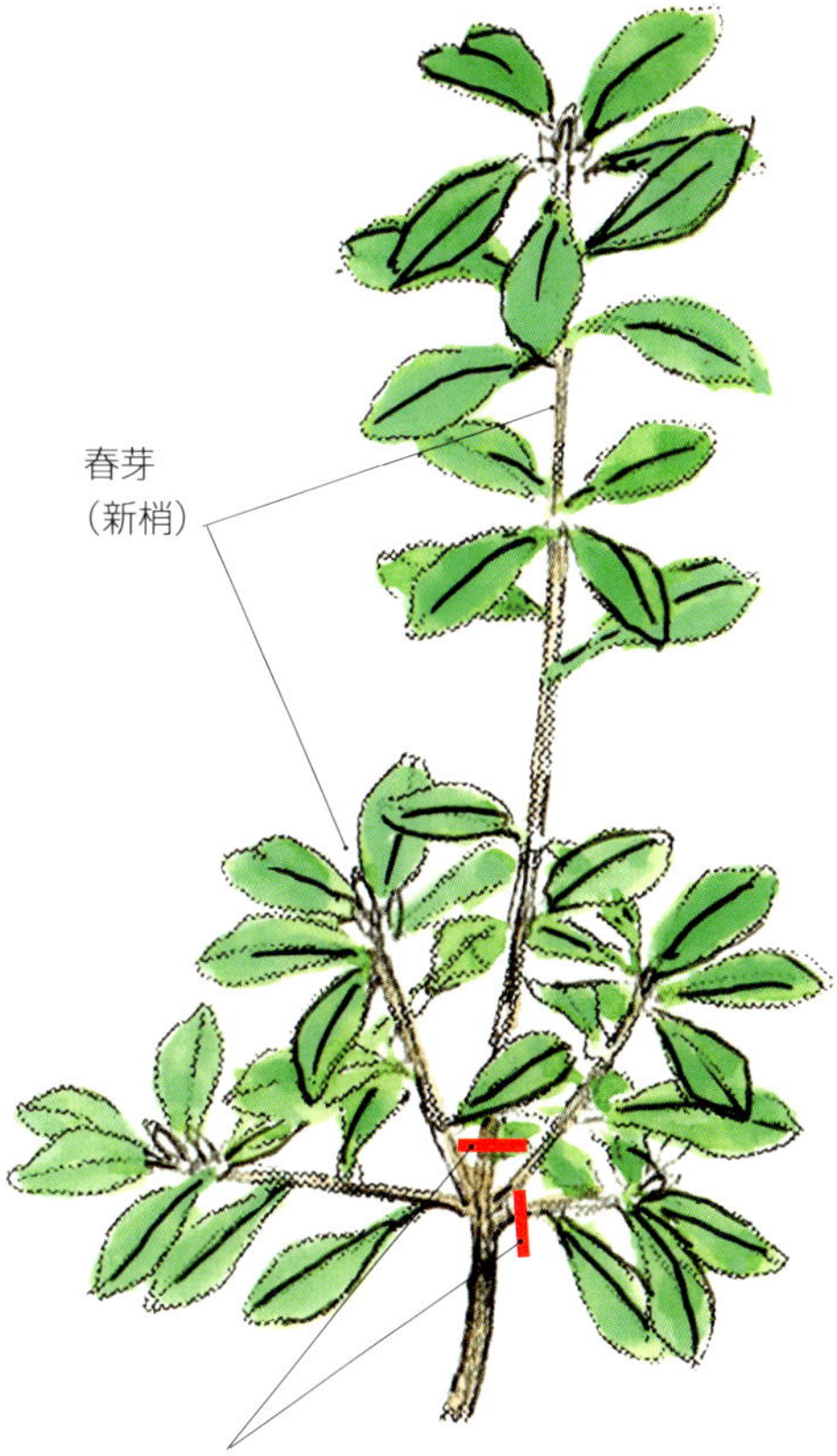
春芽
（新梢）

● 中心の長く伸びた枝や弱い枝はつけ根から切り取る

● 枝は切るという刺激を与えると催芽が始まるが、残した枝はまったく切らないため、夏芽が伸びないまま翌年春までいき、春になって春芽を伸ばす

夏芽は伸びず翌年春に春芽が出る

放任樹の仕立てなおし

［放任樹］

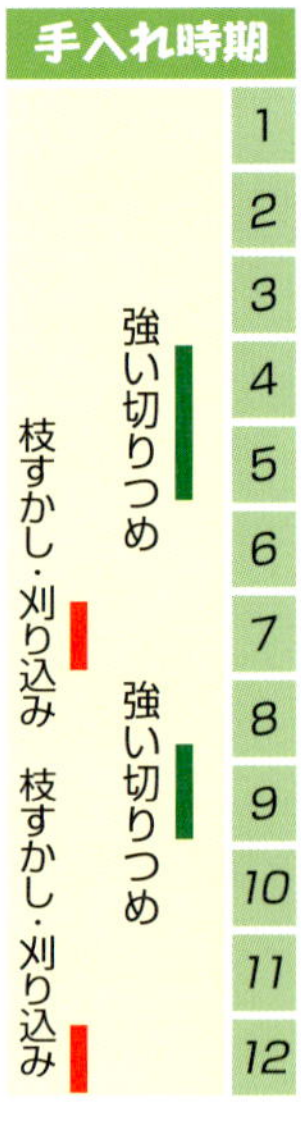
手入れ時期
1
2
3
4
5
6
7
8
9
10
11
12
強い切りつめ
枝すかし・刈り込み
強い切りつめ
枝すかし・刈り込み

▼苗から育てた木に対して、生育の過程で特に強いせん定を行なうようなことはない。このような作業を必要とする木は、長い間まったく手を加えなかった木、他の木と寄り合っていて片枝になったもの、長いこと植えたままの木を移植して小さく仕立てなおすようなときである。

▼強い切り込みの時期は十分暖かくなったころ、東京付近では五月以降九月中旬くらいまでがよく、早春や秋遅く以降は避けたい。細い枝はすべて切り取り、太い枝も均等に残し、この枝も三〇～九〇センチに切りつめる。

▼細かい枝や葉を切った木は、わらやこもでていねいに幹巻きを施し、蒸散作用をおさえるとともに日焼けを防ぐ。このように処置した木は日当たりのよい場所に植え、乾燥させないように根元を敷きわらで保護する。

▼三年くらいはこのまま放任して小枝を伸ばし、その後に整姿を行なう。庭木として完成するまでには一〇年くらいかかる。

強く切りつめて仕立てなおす

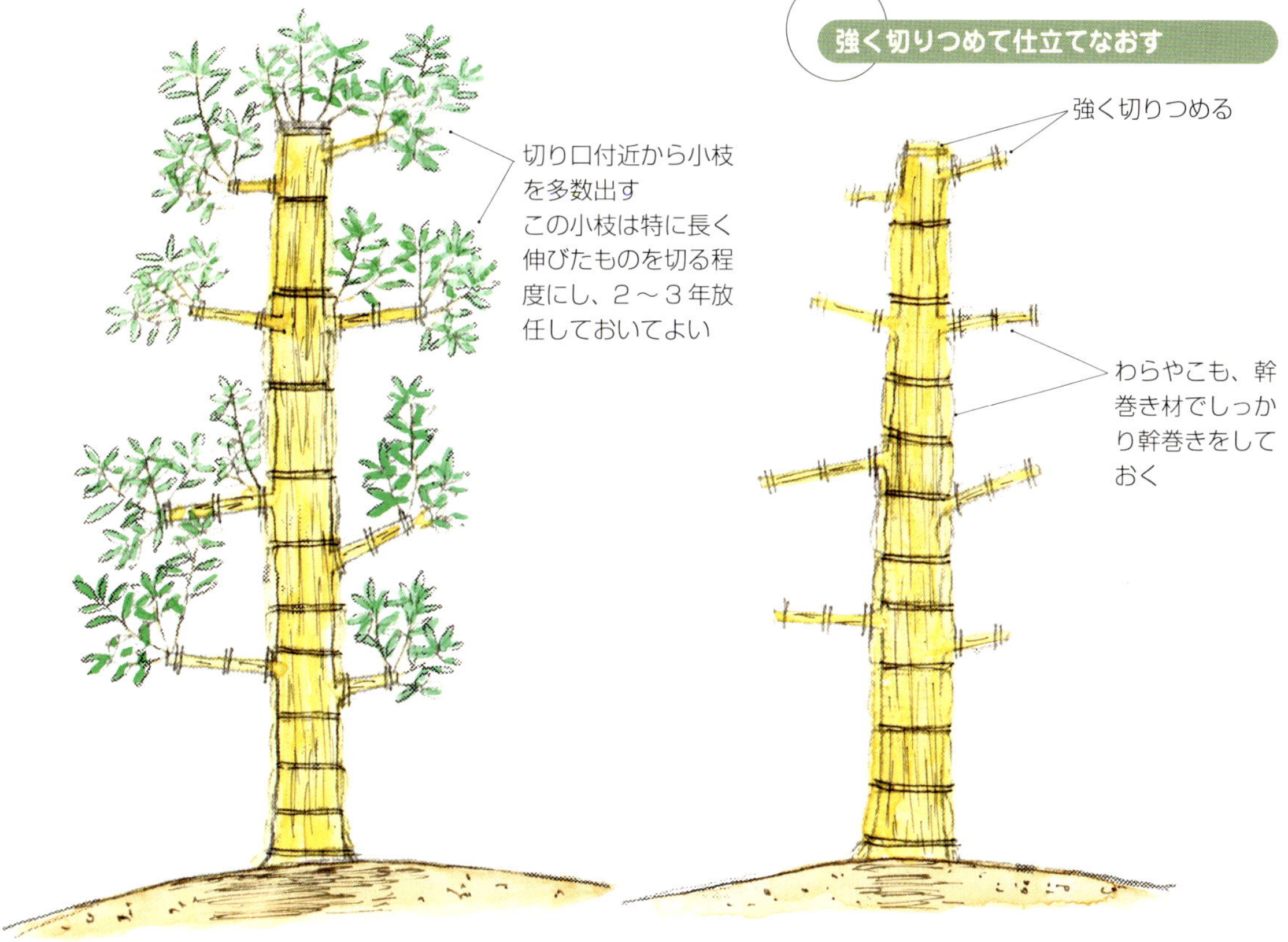
切り口付近から小枝を多数出す
この小枝は特に長く伸びたものを切る程度にし、2～3年放任しておいてよい
強く切りつめる
わらやこも、幹巻き材でしっかり幹巻きをしておく

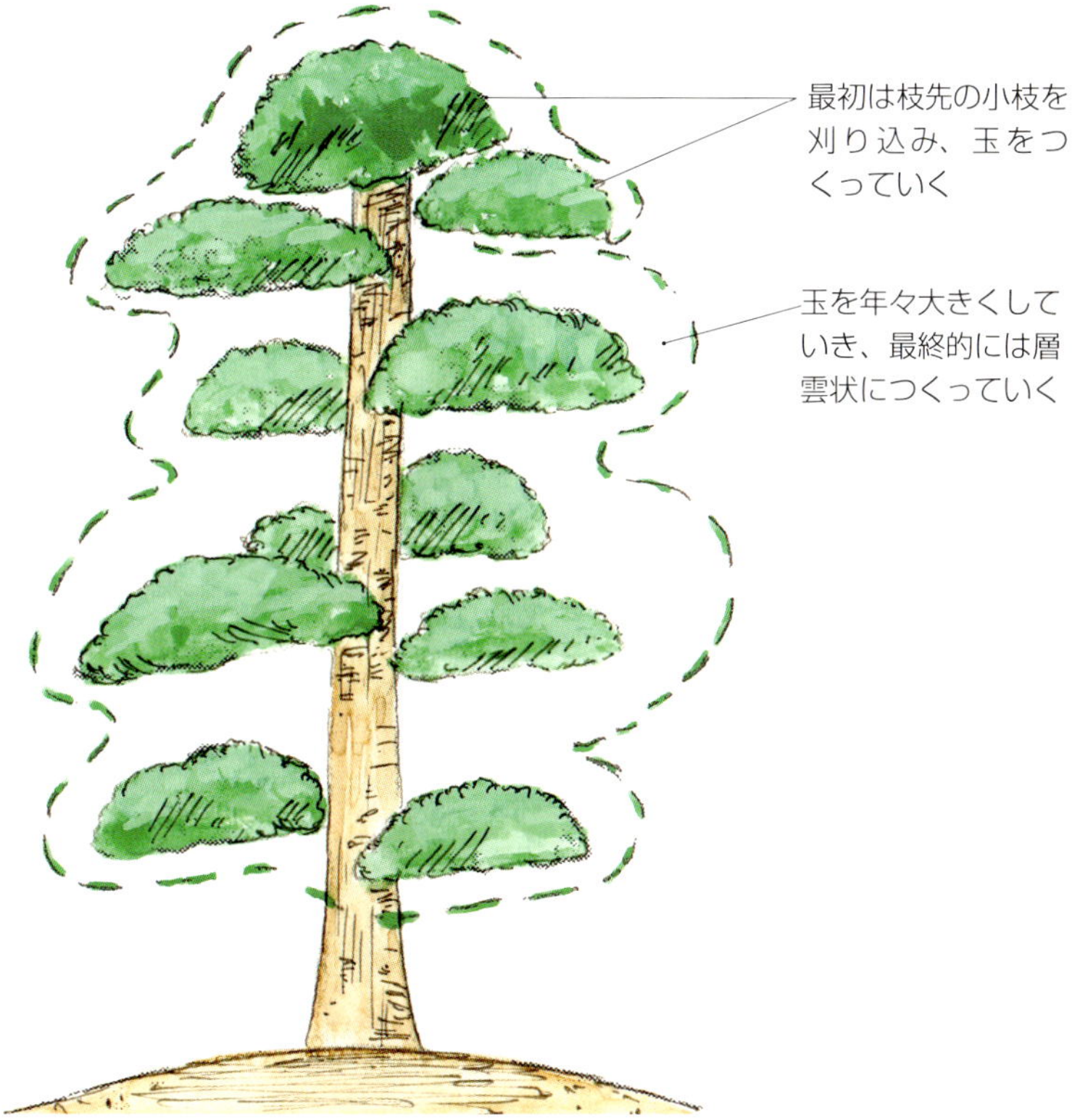
最初は枝先の小枝を刈り込み、玉をつくっていく
玉を年々大きくしていき、最終的には層雲状につくっていく

- 放任した木は4～5月または8月下旬～9月に思いきり切りつめ、改めて目的のところに小枝を出し、これを刈り込んでいく
- 幹や枝はしっかり幹巻きをし保護しておく
- 小枝は著しく長く伸びた枝を切りつめる程度にし、2～3年は放任しておく
- その後、各枝の小枝を刈り込んで、玉をつくっていく
- しかしこの玉は年々大きくしていき、最終的には層雲状に仕上げていく

花のつき方

花がつきすぎたときの処置

●この程度の花つきなら樹勢に与える影響は少ないが、枝が埋まるほどつくのは、樹勢が弱っている証拠といえる

●小さい木なら摘蕾も可能であるが、木が大きいと困難である

手入れ時期

1〜2月　溝掘り・有機質すき込み
5月　摘蕾

▼植物の開花結実は後世へ子孫を残し、種を保存するという大きな目的のもとに行なわれる。植物も動物と同じく幼齢期、壮齢期、老齢期とに分けられ、一定の期日を経れば開花結実は最も一般的な現象になる。

▼幼齢期の栄養生長（枝葉を繁らせるための作用）から壮齢期の生殖生長（開花結実を促す作用）に変わり、生殖生長の力が大きくなったときに花がつくようになる。

▼ところが、栄養状態が悪く、木が伸びられないときには開花が多くなる。開花が多いと枝はほとんど伸びないので手入れの必要はないが、葉を落としてしまい庭木としてみすぼらしくなる。花が多くつくと木が弱ると考えてよい。

▼このようなときには一～二月ころ、根回しをするときくらいの位置に、深く幅の広い溝を掘り、堆肥や腐葉土など有機質を多くすき込むとともにチッソ成分を含む化成肥料、油かす、鶏ふんなどを追肥として施し、根を更新し、活力を与えてやりたい。

花が多いときの一般的な処置

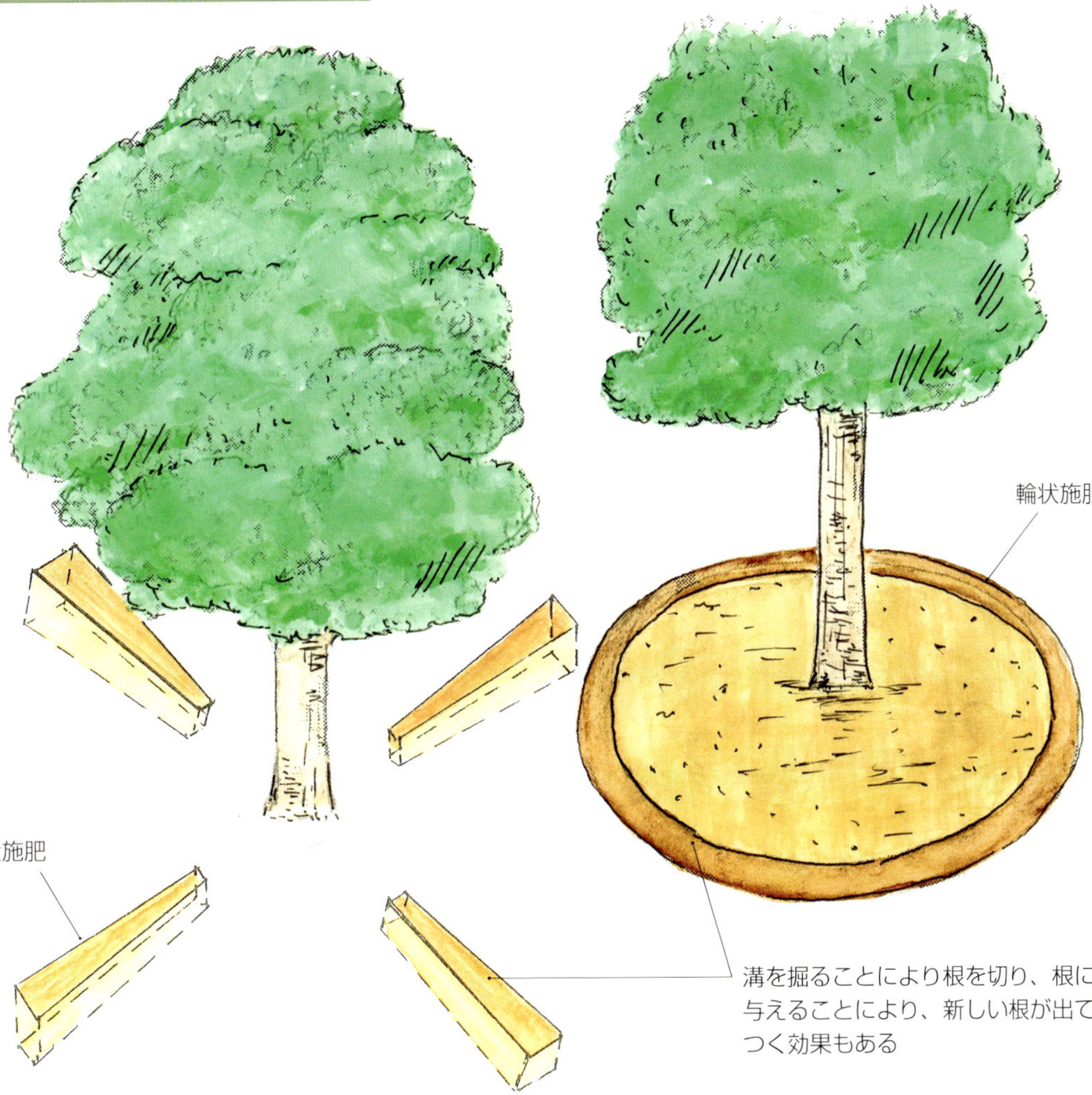
輪状施肥
放射状施肥
溝を掘ることにより根を切り、根に刺激を与えることにより、新しい根が出て樹勢がつく効果もある

- 花を多くつける場合は樹勢をつけてやる
- 溝には腐葉土を 30 ～ 40％混ぜた畑土を入れ、新しい根をつくっていく
- 開花が多い場合は、枝もあまり伸びないので、せん定は避けたい

溝の大きさ
幅 30㎝×深さ 50㎝くらいに新しい畑土に腐葉土を 30 ～ 40％混ぜて埋める

毎年よい花を咲かせる枝の切り方

モクセイの開花前（7～8月）の状態

花芽（ツボミ）
春から伸びた枝
花芽（ツボミ）
春から伸びた枝
2年生枝

手入れ時期

月	作業
1	
2	整姿・せん定
3	整姿・せん定
4	
5	
6	
7	
8	
9	
10	
11	整姿・せん定
12	整姿・せん定

▼モクセイの花芽は、今年伸びた新梢が充実した七月中旬から八月上旬に形成され、その年の九月中旬から十月上旬に開花する。そのため整姿をあまり遅く行なうと、花芽ができるまでに枝が充実せず、花芽がつくられない。

▼したがって整姿の時期は、開花の終わった十一～十二月に行なうのが最もよく、春の場合は二～三月上旬とできるだけ早い時期に行ないたい。やむを得ず四月くらいまで整姿ができなかった場合には無理をせず、そのまま花を咲かせてしまうほうが無難である。

▼花の終わった枝は二～三芽くらいを残して切り、元気のよい新梢の発生を促すが、樹冠の内部の弱い枝を切り取って整理し、採光・通風をはかってやりたい。不要な枝は、途中で切ると萌芽によって逆に混雑となるので、できるだけつけ根から切り取りたい。

▼多くの花を咲かせるためには、リン酸、カリ成分の多い肥料を一～二月と十月中旬に施し、肥培することも大事である。

せん定は花後から

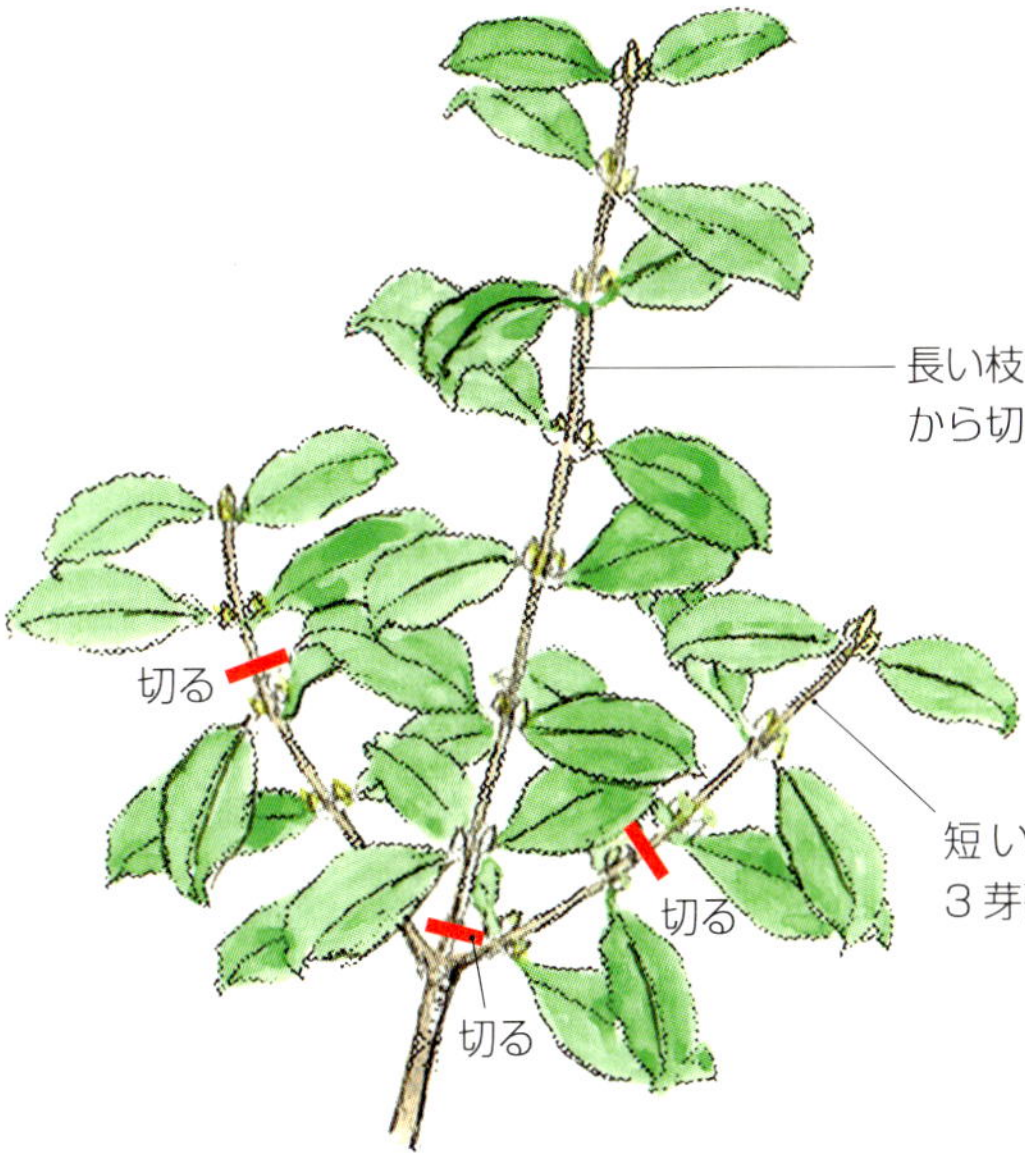
長い枝はつけ根
から切る
切る
短い枝は２～
３芽残して切る
切る
切る

●整姿・せん定は 11 ～ 12 月、または
２～３月上旬までにすませる

[せん定後]

４月以降新梢が伸びて、
各葉腋に花芽（ツボミ）
がつくられる

樹冠線に沿って
切りつめる

- ●モクセイの花芽は今年伸びた枝の葉腋に７月上～下旬にできる
- ●整姿・せん定は 11 ～ 12 月、または２～３月上旬ころまでにすませたい
- ●せん定は長い枝はつけ根から、他の枝は２～３芽残して切る
- ●特に込んでいる場合は十分に間引き、通風、採光をはかってやるようにする

仕立て方のいろいろ

[放任樹形]

●放任してもほかの木のように大きく乱れることは少ないが、樹冠は相当大きくなる

手入れ時期

月	作業
1	枝切り・刈り込み
2	枝切り・刈り込み
3	枝切り・刈り込み
4	
5	
6	
7	
8	
9	
10	
11	枝切り・刈り込み
12	枝切り・刈り込み

▼モクセイは庭木として欠くことのできない樹種であり、昔から使われている木のなかでは数少ない花木である。

▼花には華やかさはなく、どちらかといえば香りを楽しむ木といえる。そのため薬物としての要素が強く、樹形を楽しむ木ともいえる。

▼放任すると一〇メートルにも達するが、割合自然に樹形を整える。しかし、これでは相当広い庭でないと調和がとれない。幸いモクセイは樹勢が強く、萌芽力があるのでいろいろな樹形に仕立て利用できる。一般的な樹形としては円筒形、変形の円錐形、球状形、生け垣といった形があり、円筒形や球状形は庭の景養木として使われる樹形である。

▼生け垣の場合、まったく花を考えなければ幅を狭く仕立てることもできるが、多少なりとも花を咲かせるとなると、毎回強く刈り込むわけにもいかず、幅を広くとらざるを得ない。小さく仕立てる場合は三～四年に一度強く刈り込むようにする。

［円柱形仕立て］

あまり細く仕立てることは困難

［円筒形仕立て］

最も一般的

●挿し木10年くらいは飛び枝を切る程度にして育てる

● 15年くらいから本格的に刈り込みを始める
●当初はやや強く刈り込んでよい
●その後は樹冠を大きくしながら刈り込んでいく

鉢仕立てでの楽しみ方

●鉢で楽しむ場合は、大きなプランターか8～10号の鉢がよい

手入れ時期

月	作業
1	
2	刈り込み、施肥
3	刈り込み
4	植えつけ
5	植えつけ、施肥
6	
7	
8	施肥
9	
10	
11	刈り込み
12	刈り込み

▼いままであまり見かけなかったモクセイの鉢仕立てでも、少し大きめの鉢やプランターで育てれば、十分楽しめる。

▼鉢は八～一〇号以上、プランターは五〇×五〇×五〇センチ以上の大きさで、木も一・五メートル内外のものがよい。それより小さいと肥培がむずかしいし、一・八メートル以上の大きなものではあつかいが大変である。しかし四季咲きモクセイは、五～六号鉢で、三〇～五〇センチの大きさの苗でも花が楽しめる。

▼用土は庭土でも畑土でもよく、腐葉土を三〇％くらい混ぜ、排水のよい肥沃土がよい。日当たりのよい場所に置いて、風などで倒れないように十分保護する。肥培はチッソ肥料を最小限にし、リン酸、カリ成分を多めに、二月、五月および八月下旬に施し、灌水はできるだけ控え、枝が四～五節伸びる程度におさえて育てる。

▼ほとんどせん定しなくてもよい程度の生育にすると、二～三年目には花が見られるようになる。

鉢での仕立て方

●四季咲きモクセイは小苗で5～6号鉢でも花は楽しめる

●キンモクセイ、ギンモクセイ、ウスギモクセイなどは、プランターや鉢は少なくとも8～10号くらいの大きさはほしい
●そのようなことから鉢は少しでも軽くしたい
●プラ鉢、木製のタル鉢、軽量コンクリート製の軽いものがよい

●鉢植えは十分日当たりをよくし、やや乾かしぎみにする
●チッソ過多にならないように骨粉を多めに、またカリ成分を含む肥料を十分施してやる

野木の仕立て方

幹の曲げを考えて
枝を残す

●仕立ての最初に枝の整理を行なう
●実生 15 年前後で仕立てる

●野木（畑で栽培したものであるが、仕立ててない木）

▼実生一五年生くらいから仕立て始める。それまでは飛び枝を切る程度で半ば放任するが、芯は早めに一本にしておく。一五年生くらいで樹高が二・五メートル前後になるので、曲幹や一カ所曲げた斜幹仕立てなど、好みの形に太い竹で幹を誘引して仕立てる。

▼枝抜きは、まず差し枝と返し枝を決め、この左右二本の枝からバランスよく上部の枝を決める。枝は思いきり抜いてよく、惜しがって残すとあとで形がつくりにくくなる。

▼残した枝のうち太い枝は竹の先端の細い部分を当てて誘引し、細い枝はシュロ縄で引く。引く程度は、枝のクセを見ながら無理のないようにあつかいながら、必ず水平より下に引き下げる。小枝は下面をきれいに刈り取るが、上面は短く刈っておく。

▼仕立て後は年に二～三回くらい小枝を刈り込むとともに、枝引きのシュロ縄をもう一度引きなおして枝を固定させていけば、三～五年で立派な庭木ができる。

手入れ時期

月	作業
1	
2	
3	仕立て
4	仕立て
5	
6	刈り込み
7	
8	刈り込み
9	
10	
11	刈り込み
12	刈り込み

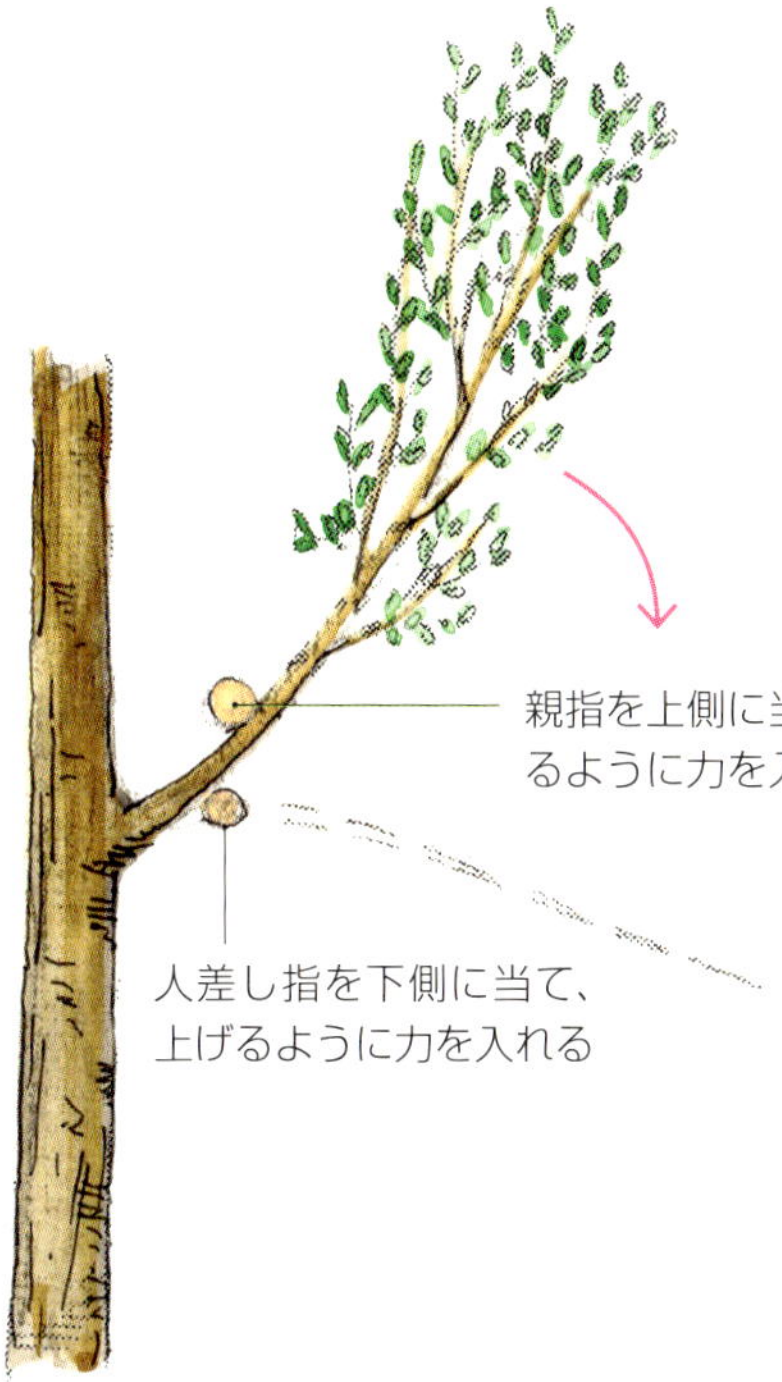
親指を上側に当て、下げるように力を入れる
人差し指を下側に当て、上げるように力を入れる

[枝の曲げ方]

- 親指と人差し指で挟み、お互い逆に力を加えると枝のクセがわかり、曲げやすくなる

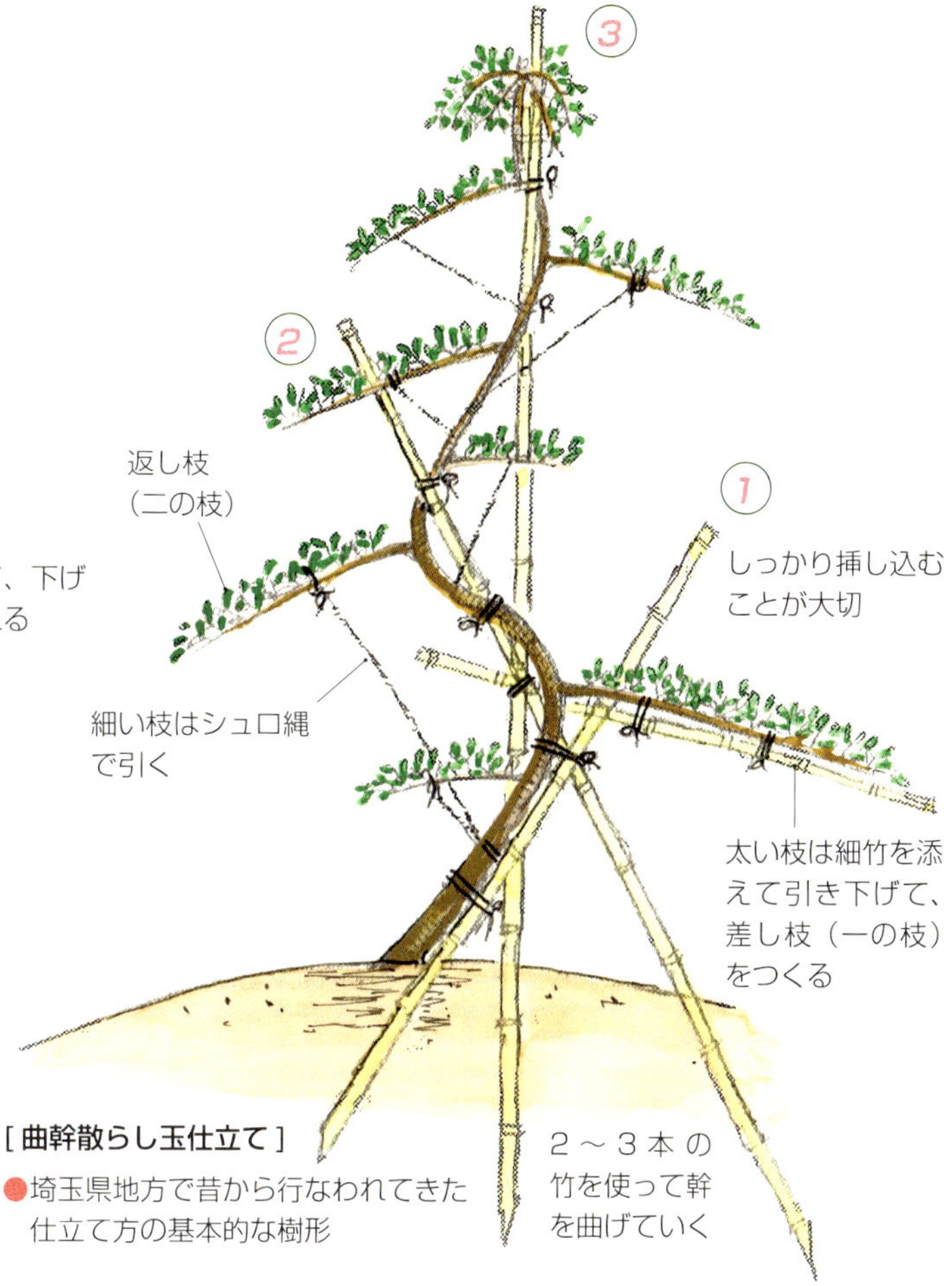
3
2
1
返し枝（二の枝）
しっかり挿し込むことが大切
細い枝はシュロ縄で引く
太い枝は細竹を添えて引き下げて、差し枝（一の枝）をつくる
2～3本の竹を使って幹を曲げていく

[曲幹散らし玉仕立て]

- 埼玉県地方で昔から行なわれてきた仕立て方の基本的な樹形

[小枝の出し方]

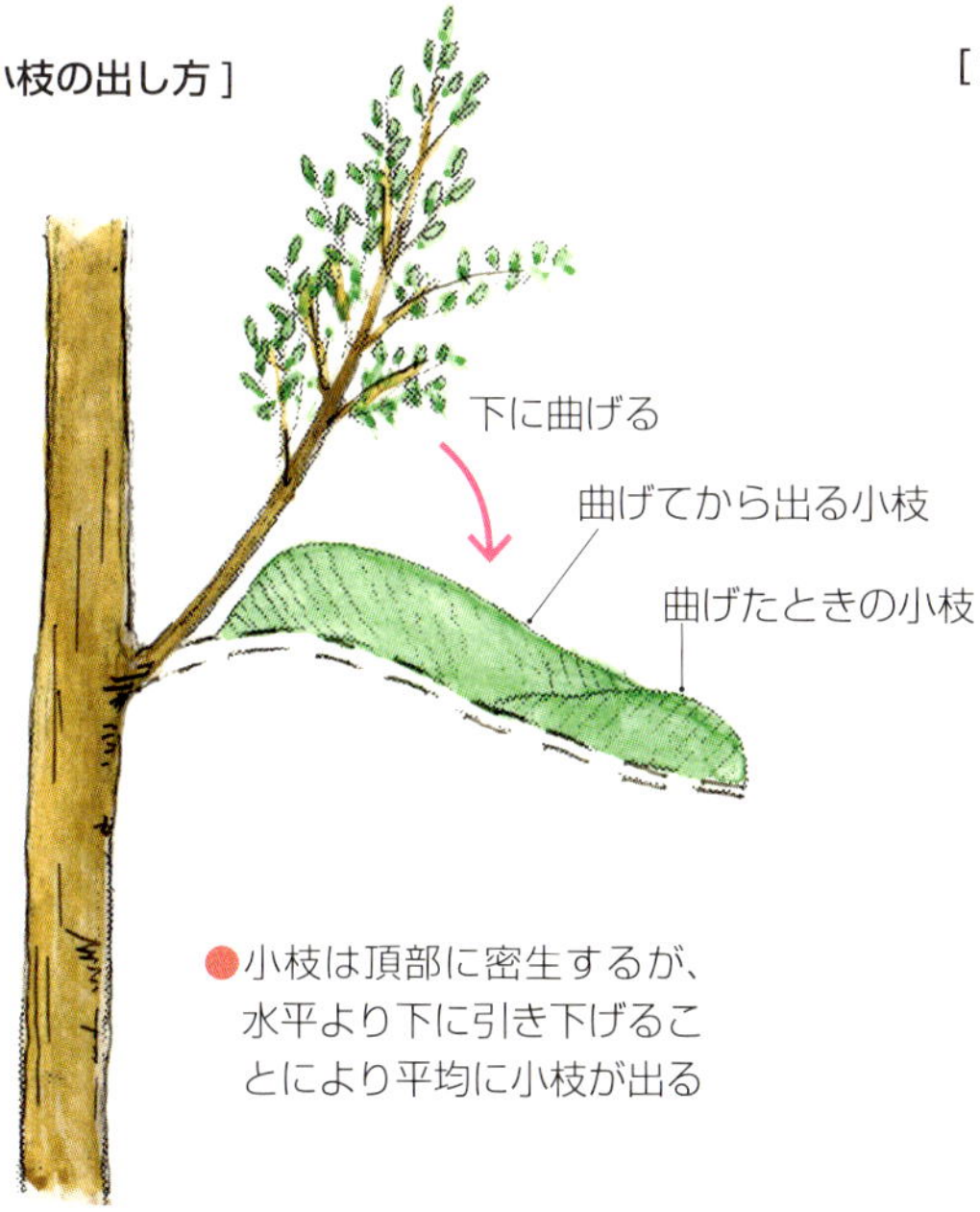
下に曲げる
曲げてから出る小枝
曲げたときの小枝

- 小枝は頂部に密生するが、水平より下に引き下げることにより平均に小枝が出る

[太い枝の曲げ方]

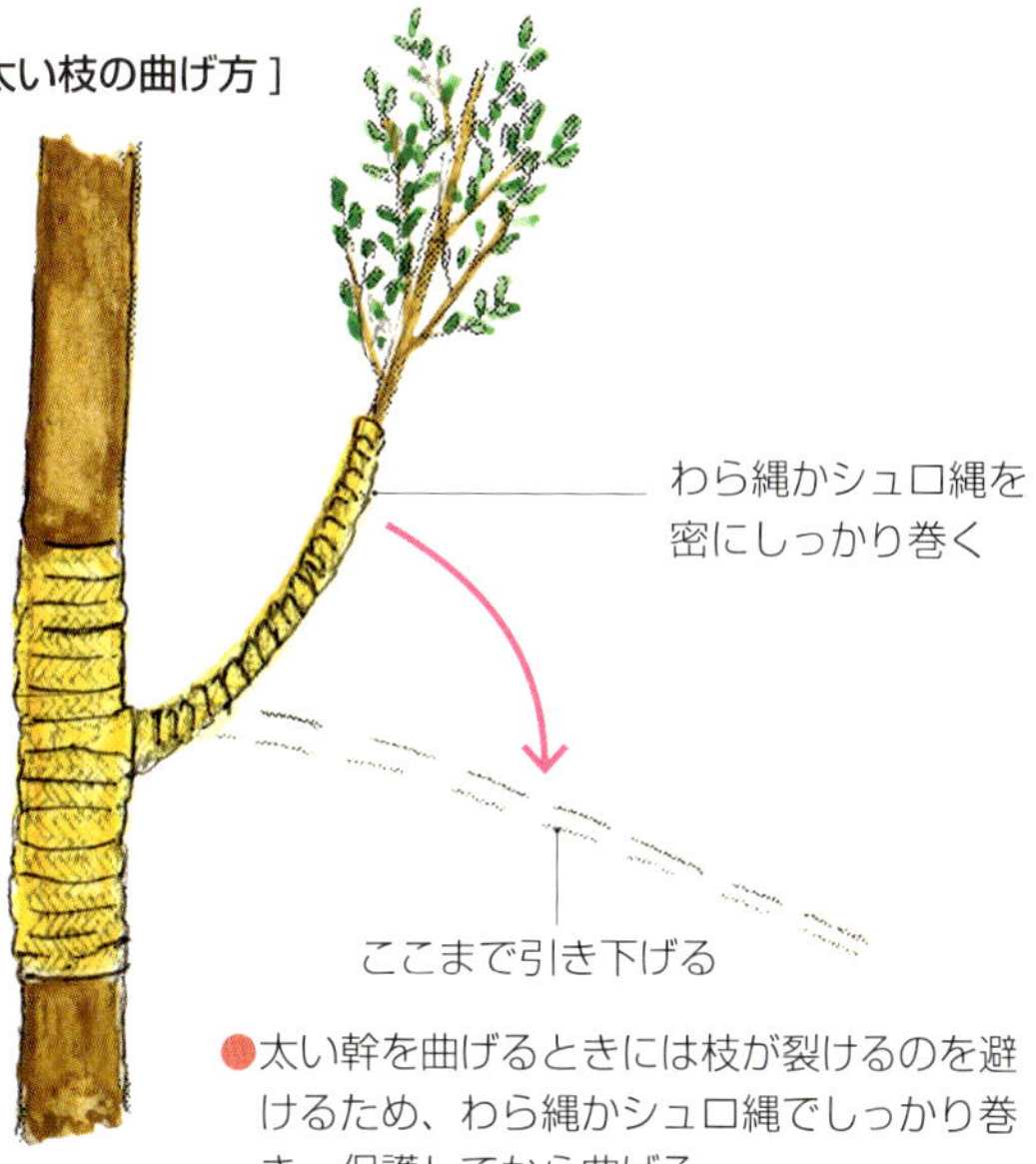
わら縄かシュロ縄を密にしっかり巻く
ここまで引き下げる

- 太い幹を曲げるときには枝が裂けるのを避けるため、わら縄かシュロ縄でしっかり巻き、保護してから曲げる
- ときには2～3日かけて少しずつ曲げる

いろいろな仕立て方・整姿の方法

仕立て方のいろいろ

［散らし玉仕立て］

［曲幹散らし玉仕立て］

［円錐形仕立て］

［円筒形仕立て］

［生け垣］

［玉仕立て］

手入れ時期

月	作業
1	
2	
3	仕立て
4	仕立て
5	
6	刈り込み
7	
8	刈り込み
9	
10	
11	刈り込み
12	刈り込み

▼イヌツゲは、仕立てるのにやや高い技術を要するが、かといって熟練した技術を必要とするものではなく、樹高が二・五メートル前後という大きさも手ごろで、仕立てが容易なので、自分で仕立ててみるには格好な材料といえる。

▼仕立てものは仕立て後の管理いかんによってその木の価値が決まると思ってよい。最も大事なことは枝づくりである。

▼最初の仕立てのときに引いた添え竹やシュロ縄はだいたい六ヵ月もたつと伸びてしまい、枝が跳ね上がって水平より上にくることが多い。

▼このままにしておくと上向きのまま固定してしまい、せっかくの努力もムダになってしまうので六ヵ月以内に必ず引きなおしを行ないたい。少し引きすぎたくらいの位置でも、枝ができてくるとちょうどよいぐあいになる。

▼この枝引きは、刈り込み時に必ず行なうが、曲幹仕立てに限らず、直幹仕立てでも同様の考え方でよい。

枝は必ず水平より下に引くこと

［直幹仕立て］

枝は必ず水平より下に引くこと
●曲がりの腹の部分に大きな枝をつくる

［曲幹仕立て］

枝のつくり方

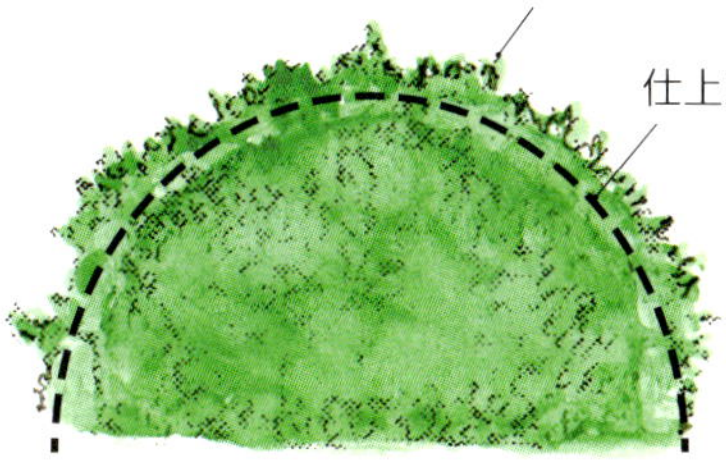
刈り取る
仕上がり線

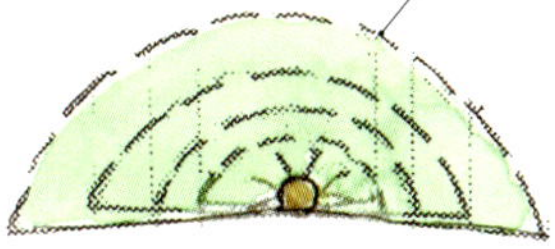
仕上がりの形

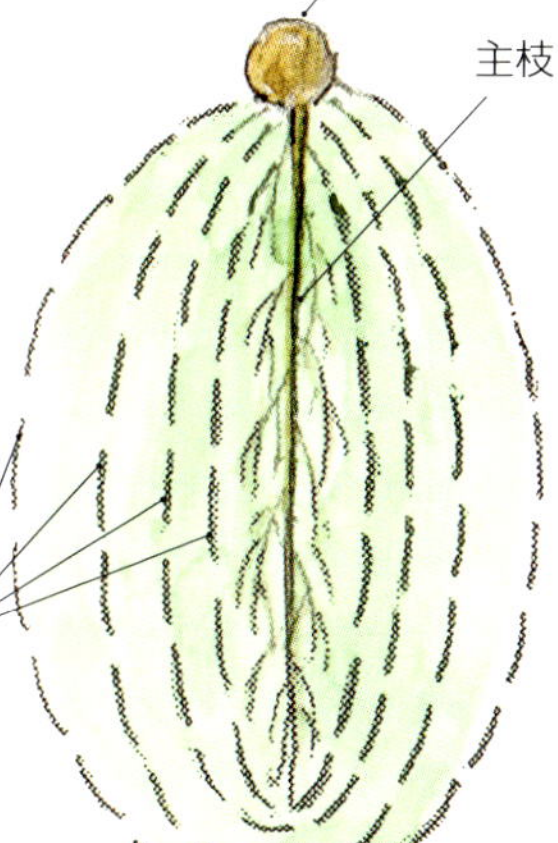
幹
主枝
小枝は目的の大きさまでは徐々に大きくしていく

- ●枝づくりは、最初はわずかの小枝しかないが、刈り込みのたびに少しずつ大きくしていく
- ●目的の大きさになってきたら、前回の刈り込み線まで強く刈り込んでいく

散らし玉仕立て

よく手入れがいきとどいた樹形

刈り込み時期と不要枝のあつかい

手入れ時期

1 2 3 4 5 6 7 8 9 10 11 12

刈り込み（ひんぱんに刈りたい）

刈り込みは最低でも年二回（六月、十一〜十二月）

▼イヌツゲの仕上がり後の管理といえば刈り込みだけ、といってもよいほど刈り込みは大事な作業である。刈り込みの時期は厳寒期を除けばいつでもよい。

▼イヌツゲのよさは、小枝をいかに密生して形を整えているかというところにあり、それには枝をあまり伸ばさずひんぱんに刈ることである。よくお年寄りの管理している木はよくできるといわれるが、これは暇をみてはていねいに刈り込みをしているためである。

▼小枝の厚さは、お椀を伏せたような半球状のものや、薄く扁平に刈り込んだものなど、好みの形があるが、イヌツゲは半球状の形が美しい。

▼根元に出るヒコバエや枝のつけ根に出る不要枝はいつまでも発生するので、これらの枝は発生しだいかき取るが、枝の間隔が広すぎたり、玉を大きくしたいときにはこのような枝を利用して樹形を整えていく。三〇〜四〇年放任した木も立派に仕立てられるのがこの木の特徴である。

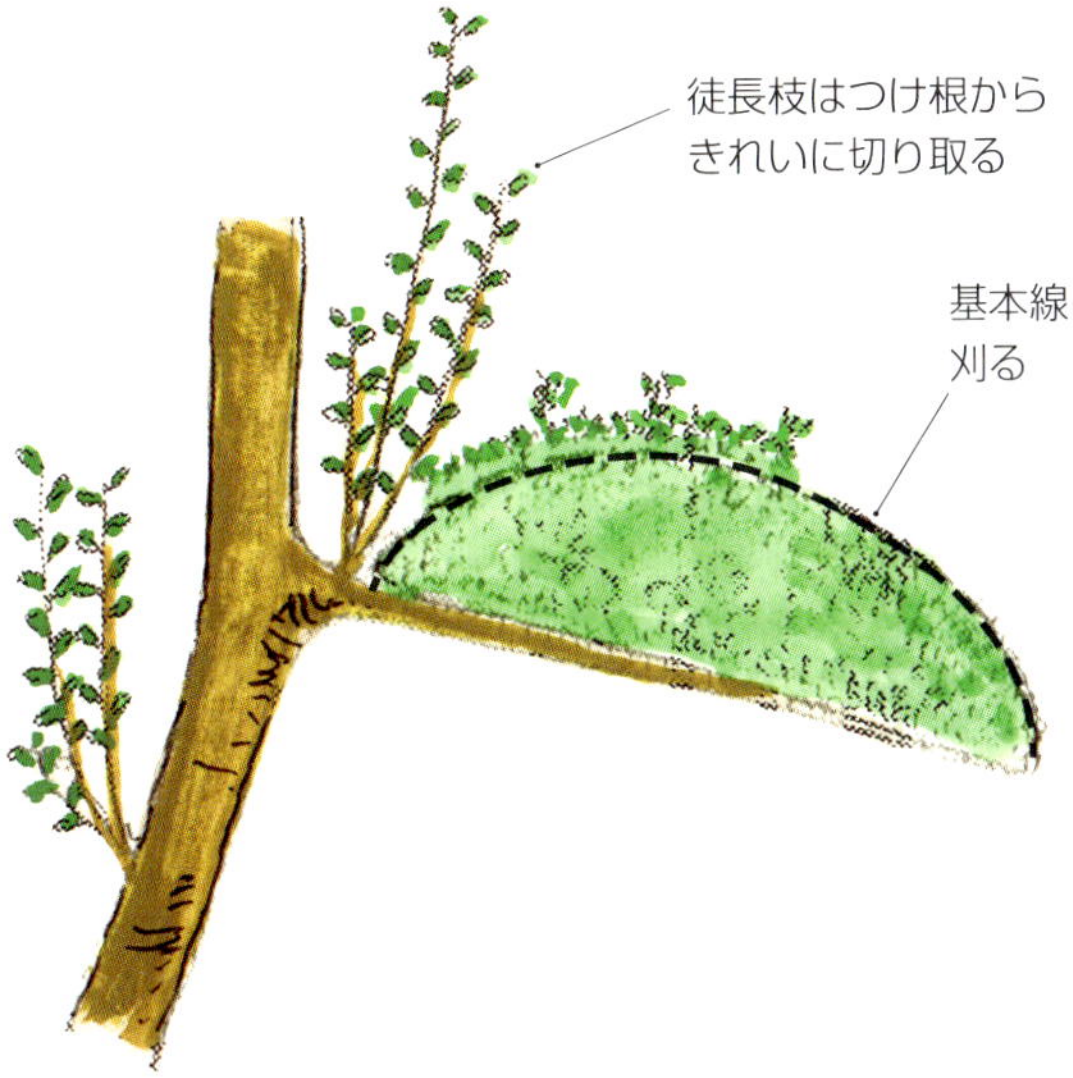
徒長枝はつけ根から
きれいに切り取る
基本線に沿って
刈る

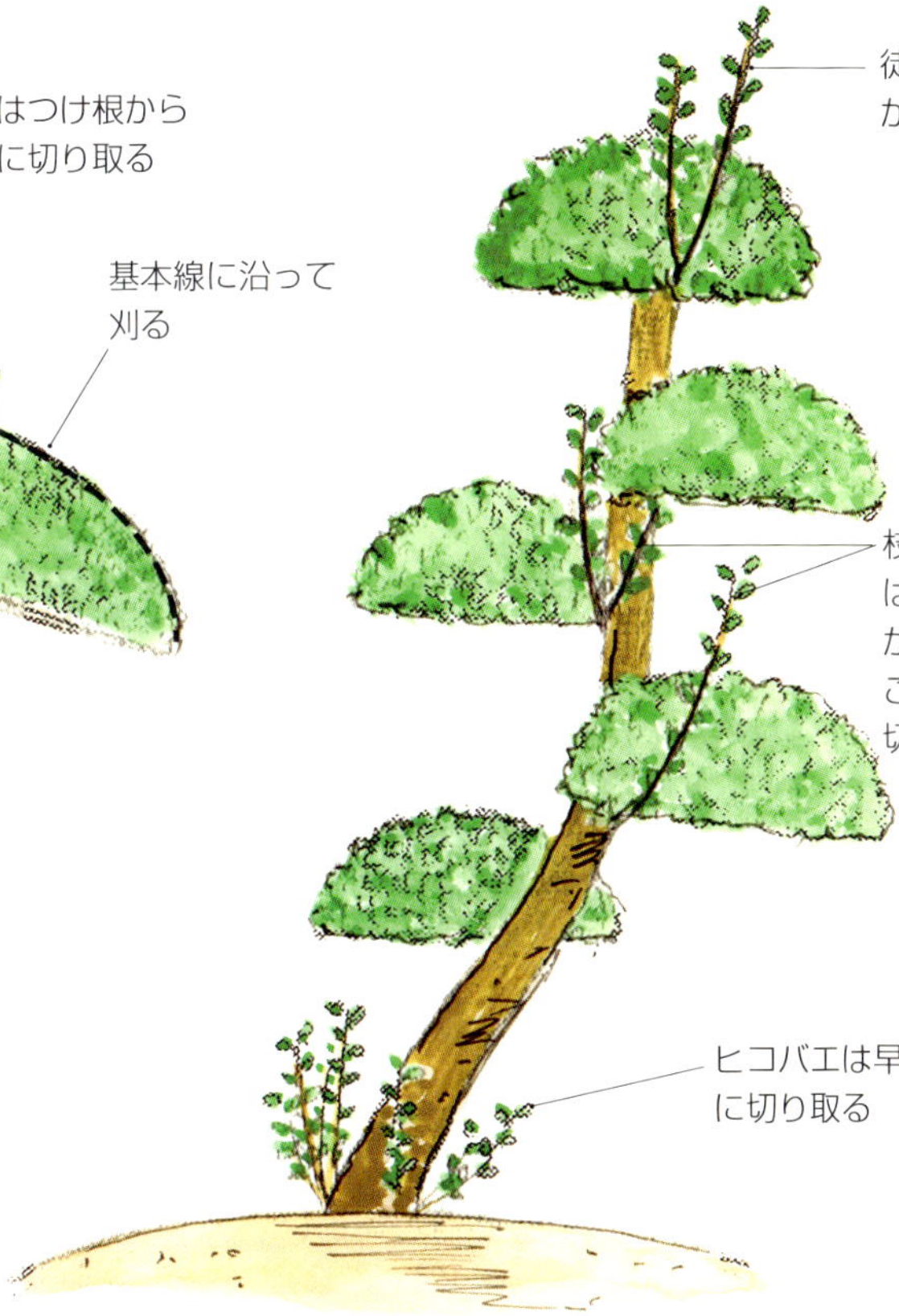
徒長枝はつけ根
から切り取る
枝のつけ根から
は元気のよい枝
がよく出るが、
この枝は早めに
切り取る
ヒコバエは早め
に切り取る

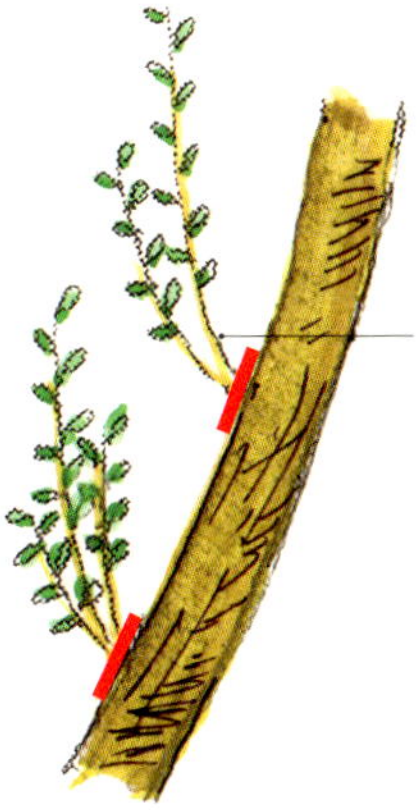
幹から発生した枝は
早めに切り取る

刈り込み方

刈り込みバサミ

- 刈り込みバサミで基本線に沿って刈り込んでいく
- 刈り込みは少し伸びたら刈るといったように、ひんぱんに刈っていくのが理想的
- 刈り込みは５～12月までに行なう

直幹散らし玉仕立て

仕立てなおしのやり方

手入れ時期

月	
1	
2	
3	仕立てなおし
4	仕立てなおし
5	
6	
7	
8	
9	
10	
11	
12	

▼せっかく植えた仕立てものも、ときによってはもう一～二段枝をつくりたいときや、逆に一～二段切りつめたいことがある。幸いイヌツゲはじつによく不定芽を出すので、仕立てなおしは非常に容易である。

▼まず枝をふやしたいときには、植えてから半年もたつと頂部の枝から新梢が数本発生するので、元気のよい太い枝を一本残して他の枝は切り取り、この一本を伸ばしていく。少し肥培すると一年で数十センチも伸びるので、二段くらいなら三～四年でつくることができる。この場合、いままでの上のほうの枝はそのままでは小さすぎるので、徐々に大きく伸ばして、バランスをとっていきたい。

▼小さくする場合は目的の高さの枝のすぐ上から幹を切りつめ、一番上の枝を頭にする。頭になる枝は左か右に寄っているので、小枝を切りつめ、シュロ縄で幹の真上に枝を誘引して頭をつくっていくが、これも三年くらいかけて、ていねいに育てていく。

枝をふやす

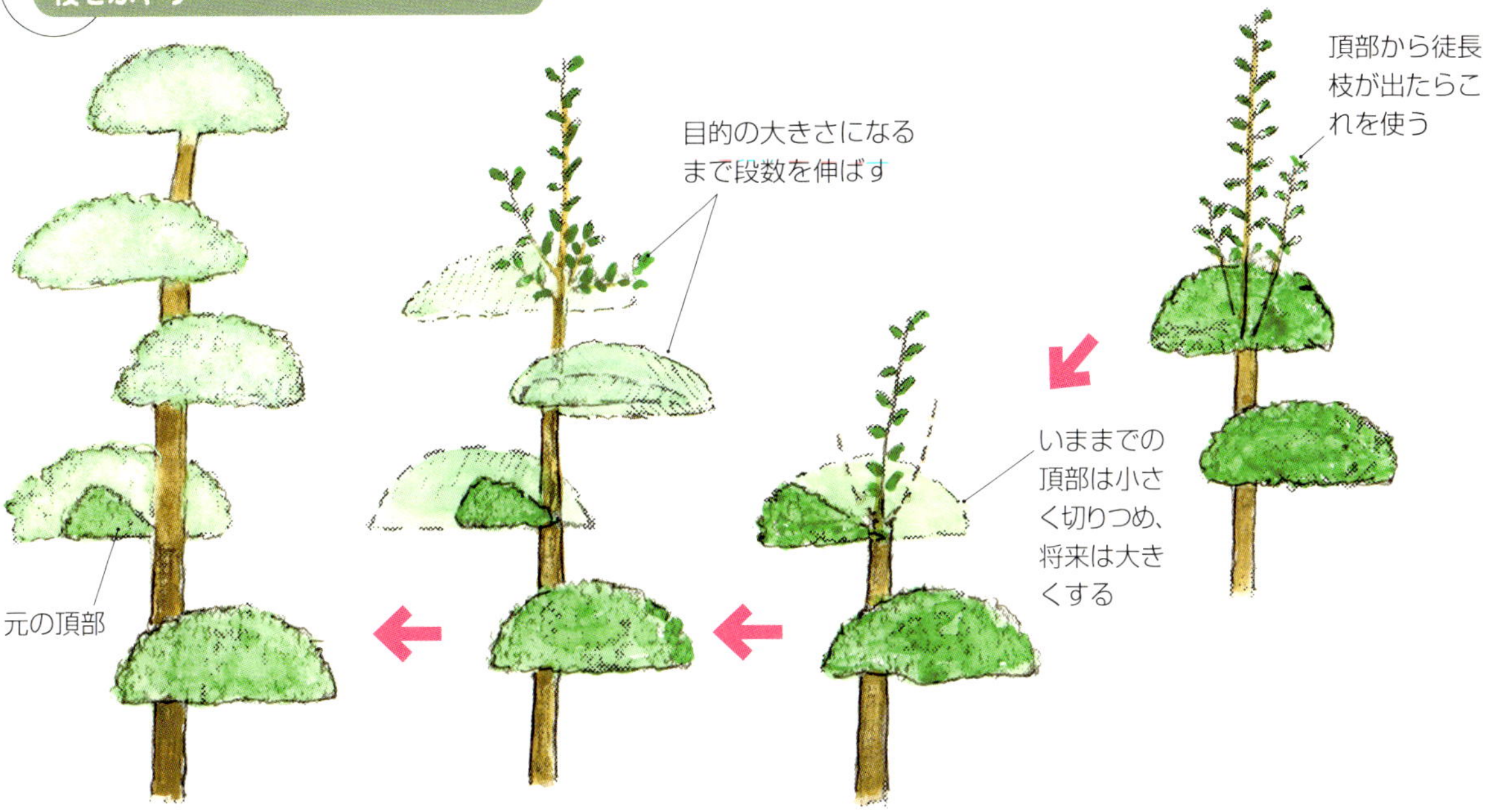
目的の大きさになるまで段数を伸ばす
頂部から徒長枝が出たらこれを使う
いままでの頂部は小さく切りつめ、将来は大きくする
元の頂部

〈完成予想の樹形〉

●樹勢をつけ、頂部から徒長枝を出し、この枝を利用して上に玉をつくっていく

小さく仕立てなおす

目的の高さで切る

●目的の高さのところで切る
●頂部は芯がまんなかにくるように３～５年かけてなおす

散らし玉仕立て

冬の落葉の原因と対策

手入れ時期

1	客土・寒肥
2	
3	
4	
5	
6	
7	
8	追肥
9	
10	
11	
12	

▼イヌツゲは樹勢が強く常緑広葉樹のなかでは寒さに強い樹種といえる。しかし冬期、特に一月下旬から三月上旬にかけてよく落葉する。根が乾燥したり、乾いた風に当たったり、肥切れを起こすなどの悪条件が重なると、葉を落として自分の体を維持しようとする。これがさらに進むと枯死につながる。芝生の中の庭木や狭いコンクリートボックスの中の植え込みでは特にこの点を注意したい。

▼芝の根は一メートルも深く入り、養水分を吸収してしまうので、根元の芝はできるだけ広く、できれば枝下くらいの範囲までは、きれいに切り取りたい。

▼冬期の寒肥と夏の追肥は十分に施し、乾燥が続くときは四〜五日おきに根のすみずみまで十分いきわたるようにたっぷり灌水する。

▼イヌツゲの根は細かくて浅く張るので、根元に植える下草には十分考慮する。風の当たらない、日当たりのよい、肥沃で排水のよい湿潤地が適するので、このような環境を選ぶとよい。

冬期に葉を落とす原因

根づまり

- 芝生の根による乾燥、乾きやすい土質などが考えられる

対策

- 根元に芝が張ってある場合は、枝下の芝生をきれいにはぎ取る根元周囲または放射状に溝（幅20～30㎝、深さ40㎝くらい）を掘り、肥沃土を客土する

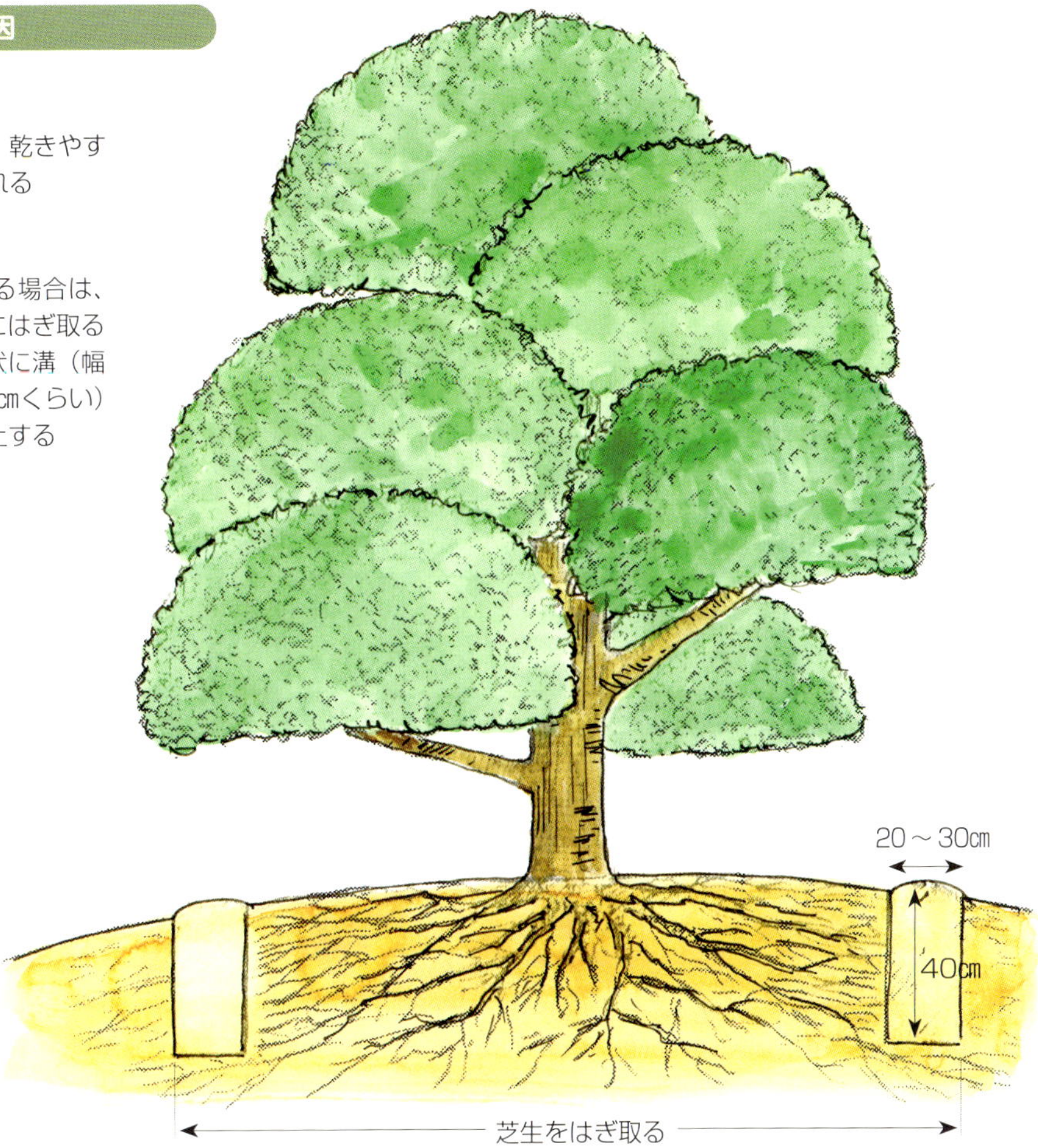
20～30㎝
40㎝
芝生をはぎ取る

冬の乾いた冷たい風を防ぐ

仕立て方のいろいろ

放任樹の樹形

[ツバキの樹形]

[サザンカの樹形]

手入れ時期

月	作業
1	
2	
3	
4	仕立て
5	
6	
7	
8	仕立て
9	仕立て
10	不要枝切り
11	不要枝切り
12	不要枝切り

▼ツバキ、サザンカは常緑広葉樹で、葉も特に大きなものではなく、萌芽力が強く、刈り込むことによって小枝を密生するために、いろいろな樹形に仕立てることが容易である。しかし現在ではほとんどが放任仕立てで利用されている。

▼放任仕立てにした場合、樹種にもよるが、楕円形となるのが普通であるが、なかには極端に横に枝を張るもの、矮性で株状になるものなど、さまざまな樹形となるので、目的の樹形に適した品種を選ぶことが大切である。

▼仕立ての時期は花の終わった直後か八～九月がよく、目的の形にしたがって枝を誘引していく。しかしスタンダード仕立てや刈り込みを伴うものは、どうしても強く刈り込むことになり花の楽しみがなくなるが、花木は花と樹形を両立させるのはむずかしく、どちらか犠牲にせざるを得ない。

▼仕立て後の整姿は、花の終わった直後に刈り込み、できるだけ花も楽しめるよう心がける。

いろいろな仕立て方

[角錐形仕立て]

[散らし玉仕立て]

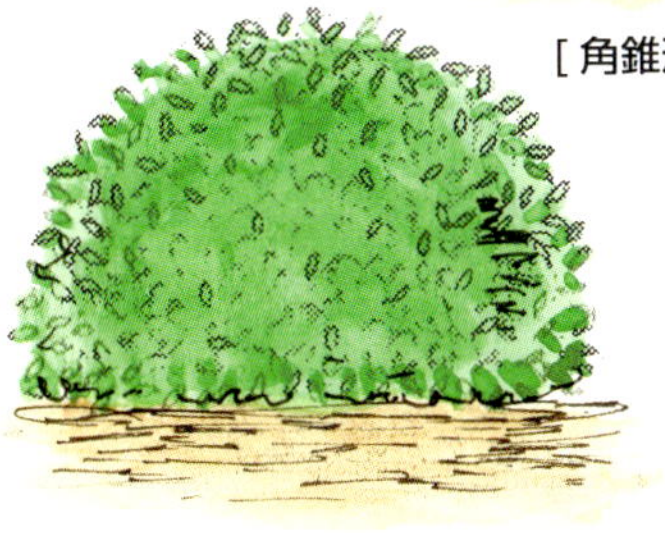

[玉仕立て]

[スクリーン仕立て]

[スタンダード仕立て]

花のつき方

ツボミが咲かずに落ちてしまう

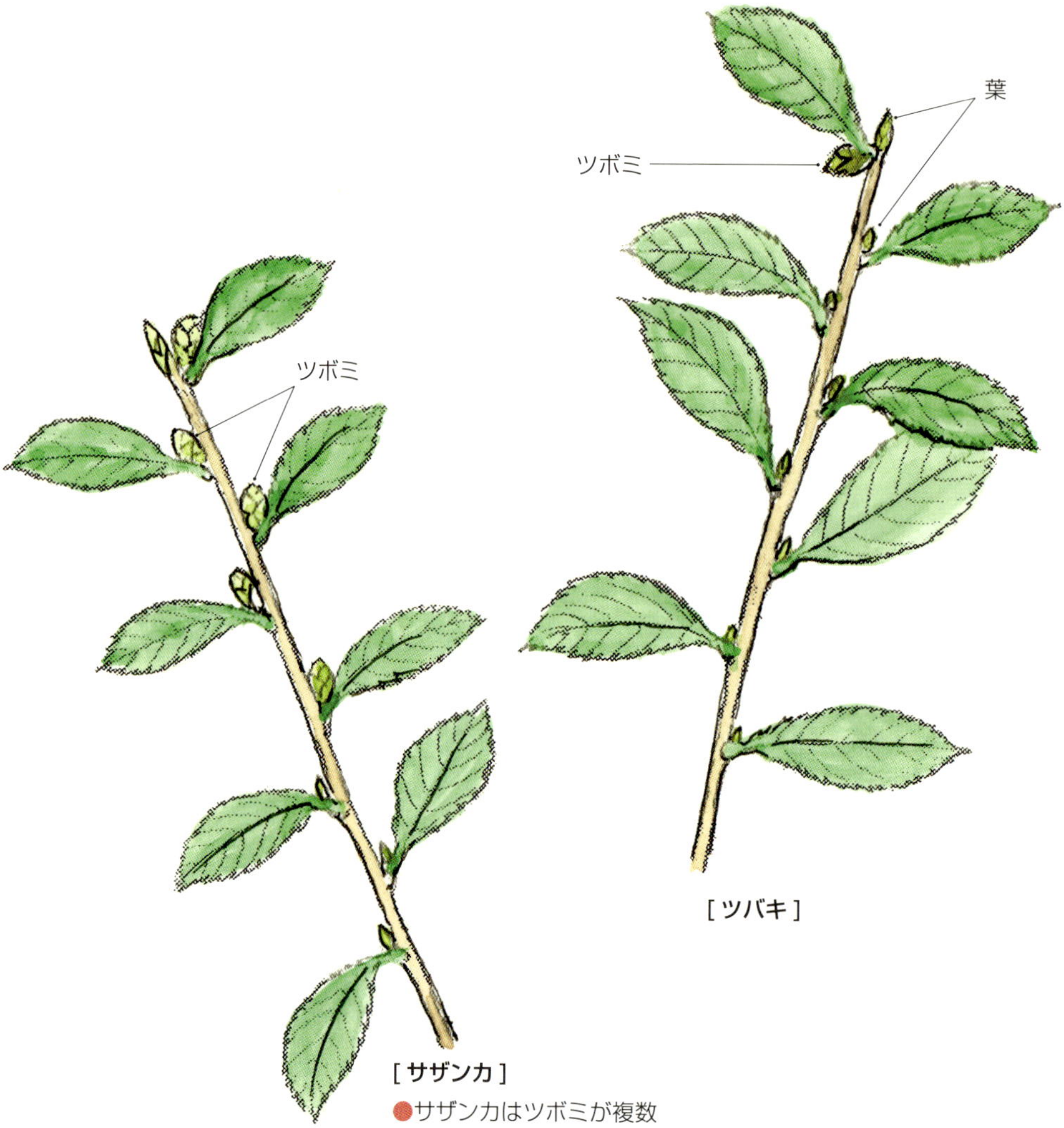
葉
ツボミ
ツボミ
［ツバキ］
［サザンカ］

●サザンカはツボミが複数つくものもある

手入れ時期
溝掘り・客土
施肥（鉢）
施肥
1
2
3
4
5
6
7
8
9
10
11
12

▼ツバキは温帯を代表する常緑広葉樹のひとつで、元来寒さは好まないが、青森県下北半島の一部に立派な林が見られるように耐寒性は相当あるとみてよい。樹勢についても、品種によっては生育の悪いつくりにくいものもあるが、総体的には強健な植物とみてよい。

▼モチノキやモッコクのように樹形を楽しむものであれば花が咲かなくても問題はないが、ツバキは花を第一目的とするために、花の咲かないツバキは価値がない。一定の大きさになり、ツボミがつくが咲かずに落ちるということは植え場所に問題がある。

▼ツバキの好む場所は、午前中くらい日の当たるところ、腐植質に富む湿潤な土質、肥沃なこと、乾燥した風の当たらないところなどである。特に一～二月の乾燥がひどく、さらに乾いた風に吹かれるとせっかくのツボミを落としてしまうことになる。この乾燥は鉢植えのものには特に注意したい。

▼ツボミが多くついたとき、三分の二くらいをつみ取るとよい。

開花を妨げる条件と対策

鉢植え苗
- 鉢が小さすぎて乾燥が著しい
- 肥料切れ

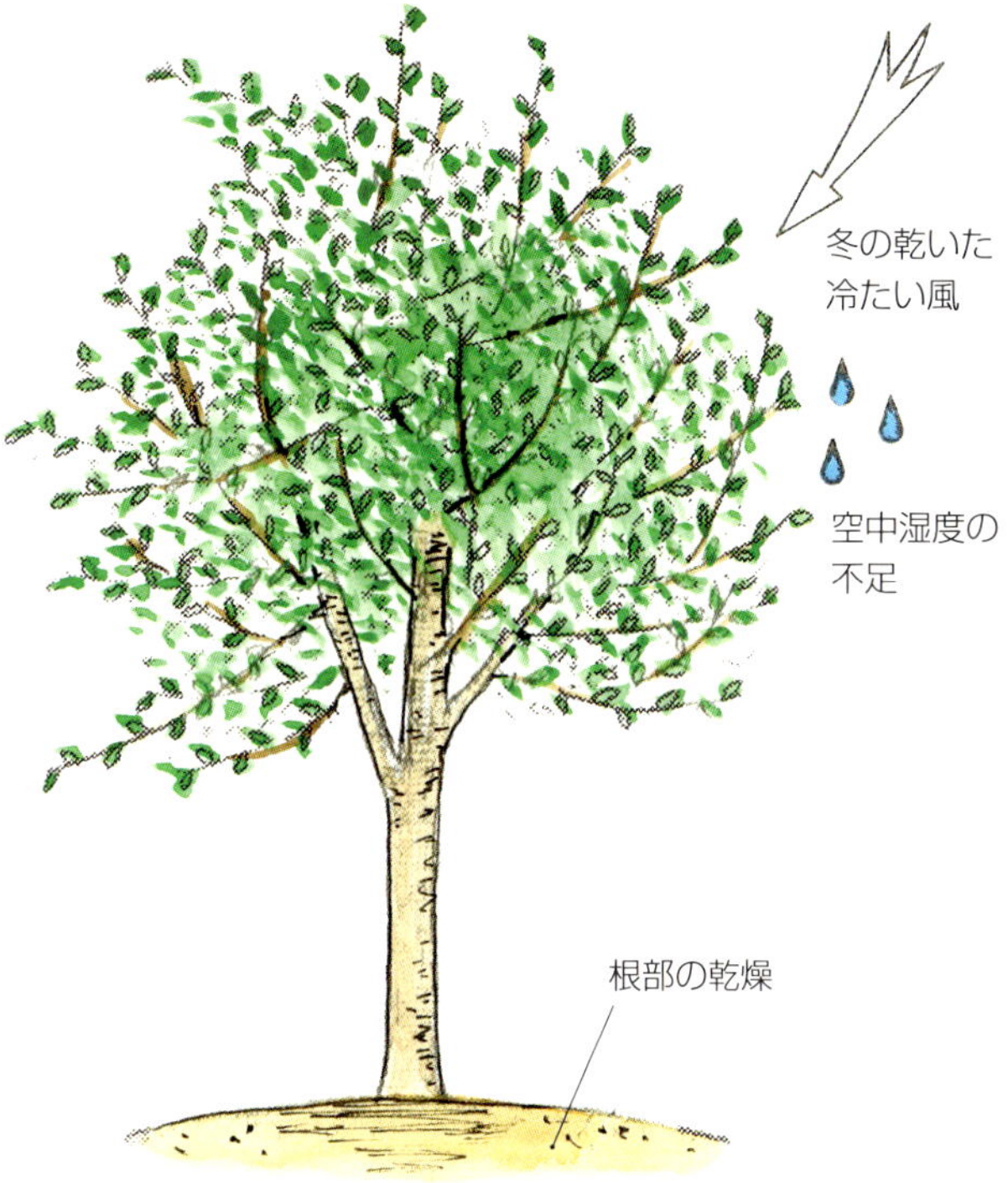
冬の乾いた
冷たい風
空中湿度の
不足
根部の乾燥

[対策]

溝を掘り客土を
- 放射状に溝（幅 20㎝×深さ 40㎝）を掘り、肥沃な土を入れることにより、細根を更新する

冬の風を防いでやる

鉢植えの対策
- ときどき植え替えを行ないいつも新しい根をつくっていくようにする

庭木としての仕立て方のいろいろ

自然樹形

［ミツバツツジ］

［ヤマツツジ］

［レンゲツツジ］

［サツキツツジ］

手入れ時期

月	
1	
2	
3	
4	花後できるだけ早く刈り込む
5	
6	
7	
8	
9	
10	
11	
12	

▼サツキツツジといえば盆栽を思い浮かべるが、庭木としての用途も広く、需要の多い樹種のひとつである。品種としては三〇〇種以上あるが、庭木としてはいろいろな色や花形の種類を使うのは好ましくない。朱紅色の花をよくつける大盃と呼ぶ、サツキツツジの原種を利用するのが一般的である。

▼土質は、荒木田質の重い土よりは、腐植に富むローム質の軽い土が最も適するとみてよい。

▼庭木としては、大きな株をひとつで使う場合もあるが、最近では数株から数百株を寄せて使うような寄せ植えが多く、すべて刈り込んで利用する。挿し木四～六年生くらいの大きさから庭木として使える。

▼ひとつの玉物に仕立てるときは、球形に近い形となるのが普通で、扁平球に仕立てるのは好ましくない。また、庭木としての曲幹仕立ては、高さがとれないためあまりよい樹形とはいえないが、立性の樹種であれば一・二～一・五メートルの曲げ物ができる。

いろいろな仕立て方

[散らし玉仕立て]
サツキツツジ

[玉仕立て]
サツキツツジをはじめ多くの種類

[寄せ植え刈り込み仕立て]
常緑性ツツジ全般

[スタンダード仕立て]
クルメツツジ、サツキツツジ、
その他

[傘仕立て]
クルメツツジでよく
仕立てられている

整姿・せん定の方法

［きれいに刈り込んだ玉仕立て］

［放任樹形］

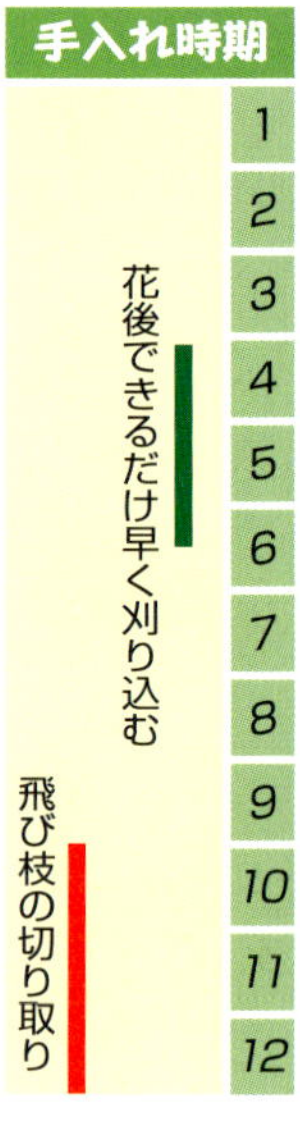
手入れ時期
1
2
3
4
5
6
7
8
9
10
11
12
花後できるだけ早く刈り込む
飛び枝の切り取り

▼サツキツツジを含めたツツジ類や花木全体にいえるが、仕立てものについては樹形を尊重するか、花を目的にするかで、管理の方法が大きく異なり、両者を望むことは相反する面が大きく、ともに目的を達することはむずかしい。

▼樹形をきれいに美しく保つには、時期にあまりこだわらず、ときどき基本形に沿って刈り込む必要がある。

▼しかし花を目的とするときには、花芽の形成を考えなければならない。花芽が形成される六月中旬から七月ころまでに新梢が充実しなければ翌年の花は望めないので、花が終わった直後に一日も早く刈り込みを行ない、株の充実をはかる。その後は強い刈り込みは避け、特に樹形を乱す飛び枝を切る程度にしなければならない。

▼花を目的した場合は定規を当てたような樹形を保つことはむずかしい。樹形と花の両者ともに目的をとげたいというのは無理なことであり、樹形か花かを最初からはっきり決めて仕立てていく。

刈り込みの方法

刈り込みは基本形に沿って
刈っていく

[刈り込みは花の直後に]

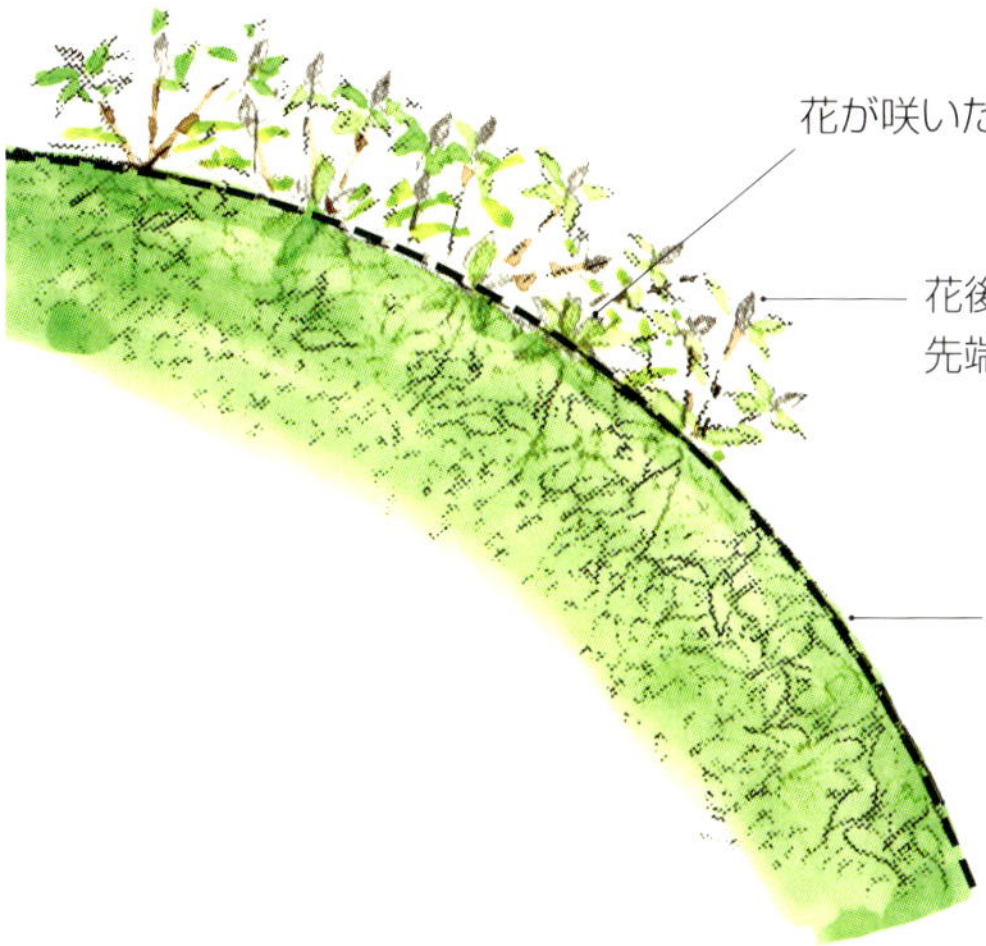
花が咲いたあと
花後、放任すると新梢を伸ばし
先端にツボミがつく
花後に刈り込む

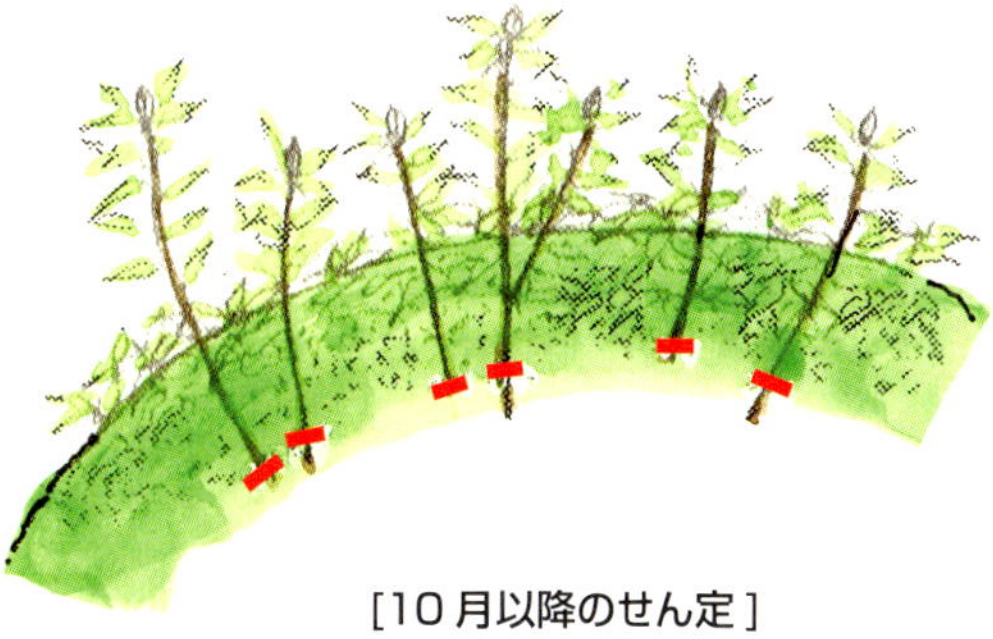

[10月以降のせん定]

- 秋以降は刈り込みは避ける
- 樹形を乱す飛び枝を深めに切り取るだけにする

[大きく、または小さく仕立てなおす]

大きくしたいときは
少し残して刈る
基本線
やや小さくしたいときには
少し深めに刈り込んでいく

枯らさない植え方

シャクナゲの樹形

［セイヨウシャクナゲの樹形］

［日本産シャクナゲの自生状態の一例］

手入れ時期

月	作業
1	
2	
3	
4	植え替え・開花
5	植え替え・開花
6	
7	
8	
9	
10	植え替え
11	植え替え
12	

▼ひとくちにシャクナゲと呼んでいるものには、わが国の高山に自生するいくつかのシャクナゲと、ヨーロッパで育成されたいわゆるセイヨウシャクナゲとがある。わが国のシャクナゲは、自然のままで改良の手が加えられていない。しかし、セイヨウシャクナゲはほとんどのものが人為的につくり出された交配種が多く、花の色が非常に豊富で、花も豪華であり、樹勢の強いものが多い。どちらのシャクナゲも、夏が高温多湿で冬はカラカラに乾燥の続く平地ではつくりにくい。

▼わが国のシャクナゲは、午前中に日が当たる程度のところで、火山岩を一メートルくらい積み上げ、その中に植え込むと非常に生育がよい。実生苗であれば非常に丈夫で小さいうちからその環境に適応するため、よく花を咲かせる。

▼一部のセイヨウシャクナゲは、庭の日当たりのよいところで、ピートモスなど腐植質を多くし、やや高植えにするとみごとに育つ。

セイヨウシャクナゲの植え方

※必ず高めに植えること

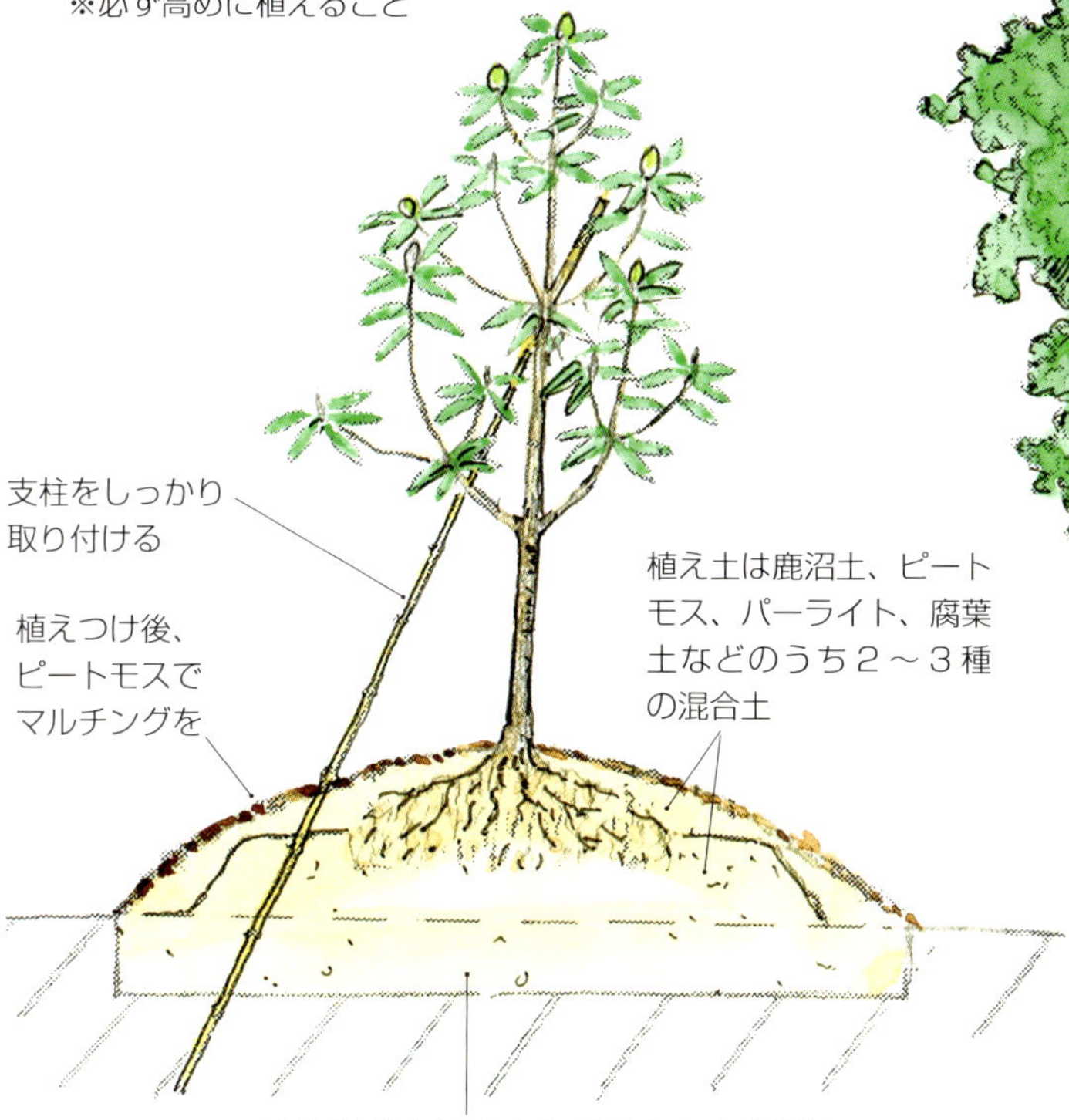
支柱をしっかり取り付ける
植えつけ後、ピートモスでマルチングを
植え土は鹿沼土、ピートモス、パーライト、腐葉土などのうち２～３種の混合土
穴を掘るというより耕うんして鹿沼土、ピートモスなどを混ぜる

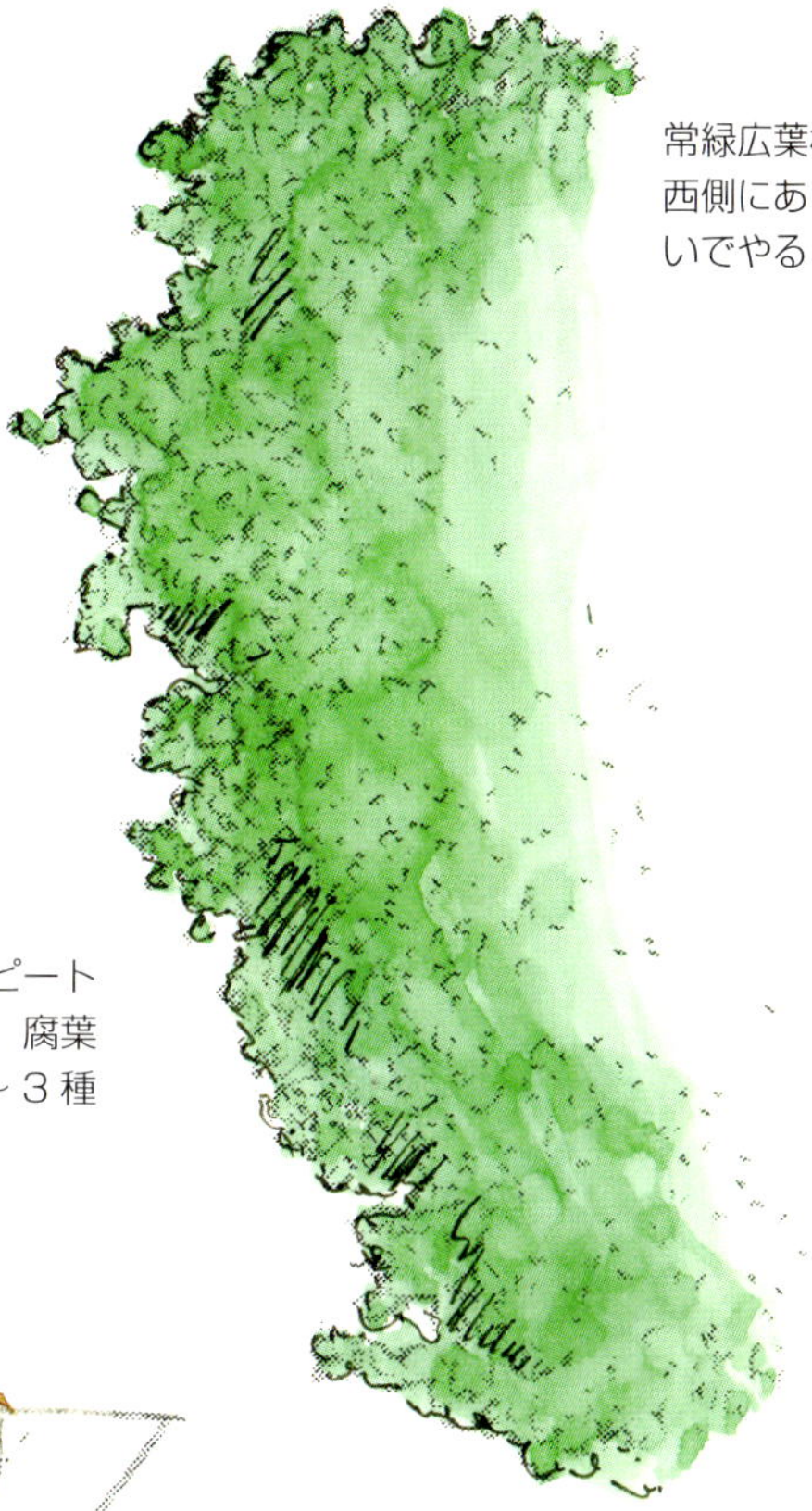
常緑広葉樹が北から西側にあり、風を防いでやるとよい

日本産シャクナゲの植え方

黒ボク石（火山岩）
黒ボク石を組み、その間にポケットをつくって植え込むとよい

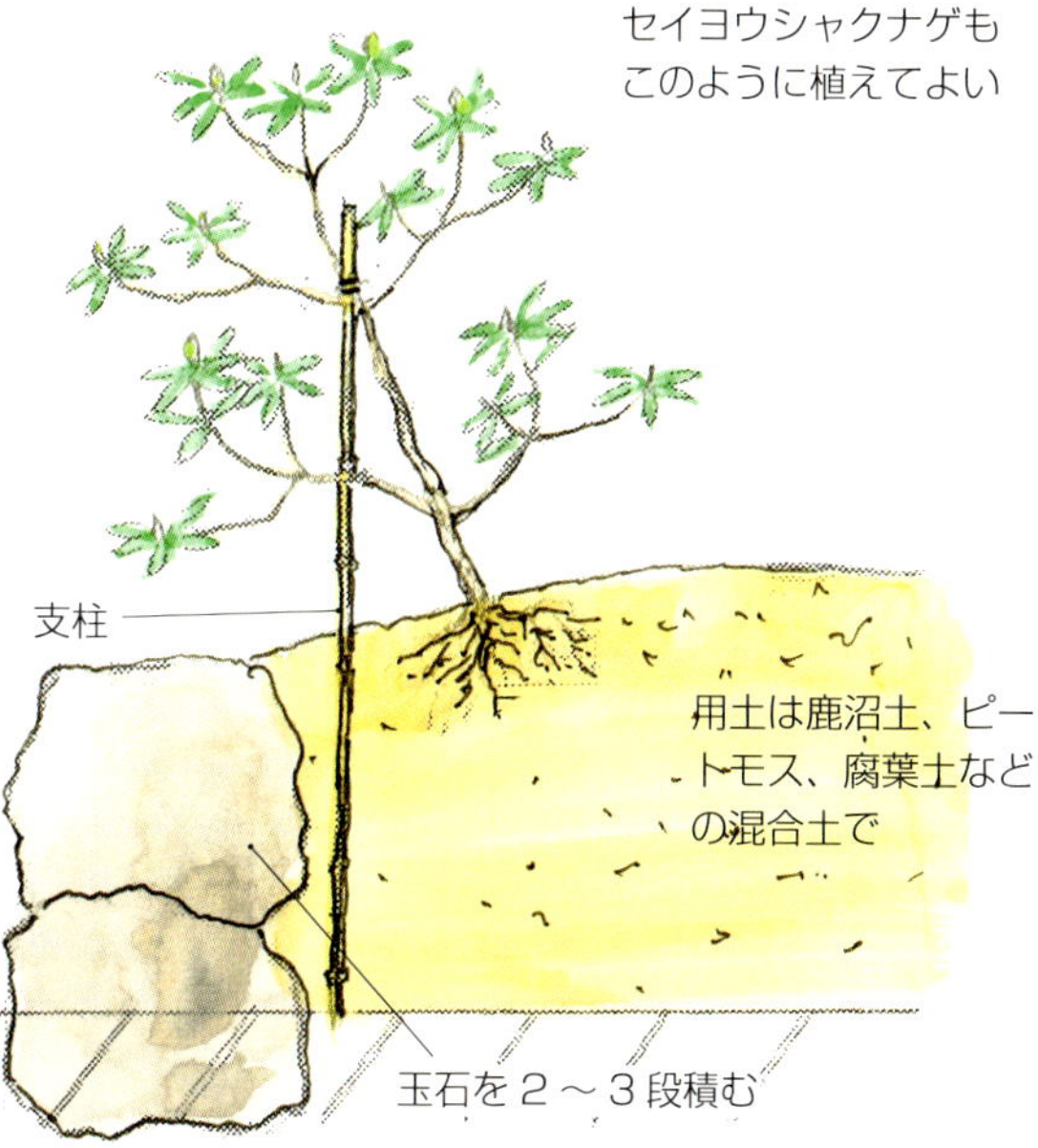
セイヨウシャクナゲもこのように植えてよい
支柱
用土は鹿沼土、ピートモス、腐葉土などの混合土で
玉石を２～３段積む

セイヨウシャクナゲの開花

花を毎年楽しむ整姿法

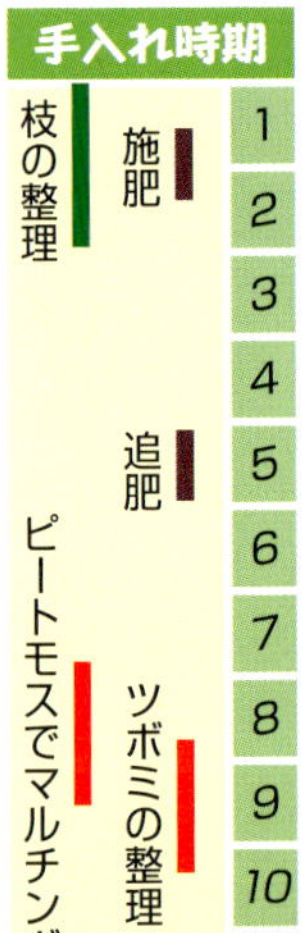
手入れ時期
1
2
3
4
5
6
7
8
9
10
11
12
施肥
追肥
ツボミの整理
枝の整理
ピートモスでマルチング

▼シャクナゲの樹勢は他の木に比べればはるかに弱い。そのため枝を切るのは植え替えのときに少々行なう程度で、それ以外はほとんど行なわない。シャクナゲの整姿法は、いかに樹勢を弱らせず毎年花を咲かせていくかを考える必要がある。

▼わが国のシャクナゲはセイヨウシャクナゲに比べると、はるかに樹勢が弱く、今年花の咲いた枝に翌年も花をつけることはごくまれである。セイヨウシャクナゲにもこのような隔年開花となるものがあるが、ほとんどのものは、今年花の咲いたところから出た新梢にまちがいなく花をつけるほどの樹勢の強さはある。

▼花つきのよいものは、肥培以外は冬期の乾燥に注意さえすればよい。

▼花つきの悪いものは、たくさん花がついたときにはできるだけ早め（九月ころ）に一部のツボミをかき取り、木全体にまんべんなく花が咲くように調整すれば、隔年開花をある程度防げる。

花の咲き方と枝の切り方

[ツボミを整理して毎年花を楽しむ]

[花の咲き方]

花が終わるころ、新梢が伸び出し、
その先端に花芽の形成が行なわれる

- 日本産シャクナゲやセイヨウシャクナゲの一部品種には、花の咲いた枝は翌年樹勢が衰えて、花をつけなくなる
- これを防ぐため、ツボミをたくさんつけた年の秋に一部摘蕾を行なう
  摘蕾したところから翌春、元気のよい新梢を出してツボミをつけ、隔年開花が防げる

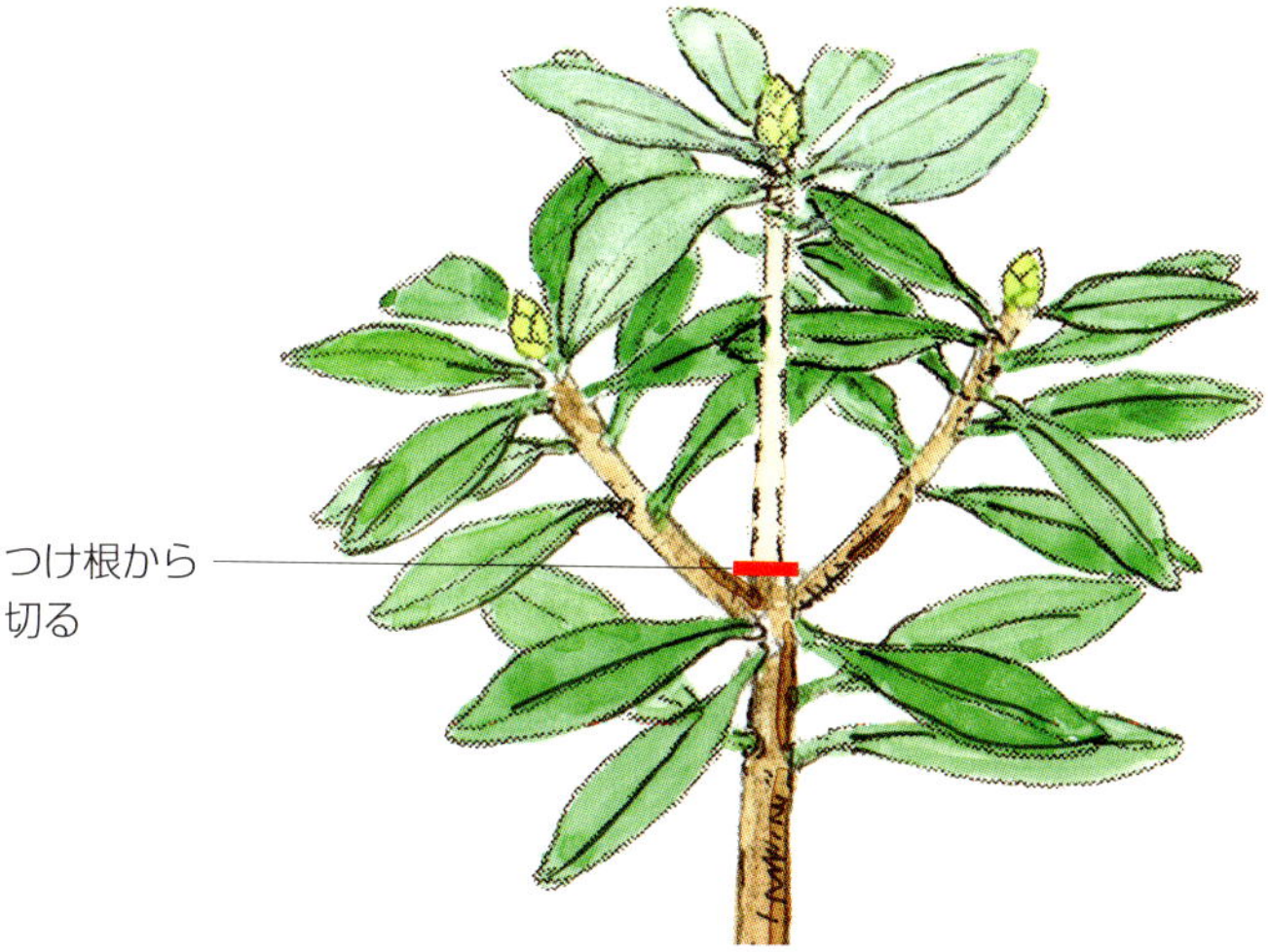

[枝の切り方]

- 枝がたくさん出てツボミがつかない場合もある
- このようなときには小枝を整理するとよい
- 枝を切る場合は必ずつけ根から切るようにする
- 途中で切っても、芽はほとんどでない場合が多い

場所に合わせた大きさに仕立てる

一般家庭では、このくらい切りつめて仕立てるとよい（樹高２～３ｍ）

琉球から奄美諸島ではこのような大きな木がたくさん見られる

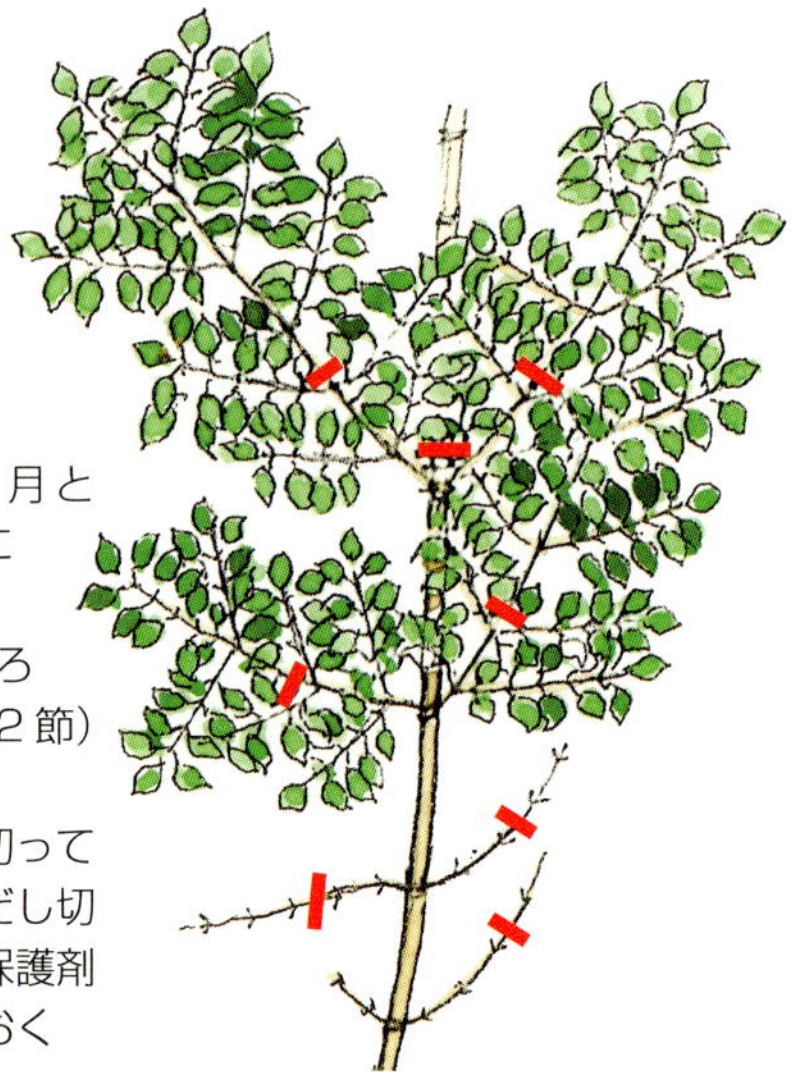

［整枝］

- 整枝は４月と８月上旬に２～３節（狭いところでは１～２節）で切る
- 太い枝を切っても可。ただし切り口には保護剤を塗っておく

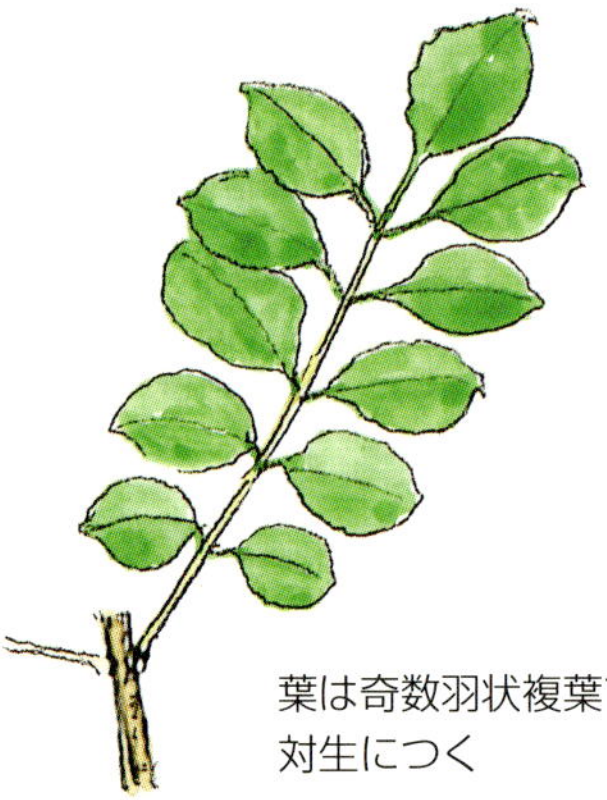

葉は奇数羽状複葉で対生につく

手入れ時期

1 2 3 4 5 6 7 8 9 10 11 12

植えつけ（3～4月）
新梢が充実したら切ってよい（3～10月）
植えつけ（8～9月）

▼この木は常緑性でつやのある小さい葉を密生し、細い苗を三～五本寄せて植えてあるので、何となく南国的な風情が人気と思われる。

▼分譲住宅などには高さ二メートル程度の細い幹の苗を五～六本寄せて植えてあるが、この木の本性を知る人は少ないように思われる。沖縄をはじめ琉球諸島には一抱えもある太い幹のシマトネリコの大木が見られるが、あの大きな木を見たらほとんどの人が別のものに植え替えたいと思うのではないだろうか。

▼この木は樹勢が強く、萌芽力も強いので好みのところで切りつめることができるのも特徴である。したがって、場所に適した大きさに切りつめていくとよい。

▼細い苗を五～六本まとめて植えてあるものは、三本を残し他の苗は抜き取ってしまったほうがすっきりした株立ちとなる。地ぎわから切り取ると、切り口からたくさんの芽が出るので、抜き取ることをすすめたい。

4月に入ったら切りつめ、苗も
3本くらいに整理するとよい

3～4年放任するとこのように
繁ってしまう

近年はこのように植えられている
のをよく見かける

このように丸く刈り込み根元に
草花を植えて楽しむのもよい

年2回くらい刈り込んでいく
（6月と11月に刈っていく）

枝張りを切りつめていくと
庭木としても十分楽しめる

細かい玉ではなく、5個前後の
散らし玉仕立ても、また趣の異
なった庭木として楽しめる

整姿・せん定の方法

［採果用の仕立て方］

●樹冠の内部まで光線が入るように枝を広げて仕立てる

［庭木としての仕立て方］

●採果用でないので樹形中心に仕立てる

手入れ時期

月	整姿・せん定（花ウメ）	整姿・せん定（実ウメ）
1	●	●
2	●	
3		
4		
5		
6		
7		
8		
9		
10		
11		
12		●

▼ウメは、庭木として花を目的とするもの、花と果実を利用したいもの、鉢植えや盆栽に仕立てたものなどがあり、それぞれ整姿のやり方も異なる。

▼花芽は一年生枝に夏の間に形成されるので、新梢の萌芽から秋までは絶対に切らない。この間に切ると、せっかく充実して花芽のできる枝が活動を始めてしまい、花が咲かなくなってしまう。

▼庭木は開花前の十二月下旬から一月にツボミを見ながら枝を整理したい。奥のほうの弱い枝は切り取り、長い枝は切りつめ、すっきりした形で花を眺め、開花後はそのまま枝を伸ばしていくのが、採果用や庭木の整姿法である。

▼鉢植えの場合、大鉢で育てたものは庭木に準じて開花前に整姿していくが、盆栽や小鉢仕立ては樹勢がかなりおさえられており、枝数も少ないので開花前の整姿はツボミのない枝や長すぎる枝を切りつめる程度にして、花の終わった直後に強く切り込んで新梢を出すようにしたい。

花のつき方と枝の切り方

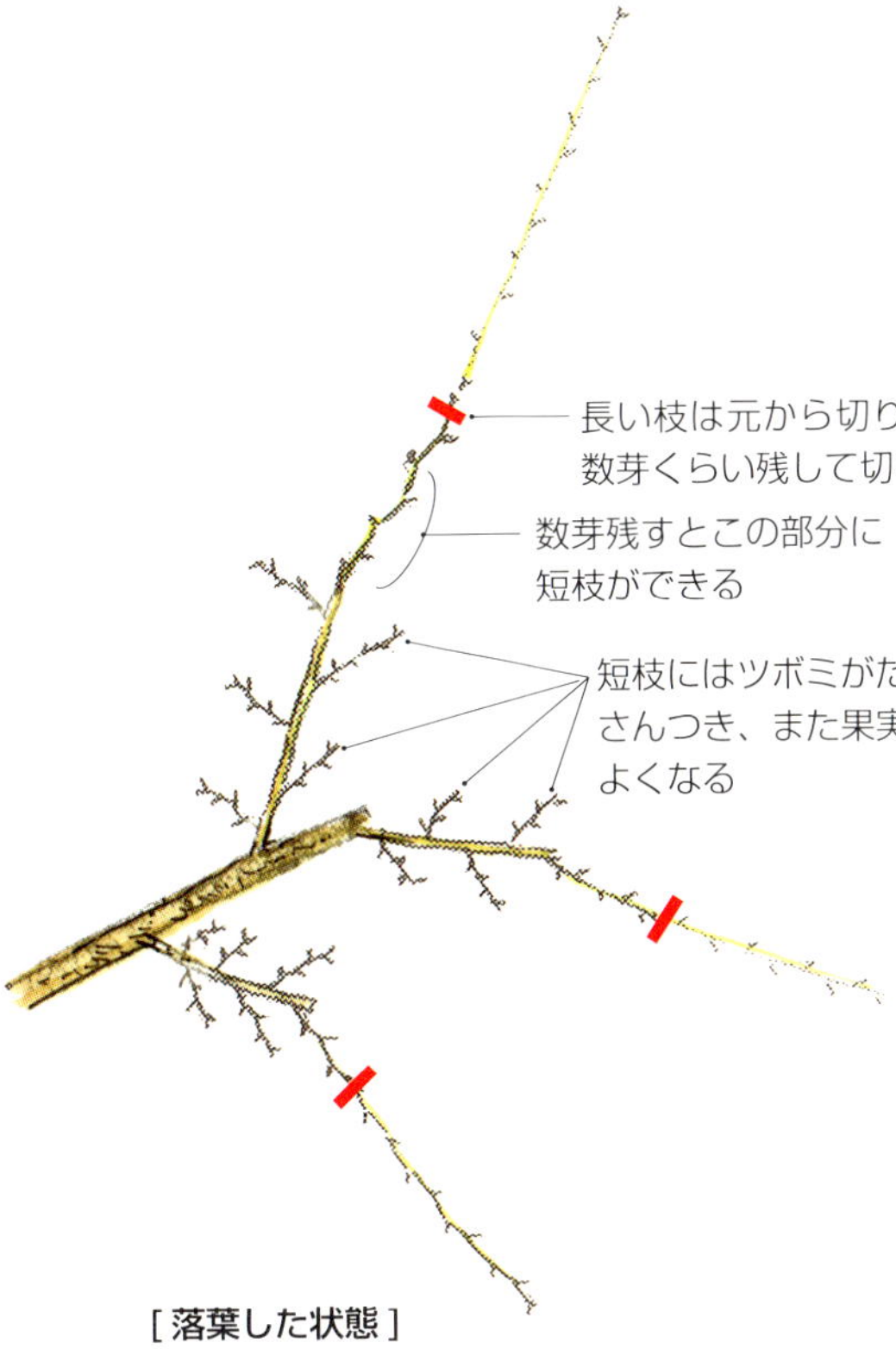
長い枝は元から切り取るか、
数芽くらい残して切る
数芽残すとこの部分に
短枝ができる
短枝にはツボミがたく
さんつき、また果実が
よくなる

[落葉した状態]

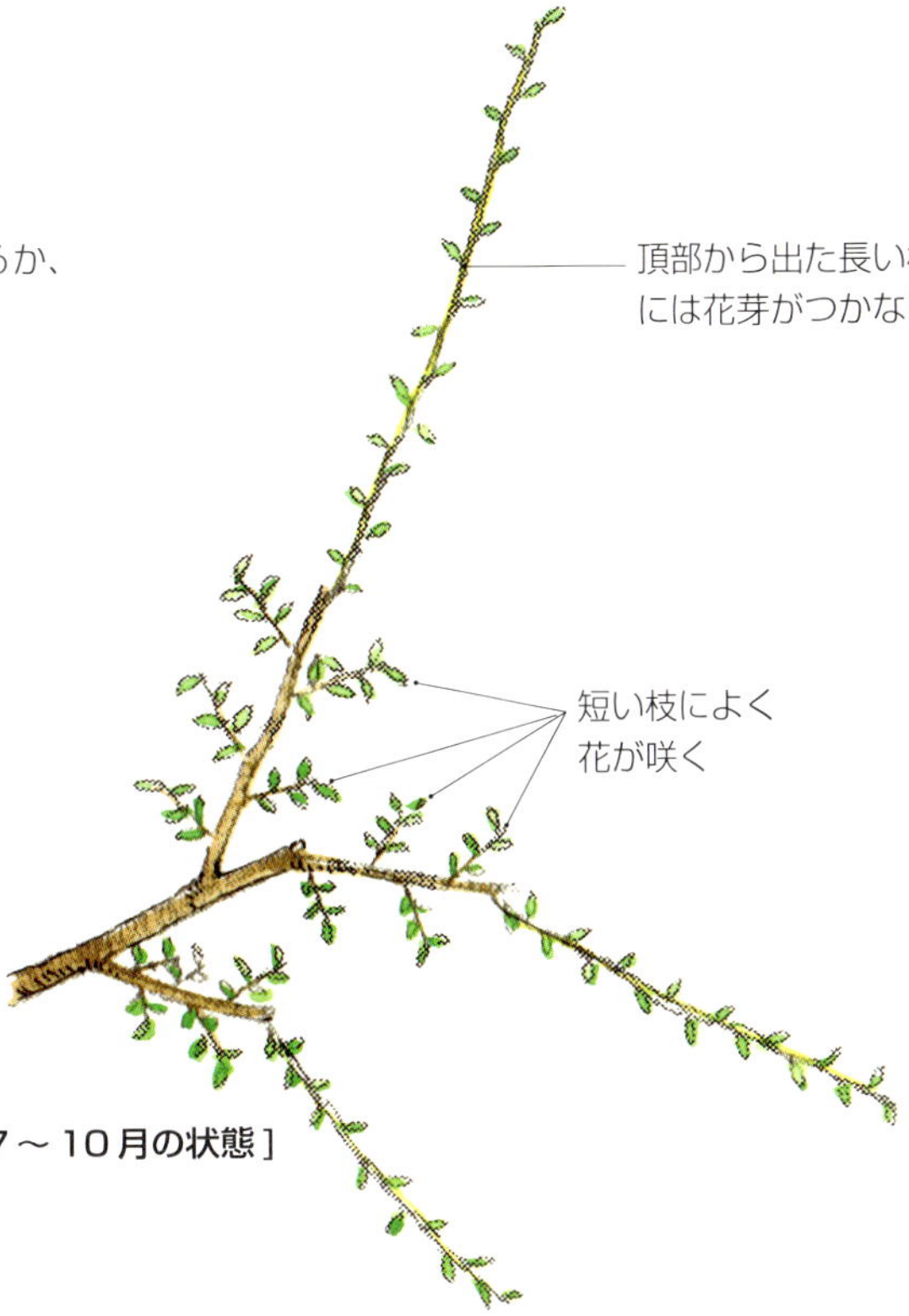
頂部から出た長い枝
には花芽がつかない
短い枝によく
花が咲く

[7～10月の状態]

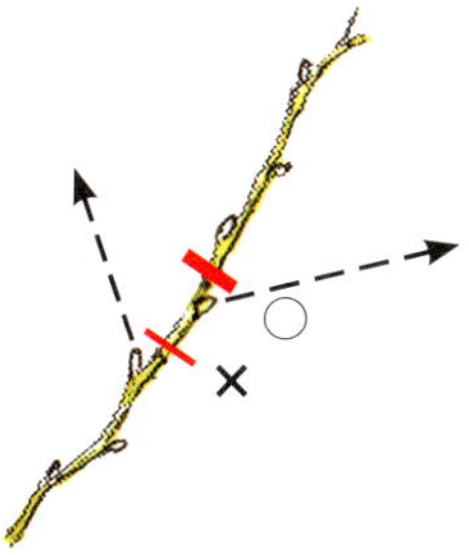
○
×

[枝の切り方]

枝は外に広げるように
外芽の上で切る

せん定の方法

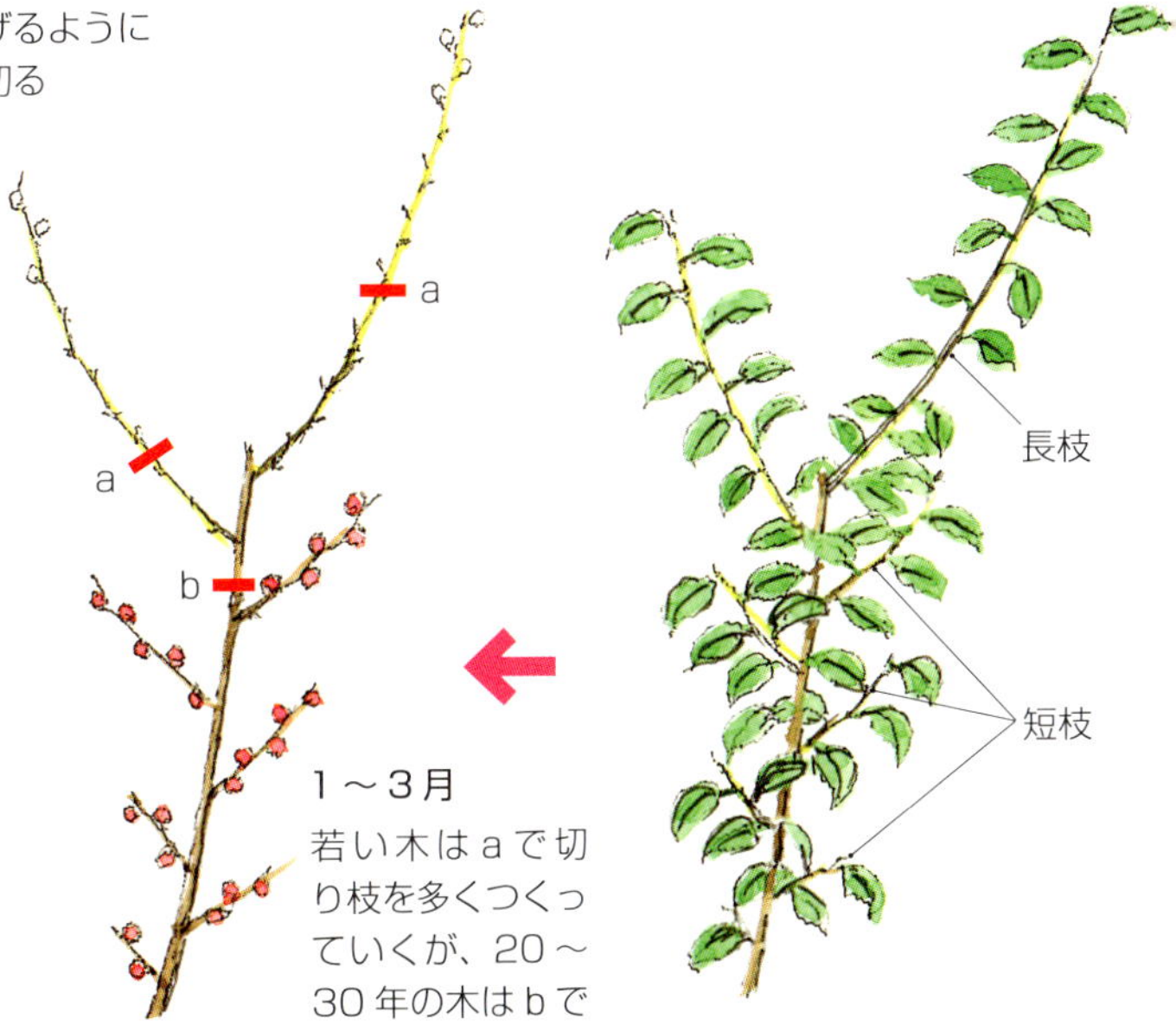
長枝
短枝
a
a
b

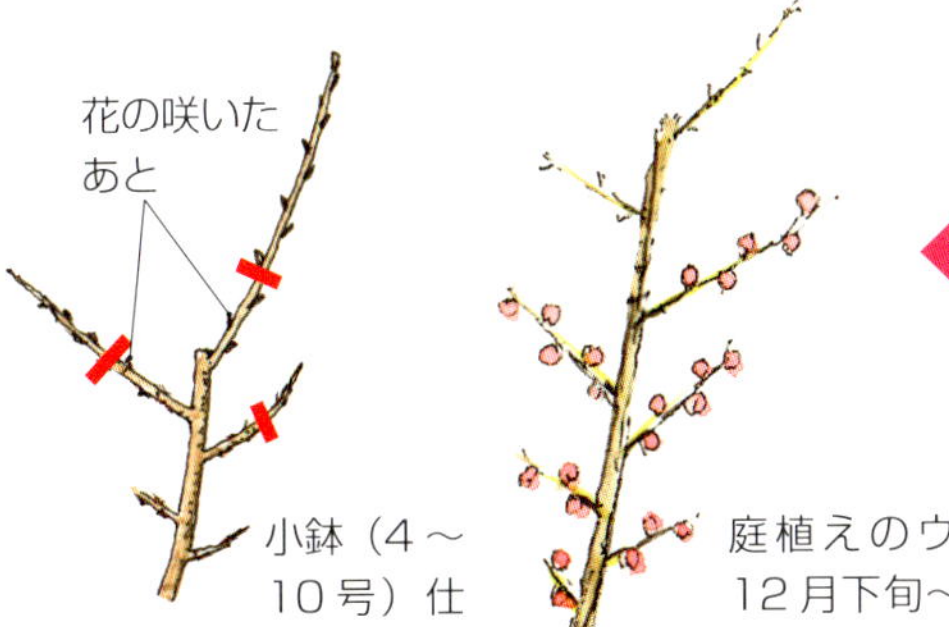
花の咲いた
あと

[7～10月の状態]

1～3月
若い木はaで切り枝を多くつくっていくが、20～30年の木はbで切ってもよい

庭植えのウメは12月下旬～1月上旬のせん定を基本としたい

小鉢（4～10号）仕立ての盆栽などは花後に1～3芽残して切る

一般的な樹形（採果用）

徒長枝の利用

手入れ時期

月	作業
1	仕立て
2	仕立て
3	
4	
5	
6	
7	
8	
9	
10	
11	
12	

▼ウメが非常に仕立てやすいのは、萌芽力が強いばかりでなく、徒長枝の出やすいことにもある。徒長枝というのは元来不要な枝であるが、この枝は使い方によっては非常に役に立つ。この徒長枝を使い、枝が欠けたところや枝の更新などに利用したい。

▼徒長枝は普通の枝に比べ、太く長いので、新しく枝をつくるのに最も適する。枝を補足するために徒長枝をつくる場合、その枝を出したい部分の樹皮に軽く傷をつけて刺激を与えるか、一四～一八番線くらいの針金を巻きつけておけば容易に萌芽する。

▼枝の更新は、小枝が幹から離れすぎて樹形が乱れた場合に行なう。十二～一月、または花後に強く切りもどし、ここから多数の新梢を萌芽させ、幹の近くに新しい枝をつくり、この枝を整理して枝の更新をはかる。普通は元気のよい枝を一本残して、他の枝はつけ根から切り取り、残した一本の半分から三分の一くらい切りつめて小枝を発生させていく。

徒長枝で枝をつくりなおす

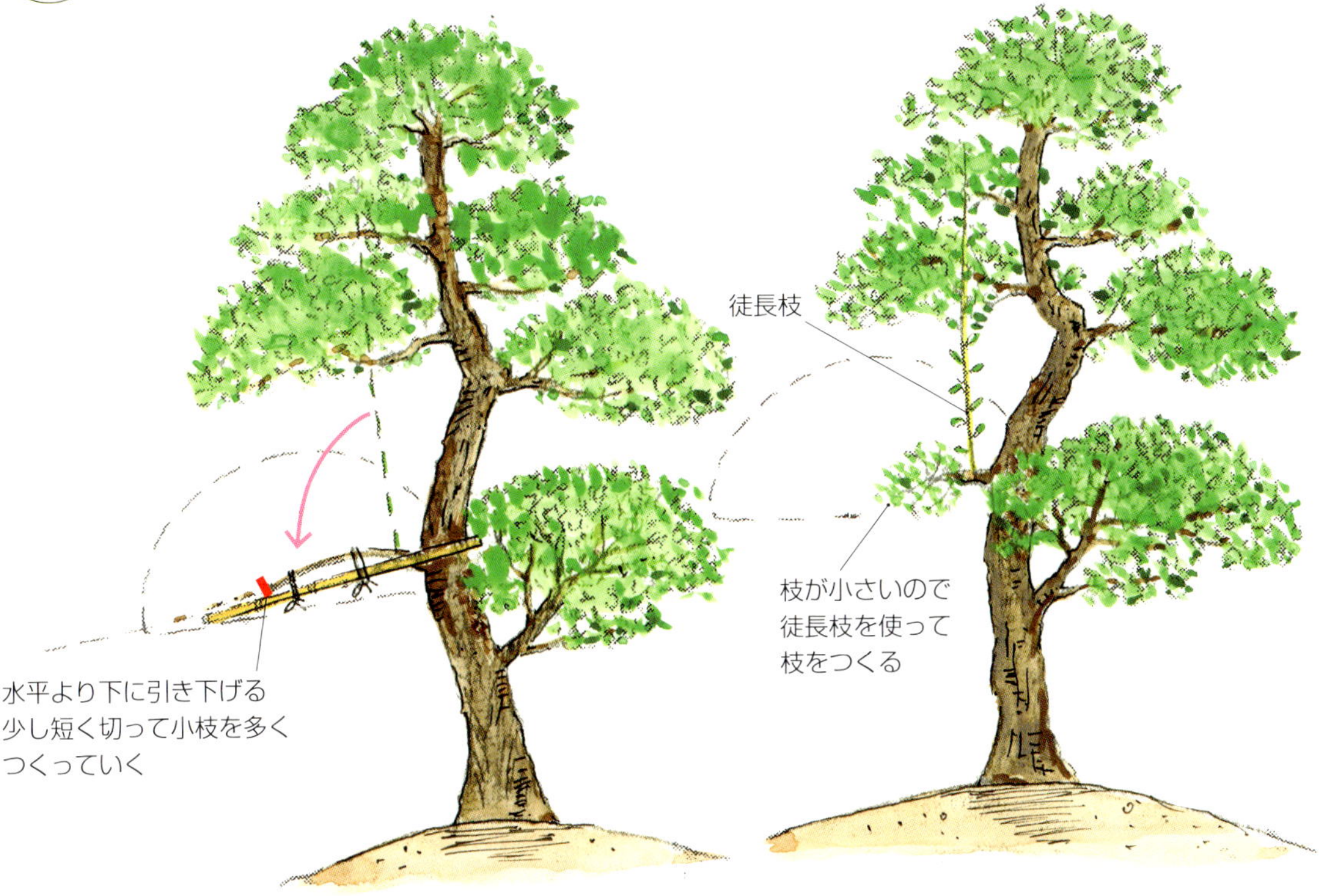
水平より下に引き下げる
少し短く切って小枝を多く
つくっていく
徒長枝
枝が小さいので
徒長枝を使って
枝をつくる

徒長枝を枝や幹として利用する

[徒長枝を幹に生かす]

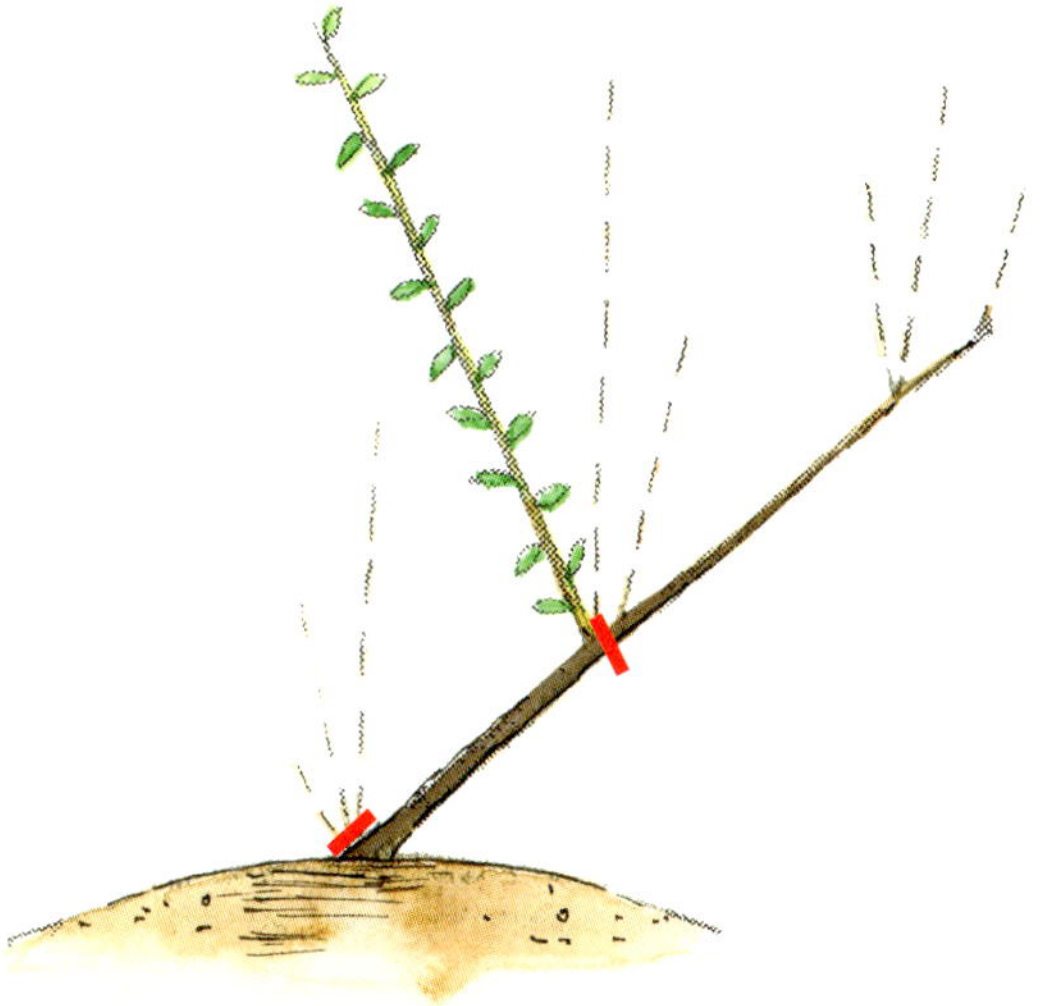

- 鉢上げや盆栽仕立ての段階ではよく利用する
- 苗木を斜めに植え、徒長枝を出して幹に利用し、“曲”をつくっていく

[徒長枝を幹に生かす]

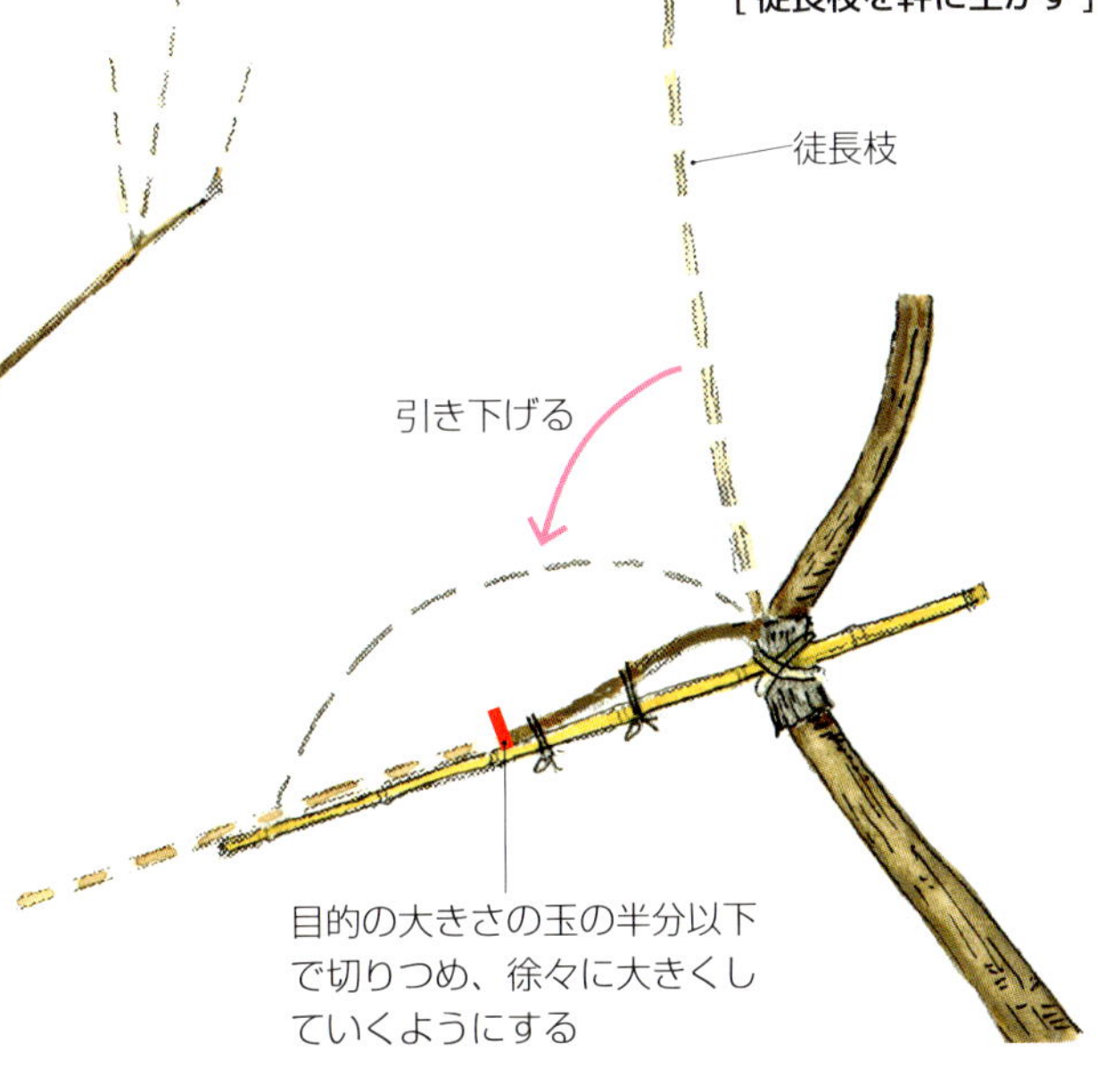
徒長枝
引き下げる
目的の大きさの玉の半分以下
で切りつめ、徐々に大きくし
ていくようにする

しだれウメの枝のあつかい方

主枝はあまり多く
しないこと

●しだれウメは若木のうちは目的の高さをつくっていくようにする

手入れ時期	
1	整姿・せん定
2	整姿・せん定
3	整姿・せん定
4	
5	
6	
7	
8	
9	
10	
11	
12	整姿・せん定

▼しだれウメは他のウメ同様強いせん定をして狭い庭向きに仕立てたり、大きく育てれば広い庭には格好の庭木となる。

▼根元で継いだ苗の枝を誘引して仕立てる方法と、高接ぎによる方法とがあるが、後者は台木の養成と高度の技術を要するので、一般的とはいえない。接ぎ木苗を求めて仕立てるとよい。

▼枝の張りぐあいは庭の広さにもよるが、どのような場合でも枝は弧を描くように仕立てるのが基本形である。元接ぎ苗は幹を立てることに専念し、目的の高さまではできるだけ自然の形で伸ばしていくようにする。

▼枝は下を広く、上部にいくにしたがって狭くというのが自然であるが、大きくなるにしたがい、下枝を切り落として、傘状に仕上げる場合が多いが、段滝のように仕立てるのもよい。

▼しだれ物はどうしても幹の太さの割に樹冠が重くなるので、一五年生くらいまではしっかりした支柱を取り付けておきたい。

幹、枝のつくり方

樹齢を経るとこのような樹形になりやすい

[好ましくない幹、枝]

好ましくない仕立て方

[好ましい幹、枝のつくり方]

自然の状態で美しい

[枝の切り方]

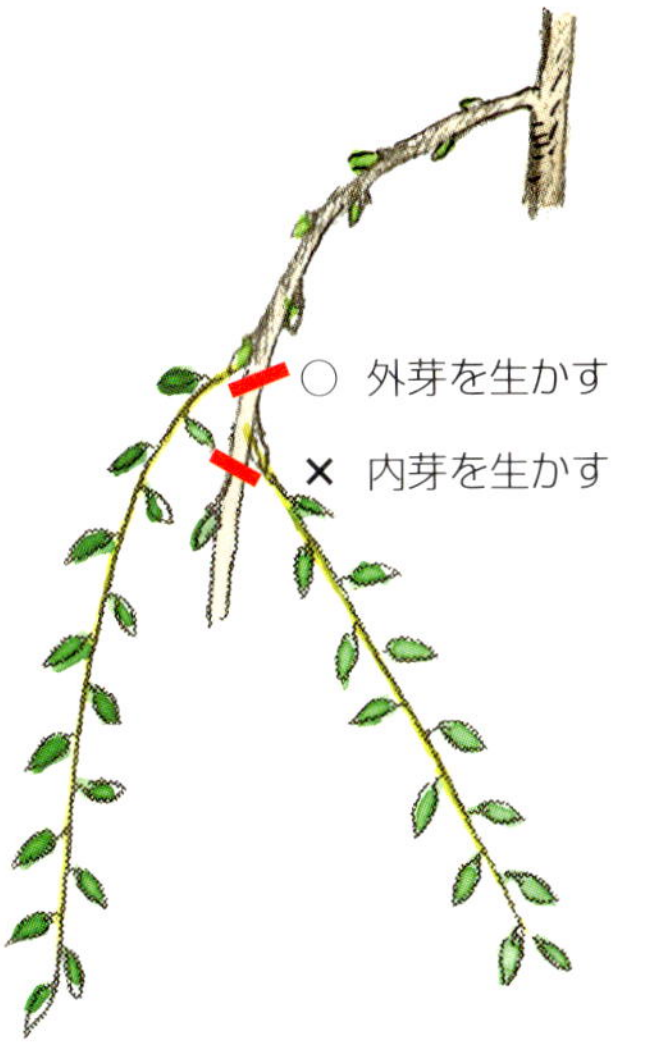
○ 外芽を生かす
× 内芽を生かす

[好ましくない枝の出し方]

[好ましい枝の出し方]

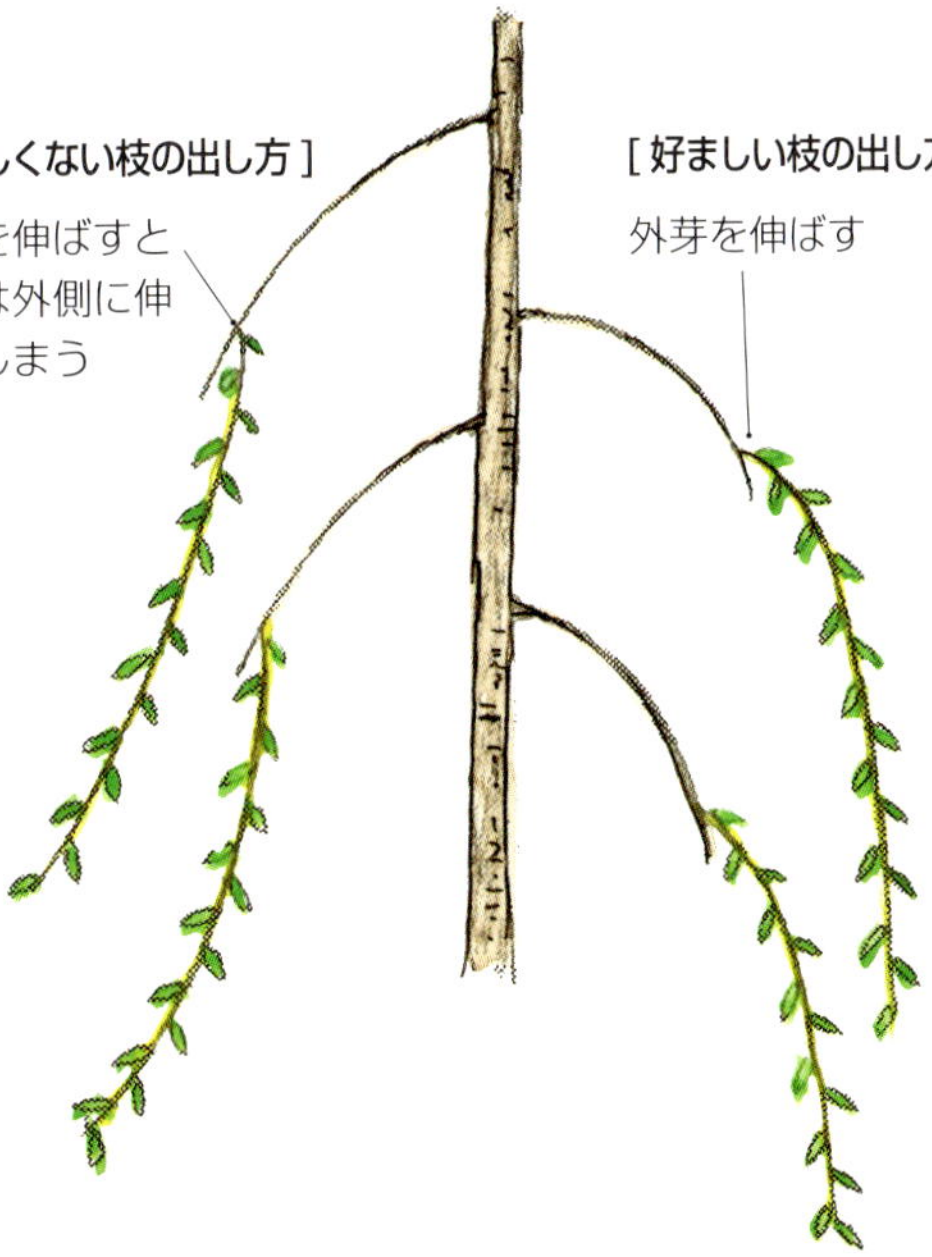
内芽を伸ばすと枝先は外側に伸びてしまう
外芽を伸ばす

植えつけ・移植のやり方

根鉢をきれいにつけた古木の掘り取り方

〈庭から外に搬出する場合〉
素人ではむずかしい

根鉢をしっかりとったので、強く切りつめてよい
a
a×4～5倍が標準の大きさ

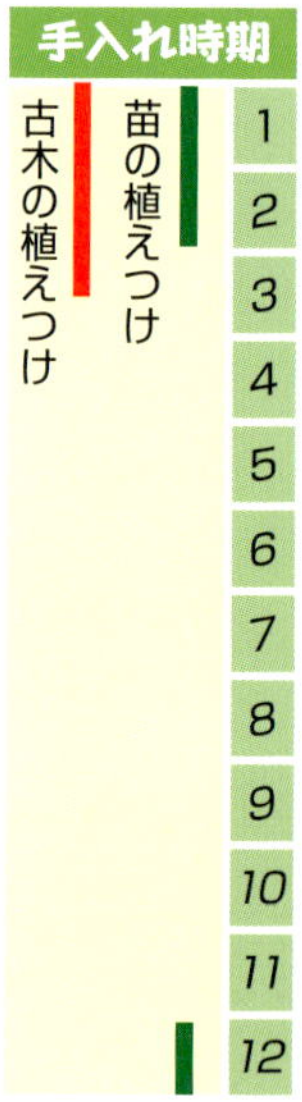
手入れ時期
苗の植えつけ
古木の植えつけ
1
2
3
4
5
6
7
8
9
10
11
12

▼昔から「サクラ切る馬鹿、ウメ切らぬ馬鹿」という諺があるように、ウメは相当大きな木でも移すことができる。

▼小さな苗の植えつけは十二月から翌年の二月までが適期である。しかし特に、古木など大きな木は一～二月、遅くても三月上旬までとしたい。この時期なら枝とともに根を短く切りつめてもよい。

▼切りつめて掘り取ったものは、枝や根の切り口が輸送中に相当傷むので、植えつけの際にはもう一度、切れるノコギリやハサミで切り口をきれいに切りもどし、その後はていねいにあつかうようにする。切り口は特に処置する必要もなくそのままでよいが、保護剤を塗っておくと理想的である。

▼植えつけは必ず高めに、水決めとし、乾かさないように根元に敷きわらをする。萌芽後は芽の数により整姿を行なうが、萌芽の少ないときには早くから強く切り込まないようにし、その芽を大事に育て、勢いがついてから整姿していくとよい。

古木の移植

〈庭の中での位置替えの場合〉

1～3月上旬が適期
日曜庭師で挑戦

幹巻き材でていねいに巻き、保護する
支柱をしっかり取り付ける
高植えに

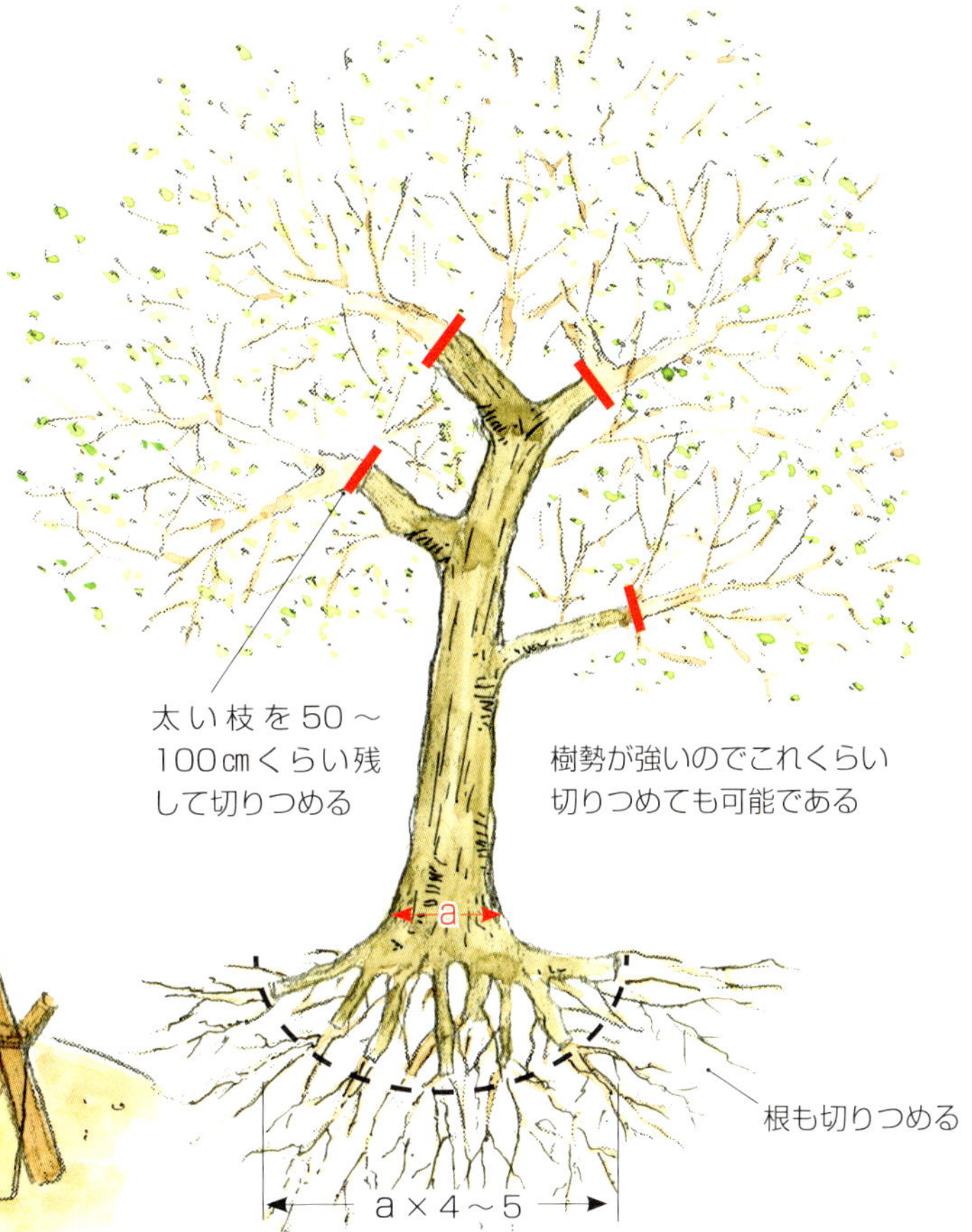
太い枝を50～100㎝くらい残して切りつめる
樹勢が強いのでこれくらい切りつめても可能である
a
根も切りつめる
a×4～5

- 樹勢が強いので強く切りつめてもよく活着する
- 根も短く切りつめ、古い根でよい
- 植えつけ前に稲わらか幹巻き材で全体をしっかり巻き、保護する
- 植えつけは高めに
- さらに根元に敷きわらをするとよい
- 支柱をしっかり取り付け、木を固定する

苗木の植えつけ

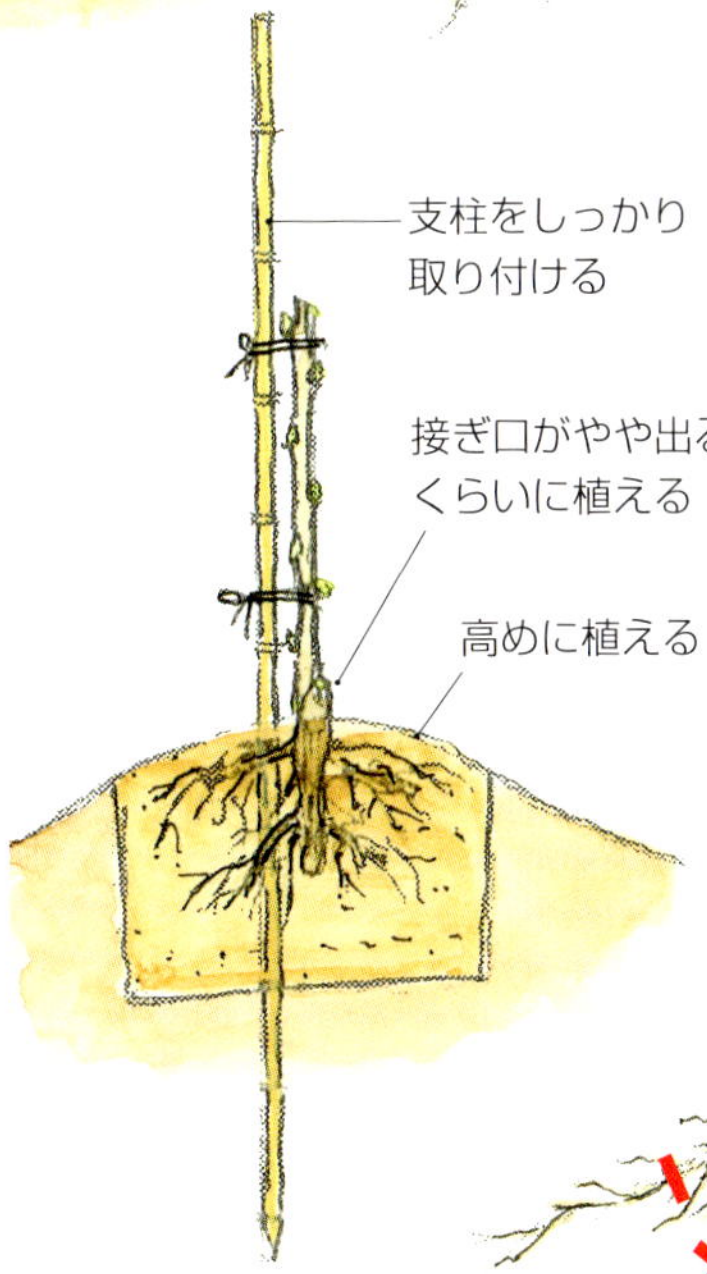
支柱をしっかり取り付ける
接ぎ口がやや出るくらいに植える
高めに植える

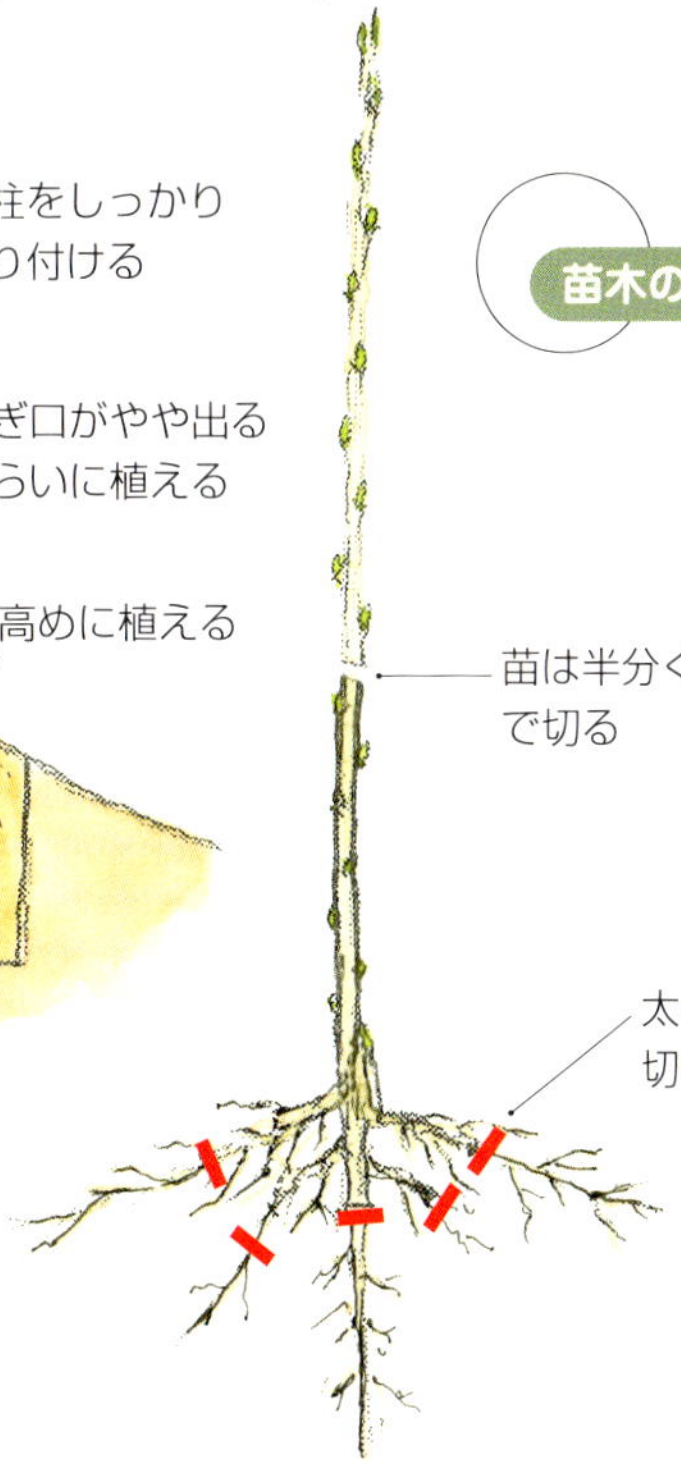
苗は半分くらいで切る
太く長い根は切りつめる

仕立て方のいろいろ

棚仕立て

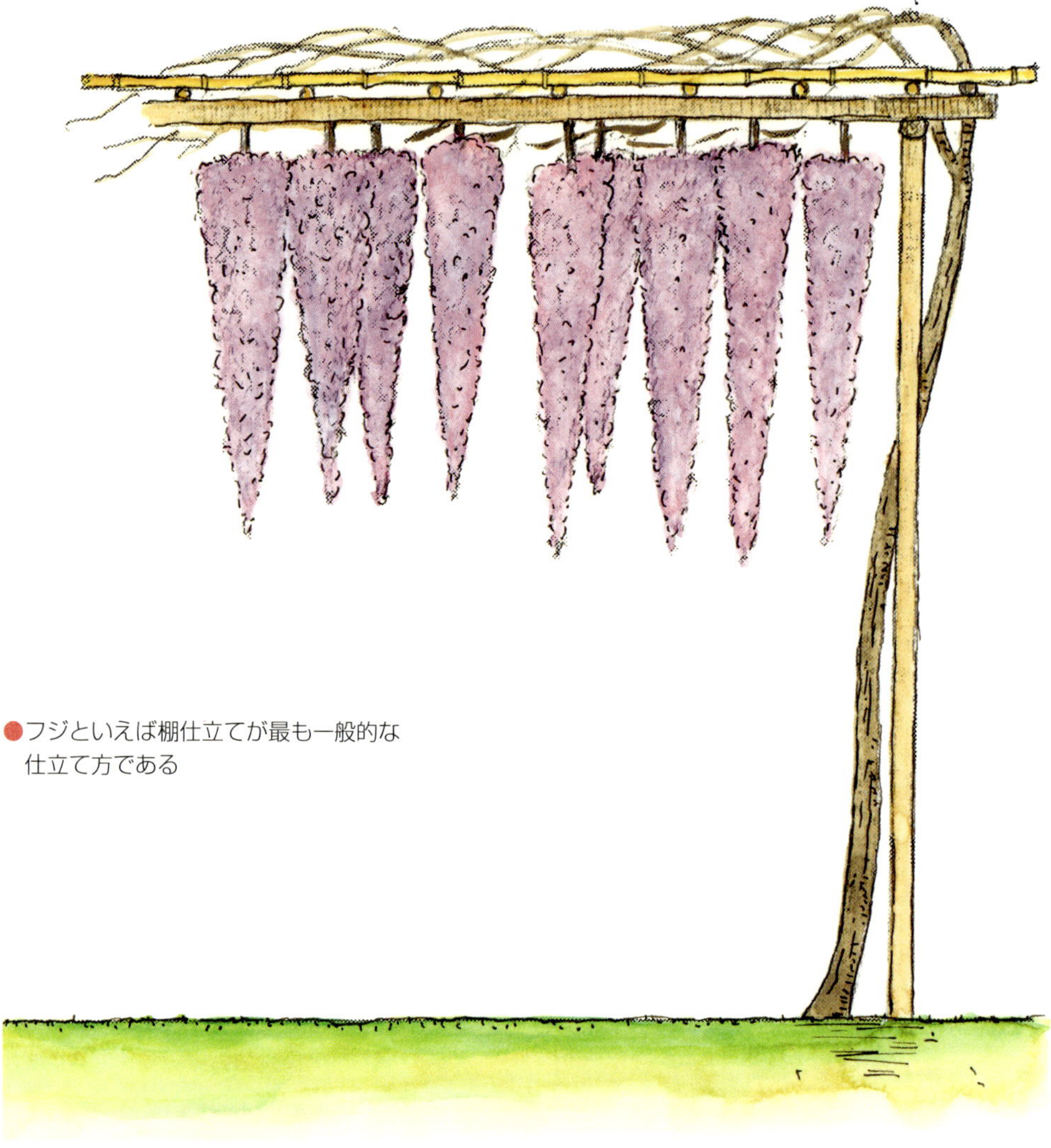
棚材の取り替えに便利なように、
ここに余裕をもたせること

フジといえば棚仕立てが最も一般的な仕立て方である

手入れ時期

1	
2	枝切り・仕立て
3	
4	
5	
6	
7	
8	
9	
10	
11	
12	

▼フジはつるがよく伸びるので、工夫しだいでいろいろな樹形に仕立てられる楽しみがある。最も一般的な形は棚仕立てで、わが国独特のものである。株仕立ては芝庭に適し、おもしろい形といえる。仕立て物は棚にしても、ポール仕立てにしても植えてすぐに花が見られるわけではない。株仕立ても五〜一〇年くらいは樹形の育成に重点をおく。

▼株仕立ての切り込みの要領は、まず主枝を三本くらい立て、その後は一般の株物仕立てのように冬期に強く刈り込んで順々に伸ばしていけばよい。この際、フジは他の木のようにきちんと張らず、やや垂れぎみになるので、株の周囲に唐竹か細い丸太で簡単な枠を組み、垂れ下がるのを防ぐ。株仕立ては花がつきだすと、その後の管理は容易である。

▼なお、棚仕立てでは、上図のように余裕をもって棚に枝を誘引する。これは将来、棚を補修するときに作業を容易にするためである。

仕立て方のいろいろ

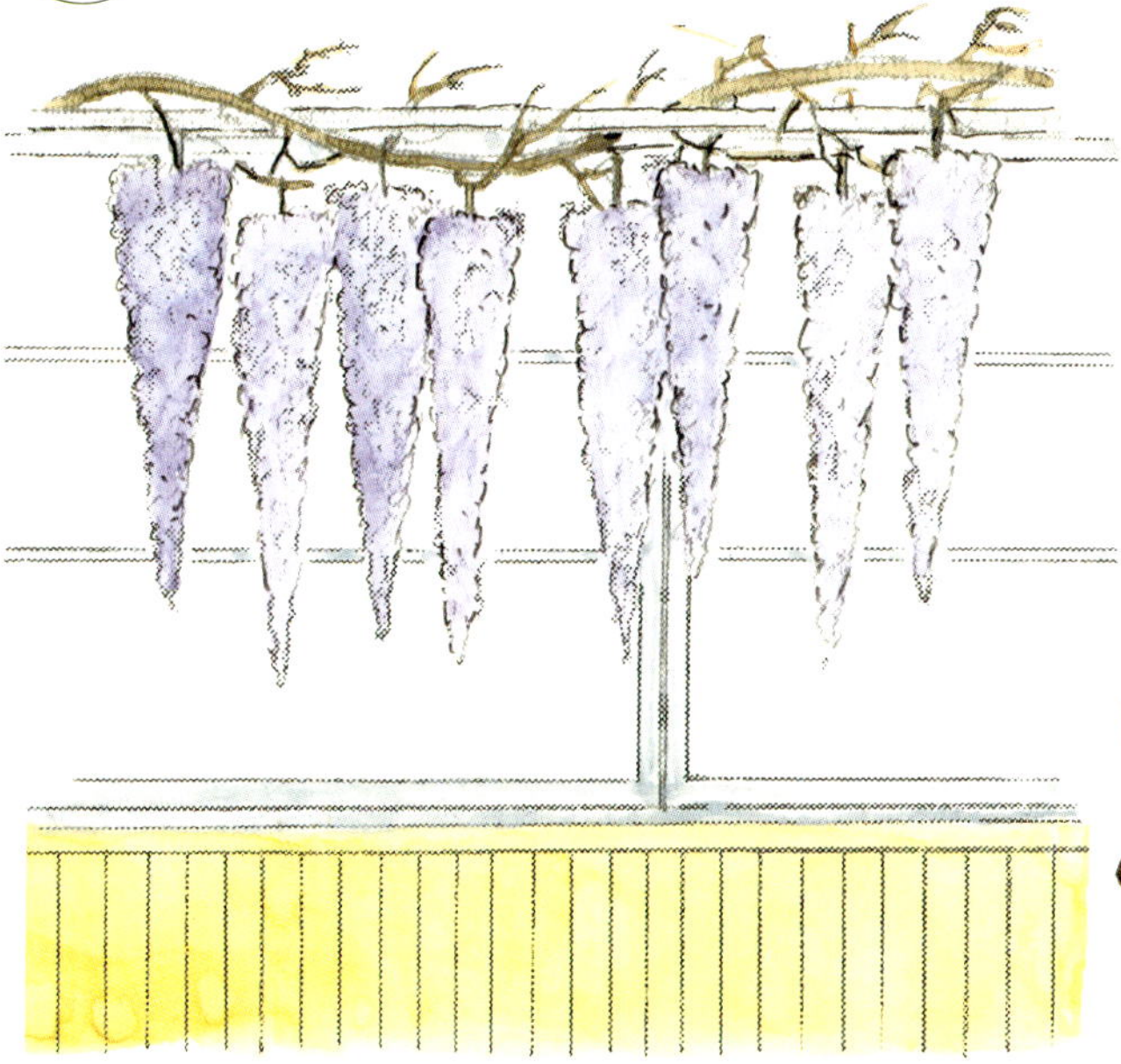

[窓辺仕立て]　●窓辺を飾る仕立て方

[斜棚仕立て]

●棚仕立ての変形であり、花がよく見える

[株仕立て]

●つるを切りつめて枝をつくる
●枝が大きくなると垂れ下がるので、細い丸太の支柱を四方に立てて支えてやるようにする

[ポール仕立て]

●場所をとらずおもしろい
●支柱の丸太は根元を焼くと丈夫になる

花芽のつき方・枝の切り方

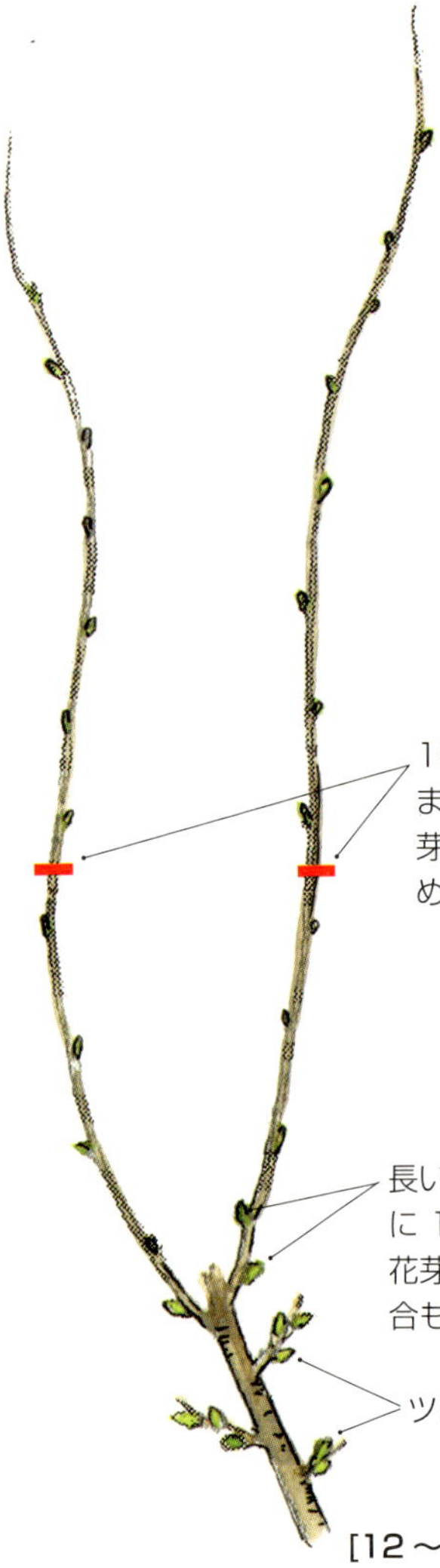
12～2月ころまでに5～6芽残して切りつめる
長いつるの基部に1～2個の花芽ができる場合もある
ツボミ

[12～3月の状態]

長く伸びたつる
短枝に花芽ができる

[7～10月の状態]

手入れ時期

せん定：1～2月、12月

1 2 3 4 5 6 7 8 9 10 11 12

▼フジを植えたが咲かない、ということをよく耳にする。これは苗の良し悪しにもよるが、植える環境に左右される。特に山から掘ってきた野生のフジは数年、ときには一〇年くらい花をつけない場合がある。これに対しては、接ぎ木によって生殖生長を早め、開花を促進する方法が考えられる。

▼根群の生長を抑制するため、植える場所はやや粘質な肥沃土で地下水の高いところがよい。

▼もうひとつ大事なことは、花はつくっていくものである、ということである。時期をかまわず、芽の位置を考えずむやみに切りつめると、できようとしている花芽をつぶしてしまうことになる。図のような要領で整姿を行ない充実した短枝をつくっていけば、必然的に花芽ができていく。一度花が咲き始めれば、その後は整姿を誤らない限り、年々よく花をつける。

▼チッソ過多は絶対に避けなくてはならない。リン酸、カリを多めに施し、しめてつくることが大切である。

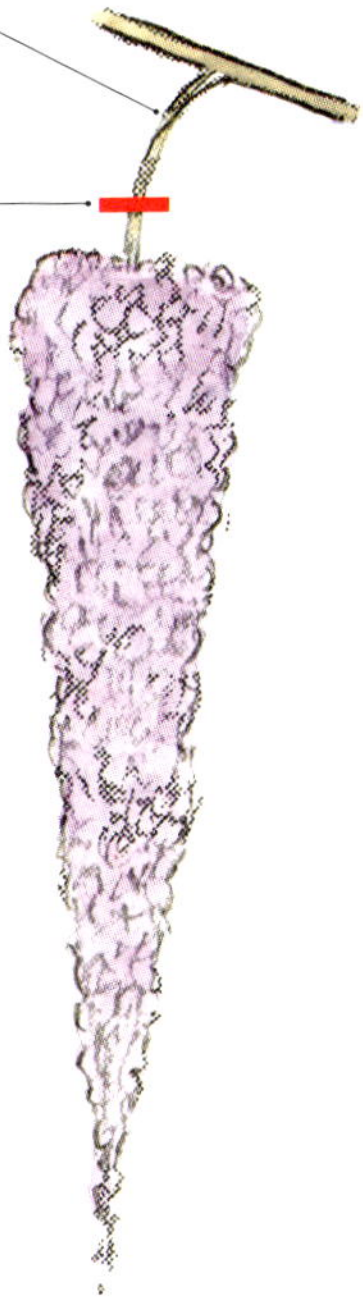
この部分に花芽が
つくられる
花がらは
ここで切る

翌年花になる
花芽がこの短
枝につくられ
る
花

［開花期の状態］

落葉期に５～６芽
残して切る
短枝に花芽が
つくられる
花の咲いた花がら
花がらにも栄養状態が
よければ、基部に花芽
ができる

［12～２月せん定後の状態］

- 毎年よい花を多く咲かせるには、チッソ過多にならないように肥培すること
- 一度花が咲き出すと、栄養状態がよければ、花がらの基部にも花芽がつくられる

花が咲かないときの対策

充実している短枝に
花芽がつくられる

●つるは伸びるがなかなか花が咲かないという話をよく聞くが、花芽はつくっていくものである
十分な肥培管理をしていきたい

●花が咲かないのは樹勢が強いか弱すぎること、チッソ過多による栄養のバランスの片寄り、日当たりの不良などが考えられる

手入れ時期

溝掘り・施肥
腰水に浸ける（鉢植え）
つる切り
1
2
3
4
5
6
7
8
9
10
11
12

▼山野に自生しているヤマフジの苗は、植えてもなかなか花がつかないので、必ず接ぎ木苗を求めたい。

▼次に植え場所を考えてみたい。フジは地下水の高い、肥沃な粘質土を好む。乾燥の厳しいところや、やせ地では池の端などに移して肥培する必要がある。田舎では雑排水を流す溝の端に、小さい木に折れんばかりに花をつけているのをときおり見かけるが、このような場所に最も適する。また日当たりのよいことは絶対条件である。

▼施肥はチッソ成分をひかえ、リン酸成分を二～五月ころまでにたっぷり施す。

▼長く伸びたつるはむやみに切らず、秋まではごくわずかに芽先をつみおさえる程度にしておき、葉が落ちて花芽がはっきりわかる十一～二月くらいの間に、花芽を残して強く刈り込む。

▼鉢植えは、できるだけ小さい鉢で育て、梅雨明けから九月上旬までは鉢を浅い水に浸しておき、十分肥培するとよく花がつく。

花つきをよくするコツ

[ビニール袋植え]

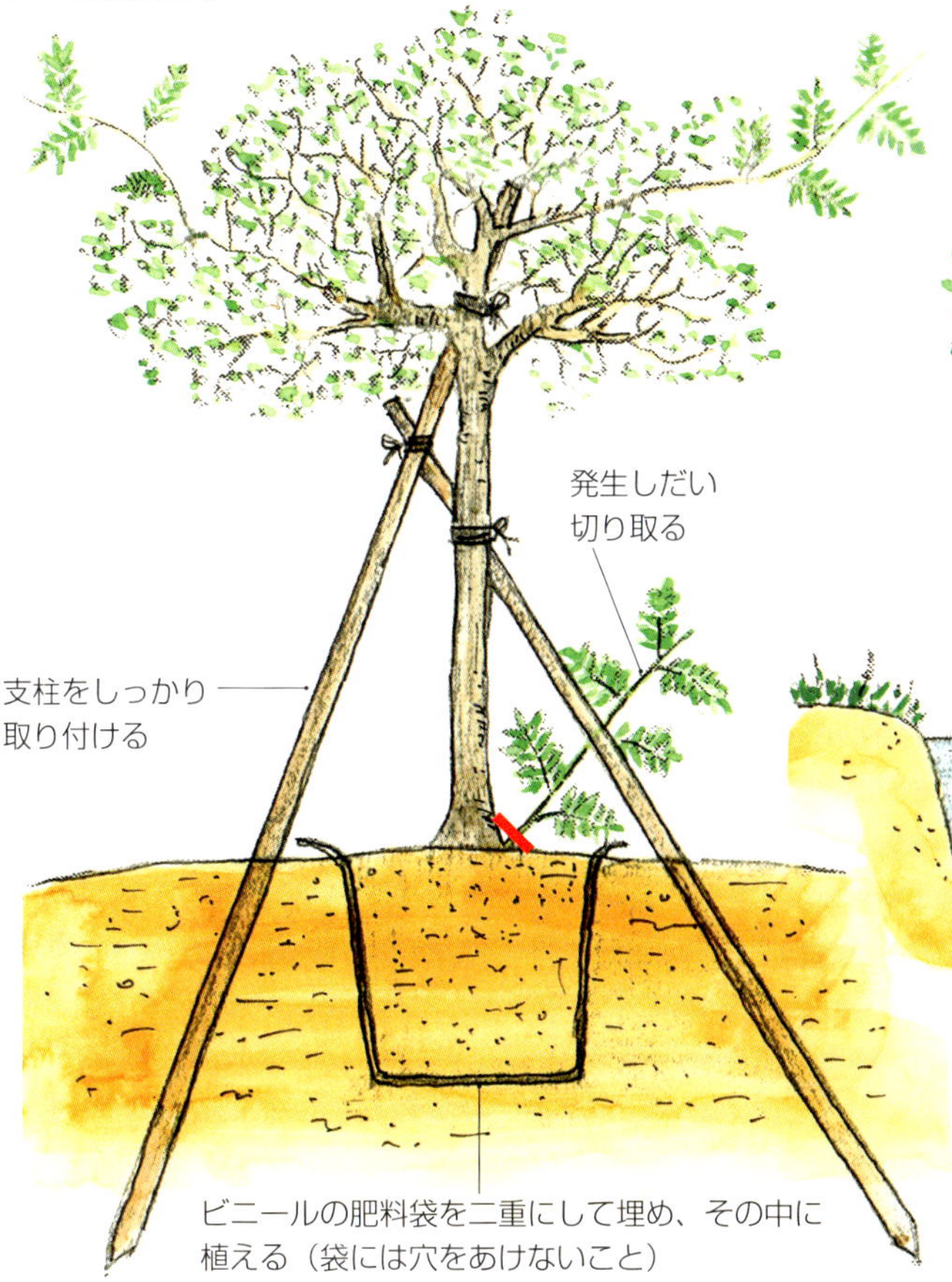
発生しだい
切り取る
支柱をしっかり
取り付ける
ビニールの肥料袋を二重にして埋め、その中に
植える（袋には穴をあけないこと）

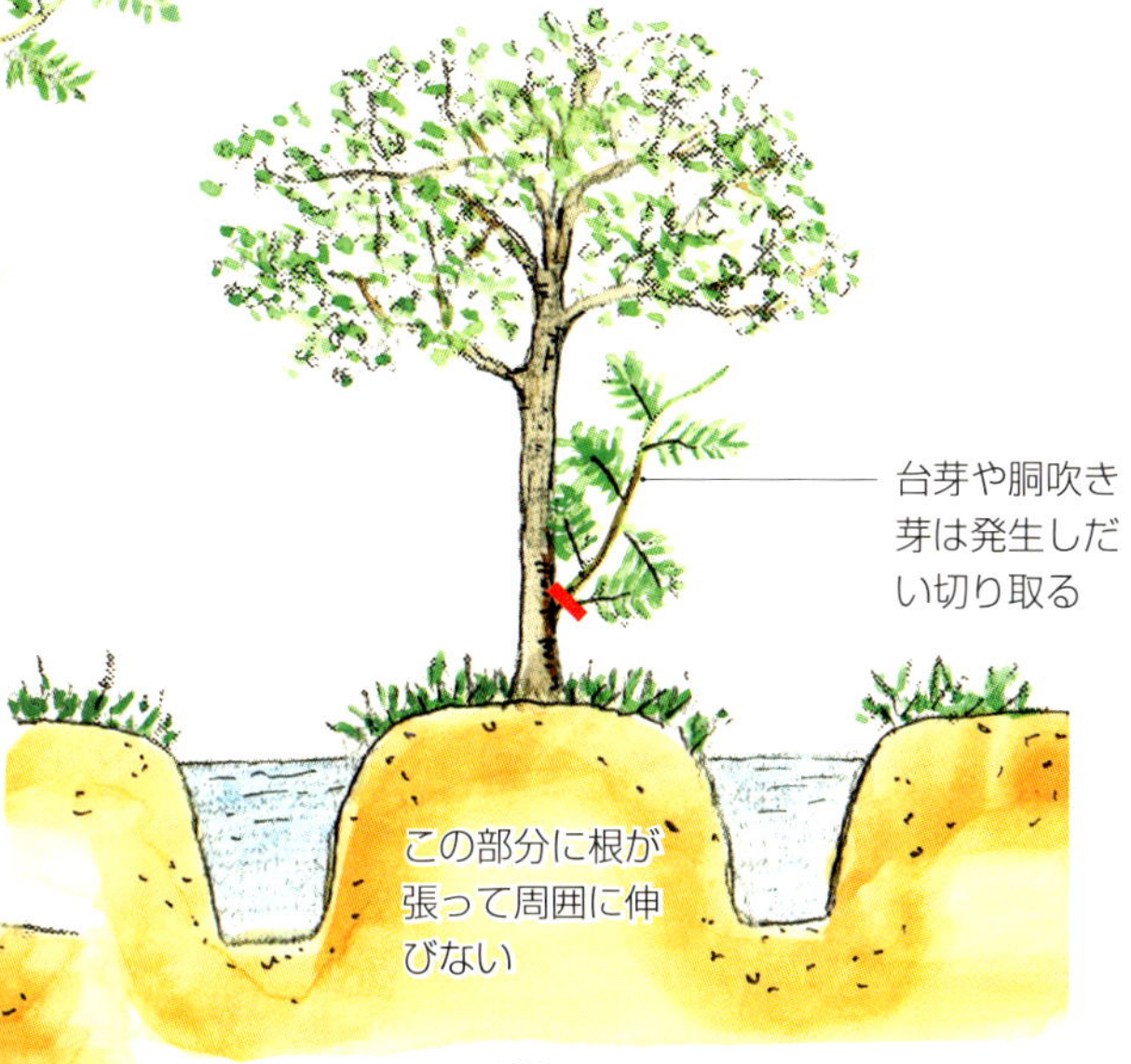
台芽や胴吹き
芽は発生しだ
い切り取る
この部分に根が
張って周囲に伸
びない

[溝掘り]

株の周囲に溝を掘り、水を張るとよい

[鉢植えの場合]

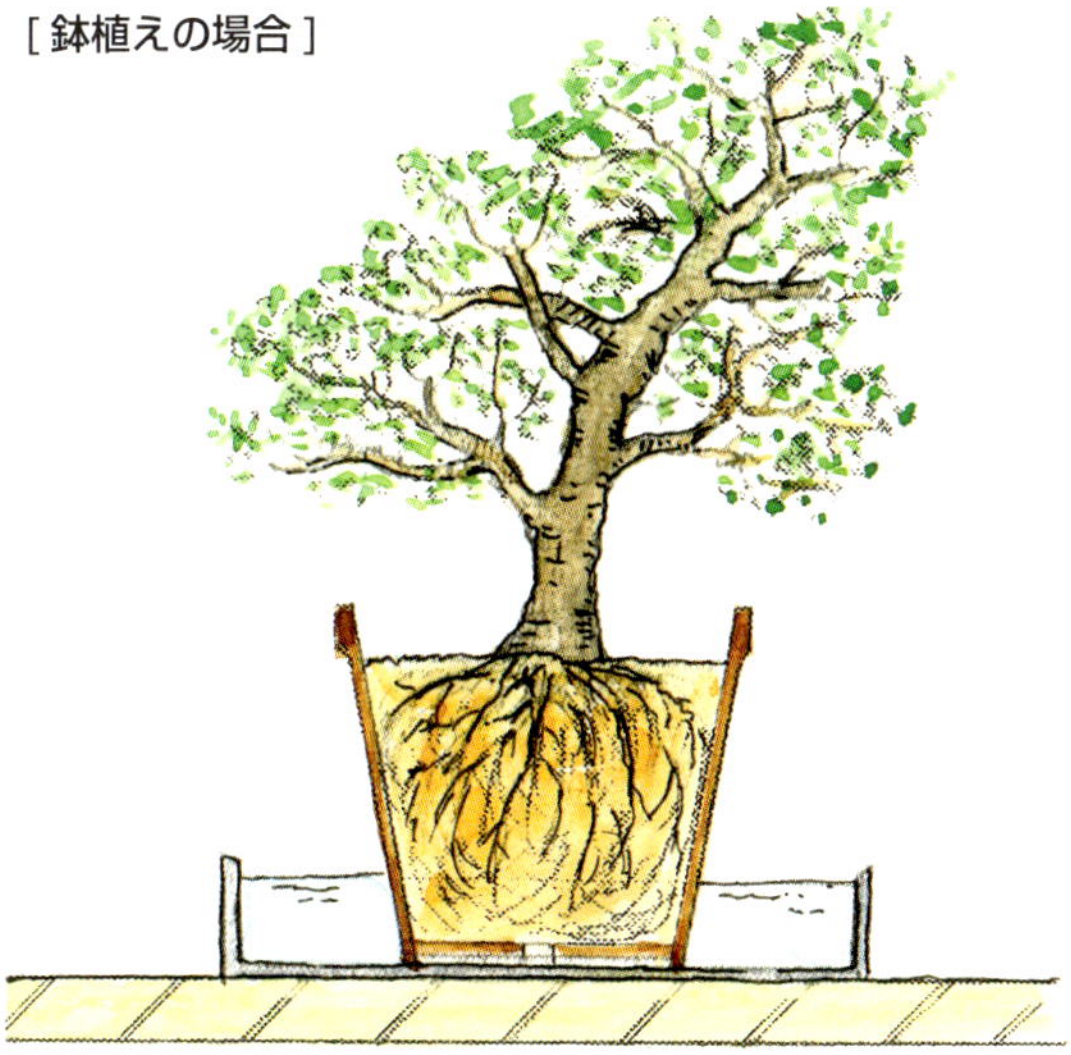

- 5～9月上旬までは鉢を3～5cmの深さに腰水に浸けておく
- 6月いっぱいまでにリン酸肥料を十分に施してやる
- 鉢はできるだけ小さいものに植えて育てるのがコツ

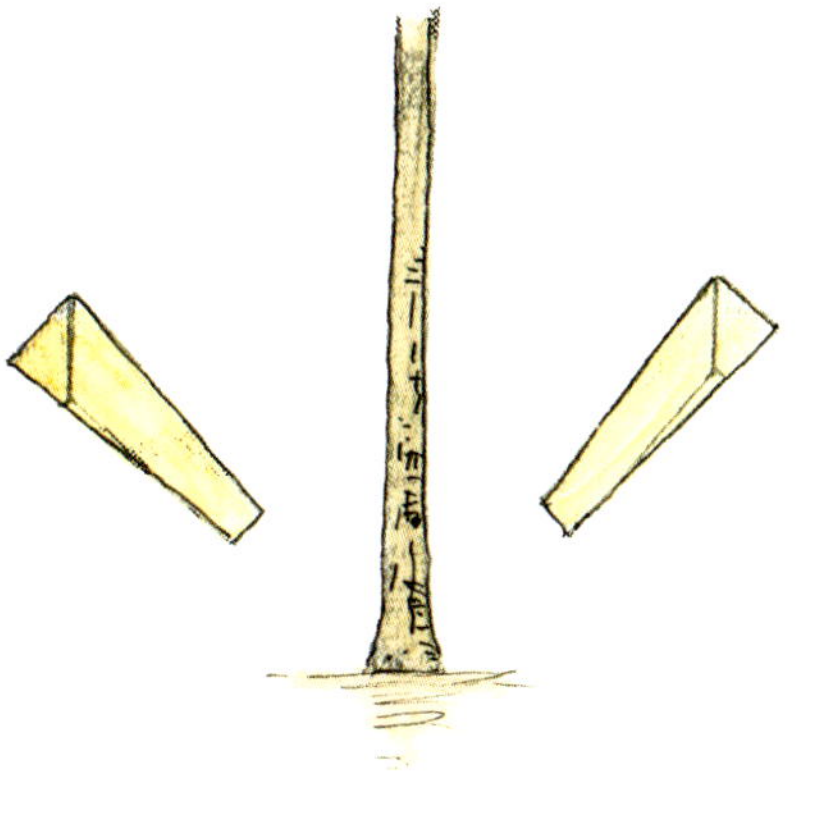

[樹勢に活力を]

- 溝を掘り、土を入れ替えるとともに、骨粉やカリ成分を多めに与える

掘り取り方と植え方

- フジはほかの木のように根を切りつめて掘り取るようなことは絶対に避ける
- 必ず「追い掘り」といって、２分の１から３分の１の太根は先端まで、ていねいに掘り取るのがコツである
- 根は軟らかくて傷がつきやすく、腐りやすいので、ていねいにあつかいたい
- 切った根の切り口は必ず保護剤を塗って保護しておく

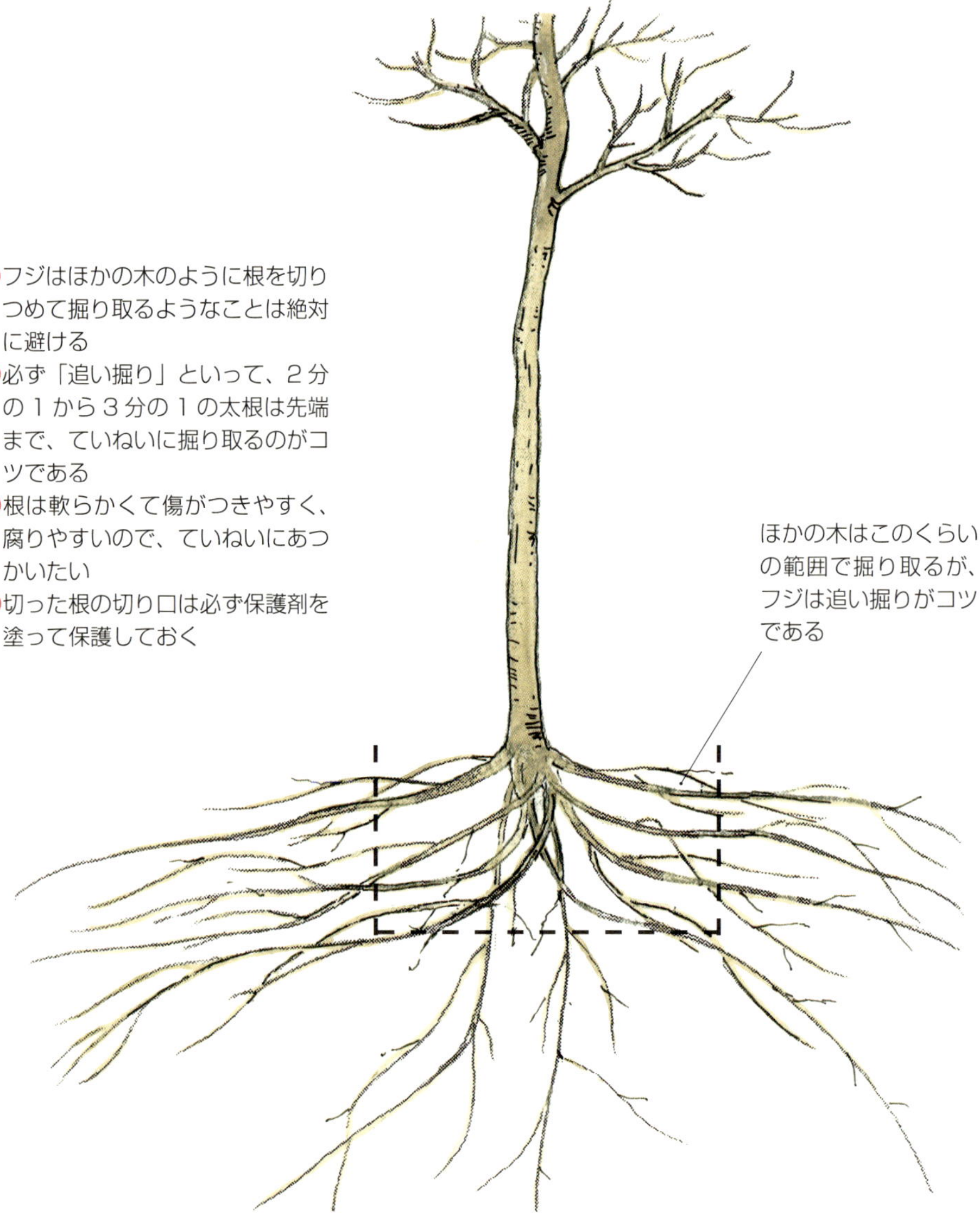
ほかの木はこのくらいの範囲で掘り取るが、フジは追い掘りがコツである

手入れ時期

月	作業
1	植え替え
2	植え替え
3	植え替え
4	
5	
6	
7	
8	
9	
10	
11	植え替え
12	植え替え

▼フジの根は、マメ科植物の特徴ともいえる細根が割合に少なく、根の表皮が厚くて軟らかく折れやすく、さらに折れた部分が腐りやすい性質がある。このため、他の木のように一定の大きさの根鉢で切りつめて掘り上げるというようなわけにはいかない。

▼そのために特に行なわれるのが追い掘り法である。これは太く長い根をさぐりながら傷をつけないように先端まで掘り上げることである。全部の根は無理でも、三分の一くらいはこのように掘り上げたい。掘り上げた根はていねいに巻きつけておくが、このように掘れば特に根鉢の必要はない。

▼植えつけは根を巻いたまま植え穴に入れ、水をたっぷり注ぎながら、根の間に土が十分入るよう棒で突きながら植えつける。

▼鉢植えの植え替えのときも、鉢から抜いた根鉢は水に浸けて、ていねいに土を落とし、根をまったく切らず、日陰に半日から一日置いて根を軟らかくし、ていねいに鉢におさめるようにする。

掘り取りから植えつけのコツ

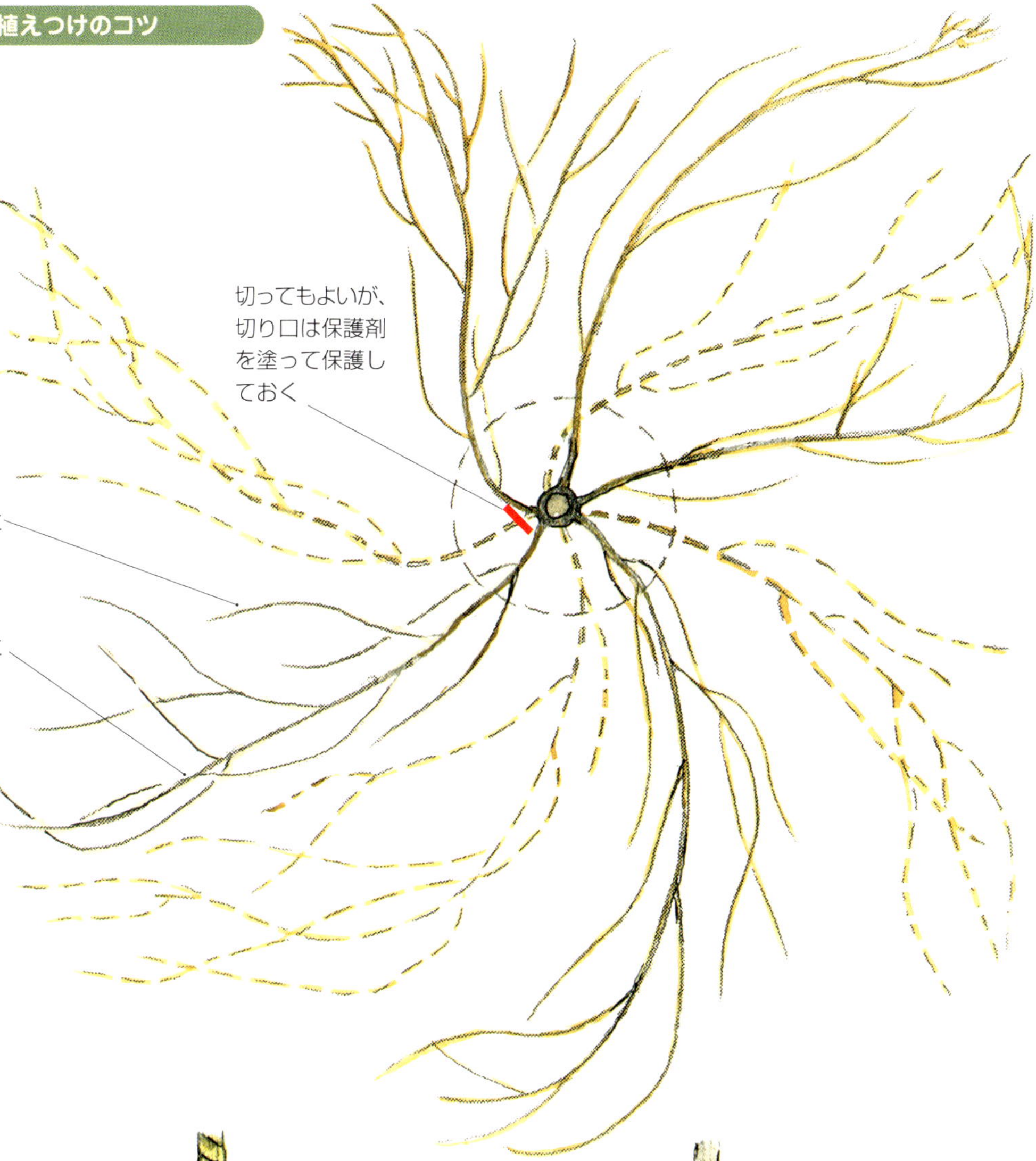

切ってもよいが、
切り口は保護剤
を塗って保護し
ておく
細根までていねいに
掘り取りたい
先端までていねいに
掘り取りたい

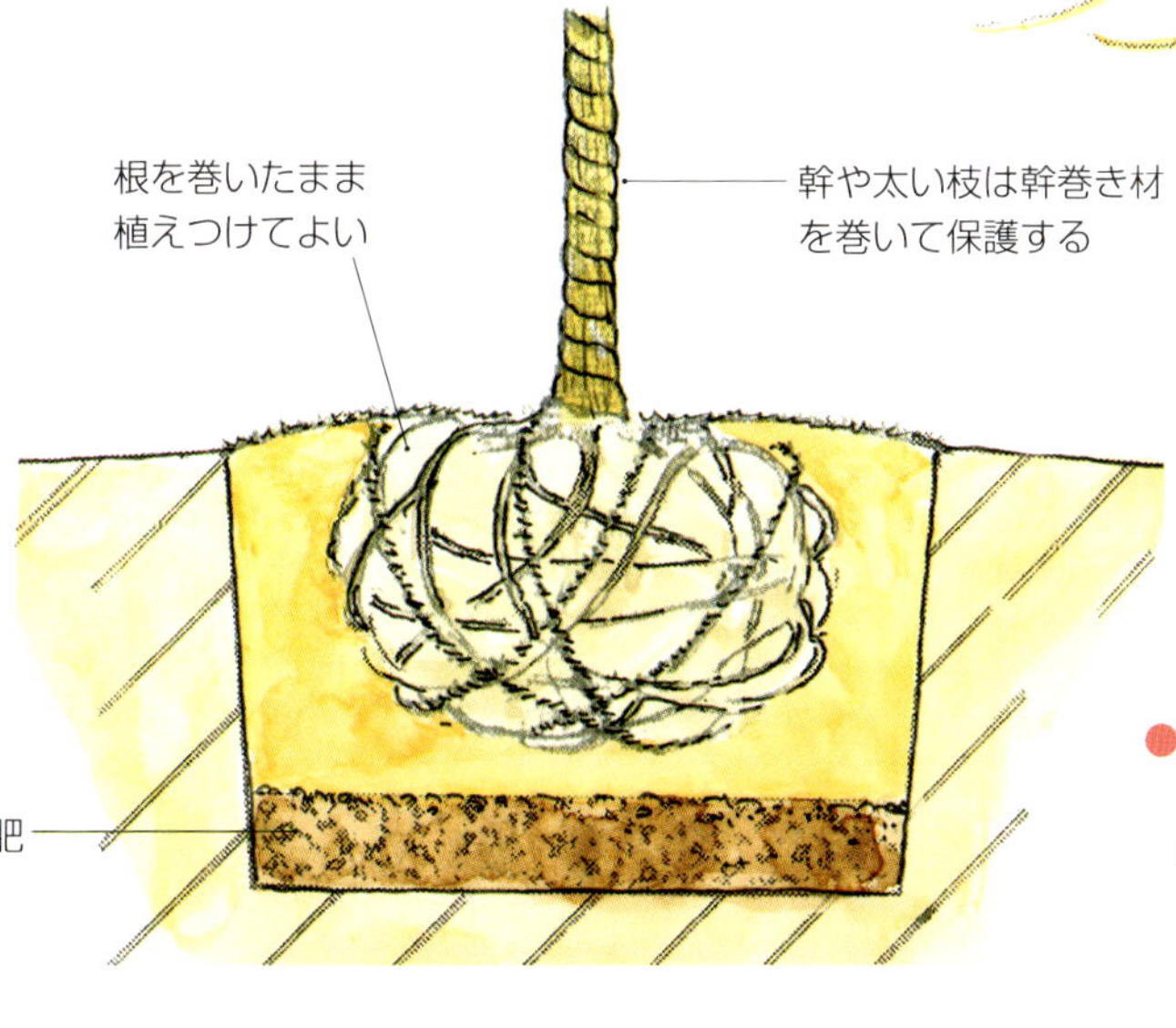

根を巻いたまま
植えつけてよい
幹や太い枝は幹巻き材
を巻いて保護する
元肥

●追い掘りした長い根は、ていねいに
ぐるぐる巻き、わら縄でていねいに
結んでおく

自然樹形

枝枯れ・腐りを入れない枝の切り方

●カエデ・モミジ類は放任しても樹形をわりあいよく整えるので、あまり整姿の必要はない
●場所に適した大きさを維持するためには、整姿が必要である

手入れ時期

枝切り・整姿（12月〜1月）

1	2	3	4	5	6	7	8	9	10	11	12

▼放任しても自然に樹形を整える代表的な木といってよいのがこのカエデ類であり、落葉広葉樹中最も多く庭木として利用されている。しかし面積の限られた庭では、放任するわけにもいかず、ときには切りつめも必要になってくる。

▼カエデ類の整枝は、このように小さく樹形を維持するほか、病害虫の被害による枯れ枝や込みすぎた枝の整理など、庭木としてのひととおりの管理が必要になってくる。整姿の時期は十二月中旬から一月いっぱいまでに行ないたい。二月に入ると樹液の流動がすでに始まっているので、早めに行なうのがコツである。

▼カエデ類は切り口の癒合《ゆごう》が悪く、節と節の間で切ると必ず節くらいまで枯れが入り、みにくくなる。昔から手で折ると枯れが入らないといわれているので、細い枝は手で折ったほうがよい。切る場合は、つけ根から切ることが自然の姿に樹形を整える整姿のコツといえるが、細い枝は節のすぐ下で切るようにする。

太枝の切り方

［図Ⅰ］

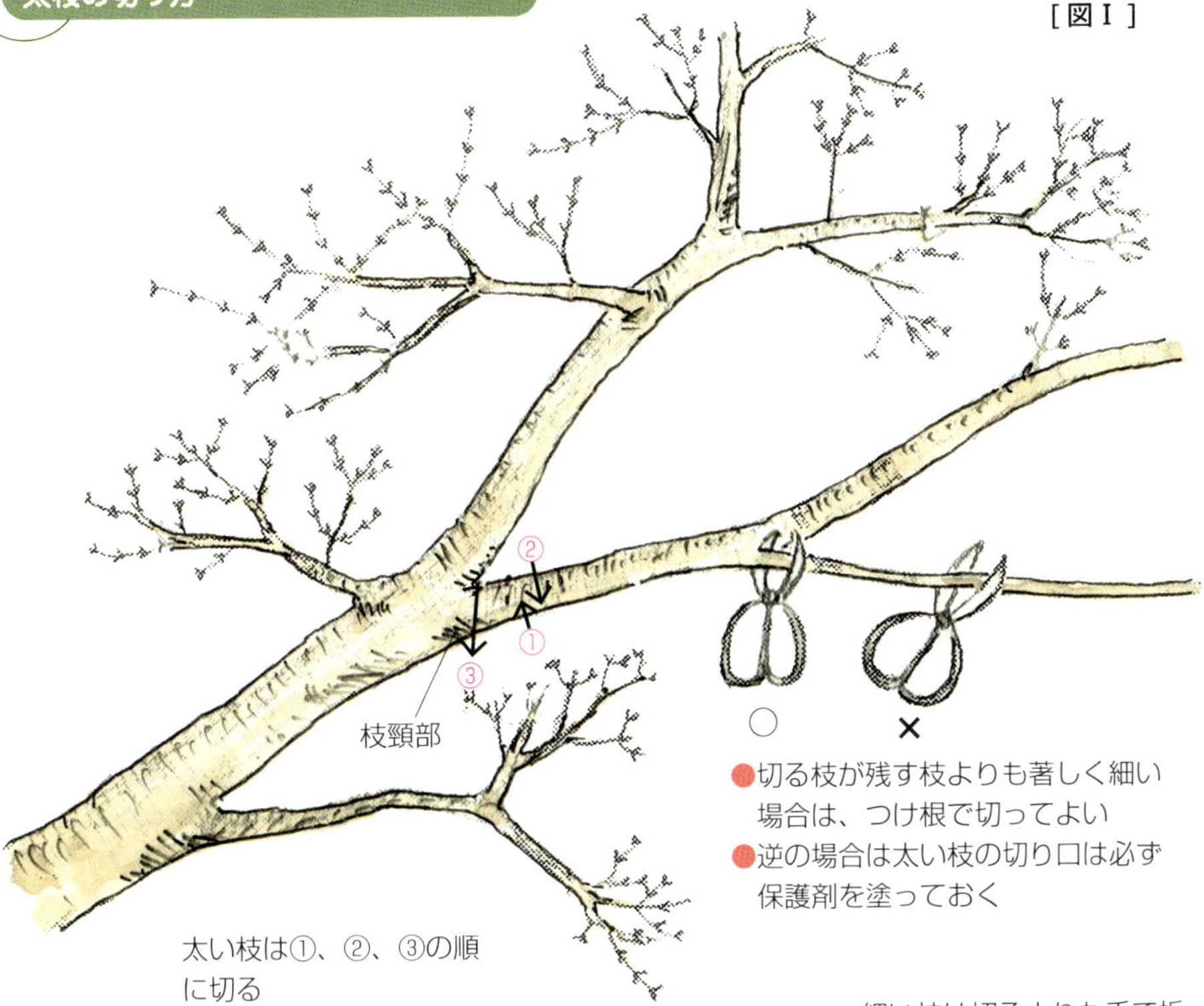
②
①
③
枝頸部
○
×
●切る枝が残す枝よりも著しく細い場合は、つけ根で切ってよい
●逆の場合は太い枝の切り口は必ず保護剤を塗っておく
太い枝は①、②、③の順に切る

［図Ⅱ］

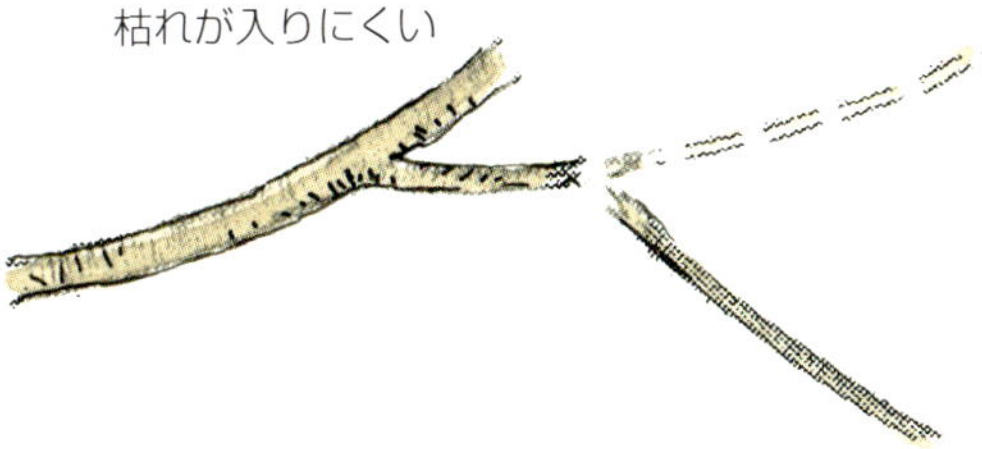
細い枝は切るよりも手で折ったほうが枯れが入りにくい

［図Ⅲ］

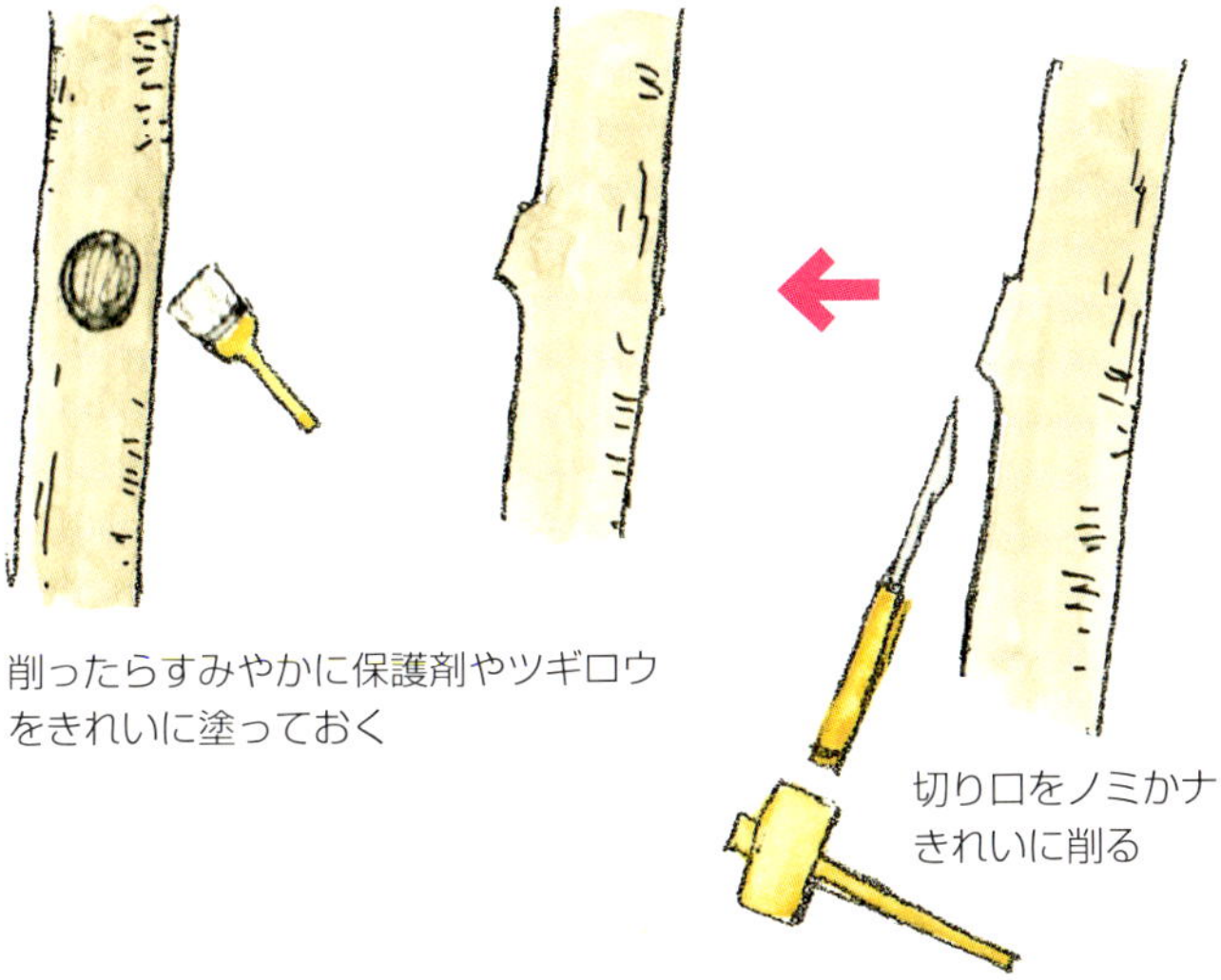
削ったらすみやかに保護剤やツギロウをきれいに塗っておく
切り口をノミかナイフできれいに削る

- ハサミで切る場合は、途中で切らずつけ根から切るようにしたい（図Ⅰ）
- 太い枝は裂けないように①、②、③の順（図Ⅰ）で切り、切り口には保護剤を塗っておくとよい（図Ⅲ）
- 細い枝はハサミで切るよりも手で折ったほうがよい（図Ⅱ）
- カエデ・モミジ類は切り口がふさがりにくいので、処置は十分にしておく

場所に合わせた仕立て方

［自然樹形］

- カエデ・モミジ類は種類が多く、低木から高木まである
- 一般的にはこのような樹形となる

手入れ時期

作業	1	2	3	4	5	6	7	8	9	10	11	12
枝切り・仕立て	●	●										●

▼世界に誇れる美しい日本の自然の景観は、アカマツとこのカエデ類で織りなす景色といわれる。特に秋の紅葉の美しさは絶景といってよい。

▼カエデ類を植えるからには、自然の美しい紅葉といかないまでも、ある程度の紅葉はほしいものである。まず系統の選択が大切である。ひとくちにカエデといってもこの仲間は非常に多く、まったく色の変わらないものから、逆に春の芽だしが紅くなるものまで千差万別である。

▼このなかで秋の紅葉が美しくなるのは葉の小さいイロハカエデ系であり、苗の入手も容易である。しかしこれらも個体差が大きいので、紅葉時に色づきのぐあいを見て買うのが最もよい。

▼気象条件としては温度が高く、昼夜の温度差が著しく、根元が乾かず西日をさえぎるような場所が理想。乾燥するところでは冬期根元に堆肥など有機質を多量に施し、夏は敷きわらやピートモスなどでマルチをするとよい。

このようにいろいろな樹形で楽しむのも
ひとつの方法である

[散らし玉仕立て]

この場合は狭い庭に適する

[散らし玉仕立て]

大きく仕立てるので、ある程度広い庭がよい

[スクリーン仕立て]

目隠しなどによい
窓辺につくるとおもしろい

[株仕立て]

1 株または寄せ植えでつくる
狭く高く仕立てれば、狭い場所に適する

樹形か花かの目的別仕立て方

自然樹形

ヒコバエを非常によく出すが早めに切り取っていく

手入れ時期

月	作業
1	
2	刈り込み
3	刈り込み
4	
5	
6	
7	
8	
9	
10	
11	刈り込み
12	刈り込み

▼ウメとともに、このザクロは花も実も、樹肌も樹形も楽しめる木のひとつである。庭木として利用され始めたのはまだ日が浅く、庭の形が、眺める庭から利用する庭に変わってからである。そのためにも庭木としながら花も咲き、実がたくさんなることが理想的である。

▼庭が広ければ樹冠を大きく育て花も実もつけることができるが、限られた庭では大きさに限度があるので、枝は強く切り込んで樹冠を小さくつくりたい。花は枝の先端につくことを頭においておく。

▼逆に樹形を目的とする場合、一番強調したいことは樹幹である。幹には細かいねじれが若木でもあらわれ古い木のような肌になり、これがザクロの本命ともいえるので、幹をできるだけあらわすように枝をつくる。

▼小枝は玉状にできるだけ小さく切り込むようにしたい。日当たりのよい場所に植えるのも、美しい樹形を仕立てるうえで大事なことである。

散らし玉仕立て

[小さな散らし玉仕立て]

狭い庭に適した仕立て方
実つきはやや悪い

[大きな散らし玉仕立て]

広い庭向き、実つきもよい

- ザクロは花、実、そして樹形、樹幹が観賞の目的となる
- しかし実を目的とした場合と樹形を目的とした場合では、刈り込み法が少し異なる
- ヒコバエは若木から老木までよく出るので早めに切り取っていく

枝の刈り込み

- 花や果実を目的とした場合は、やや弱く刈り込む
- 樹形が目的の場合は強く刈る

樹勢が強すぎて花が咲かないとき

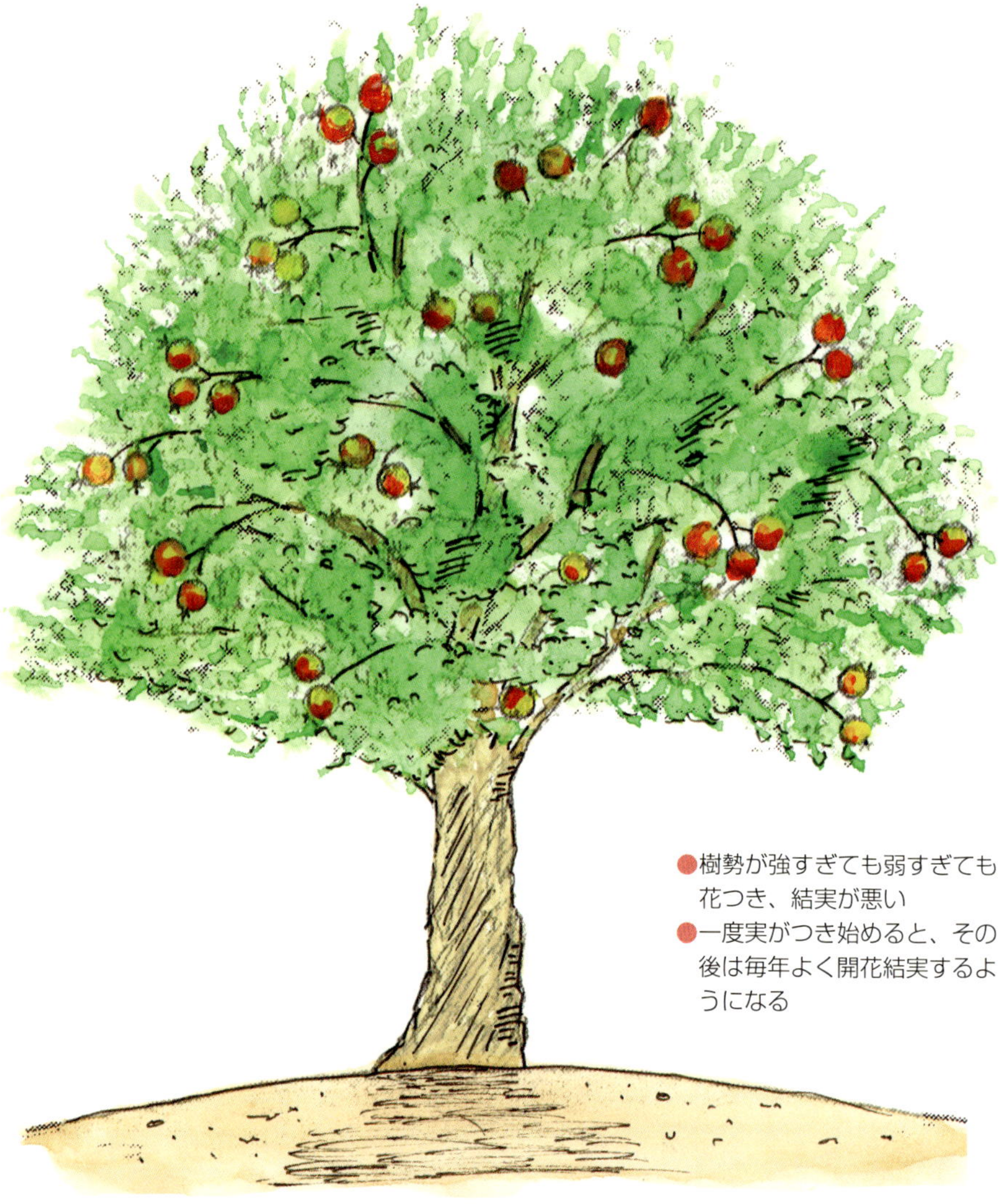

●樹勢が強すぎても弱すぎても花つき、結実が悪い
●一度実がつき始めると、その後は毎年よく開花結実するようになる

手入れ時期

月	作業
1	客土・施肥
2	客土・施肥
3	断根
4	
5	
6	
7	
8	
9	
10	
11	
12	

▼花の咲くべき木に花が咲かないのは、生理的障害、樹勢の強すぎや弱すぎが原因と考えられる。植えつけには日当たりのよい場所を選び、土質は軽いローム質より荒木田土のような重い肥沃土のほうが適する。しかし土質よりも、日照と時期を無視した強せん定の影響が大きいので特に注意したい。

▼また、チッソ成分が多すぎると枝葉は繁るが軟弱になり花のつき方が悪くなるので、このような場合はリン酸、カリ成分を多く含む有機質肥料か化成肥料を施す。

▼やせ地で樹勢が弱く、貧弱な枝しか出ないときは、場所的に余裕があれば肥沃なところに移植するか、冬期根元の周囲に溝を掘り、堆肥や鶏ふんなど有機質を多く埋めてやり、土壌を改良するとともに、根の更新をはかってやる。

▼逆に樹勢が強すぎる場合は断根や根元を踏みつけてやる。農家の庭先で、いつも人に根元を踏まれているようなところでよく開花結実しているのは、この影響と思われる。

花つきをよくするコツ

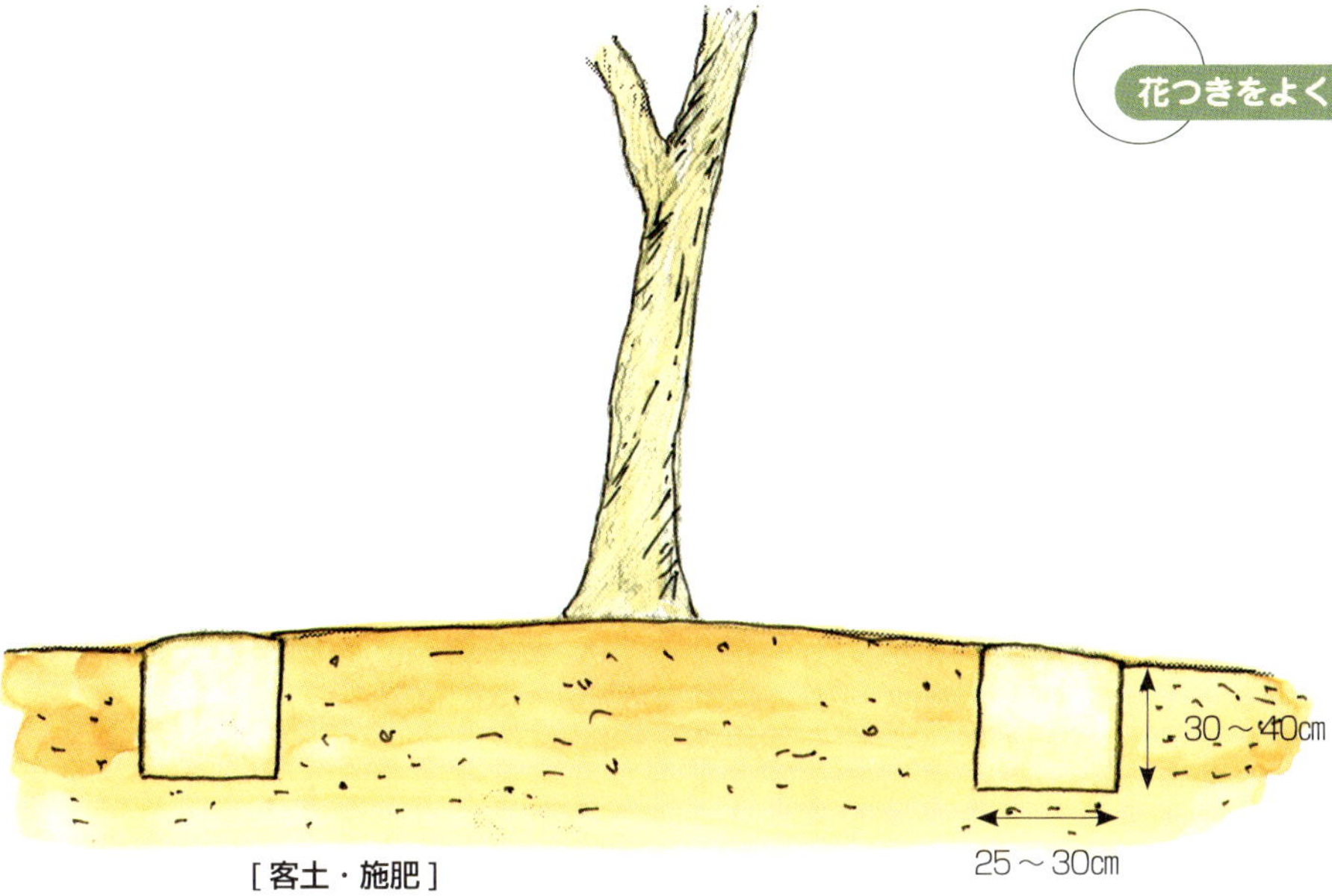

[客土・施肥]

●樹勢が弱い場合は、毎年１～２月に根元周囲に溝を掘り、新しい土や鶏ふん、骨粉などを埋めて十分肥培する

[踏圧]

●根元を踏みつけてやると、根の張りを少しおさえ開花結実がよくなる

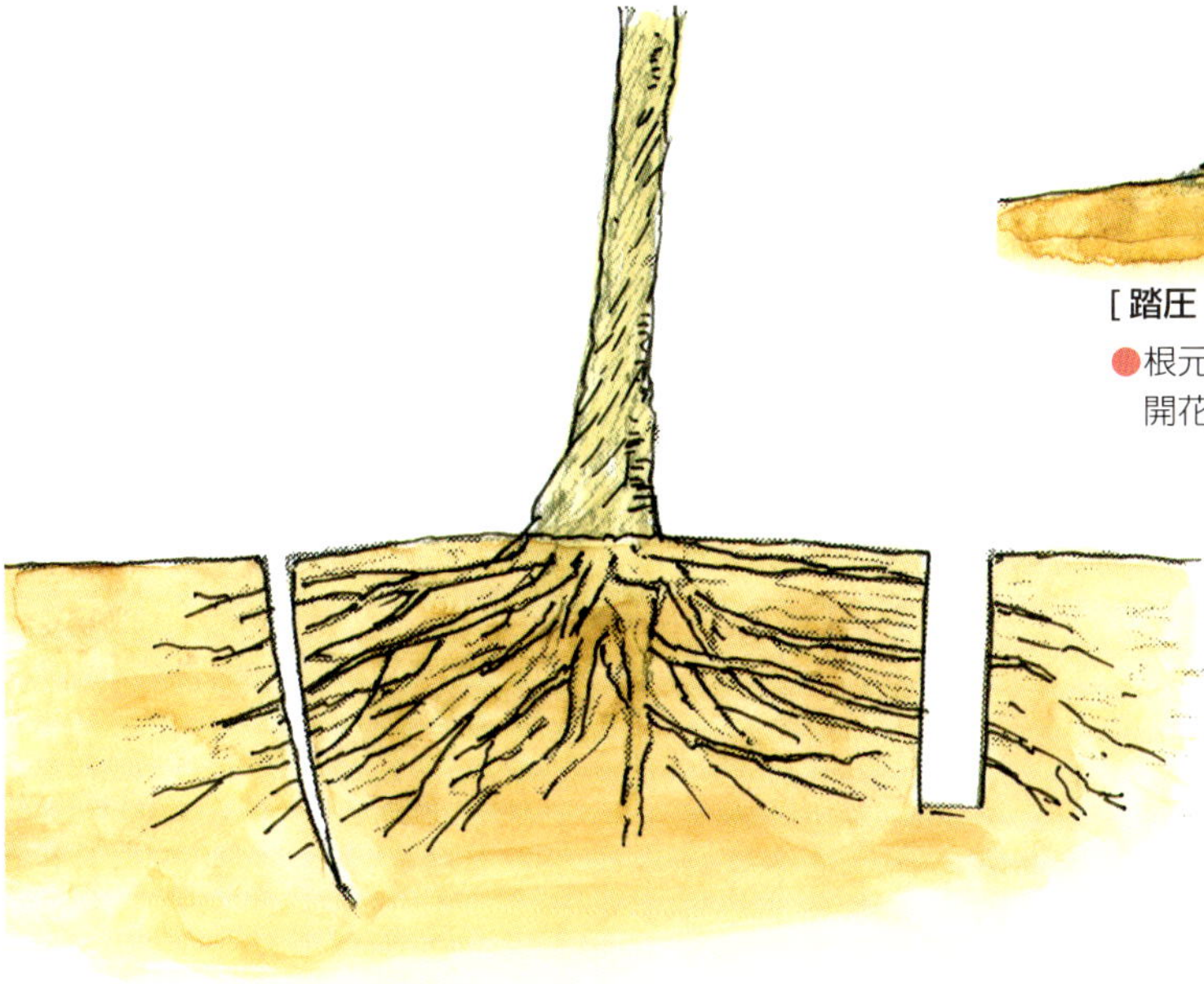

[断根]

●３月下旬～４月上旬に根を切って樹勢を一時的におさえるのもひとつの方法である

[施肥]

●チッソ肥料は最小限にし、リン酸、カリ肥料を多く施す

美しい花を咲かせる枝の切り方

枝の切り方

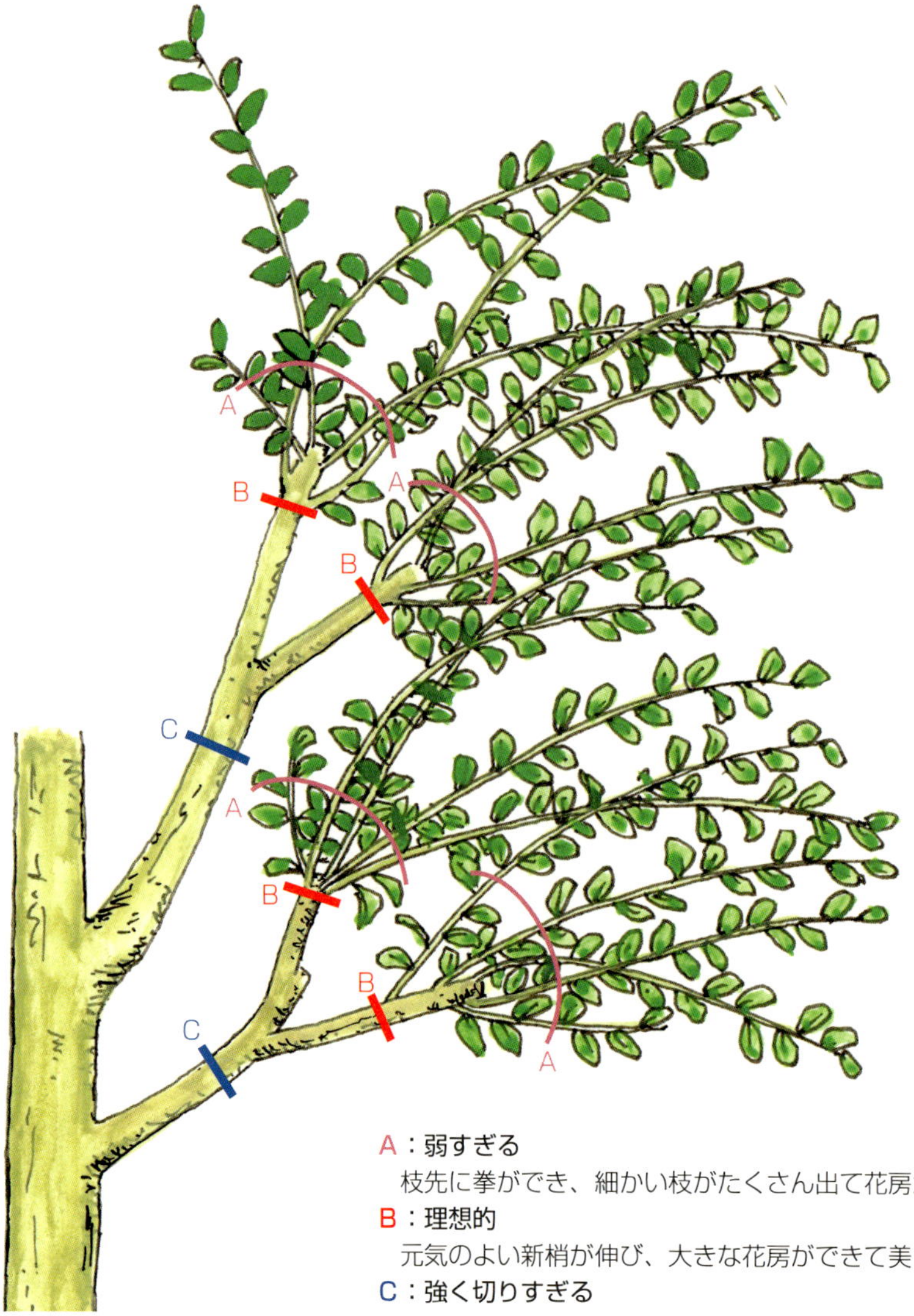

A：弱すぎる
枝先に拳ができ、細かい枝がたくさん出て花房が小さくなる
B：理想的
元気のよい新梢が伸び、大きな花房ができて美しく咲く
C：強く切りすぎる

手入れ時期	
1	
2	枝切り
3	枝切り
4	
5	
6	
7	
8	
9	
10	
11	
12	

▼サルスベリは放任しても樹形をよく整えるが、このように育てると小枝を密生し美しい花が咲かなくなってしまう。幹肌や樹形もさることながら、花が重要な観賞の要素になっている。

▼整姿の時期は、他の木に比べて萌芽が遅いので、早春二月から三月上旬ころまでに切りたい。枝の切る位置は、いままで放任し小枝が密生している木は思い切り強く切りつめるが、この強さの程度は開花にも影響があるので図を参考にされたい。

▼小枝を整理する程度の軽い切り方では、新梢が出ればまた同じ状態になってしまう。枝を切りつめ、最も美しい花が咲かせられるのは枝の太さの直径が二〜三センチくらいのところがよいようである。それ以上に太い部分を切った場合は萌芽数が著しく多くなり逆効果となる。

▼枝の切り方は、枝に直角に切ると切断面が小さくてすむ。切り口を平らに削り保護剤を塗って処置すれば、より理想的である。

枝の切り方と花の咲き方

[理想的なせん定]
（Bで切った場合）
元気のよい枝先には
大きな花房がつく

[弱いせん定]
（Aで切った場合）
小枝がたくさん出ても
花房が小さい

[理想的]

Bの位置で切れば、拳をつくらず毎年元気のよい新梢を出していく

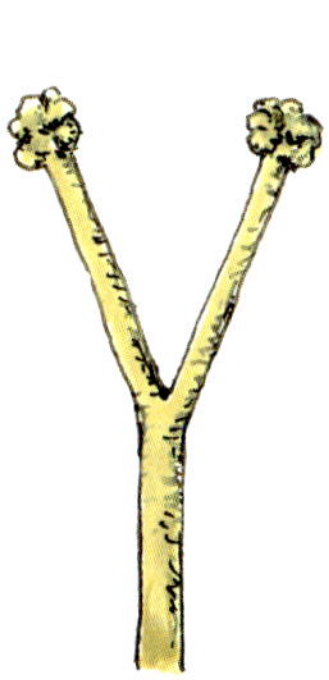

[拳仕立て]

- 毎年同じところで枝を切っていくと、枝先に拳ができてしまう
- この形は好みによるが、最近ではあまり見かけない

自然樹形

花の咲かない原因と対策

チッソ、リン酸、カリをバランスよく施してやる

手入れ時期

月	作業
1	溝掘り・施肥・客土
2	溝掘り・施肥・客土
3	
4	
5	
6	
7	
8	
9	施肥（リン酸・カリ）
10	
11	
12	

▼サルスベリは樹勢が弱すぎたり、特にひどい条件下でなければ花がよく咲く。

▼花の咲かない原因には、第一に日当たりの悪い場所に植えてあることがあげられる。乾燥には強く、よく崖の上などに美しい花をつけているのを見かけるが、日当たりが悪いと枝の伸びが貧弱になり、病害虫の発生も多くなってしまい、かろうじて生育している程度となる。

▼次がやせ地である。植えつけ前に土を入れ替えることができれば理想的である。すでに植えつけてある場合は、植え替えの余地がなければ、冬期の寒肥や夏の追肥を十分施すようにする。

▼整姿についても花の良し悪しに相当影響を与えるので、十分木を観察しながら育てていきたい。

▼昔はサルスベリは寺院の木であり、庭に植えるものではないと考えられてきたが、最近は庭木としてよく使われるようになった。

▼夏の花の少ない時期に咲く数少ない花木といえる。

花つきをよくするコツ

[肥料の片寄りをなくす]

- 肥料の三要素（チッソ、リン酸、カリ）をバランスよく
- チッソ過多は絶対に避ける

[客土や堆肥]

- 長年植えたままのところでは、2～3年に一度は周囲に溝を掘り、新しい土や堆肥を埋める

[日陰は避ける]

- 日陰は最も嫌う
  多少の日陰でも花が咲かなくなる
- 他の木の枝に少しおおわれていても花は咲かず、病気が多く見られるようになる

種類による木の大きさと利用法

［ソメイヨシノザクラ］
理想的な樹形

●サクラにはいろいろな種類があり、地域に適した種類があり、樹形や木の大きさもちがう
●種類を選べば狭い庭でも十分育てられる

手入れ時期

月	作業
1	枝の整理・せん定
2	枝の整理・せん定
3	
4	
5	
6	
7	
8	
9	
10	
11	
12	

▼昔から「サクラ切る馬鹿」…との諺があり、花はきれいだがなかなか庭に植えるのはね！　と考えている人が多いのでは。放任した自然樹形が最も美しいが、思いきって切りつめ、刈り込んで楽しむのもひとつの方法である。

▼サクラにはいくつかの系統があり、その園芸品種は多数ある。最も一般的なソメイヨシノザクラやサトザクラ（多くはオオシマザクラ系）は美しいが、ある程度の広さが必要である。

▼その点、小型のマメザクラやジュウガツザクラ、フユザクラ、ヒカンザクラは手ごろで、非常に花つきがよく、小さいうちからよく花をつける。フユザクラは十二月上旬が花の見ごろ、ヒカンザクラは花の色が最も濃く、美しい。

▼マメザクラは樹高が二～三メートルと最も小さく、品種によっては株立ちになる。花つきが非常によいため、五号鉢くらいでも十分楽しめるほどであるから、日当たりさえよければかなり狭い庭でも植えられる。

［サトザクラ（オオシマザクラ系）］

5〜10 m

［ヤマザクラ系］

10〜25 m

［フユザクラ、ジュウガツザクラ、ヒカンザクラなど中型のサクラ］

4〜6 m

2〜3 m

［マメザクラ系］

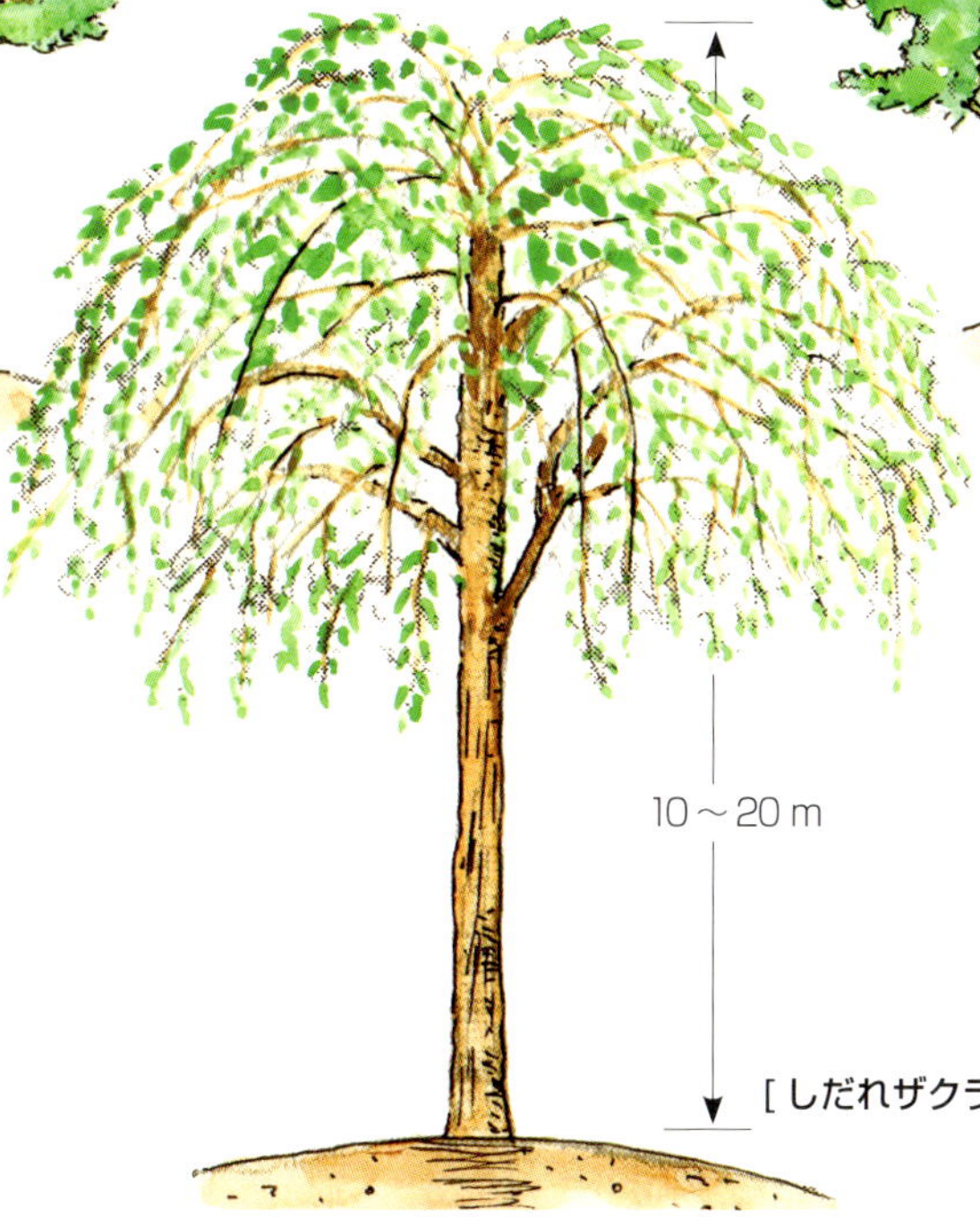
10〜20 m

［しだれザクラ］

- ヤマザクラは樹高が高く、木が大きくなるので庭木には適さない
- ソメイヨシノザクラやサトザクラの系統は樹冠が横に張るので、狭い庭や他の木との混植には適さない
- 庭木としてはフユザクラ、ジュウガツザクラ、ヒカンザクラ（カンヒザクラ）、マメザクラなど、中・小型の系統がよい

枝の切り方と切り口の処理

●サクラは枝切りを嫌うので、折れ枝や病気にかかった枝以外の切り取りは避けたい
●処分する枝は早めに切り取り、切り口は必ず適切に処理しておく

手入れ時期

月	作業
1	折れ枝・罹病枝の整理
2	折れ枝・罹病枝の整理
3	
4	
5	
6	
7	
8	
9	
10	
11	
12	折れ枝・罹病枝の整理

▼枝を切った場合、その切り口がすぐカルスによってふさがってしまうもの、ふさがらないまでもそのままの状態にあるもの、ふさがらないまでもそのままの状態にあるもの、枯れ込むものなど、植物にはいろいろな性質のものがあるが、腐敗菌の侵入によって枯れ込んでいく最も典型的なものがこのサクラである。そのために「サクラ切る馬鹿」といわれたものである。

▼しかし、サクラも植物、他の木と同様病気も出れば害虫の被害もあり、風で折れたものや不要な枝も当然ある。このような枝は、早めに切り取ることが木のために大切である。

▼太い枝はノコギリで、細い枝はハサミで切るが、切り口は必ず鋭利なノミかナイフできれいに削りなおしてからツギロウなどの保護剤、または石灰硫黄合剤を塗布して腐敗菌から守る。少し面倒でもこの処置を施せば枯れ込みがなく木のためにもよい。せん定は生長期は避け、必ず十二月下旬から二月いっぱいを目安としたい。

折れ枝の切り方

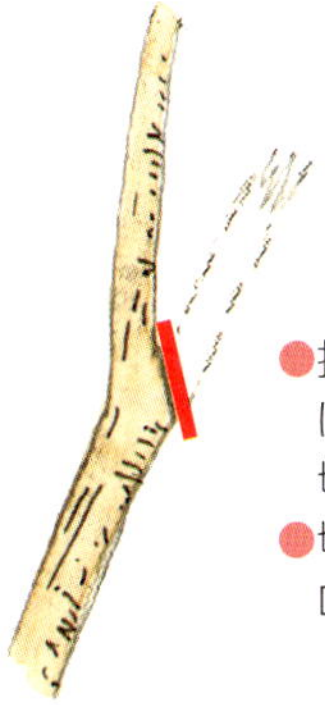

- 折れた部分の下の枝のつけ根のところできれいに切る
- 切り口には保護剤かツギロウをよく塗っておく

太い枝の切り方

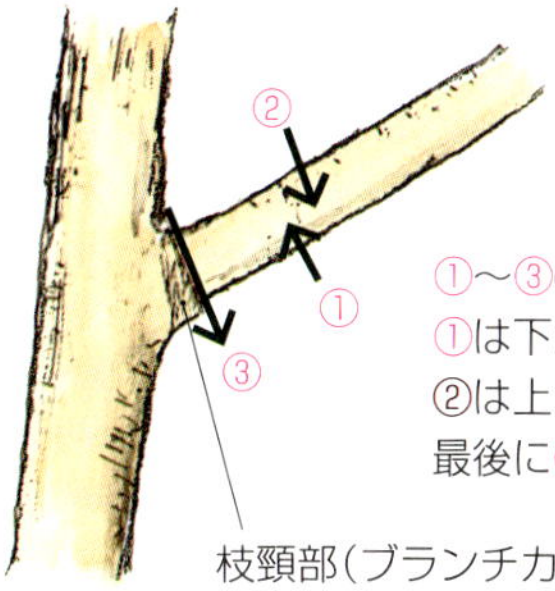

①～③の順で切る
①は下からノコギリを入れる
②は上から太枝を切り落とす
最後に③を切る

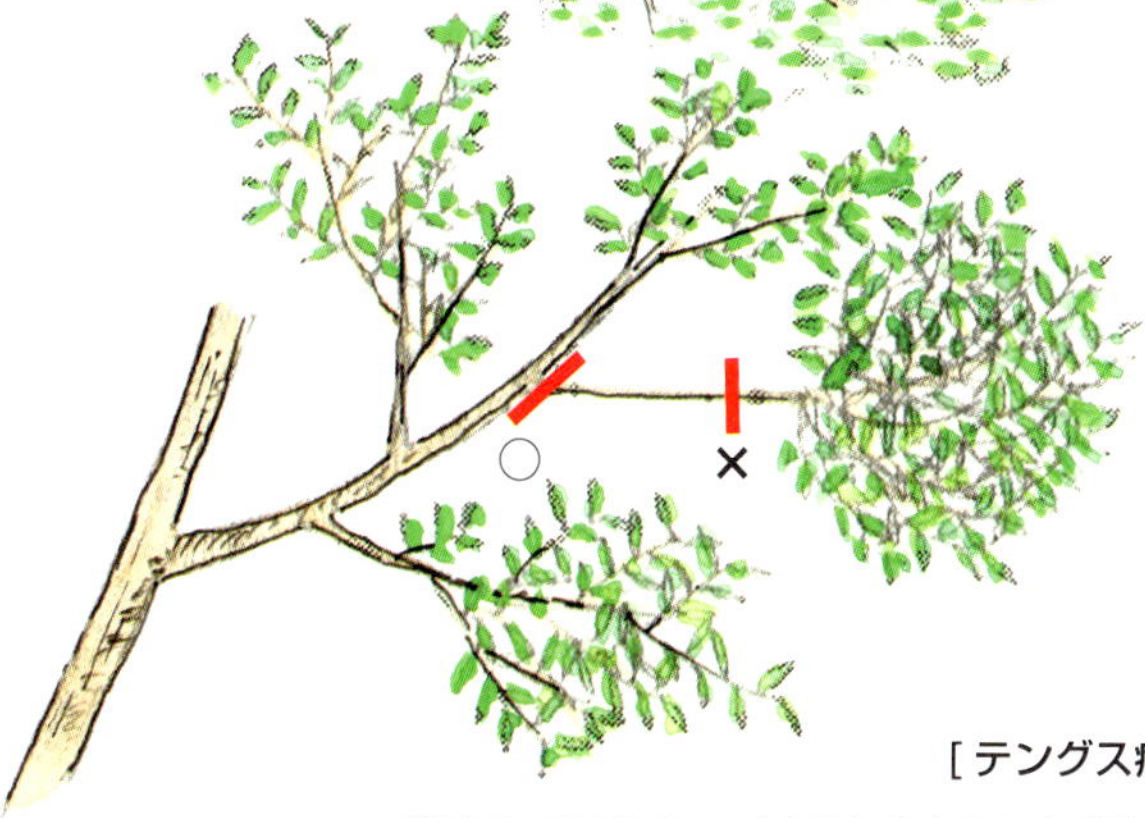

［テングス病枝］

- 途中で切らず、つけ根からきれいに切り取る

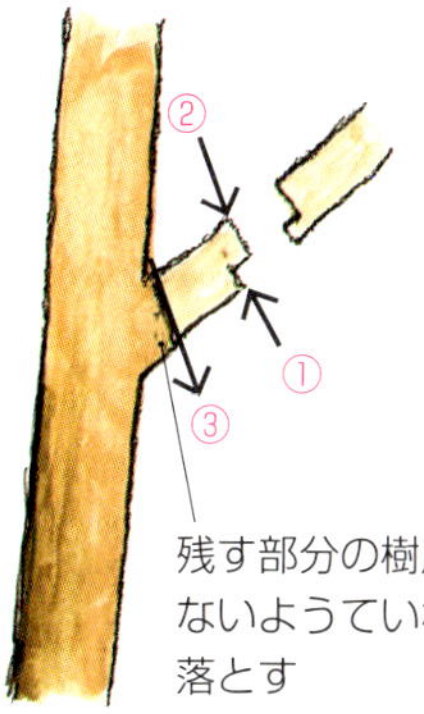

残す部分の樹皮を傷つけないようていねいに切り落とす

- 切り口がざらざらしているようならノミでなめらかに削る
- 平らよりも、わずかにくぼみかげんに削る

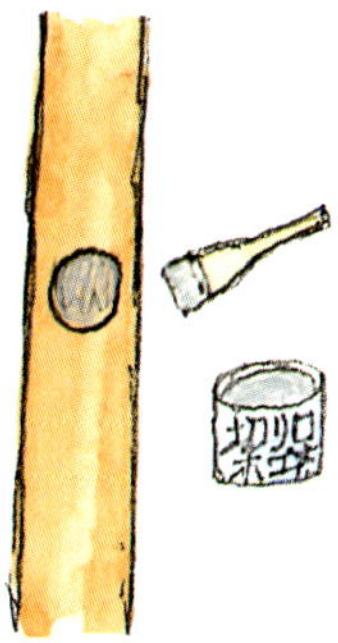

- 切り口を平らに削るのは保護剤がよく塗れることと、切り口のなおりをよくするためである
- 削り取ったら切り口に殺菌剤入りの保護剤かツギロウをていねいに塗っておく

盃状形仕立てと鉢仕立て

鉢仕立て

●長く伸びた枝は冬期、3～5芽残して切りつめるが、花の咲いている枝は花の終わった直後に行なう
●鉢仕立ては十分肥料を施してやることがポイント（施肥は12月下旬～1月と9月上旬、および花の終わった直後に化成肥料を）

●たいがいの樹種が鉢でも十分楽しめる
●マメザクラ、ジュウガツザクラ、フユザクラなどは5～6号鉢から、カワヅザクラ、ミヤビ、ヨウコウ、オカメ、ヤマザクラ、サトザクラなどは6～8号鉢に苗木を植えて始める

手入れ時期

植えつけ（鉢仕立て）

整枝・せん定（鉢仕立て）

1 2 3 4 5 6 7 8 9 10 11 12

▼サクラを切りつめや刈り込みをしてまで庭に植えたい、ということはやや邪道ともいえるが、アサヒヤマのように一・五メートルくらいの矮性種や小型、中型種も多い。植え場所に合った樹形に仕立てて、もっと身近な庭木として楽しみたい。

▼盃状形仕立ては苗木から仕立てるのをすすめる。小さく仕立てても三メートル四方くらいになるのでそれなりの庭の広さがほしい。この仕立ては太い枝を切ることはなく、一～二年生枝を切る程度なので、切り口の処置の必要もあまりなく、思いの樹形に仕立てていくことができる。四～五年放任した木を強く切りつめていく方法もあるが、指の太さ以上の枝の切り口は保護しておく必要がある。

▼鉢仕立ては狭い場所でも楽しめる最も簡単な方法で、多くの品種を家庭で楽しむのにおすすめといえる。小型のものは五～六号鉢から、中～大型のものは六～八号鉢からをすすめたい。せん定は花の終わった直後にする。

苗木から盃状形に仕立てる

[苗木の植えつけ]

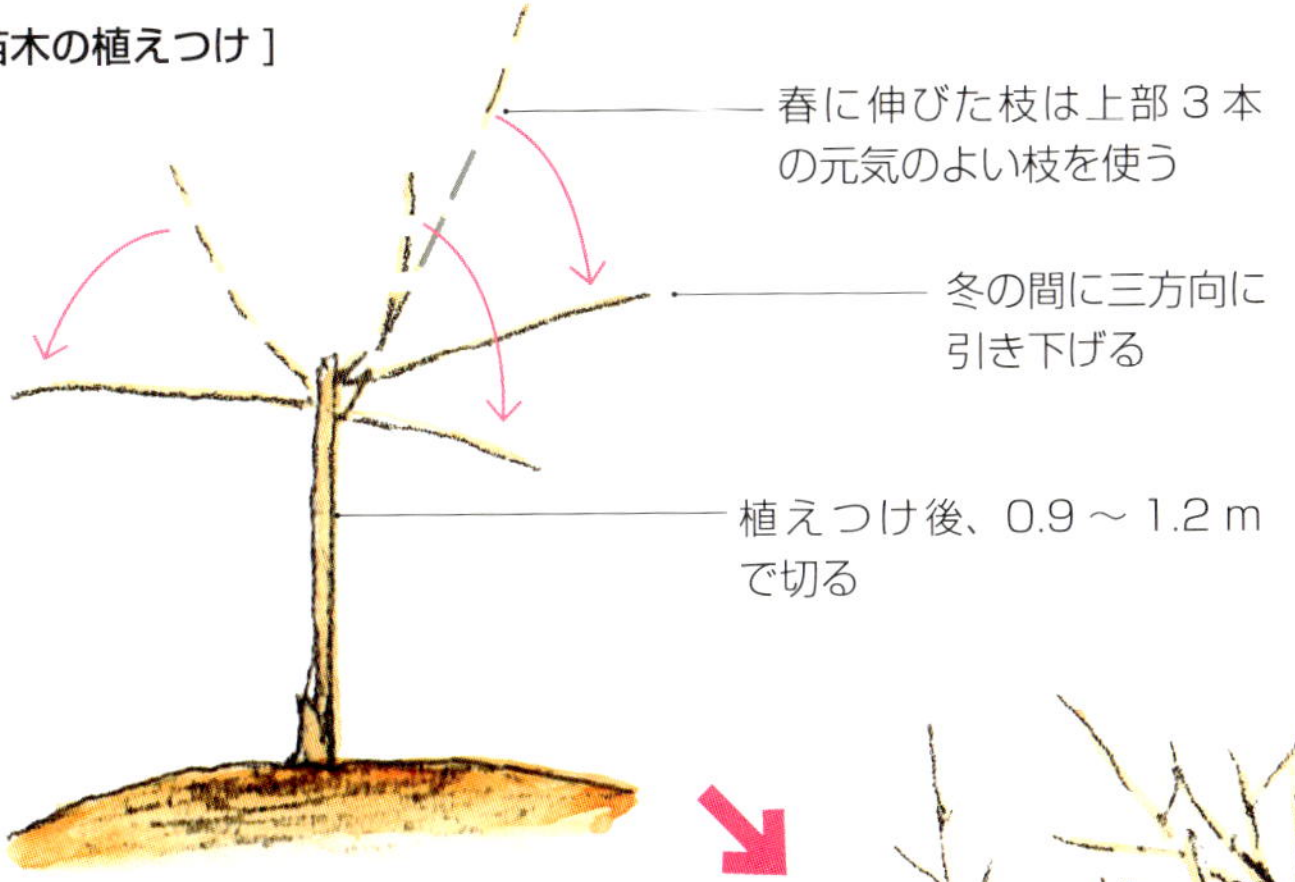
春に伸びた枝は上部３本の元気のよい枝を使う
冬の間に三方向に引き下げる
植えつけ後、0.9 ～ 1.2 m で切る

[盃状形仕立て]

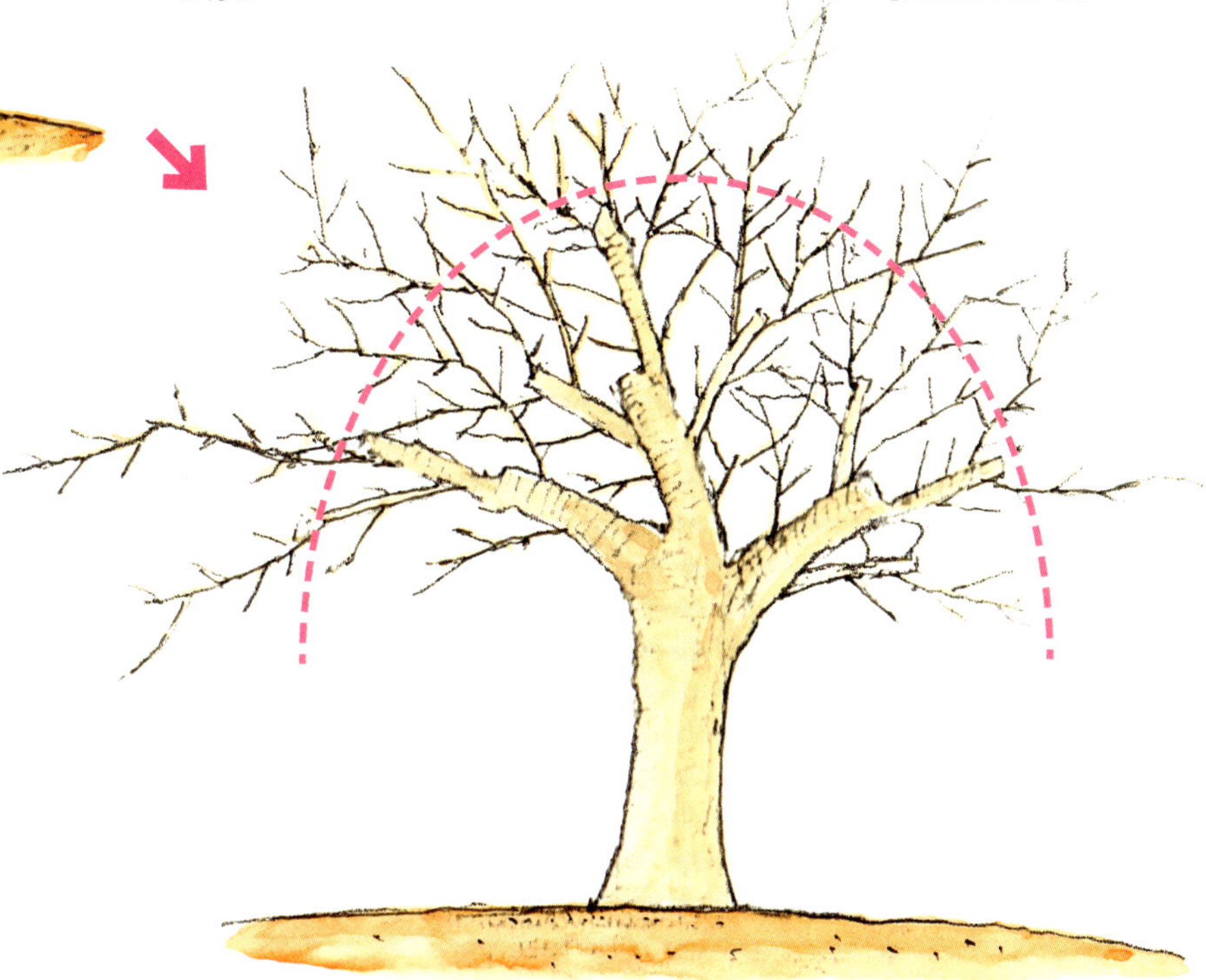

0.9 ～ 1.2 m

- 庭木として自然樹形風に小さく仕立てる
- 樹種は小・中型のマメザクラ、ジュウガツザクラ、フユザクラ、カワズザクラ、ミヤビ、ヨウコウ、オカメなどが適している

- 刈り込みか切りつめ、枝抜きによって場所に合った大きさに樹形を仕立てていく

刈り込み仕立てとスタンダード仕立て

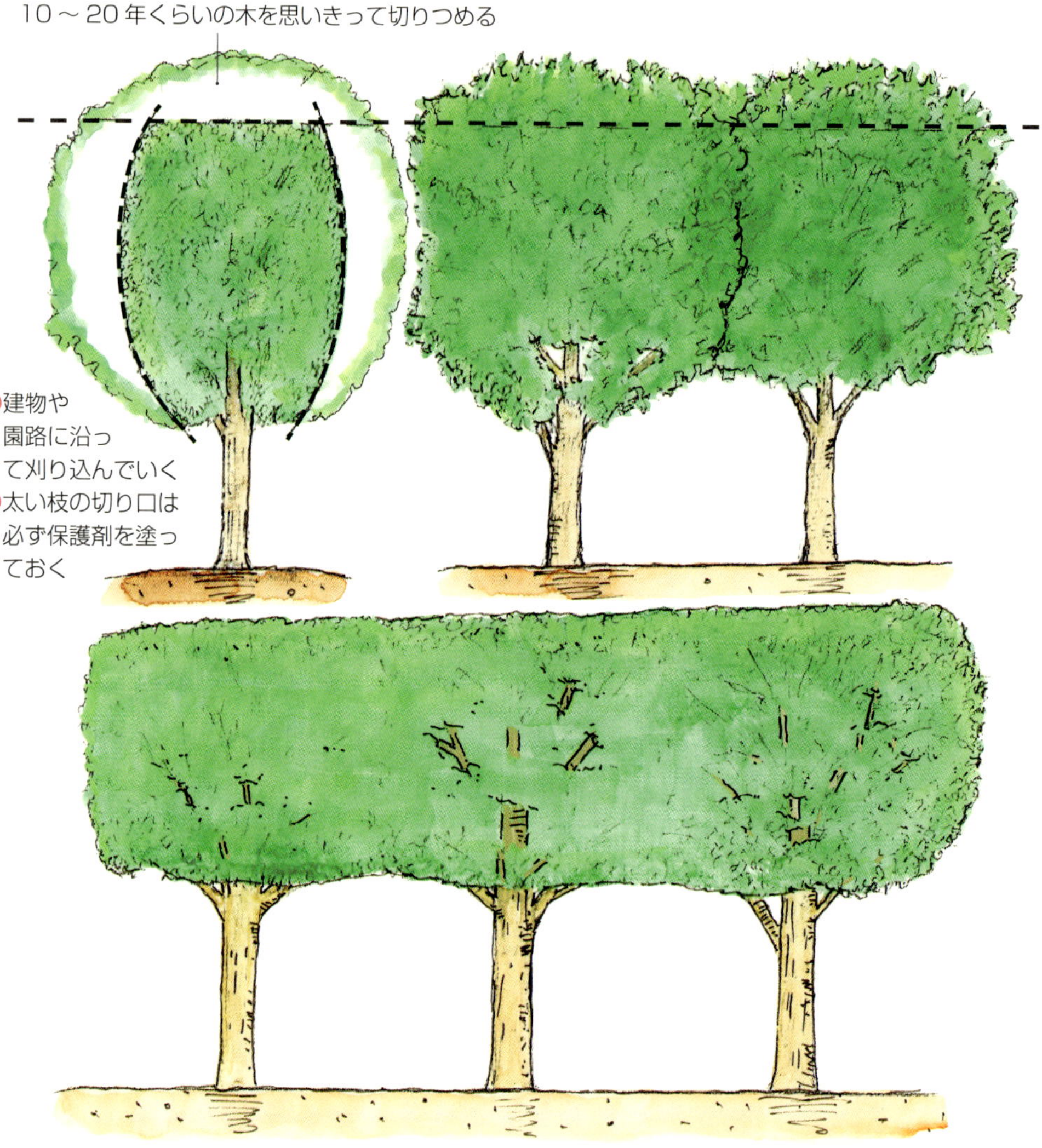
10～20年くらいの木を思いきって切りつめる
●建物や園路に沿って刈り込んでいく
●太い枝の切り口は必ず保護剤を塗っておく

●切りつめ1～2年は太い枝の切り口が目立つが、その後2～3年刈り込んでいくとほとんど気にならなくなる
●1～2年生枝の刈り込みは、切り口の保護剤塗布は不要

手入れ時期

作業	月
植えつけ	1～2
整枝・せん定	1～3
新梢を軽く刈っても可	5～6

▼刈り込み仕立てには、集合住宅、学校や不特定多数の集まる公民館などのような場所で、建物沿いや道路沿いに植えるサクラ、または植えてあるサクラが対象である。

▼自然樹形が最も美しいが、枝が道路に長く張りだしてケムシや枯れ枝が落ちたり、隣接地に張り出した枝が苦情の原因になる場合が多いので、思いきって切りつめや刈り込んでみることをすすめたい。邪道との考え方もあるが、これもひとつの方法と割り切って仕立ててみてはいかがだろうか。

▼一連に壁面状に刈り込んでいく場合は、植えつけ一〇～二〇年目で開花最盛期くらいになった木に行なうが、若木ほど仕立てやすい。

▼スタンダード仕立ては、高さが七～九メートルの大きさではなく二～五メートルほどにしたいので、植えつけ五～六年目ころのものを刈り込んでいくのがよい。仕立てはじめは一～二月が刈り込みの適期なので三～四月の花はほとんど望めないが、三年くらいで花数も元にもどってくる。

壁面仕立て

花の終わった直後、または１～２月に
目的の形から出た枝を刈り込んでいく
１年生枝を刈り込むので、
切り口の保護剤は特に必要
ない

スタンダード仕立て

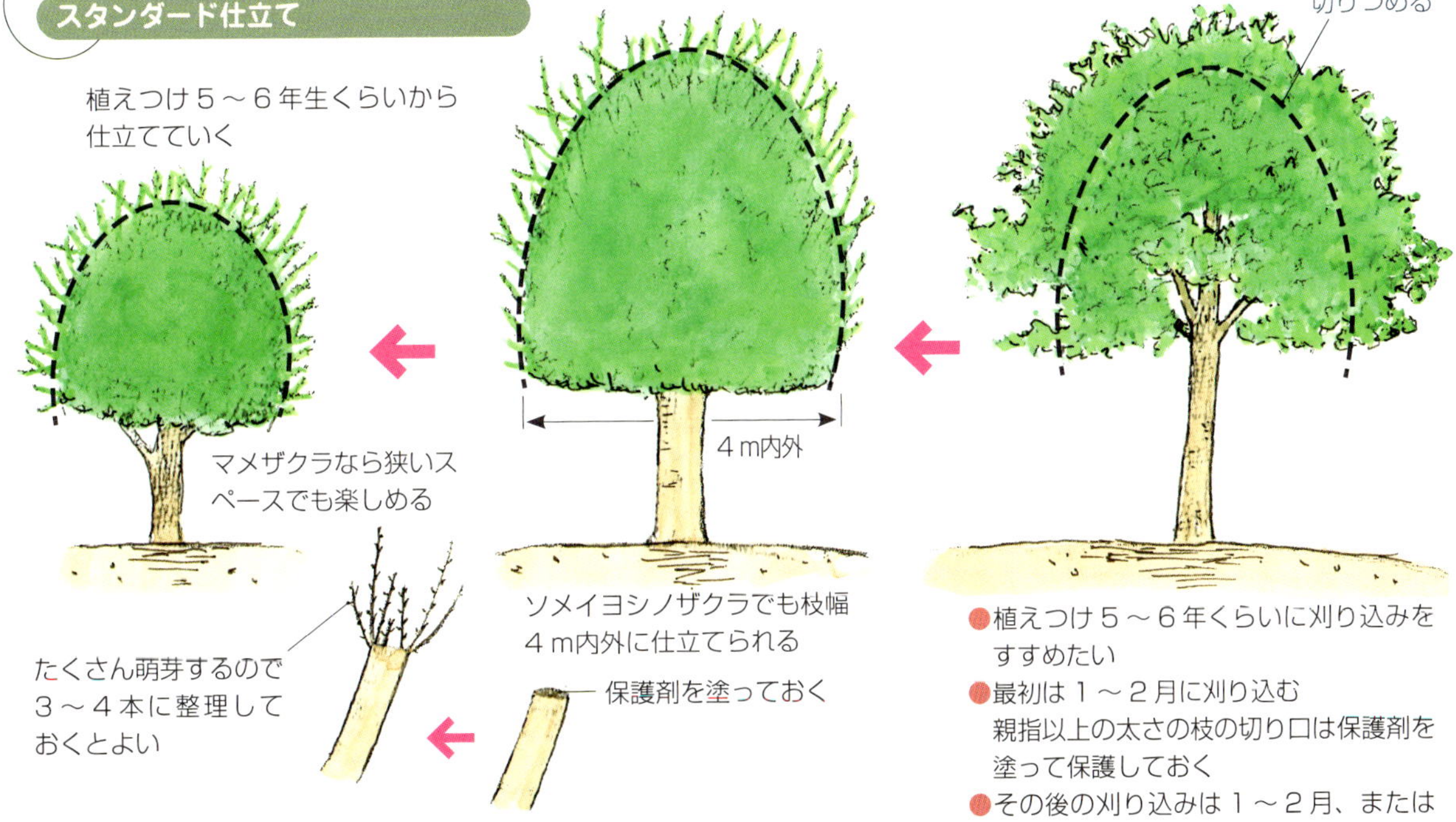
植えつけ５～６年生くらいから
仕立てていく
切りつめる
４m内外
マメザクラなら狭いス
ペースでも楽しめる
ソメイヨシノザクラでも枝幅
４m内外に仕立てられる
たくさん萌芽するので
３～４本に整理して
おくとよい
保護剤を塗っておく
[太い枝の処置]

- 植えつけ５～６年くらいに刈り込みをすすめたい
- 最初は１～２月に刈り込む
  親指以上の太さの枝の切り口は保護剤を塗って保護しておく
- その後の刈り込みは１～２月、または花の終わった直後に行なう

花をたくさん咲かせた大株

植え場所と仕立て方

手入れ時期

月	作業
1	
2	植えつけ
3	植えつけ
4	
5	
6	
7	
8	
9	
10	
11	
12	

▼アジサイは日陰に強いもののように感じとられているが、必ずしも日陰を好むものでも強いものでもない。西日をさえぎるような場所で、腐植質に富む湿潤なところを特に好み、土質が適すれば、日当たりのよい場所でも美しい株となる。上木がおおいかぶさるようなところは避けたい。

▼植えつけは二月下旬から三月がよい。このとき注意したいことは、アジサイの花芽は枝の上部につくというのを忘れないことだ。植えつけと同時に枝を短く切りつめてしまうと、せっかくの花芽を落としてしまうことになるので、枝を間引くように切りたい。

▼植えつけ後数年たつと株が大きくなりすぎて困る場合がある。花が咲き終わってからでは翌年の花芽がつくられないままになる場合が多いので、仕立てなおしはできるだけ早めに行なうが、あまり低くできない。しかし、一年花をあきらめるならば、低く仕立てなおすことも容易である。いずれにしても早めに切る必要がある。

好ましい植え場所

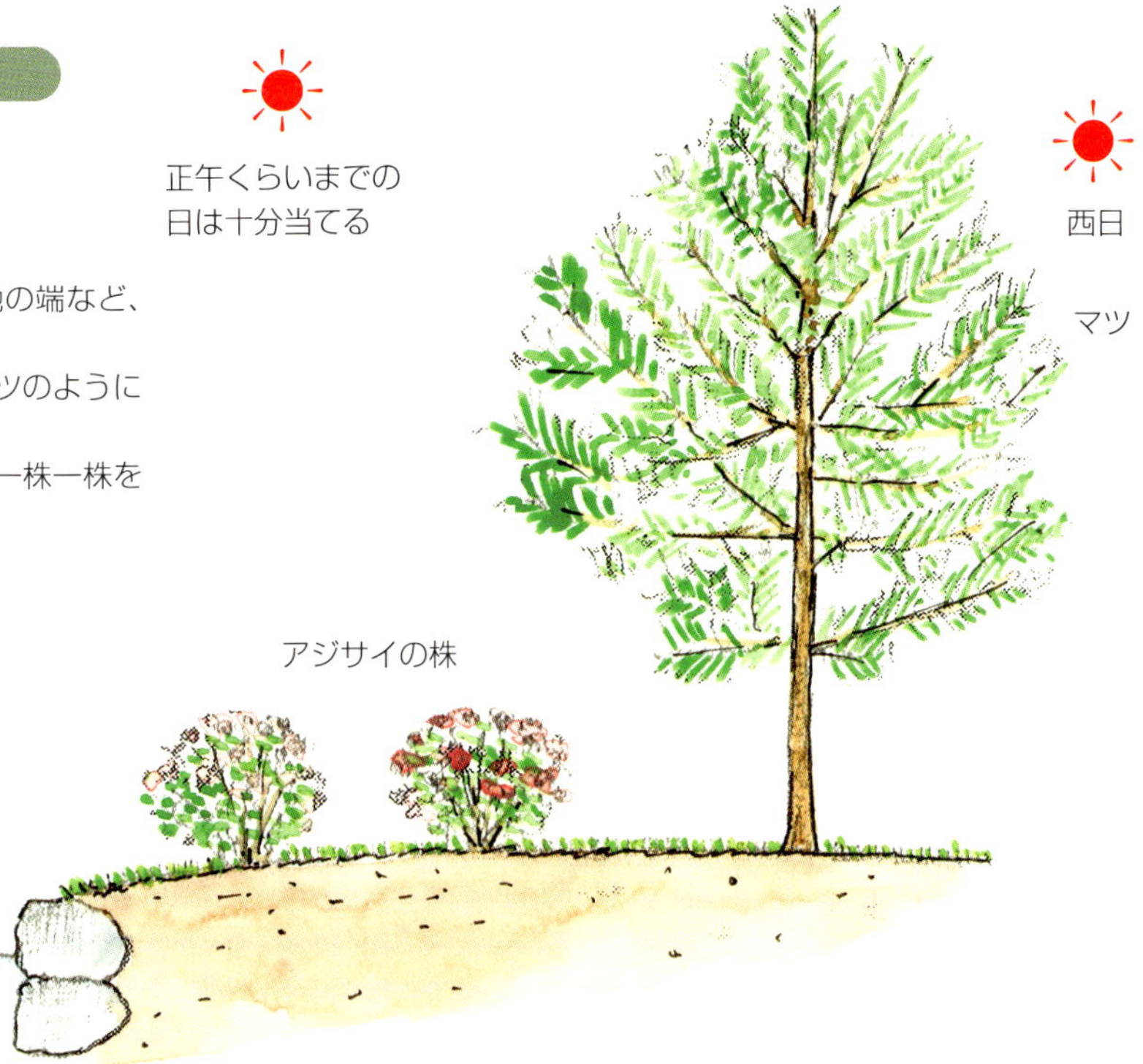
正午くらいまでの
日は十分当てる
西日
マツ
アジサイの株
池

- 西日をさえぎる肥沃な適湿地や池の端など、空中湿度の高い場所
- 西日は完全にさえぎるよりも、マツのように少しすかし日が通るくらいがよい
- 株と株の間隔は十分離しておき、一株一株を大きくつくるようにするのがよい

好ましくない植え場所

日陰

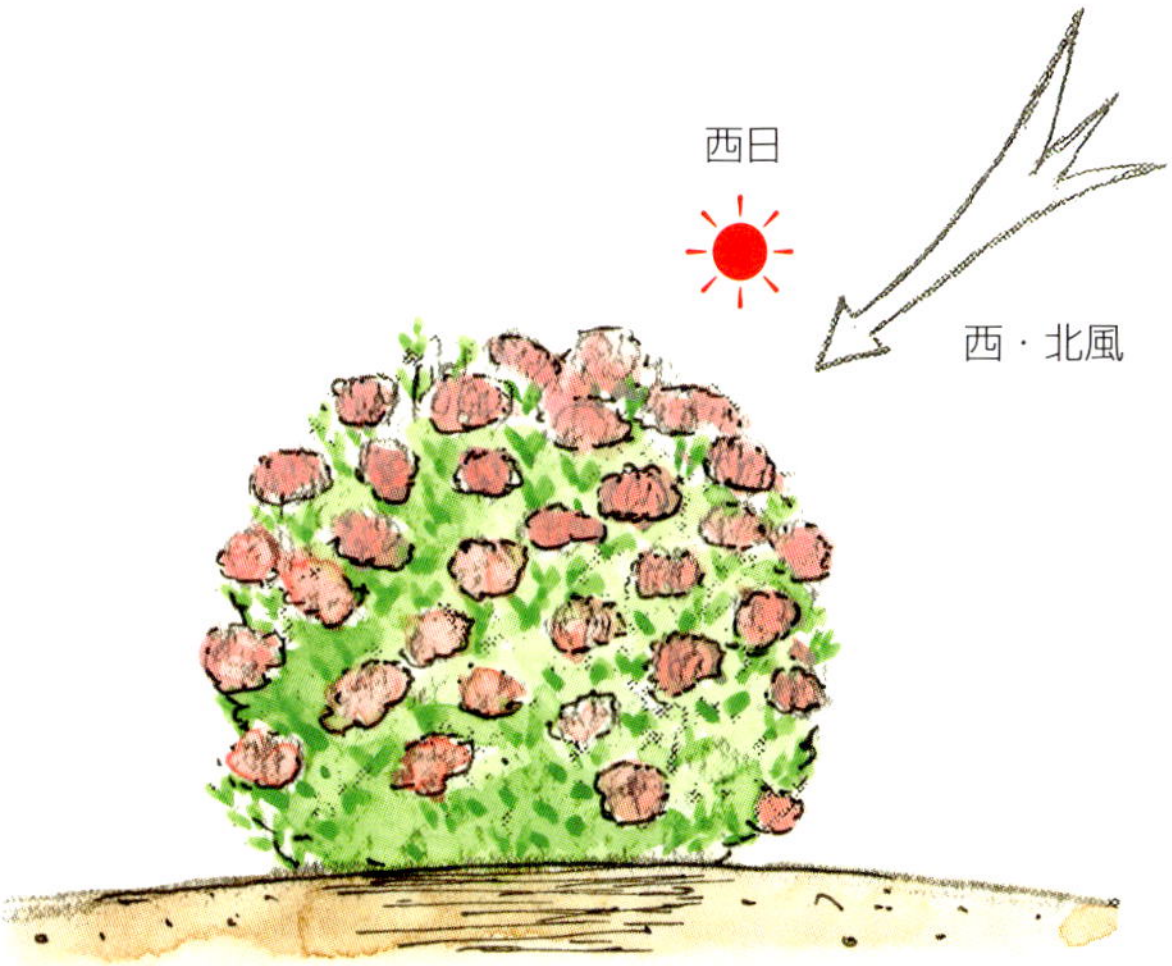
西日
西・北風

- 強い西日の当たる場所
- 強く、乾いた冷たい西や北の風の当たる場所
- 著しく乾く場所
- 日陰や半日陰地

日陰地に植えたり密植すると
樹高が高くなり花つきも悪い

理想的な樹形

大きい株を小さくしたい・鉢植えにする

手入れ時期

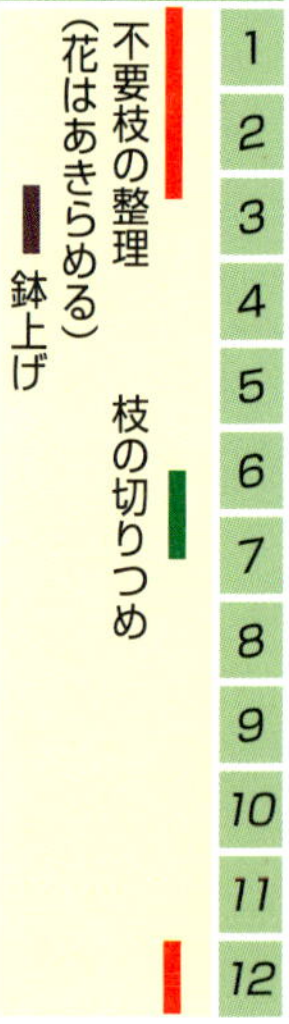
1
2
3
4
5
6
7
8
9
10
11
12
不要枝の整理
（花はあきらめる）
鉢上げ
枝の切りつめ

▼アジサイは広い場所で育てていくと半球形の大きな株になる。株は年々大きくなり、放任すると高さも直径も二メートル近くになるので、庭では低く仕立てなおす必要もある。

▼アジサイは新梢の先端に花を咲かせ、花が終わるとそのすぐ下の芽が大きく育って、翌年の花芽となるのが一般的であるが、ときには下のほうにも立派な芽ができる。しかし、放任するとこの下方の大きな芽は花芽とならず、葉芽となって徒長枝になることが多い。このため、一般的には花後強く切りつめると芽の充実が不十分で、花が咲かなくなってしまう。

▼花を切る場合は、開花したら一日も早く、花の下三～四芽をつけて切り取り、残った枝の頂部の芽の充実をはかってやると花つきも幾分よくなる。しかし三～四年に一度低い位置で切り、一年花を休んで低く仕立てなおす方法が一般的といえる。

▼鉢仕立てでは低い位置に花芽がよくできるので、毎年楽しめる。

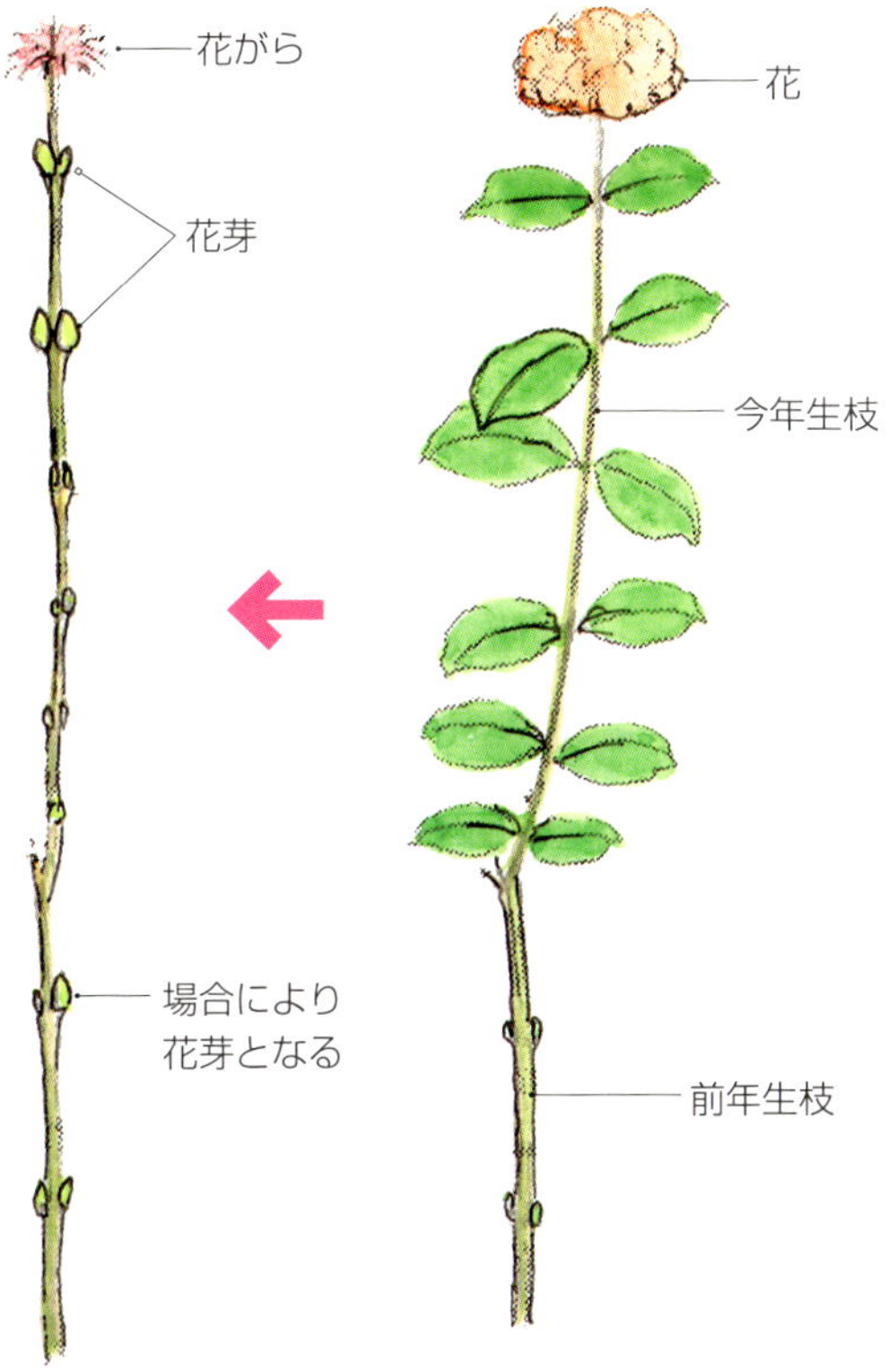
花がら
花芽
場合により
花芽となる
花
今年生枝
前年生枝

[11～翌年３月の状態]　　[6～７月の状態]

花芽のつき方と枝の切りつめ

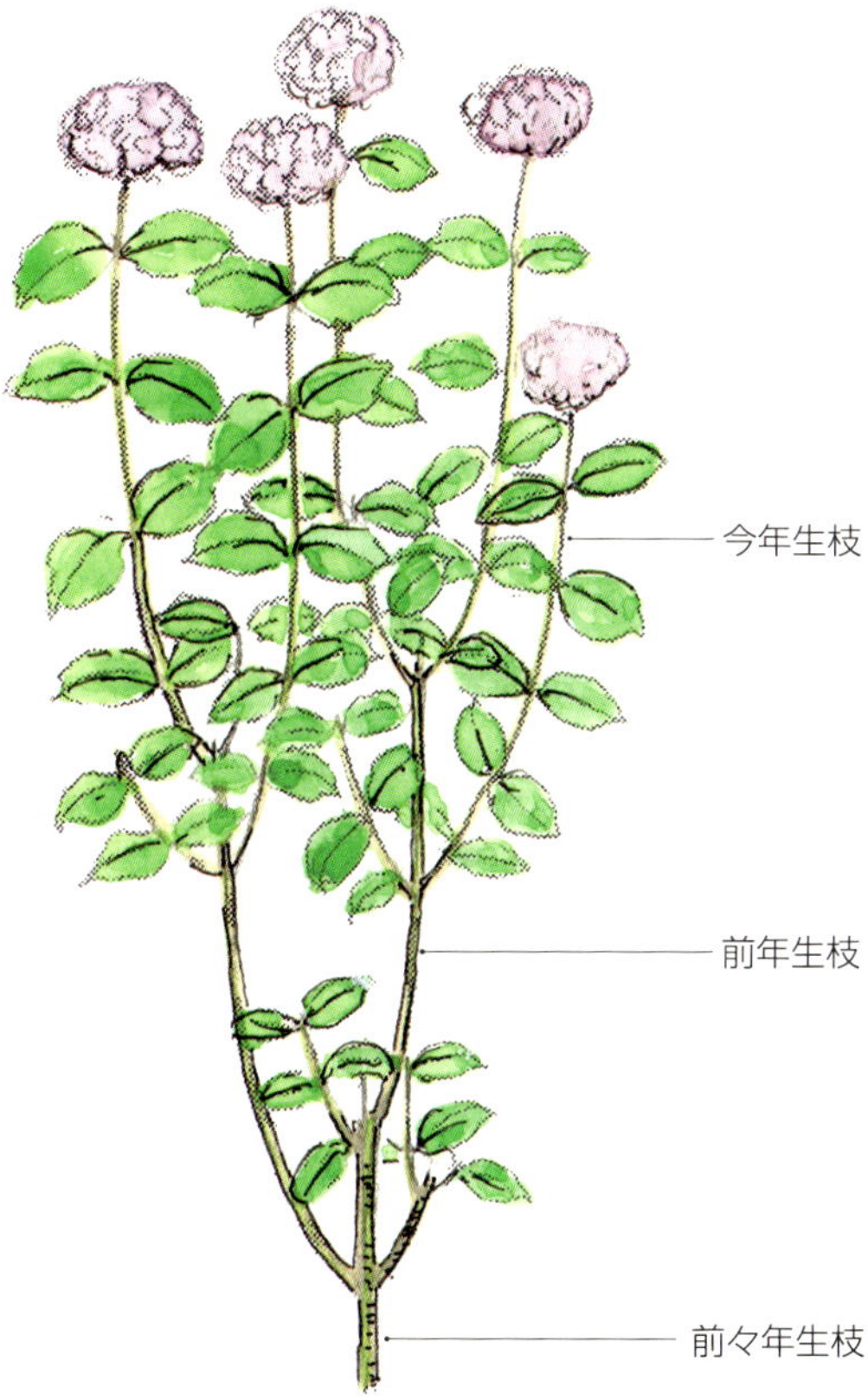
今年生枝
前年生枝
前々年生枝

[枝の伸び方と花のつき方]

- 花芽は新梢の頂部分につくられるので、放任すると年々大きくなってしまう
- 花芽の形成は遅いが、開花期も遅いため、花が終わってから強く切りつめたのでは花芽を落としてしまい、翌年咲かない
- 強い切りつめは、花が開ききったころ切り取るくらいにしたい

鉢植えで育てる

- 鉢植えで育てると低くて花が楽しめる

- アジサイは花も葉も大きいので鉢は６号以上、８～10号鉢くらいで育てるとよい
- 植え替えは隔年に行ない、十分に肥培する

株バラの性質とせん定

花の咲き方

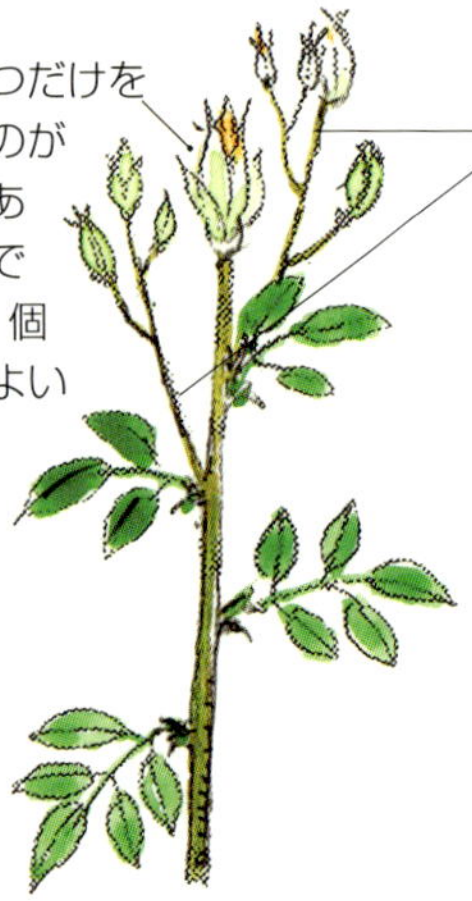
このひとつだけを咲かせるのが理想的であるが、庭では２～３個咲かせてよい
切り取る

［株バラ（H.T.）の花の咲かせ方］

［株バラ（H.T.）の３～４年生株］

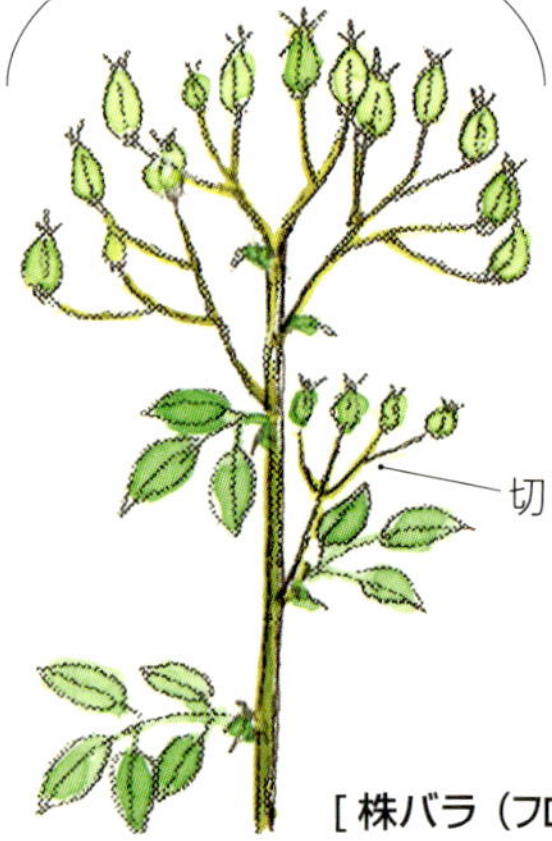
全部咲かせてよい
切り取る

［株バラ（フロリバンダ）の花の咲かせ方］

手入れ時期
せん定
花がらつみ
軽いせん定
1
2
3
4
5
6
7
8
9
10
11
12

▼バラは他の花木類と異なり、花芽云々ということはなく、株さえしっかりしていれば容易に花が咲いて、つくりやすい。

▼株バラの花は、今年元気よく伸びた新梢の先に必ずつくが、この新梢は前年枝から出たものだけでなく、古枝や根元から出たものでも花をつける。さらに、開花が終わったら、その下の芽が伸び出して次々に花を咲かせる。

▼一番花は五～六月に咲くが、この花が咲き終わったら小葉三枚の葉を切り取り、五枚葉のところから出た芽を育てると二番花が楽しめる。放任すると三番、四番花と咲くが二番花までで止めたい。

▼東京付近では八月中旬に十分施肥し、今年伸びた枝を半分くらいの長さに切りつめて、秋花にそなえるとよい。

▼本格的なせん定は十二月下旬から一月いっぱいまでにすませ、有機質肥料を十分施し、石灰硫黄合剤を二～三回まき、十分肥管理しておくと、初夏に立派な花が楽しめる。

冬のせん定と夏のせん定

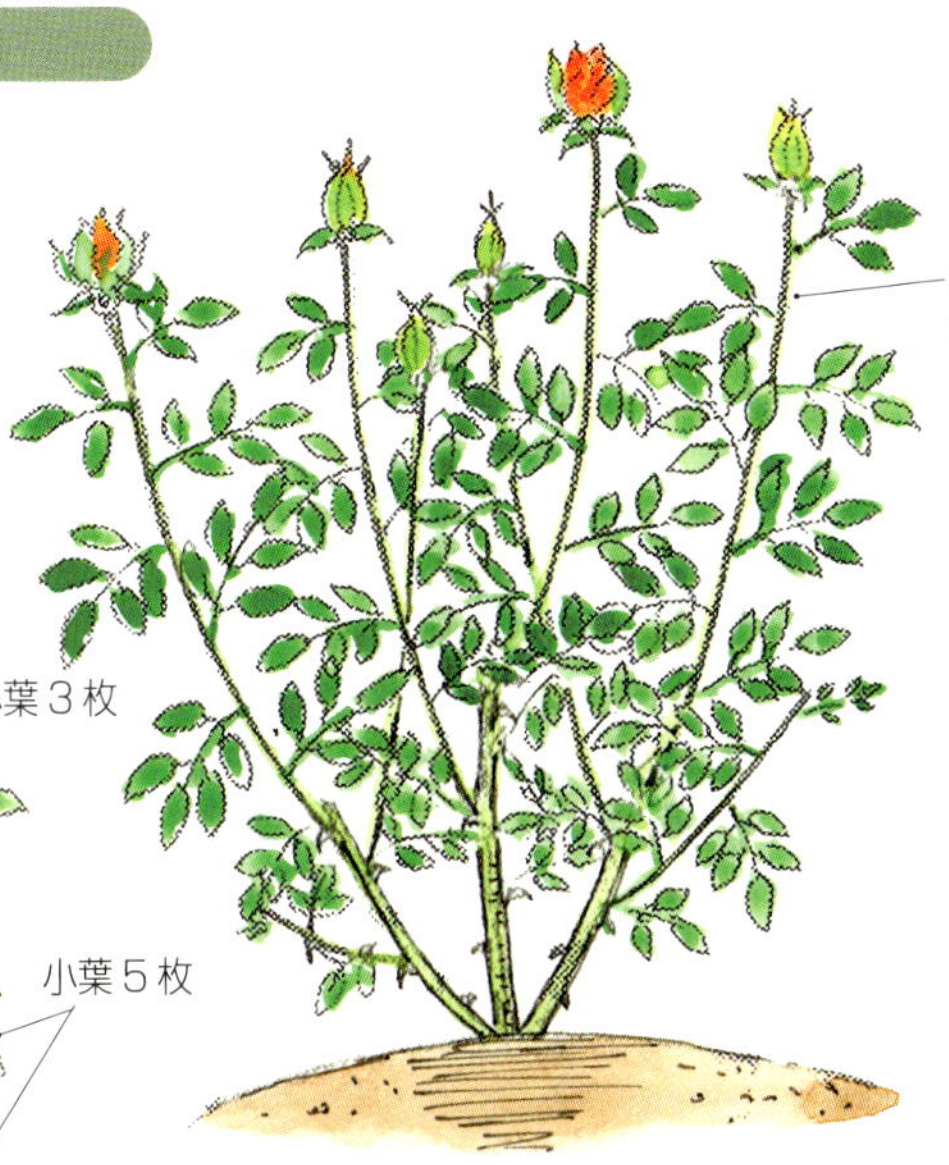
新梢の先に
花が咲く

[5～7月の状態]

[せん定]
1～2月上旬(東京付近標準)
に行なう

花がら
小葉3枚
小葉5枚
2番花

[開花後のせん定]

- 花がらは小葉3枚の葉を切り取ることを目安とする
- 切り取り後、必ず軽く施肥を行なう
- 病害虫防除は定期的に

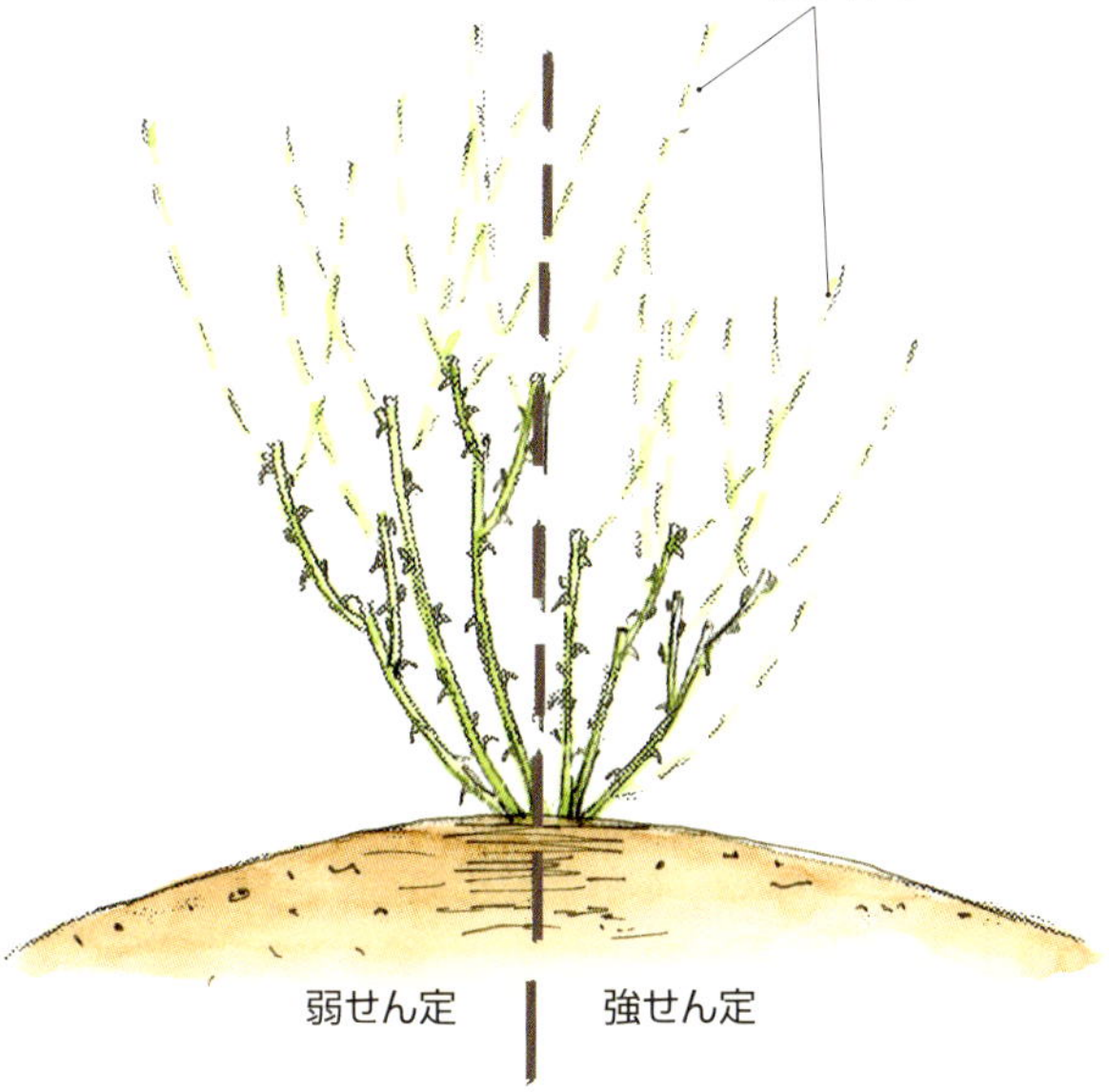
春に新梢を伸ばして
花が咲く
弱せん定
強せん定

[冬のせん定](1～2月、東京標準)

- 株バラは前年生枝以前の枝から元気よく伸びた新梢の先端に花を咲かせるので…
- 元気のよい新梢を出すようにせん定する
- 弱せん定は大きい木で楽しむとき、強せん定は低い木で楽しむときに行なう

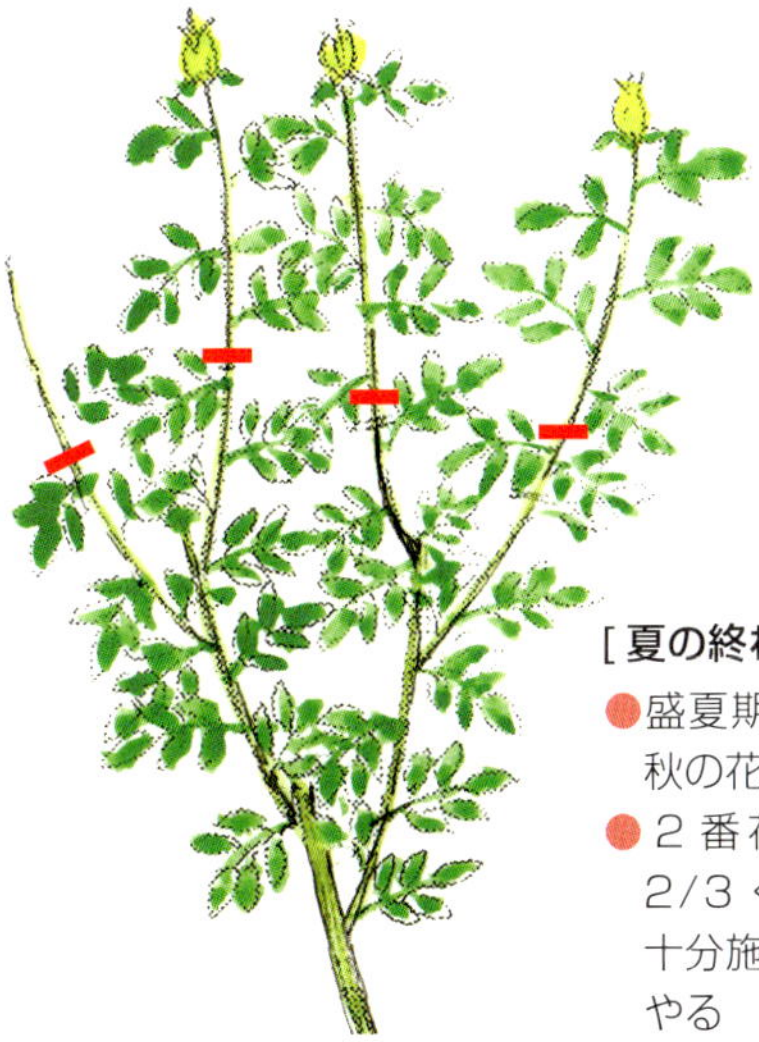

[夏の終わりのせん定]

- 盛夏期は株を休ませて、秋の花にそなえたい
- 2番花の枝を1/2～2/3くらい切りつめ、十分施肥して株を育ててやる

つるバラの性質とせん定

つるバラの性質

今年生枝
（花は咲かない）
昨年の開花枝
３年生枝
前年生枝
葉腋から新梢が
伸びて花が咲く
４年生枝

- 花は前年生枝の葉腋から伸びる新梢の先端に咲く
- 根元から伸びた元気のよい新梢には花が咲かないが、翌年の開花枝になるので切ることは避けたい

手入れ時期
1
2
3
4
5
6
7
8
9
10
11
12
せん定
花がらつみ

▼つるバラも株バラ同様、株さえしっかりしていれば立派に花が咲き、つくりやすい。つるバラは、株バラと異なり、前年生以前の枝から伸びた新梢にしか花をつけない。根元から出る新梢には、花をつけず、この枝は翌年の開花枝になるので大事に育てたい。

▼よく、つるバラが元気のよい新梢を長く伸ばしたがさっぱり花をつけない、という話を聞くが、冬のせん定時に新しい枝を大切にあつかい、四〜五年生枝の古い枝は切りつめ、枝の更新をはかることをすすめたい。

▼四季咲き性は株バラに準ずるが、花がらは早めに切り取り、元気のよい新梢を再び発生させる。

▼春に一回しか咲かない品種が多いがこれらも花がらをつみ取る程度にしておき、冬のせん定までそのまま肥培する。

▼つるは横に誘引したほうが花が多くつくので、ポール仕立てでは丸太にらせん状に密に巻いたり、フェンスやアーチに誘引するとより多くの花が咲く。

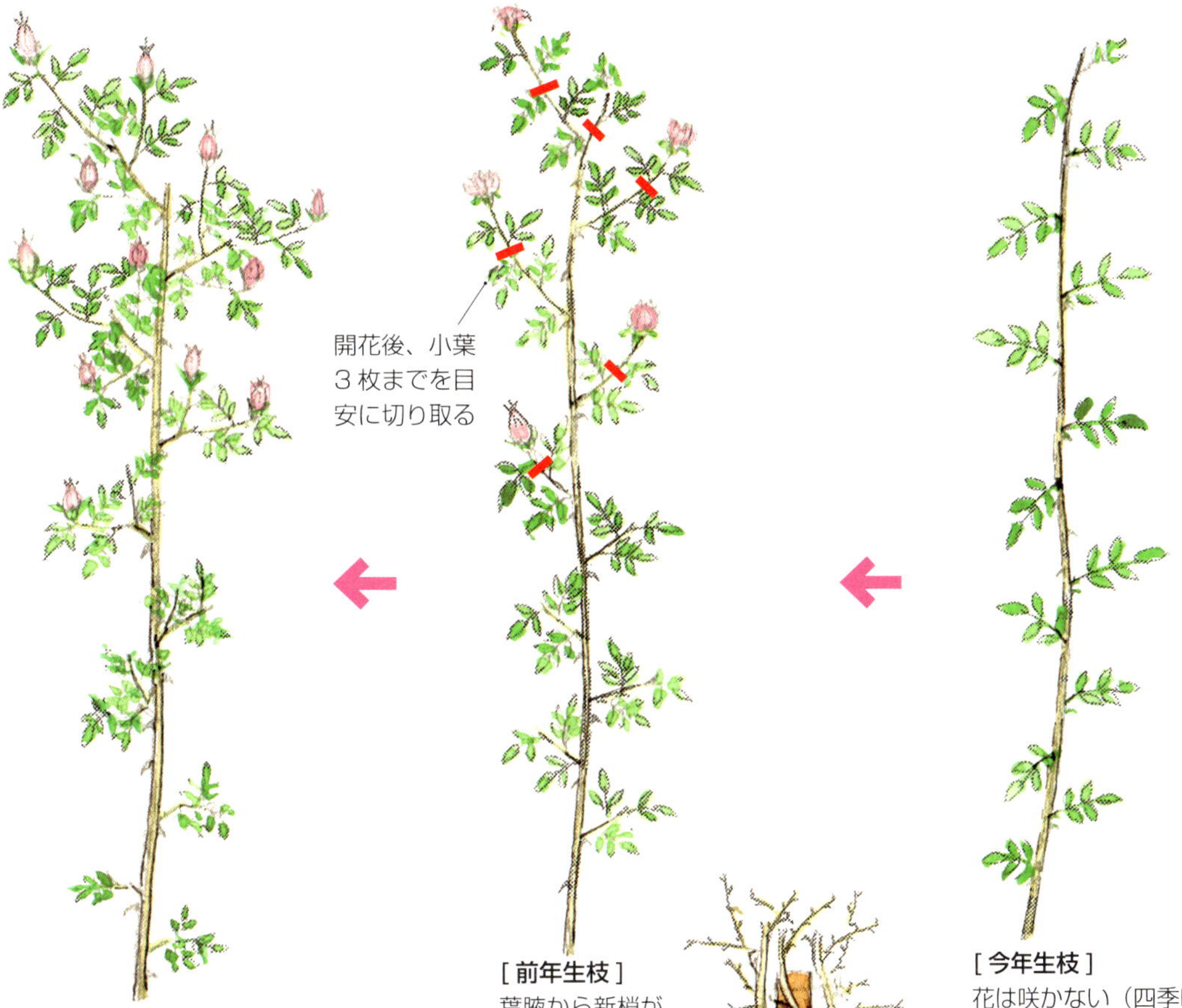
開花後、小葉3枚までを目安に切り取る
[3年生枝]
[前年生枝]
葉腋から新梢が伸びて花が咲く
[今年生枝]
花は咲かない（四季咲き性でも咲かない）

花をたくさん咲かせるコツ

- 植物はまっすぐ上に伸ばすと、「頂芽優勢」のため枝は元気よく伸びるが花数が少ない
- 枝を水平に誘引すると、元から先端まで同じような枝を出し、たくさんの花が咲く
- このようなことから、つるバラはフェンスやアーチ、ポールにからませるのが一般的であるが、場所がゆるせば高さ1m以下のベッド状に細竹を組み、そこに枝を誘引するとよい

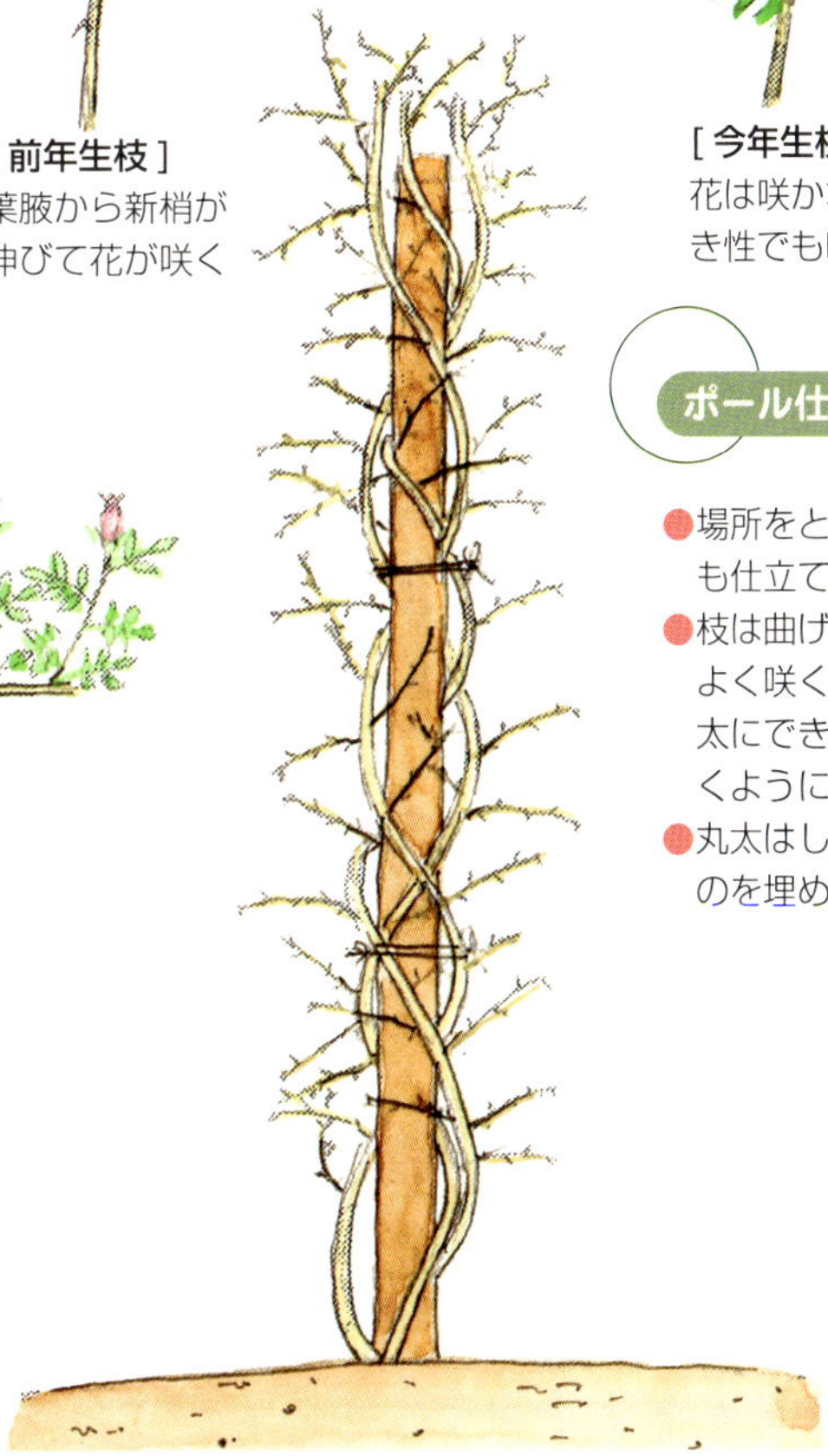

ポール仕立て

- 場所をとらず狭い庭でも仕立てられる
- 枝は曲げたほうが花がよく咲くので、枝は丸太にできるだけ密に巻くようにしたい
- 丸太はしっかりしたものを埋め込む

いま、最も人気のある花木

自然樹形

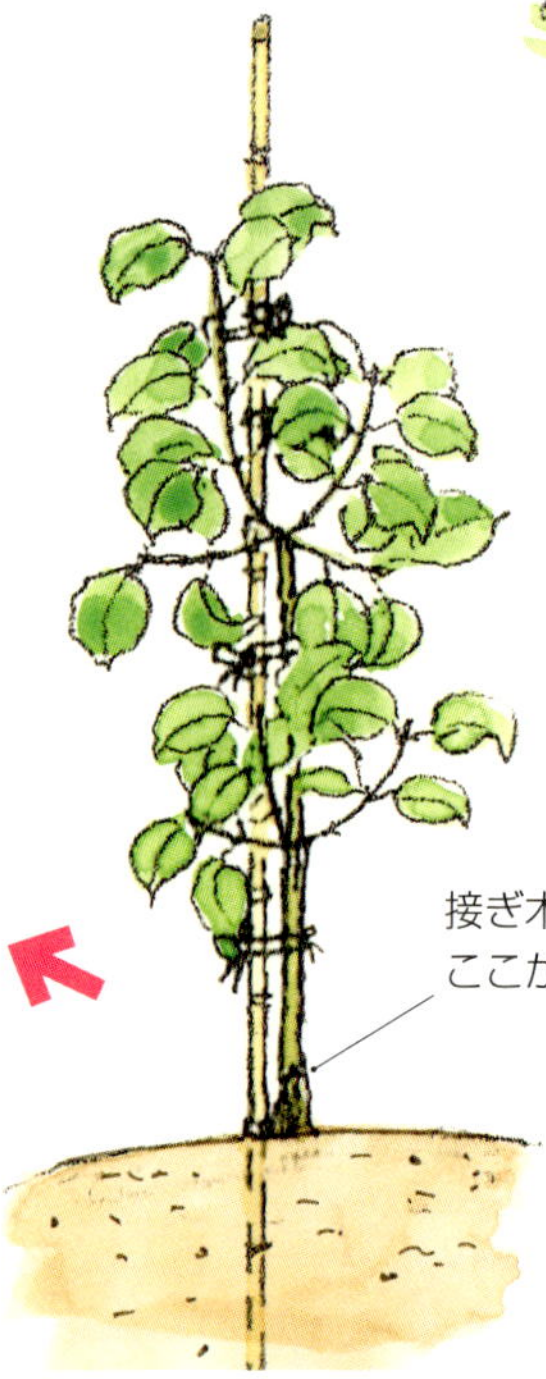
接ぎ木苗は
ここが接ぎ口

苗木の植えつけ

手入れ時期

月	作業
1	植えつけ
2	植えつけ
3	植えつけ
4	
5	花後軽く刈り込んでも可
6	
7	
8	
9	
10	
11	基本的な樹形づくり
12	基本的な樹形づくり

▼サクラは樹形が大きくなりすぎ、枝は切れない、虫がよくつくなどの理由から、昭和五十年代に一気に人気が高まったのがハナミズキ。庭木はもちろん、公園や街路樹などいたるところに植えられている。分譲住宅では、畳一枚ほどの植え込みでも、シンボルツリーとして必ず植えられてきており、いまでも最も人気のある花木である。

▼この木は大正四年に初めてわが国に導入されたもので、まだ百年足らずの歴史しかないが、これほど日本人の心をとらえた花木も少ないだろう。

▼この木もサクラ同様、刈り込みなどは行なわず、自然樹形で楽しむのが本来の姿である。しかし、刈り込むことによって、より狭い場所でも十分花を楽しむことができる。いまは狭い場所でも使いやすいファステギアタ（立性、箒状）タイプの品種もつくられている。このような樹姿のものも、飛び枝をつんでいくと芝庭やモダンな建物にもよく調和する。

立性タイプの樹形

刈り取る

- ファステギアタ（立性）タイプの品種ならせん定の必要はあまりない
- 飛び枝を切り取っていく

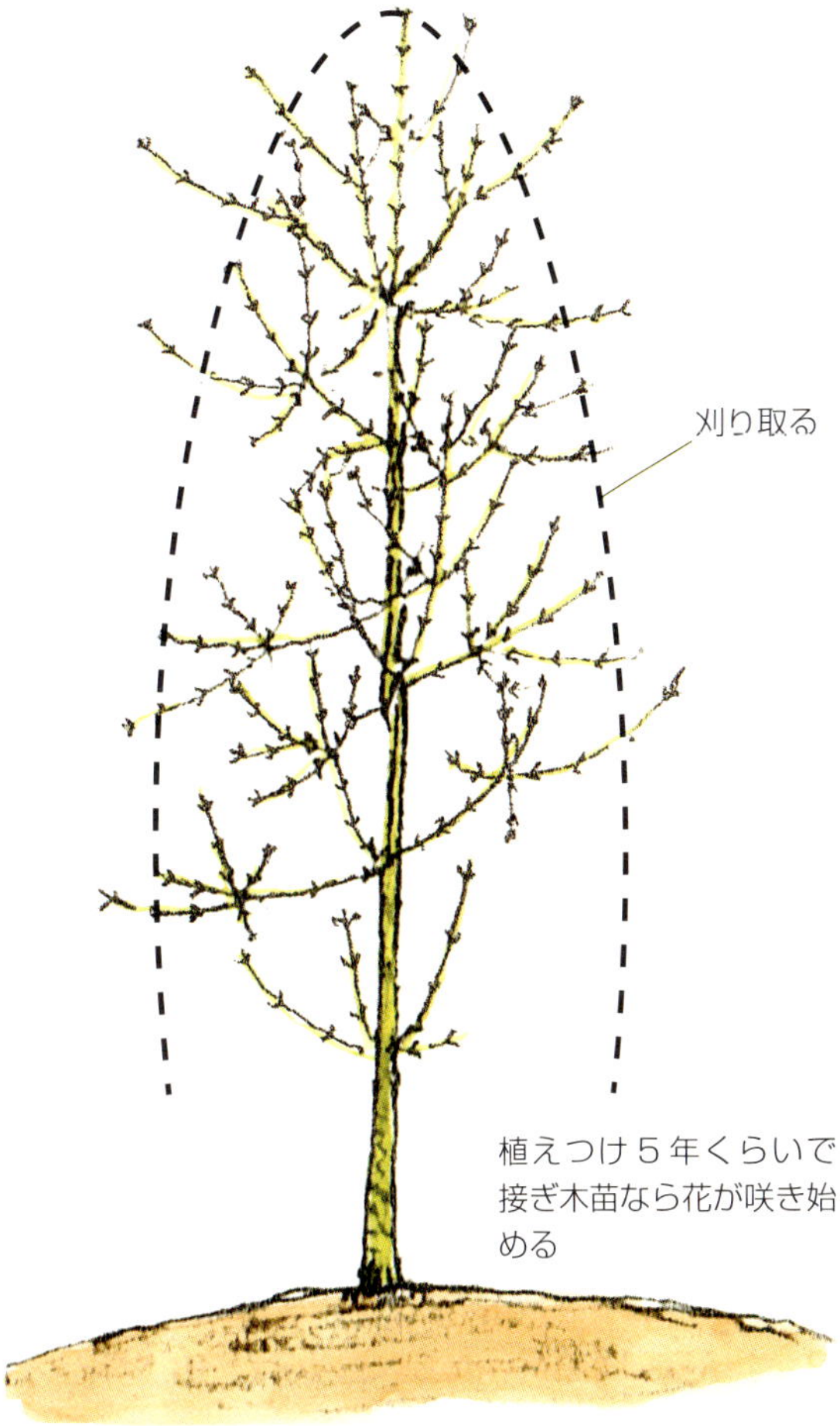
刈り取る

植えつけ５年くらいで接ぎ木苗なら花が咲き始める

枝の切り方

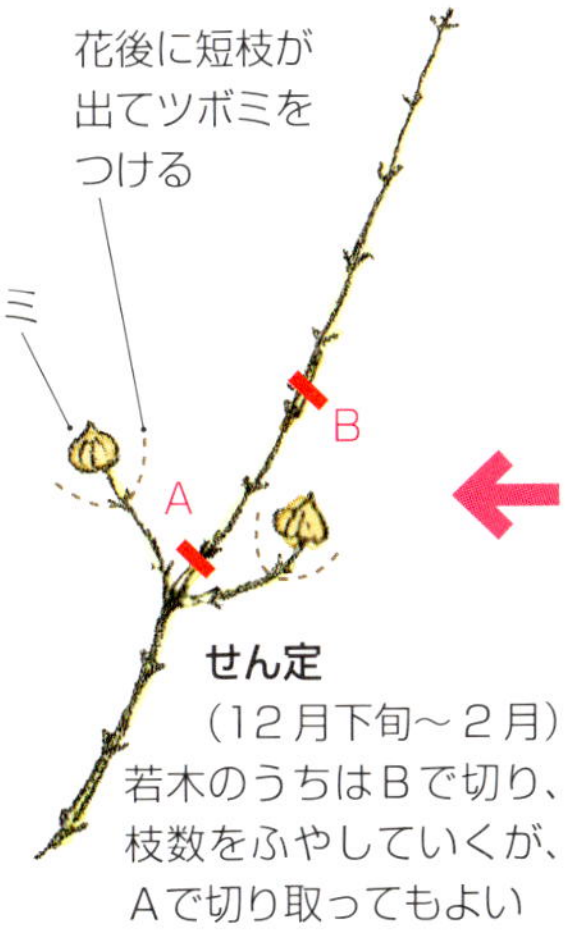
花後に短枝が出てツボミをつける
ツボミ
A
B

せん定
（12月下旬～２月）
若木のうちはBで切り、枝数をふやしていくが、Aで切り取ってもよい

長い枝にはツボミがつかない
短枝にツボミをつける

開花樹齢に達すると短枝の先にツボミをつける

若木のときは枝をよく伸ばし、まだツボミをつけない

狭い庭でも楽しめる刈り込み仕立て

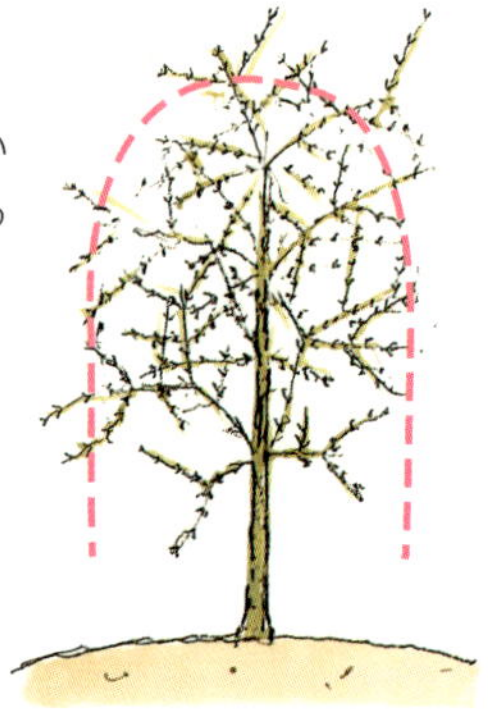
若木の樹形により円形か縦長の円錐体に仕立てられる

植えつけ５～７年で刈り込み、樹形をつくっていく

花後に新梢が伸びる
最初は１２月下旬～２月に刈り込んでいく
刈り込みバサミで刈る
毎年冬の間に刈り込んでいくとよい

３～４年刈り込んでいくと樹形は仕上がる
このような樹形なら狭いところでも楽しめる

手入れ時期

1 2 3 4 5 6 7 8 9 10 11 12

植えつけ
花後軽く刈り込んでも可
基本的な樹形づくり

▼刈り込み仕立ては、植えつけ五～七年目になるとその木の枝の出方の角度や小枝の混みぐあいなど、全体の姿がおおよそわかってくるので、その形にあまりさからわない樹形にしたい。たとえば枝を横に大きく張るタイプのものを、縦長のスタンダードの形にすることは避けたい。

▼切りつめ、刈り込みのとき、太い枝の切り口は保護剤を塗って保護するが、鉛筆程度の枝は刈ったままでさしつかえない。

▼思いきった刈り込みは一～三月上旬に行ないたい。この場合、枝先についているツボミも一緒に切り落としてしまうので、二年くらいは花の咲く量は著しく少なくなる。しかし、その後は花の終わった直後に刈り込んでいくと年々小枝が多くなり、花も多くなるので、数年すれば飛び枝を切り取る程度ですむようになる。

▼場所がゆるせば、白花、紅花を仕立てて、交互に植えるのもおもしろい。鉢仕立ては七～一五号鉢をすすめたい。

変わった仕立て方

繁っている枝を思いきって刈り込む
刈り込みは２月下旬～３月上旬に行なうが、２～３年後は花が終わるころ早めに行なっていく

目的の樹冠線で刈っていく

一般的な樹形

このような徒長枝をよく出す
ヒコバエは早めに
かき取る

花の咲かない原因と対策

手入れ時期

1　2　3　4　5　6　7　8　9　10　11　12

植えつけ・移植（1〜3、11〜12）
施肥（2）
追肥（5）
施肥（8〜9）

▼若木のうちは長く元気のよい枝を多く伸ばすが、なかなか花が咲かない。一定の年数を経ると短枝がたくさんできて花が咲くようになり、年々その数も多くなってくるので、数年は肥培したい。

▼長く伸びた枝を落葉期に切りつめ、それ以外は半ば放任しても、ある程度育てば花は咲くようになるが、次のような条件の場合、大きくなっても花は十分に咲かないとみてよい。

▼大きな木の陰になりほとんど日陰地であったり、池の端や地下水が高いと根が十分活動できず貧弱な芽しかでない、苗木のときに台芽が伸びたことに気づかずいつのまにか樹勢の強い台木のほうを育て肝心のカイドウを枯らしてしまう、などの原因による場合が多い。また、かわいがりすぎてチッソ肥料を必要以上に施すなども、花つきが悪くなる原因である。

▼日当たり、排水のよい場所を選び、草木灰や骨粉をやや多めに施し、長い枝は五～六芽から一〇芽くらい残して切り取るとよい。

好ましい場所

- 日当たりがよく、水はけのよい、やや乾きぎみのところがよい

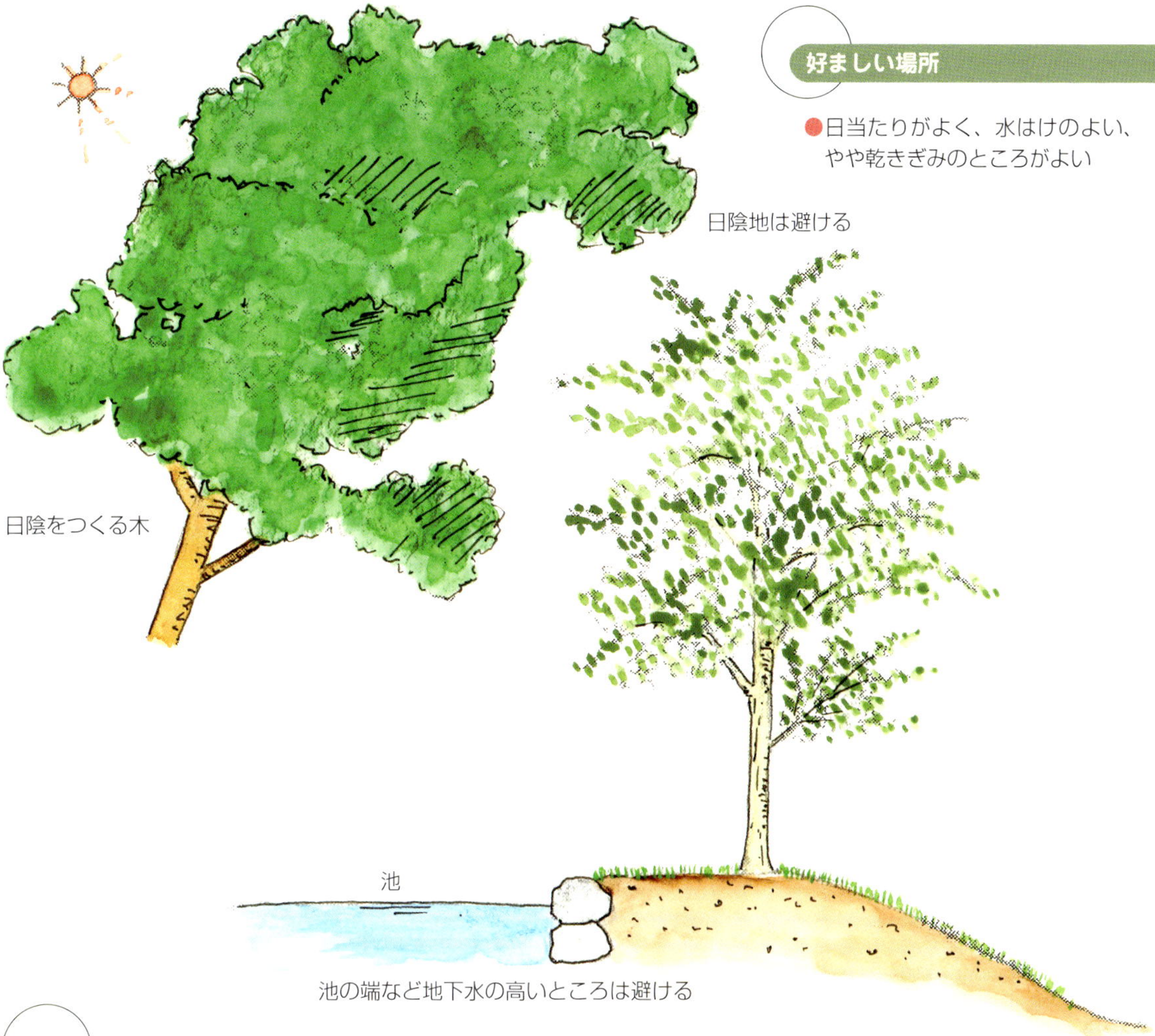
日陰地は避ける
日陰をつくる木
池
池の端など地下水の高いところは避ける

花が咲かない、花つきが悪い原因

- 著しい日陰地
- 湿地で生育が悪い場合
- チッソ過多で枝葉が軟弱になる
- 苗木のときに台芽のかき取りを忘れ、台芽を育ててしまった場合などがあげられる

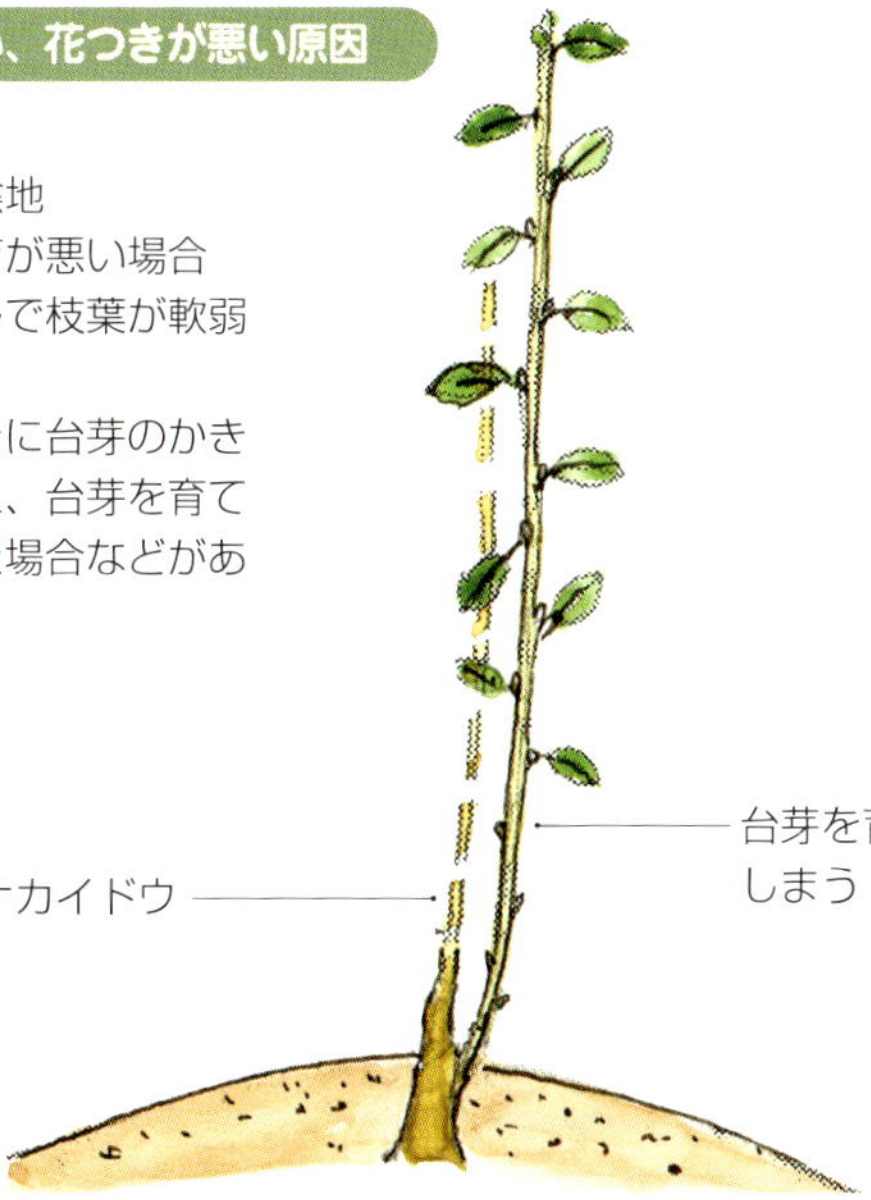
台芽を育ててしまう
目的のハナカイドウ

著しいチッソ過多栽培は避ける

整姿・せん定の方法

若木のうちは徒長枝をよく伸ばす（せん定は冬期に）
台芽やヒコバエは早めにかき取る

手入れ時期

せん定：1〜2月

1 2 3 4 5 6 7 8 9 10 11 12

▼ハナカイドウはマルス属（リンゴ属）で、同じバラ科のプルヌス属（サクラ、ウメ、モモなどを含めたサクラ属）とは異なり、花芽をある程度人為的につくっていく必要がある。

▼二〜三年かけて短枝をつくり、それに花芽を形成させる。庭木仕立てはある程度大きく仕立てられるので、長く伸びた枝は数芽残して切りつめていけば、必然的に下部の芽が短枝となり、花芽が形成されるようになる。

▼一番問題なのは鉢植えの盆栽仕立てである。みごとに花をつけた鉢植えの木を購入したが、翌年はほとんど花をつけないという例が多い。この原因は整姿・せん定の誤りと肥培管理の不十分なことである。鉢植えは花を室内で眺めた場合、終わりしだい戸外に出して管理する。

▼せん定は一〜二月に行ない、施肥も栄養不良とチッソ過多は避け、リン酸、カリ成分を五月上旬までに十分施し、その後は養分と水を極力少なく育てる。

花のつき方とせん定

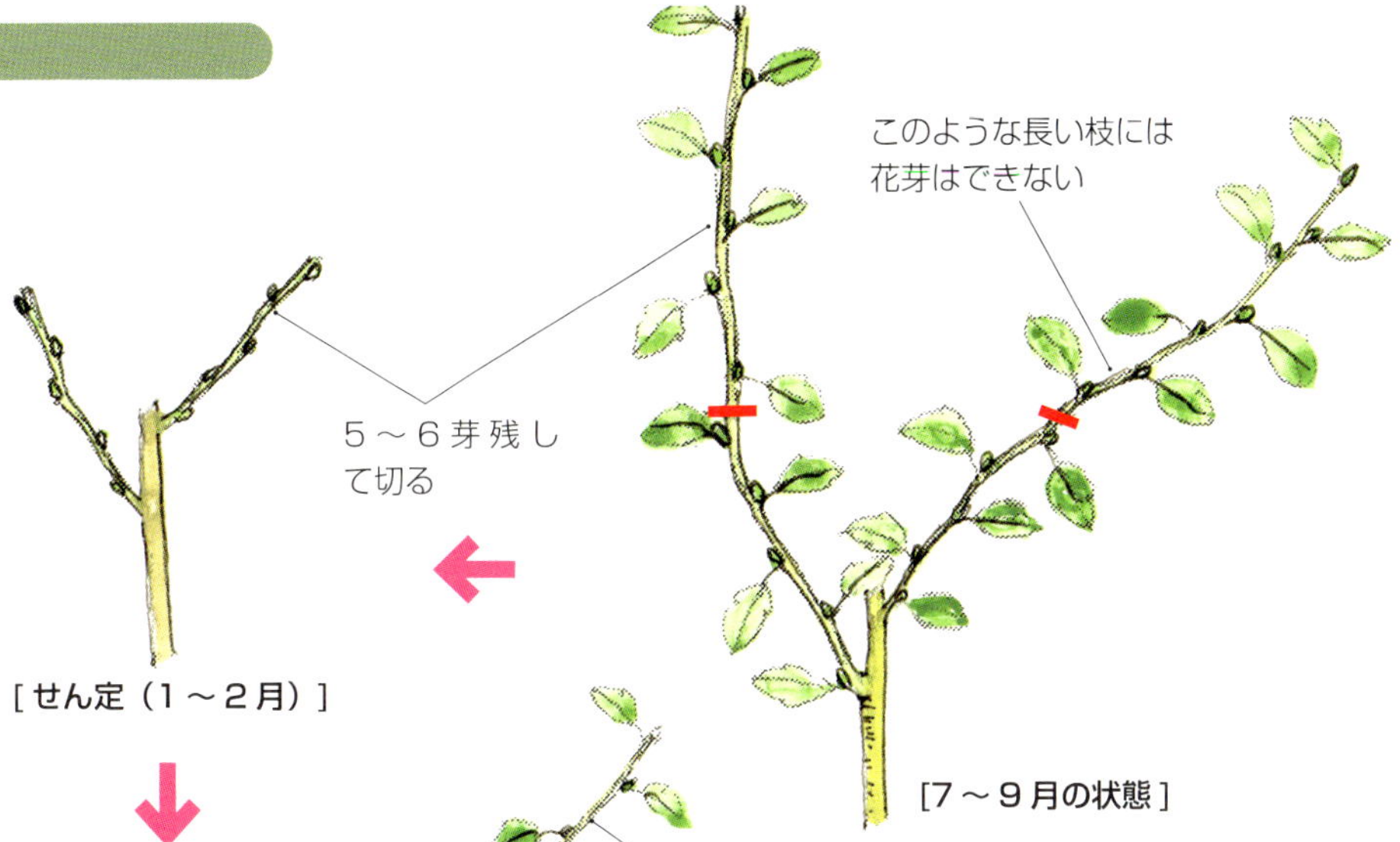
このような長い枝には
花芽はできない
5～6芽残し
て切る
[せん定（1～2月）]
[7～9月の状態]

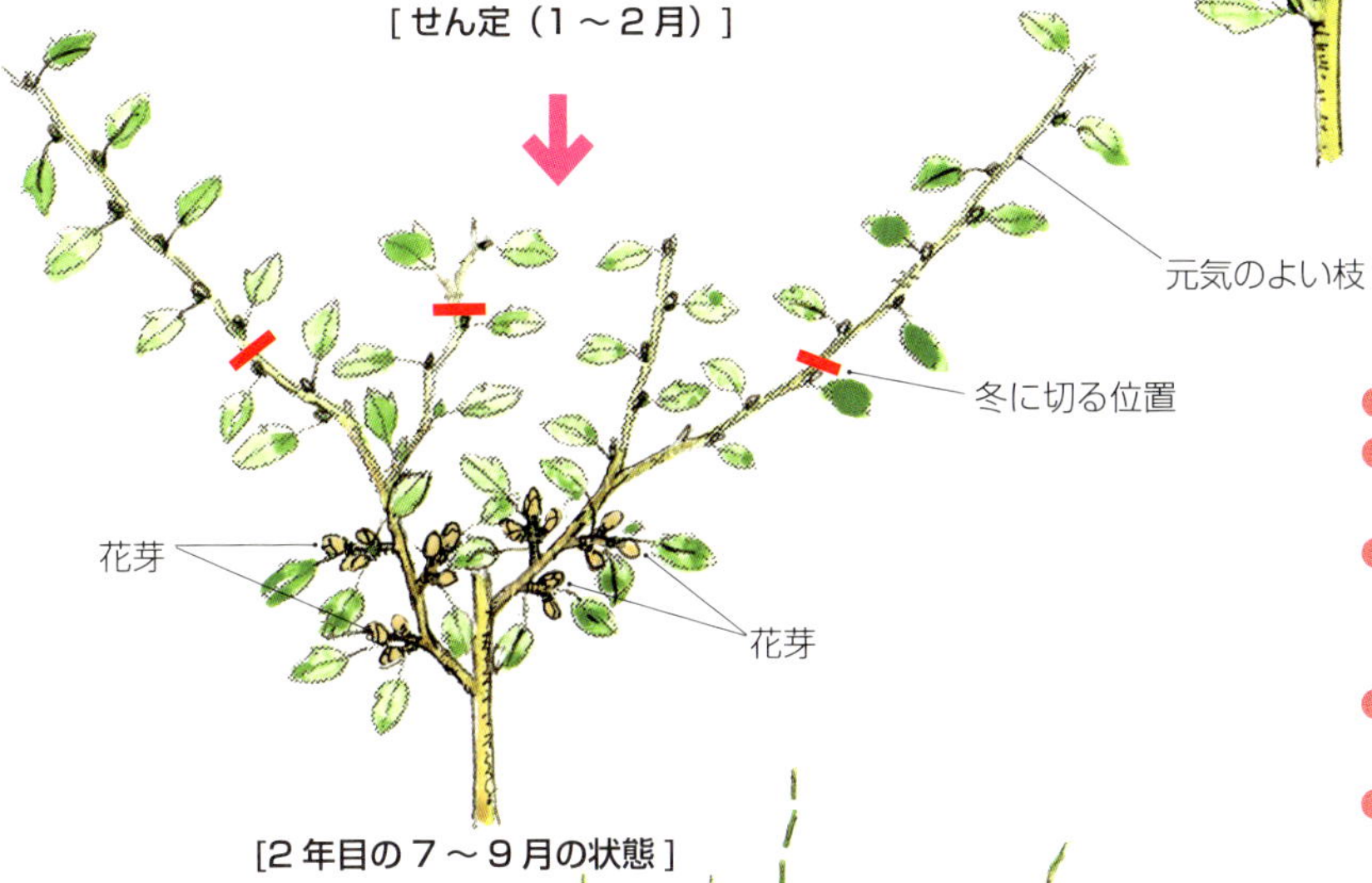
元気のよい枝
冬に切る位置
花芽
花芽
[2年目の7～9月の状態]

- 花は短枝に咲く
- 元気よく伸びた枝は5～6芽残して切りつめる（冬期に）
- 5～6芽の枝は、頂芽は再び長く伸びるが、基部の芽は短枝となり、花芽がつくられる
- 毎年これをくり返し、短枝を多くつくるようにする
- さらによい短枝をつくるには、適切な肥培が必要である

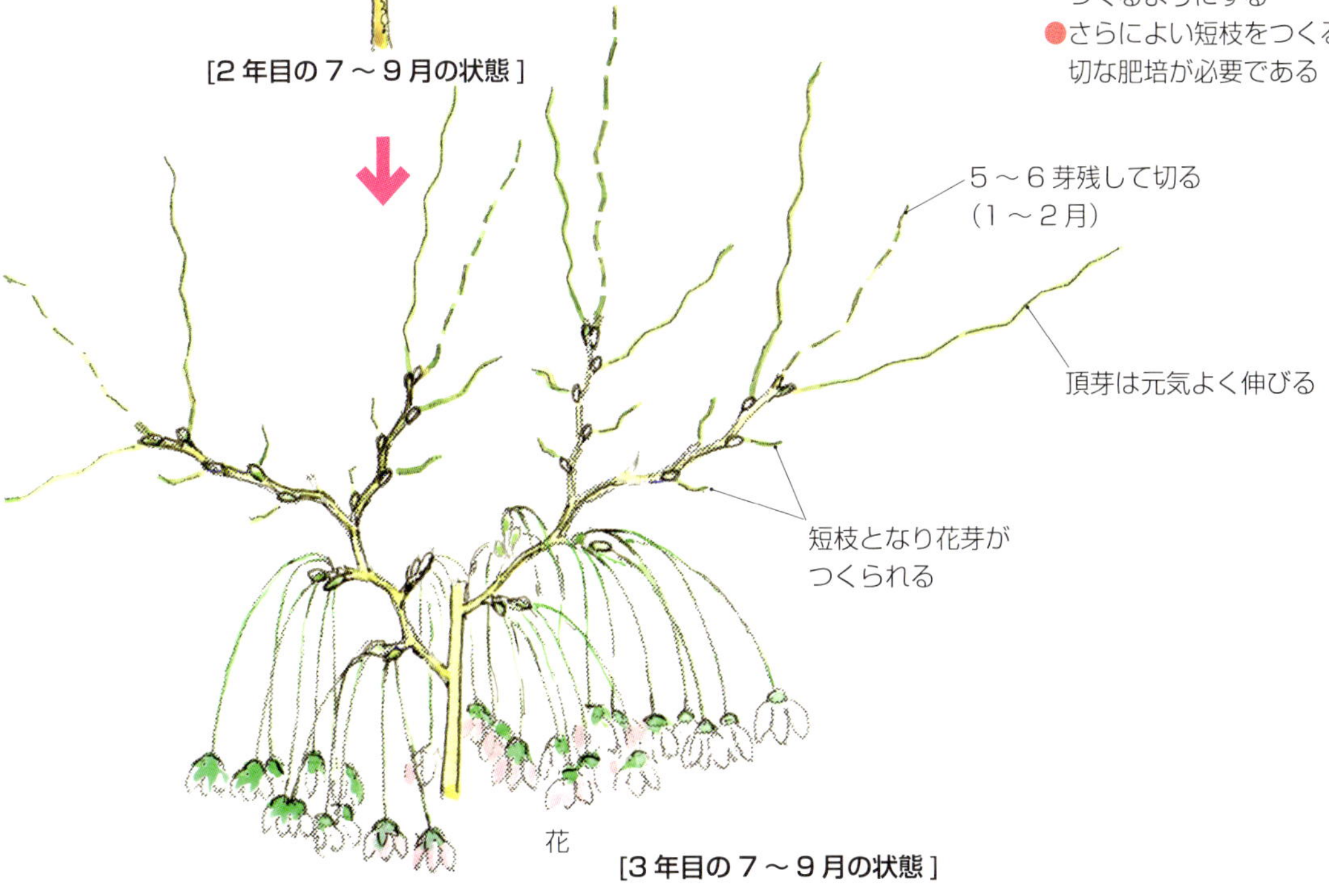
5～6芽残して切る
（1～2月）
頂芽は元気よく伸びる
短枝となり花芽が
つくられる
花
[3年目の7～9月の状態]

仕立て方

［ユキヤナギの樹形］

［コデマリの樹形］

- ユキヤナギ、コデマリともに放任しても樹形をよく整えるが、年々大きくなる
- ４〜５年に一度、花の終わった直後に地ぎわから切り取り、枝の更新をはかる
- 切り取ったときには根元に溝を掘り、堆肥などを施しておく

手入れ時期

作業	月
せん定	1〜2
花後刈り込み	4〜5
植えつけ・移植	11〜12

▼早春の花として第一にあげられるのが、このユキヤナギであり、コデマリである。両種は属を同じくする最も近い種類であるが、開花期と樹形は大きくちがう。ともに庭木のほか、春の切り花として古くから利用されている。

▼樹形を低く仕立てなおすには、花の終わった直後、できるだけ早めに枝を低く切り取り、新梢を出していく方法がとられている。強く切り込んだあとは、チッソ成分をやや多めに含んだ肥料を施し、新梢の生長を促してやる。

▼両種とも三〜四年生の枝を根元から切り取って枝の更新をはかるようにしていけばよい。

▼ユキヤナギはときどき太い徒長枝を出すので、この枝を株分けして植え、支柱を立ててさらに高く伸ばし、一・五メートルくらいのところから小枝をたくさん出してスタンダード仕立てにするとおもしろい。小枝は次々に垂れ下がるのでしだれ状となり、花どきにはシダレヤナギに雪がおおったようになり美しい。

ユキヤナギのスタンダード仕立て

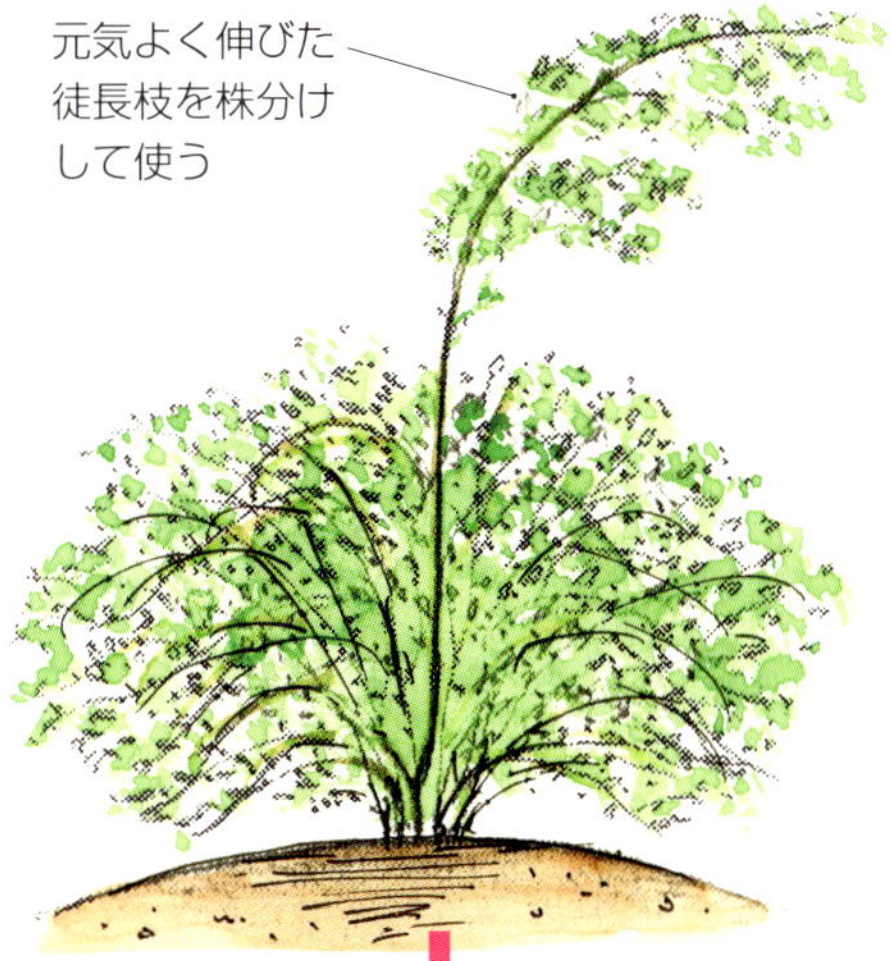
元気よく伸びた徒長枝を株分け
して使う

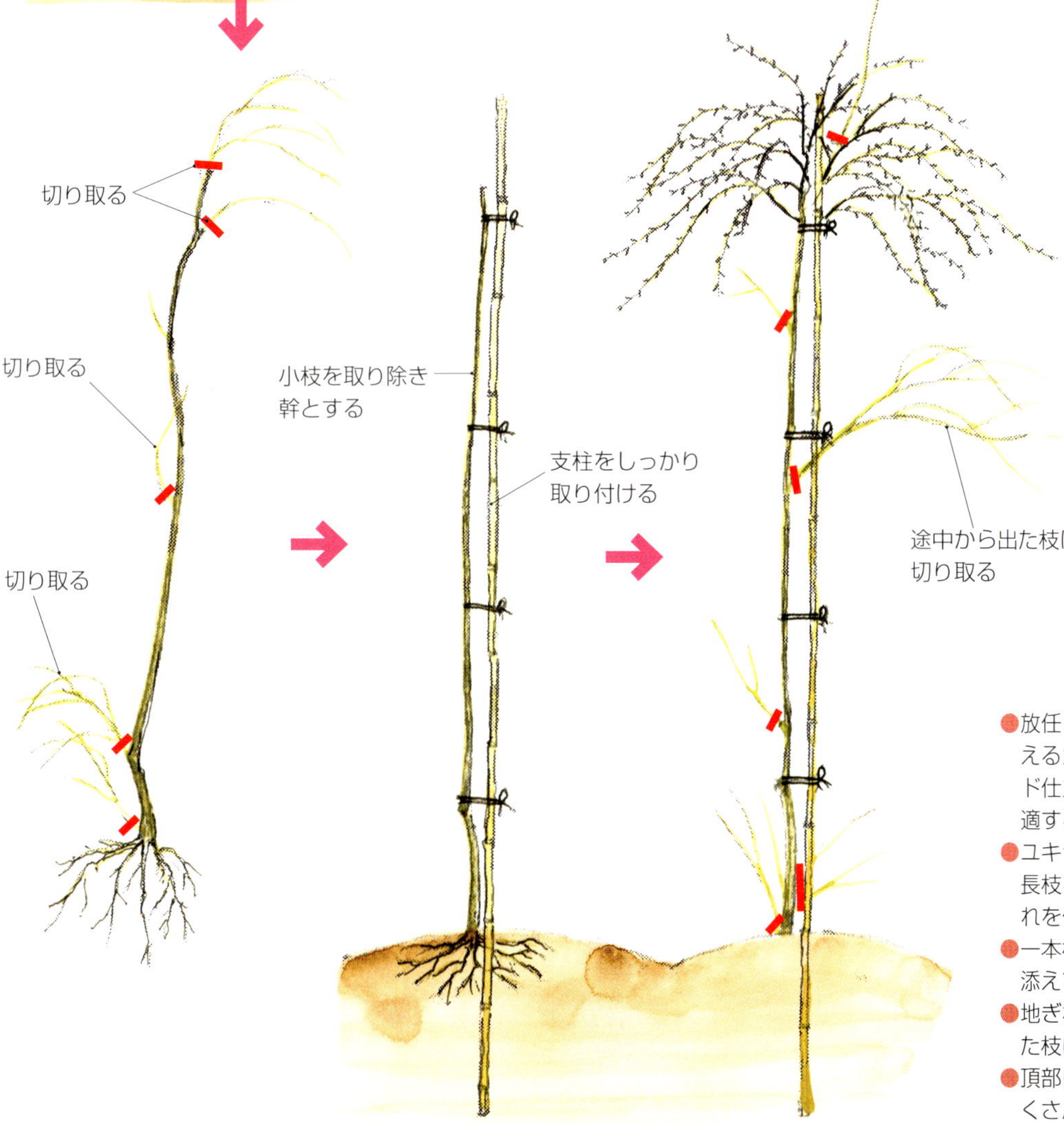
切り取る
切り取る
切り取る
小枝を取り除き幹とする
支柱をしっかり取り付ける
さらに高さをつくりたいときには、この枝を使うが、不要なときは切り取る
途中から出た枝は切り取る

株の若返り

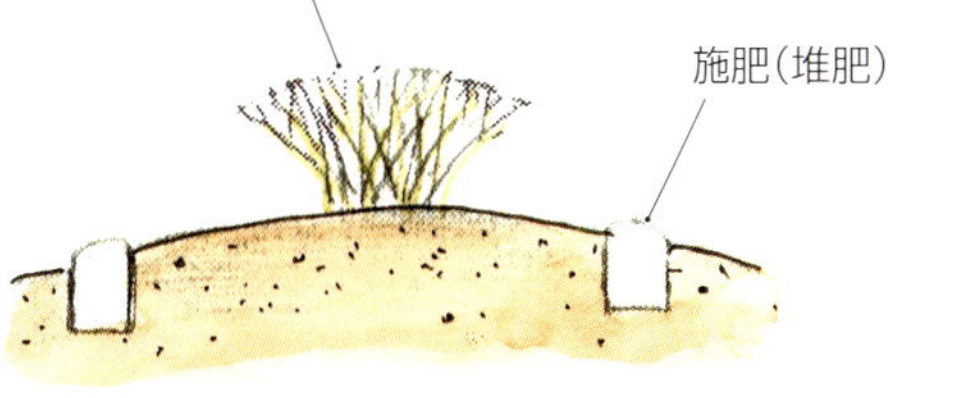
３～４年に一度、花後に根元から切り、枝条を更新する
施肥（堆肥）

- 放任しても樹形を整えるが、スタンダード仕立ては狭い庭に適する
- ユキヤナギはよく徒長枝を出すので、これを使う
- 一本棒にし、支柱を添えて植えつける
- 地ぎわや途中から出た枝は切り取る
- 頂部に細かい枝をたくさんつくっていく

枝の切り方・ふやし方

ボケとクサボケの樹形

［ボケの樹形］
立性と這性がある

［クサボケの樹形］

手入れ時期

月	作業
9〜11	植えつけ・地下茎の伏せ込み
10〜11	整姿・せん定

▼ボケはバラ科であるが、花はウメやモモのようなつき方ではなく、リンゴやカイドウに似たつき方となるので、花芽をつくっていくという考えで整姿をする。

▼ボケは日当たりのよいやや粘質の肥沃な湿潤地が適する。特に注意したいことは、他の花木類と異なり、植えつけも移植も挿し木も、すべて秋が適期ということである。九月下旬から十月が最も適する。春植えは根頭がんしゅ病に冒されやすく、生育が極度に悪くなることもあるので避けたい。

▼整姿は十～十一月に行なう。仕立て方には半ば放任して株状にするもの、幹を一～二本立てる方法、鉢植えなどあるので、場所や好みによって仕立てたい。

▼挿し木の適期は九月である。挿し穂は二～三年生でもよく活着するので、花芽のできている小指の太さの枝を一五センチくらいに切って五号鉢に三本くらい寄せて挿し、冬期あまり凍らせないように管理すれば、翌春には立派に花が咲く。

花のつき方と枝の切り方

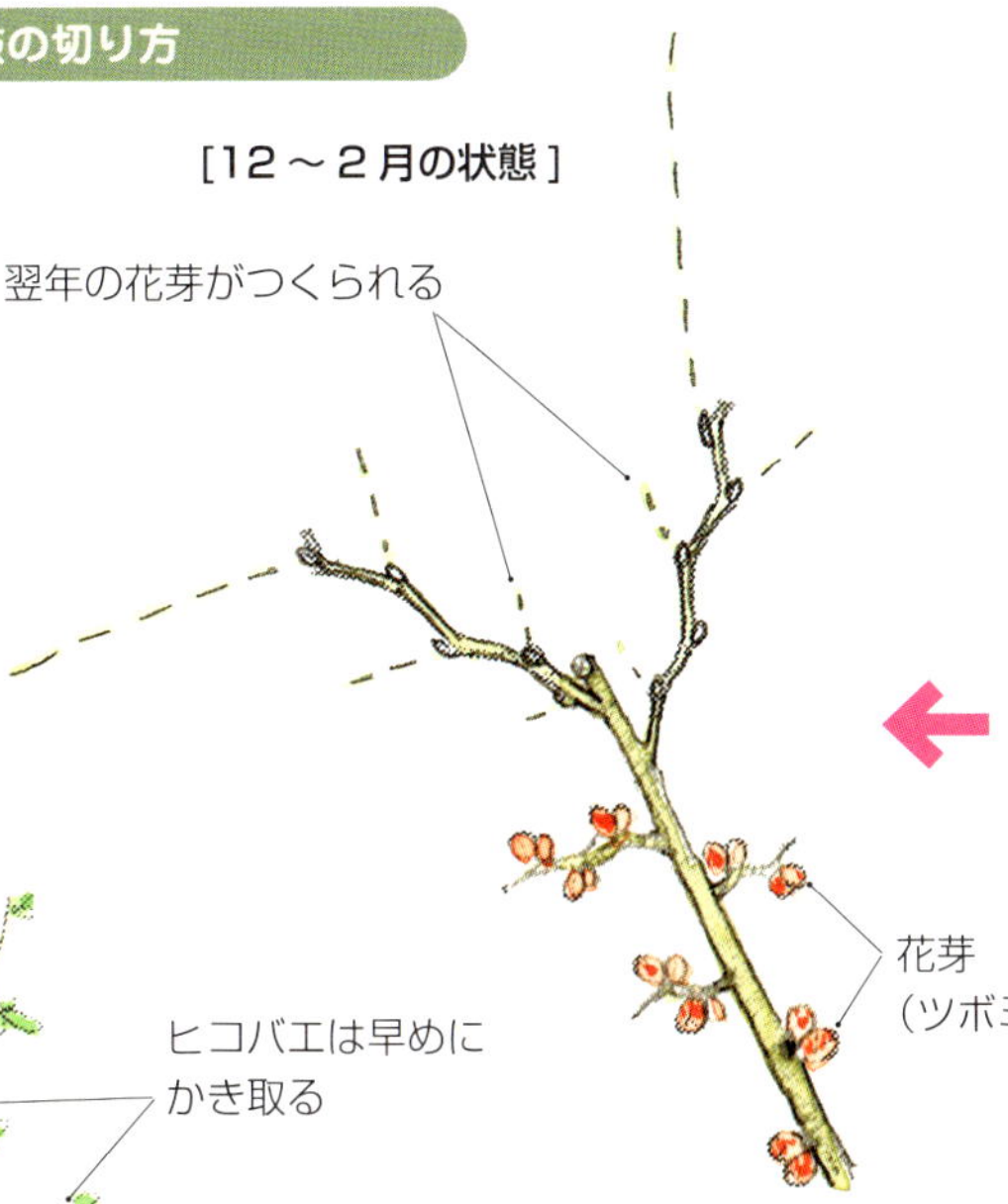
[12～2月の状態]
翌年の花芽がつくられる
花芽
（ツボミ）

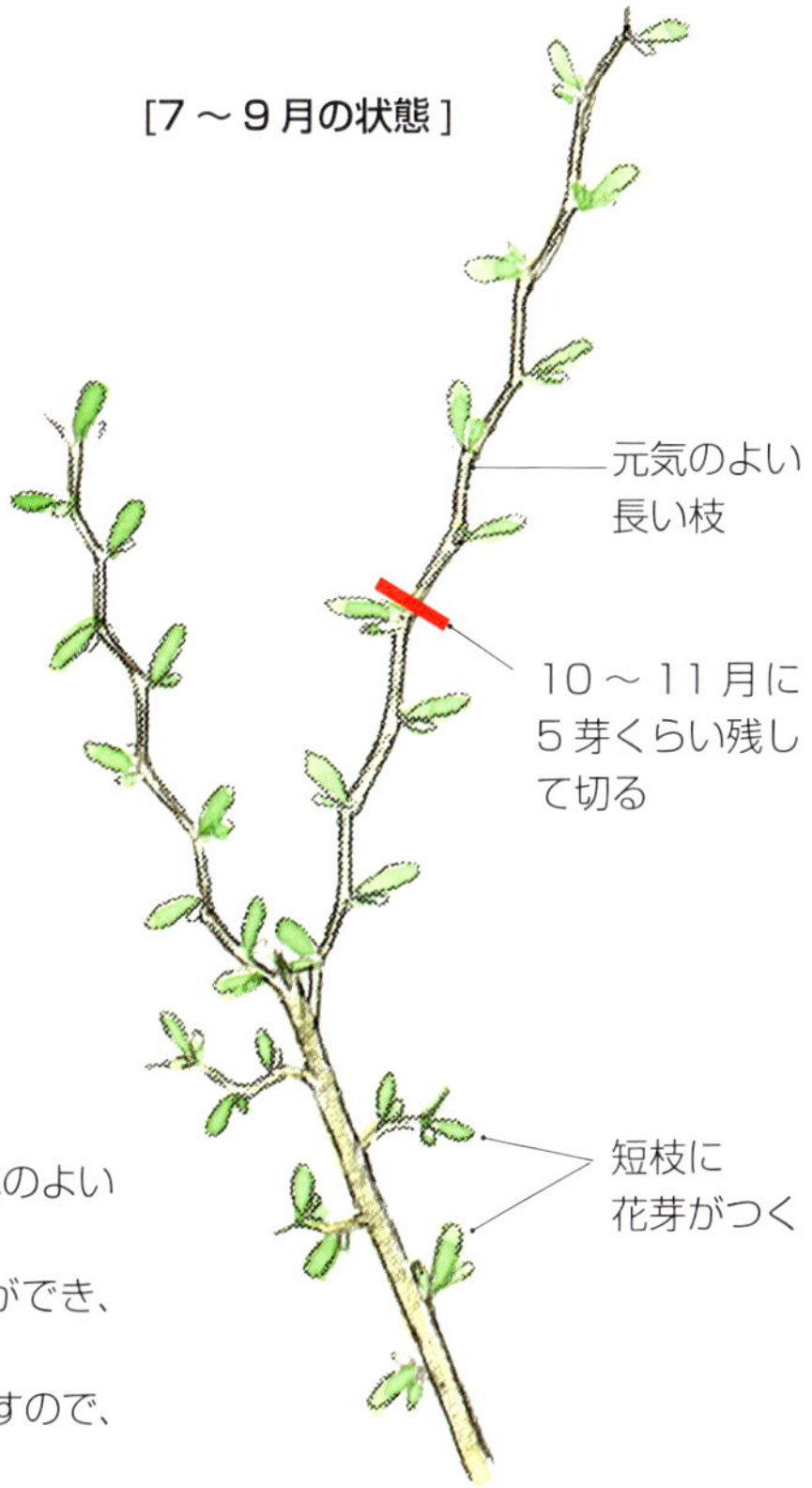
[7～9月の状態]
元気のよい
長い枝
10～11月に
5芽くらい残して切る
短枝に
花芽がつく

ヒコバエは早めに
かき取る

- 放任しても樹形を整えるが、若木のうちは元気のよい枝を伸ばす
- 長い枝は5芽くらい残して切ると基部に短枝ができ、そこに花芽が形成される
- 株は古くなっても地ぎわからヒコバエをよく出すので、この芽は早めに切り取る

クサボケのふやし方

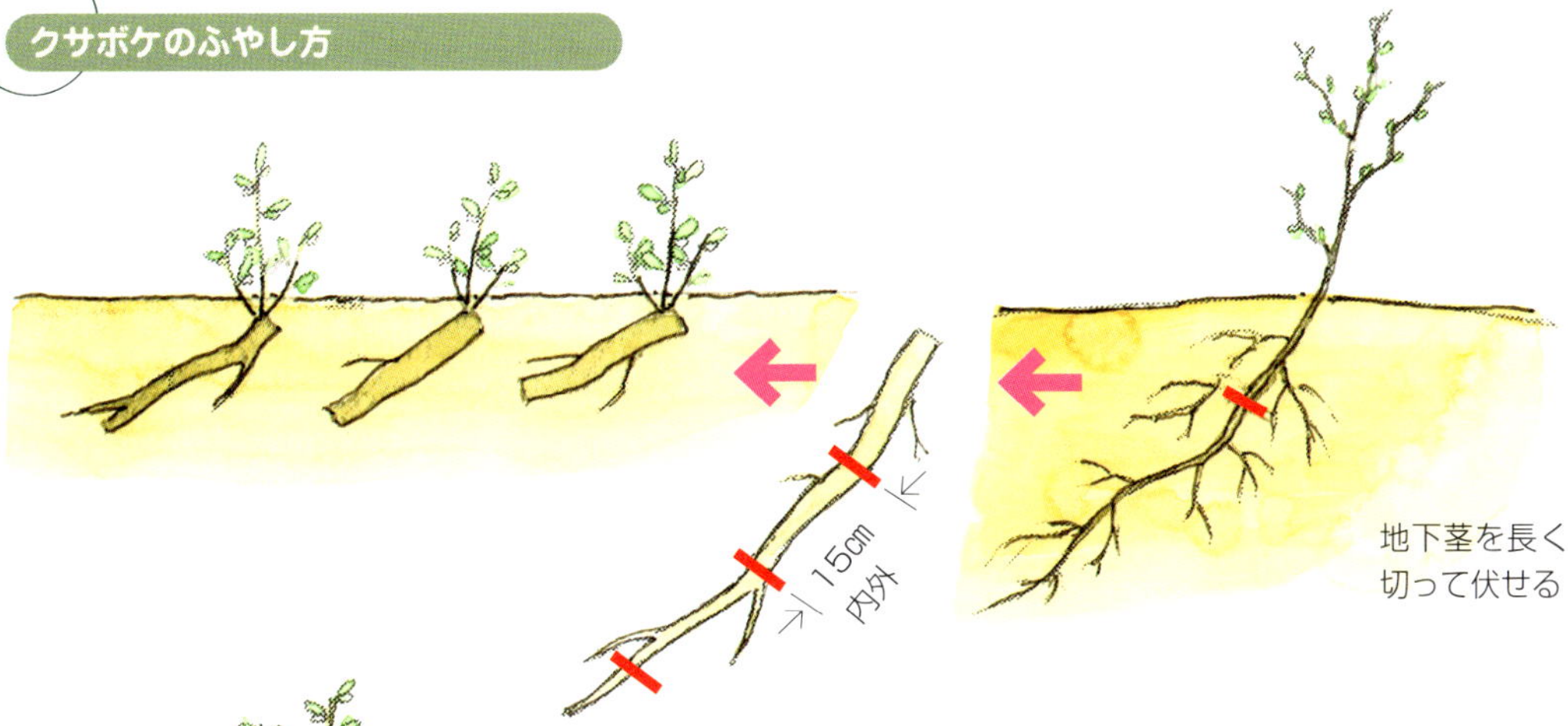
15cm
内外
地下茎を長く伸ばすので、
切って伏せる

鉢に直接植えても楽しめる
（乾かさないように管理する）

- クサボケは毎年枝条をふやしていくが、ほとんど手がかからず、樹形を整える
- 長い地下茎をもっているので、この地下茎を切って植えつけると容易に苗ができる

樹形・枝の切り方

［樹齢を経た木の樹形］

［若木の樹形］

手入れ時期

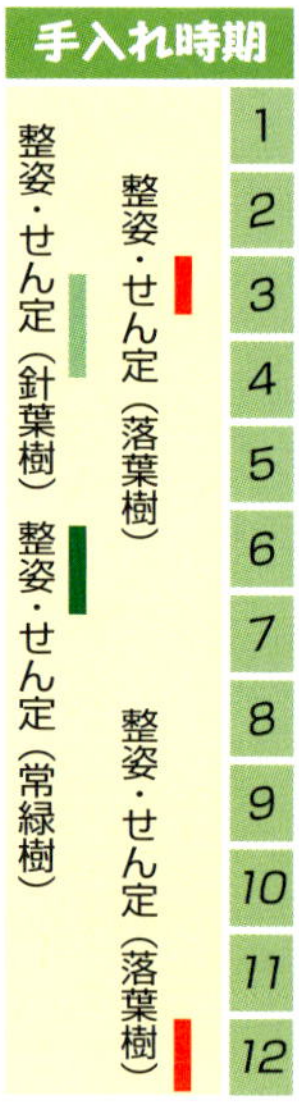
1
2
3
4
5
6
7
8
9
10
11
12
整姿・せん定（落葉樹）
整姿・せん定（針葉樹）
整姿・せん定（常緑樹）
整姿・せん定（落葉樹）

▼雑木類はあくまで雑木的にあつかうべきであるが、限られたスペースにすべての木が調和よくおさまるとは限らず、ときには大きすぎるようなものも入ってくる。

▼整姿は植えつけのときに行ない、その適期は落葉樹であれば十二月から翌年の三月中旬まで。一～二月の厳寒期は細い枝が枯れやすいので避けたい。常緑樹は六月下旬から七月がよく、針葉樹は三～四月ころを目安としたい。

▼枝の切り込みはどんな樹種でも一律に切るようなことは、たとえその切る程度が弱くても絶対に避ける。抜く枝の量が二分の一でも三分の二切るような場合でも、必ず大枝、中枝、小枝の順に整える。切る位置は枝のつけ根で切ることはもちろんだが、適切な位置で切ることが大切である。

▼切ったあとは切り口をきれいに削り、保護剤を塗布して保護してやりたい。このように切り込んだものは必ず切り口付近に不定芽を出すので、これは早めにかき取ってやる。

理想的な樹形

［武者立ち樹形］

［単幹樹形］

枝は自然さを失わないことが大切

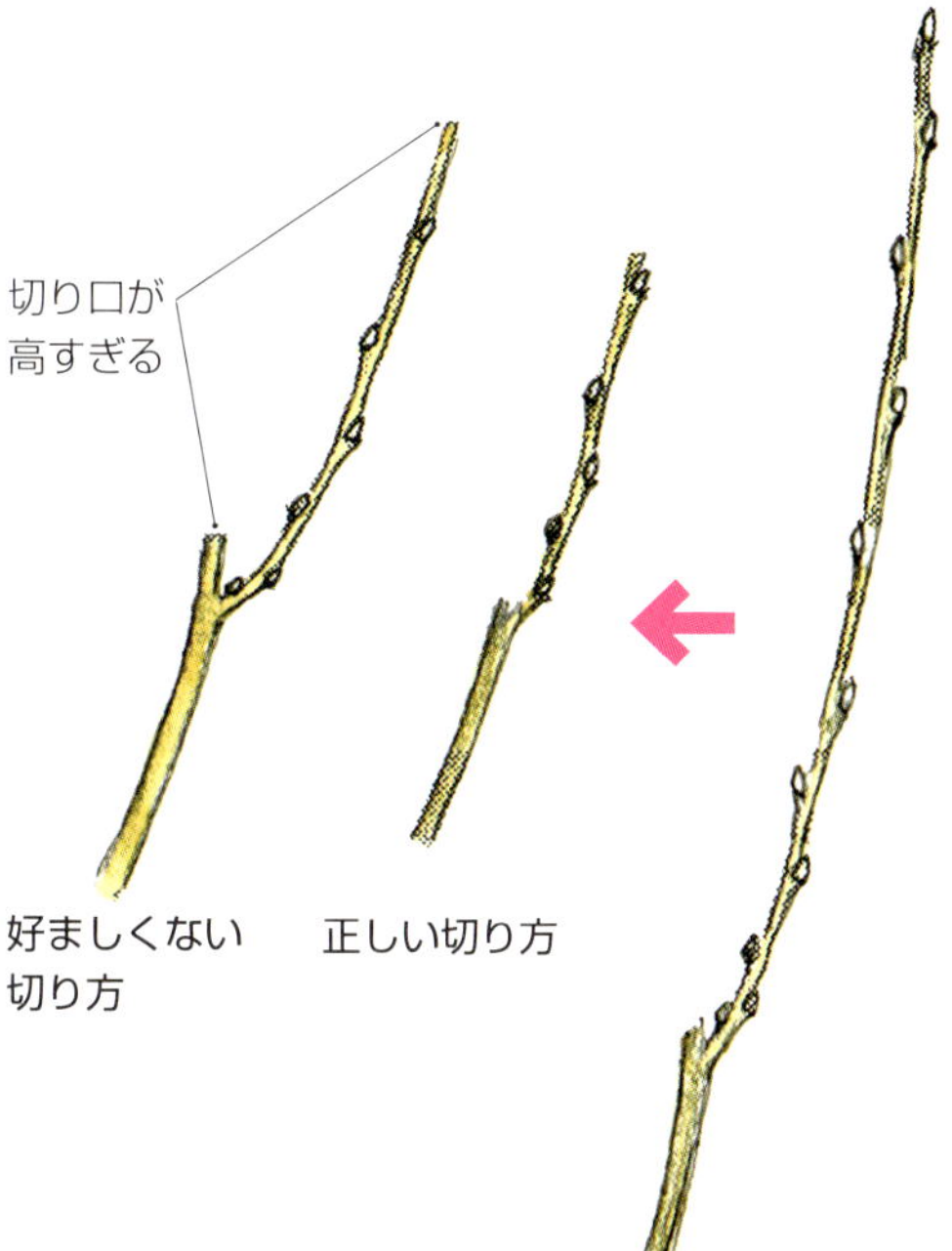
切り口が
高すぎる
好ましくない
切り方
正しい切り方

枝の切り方

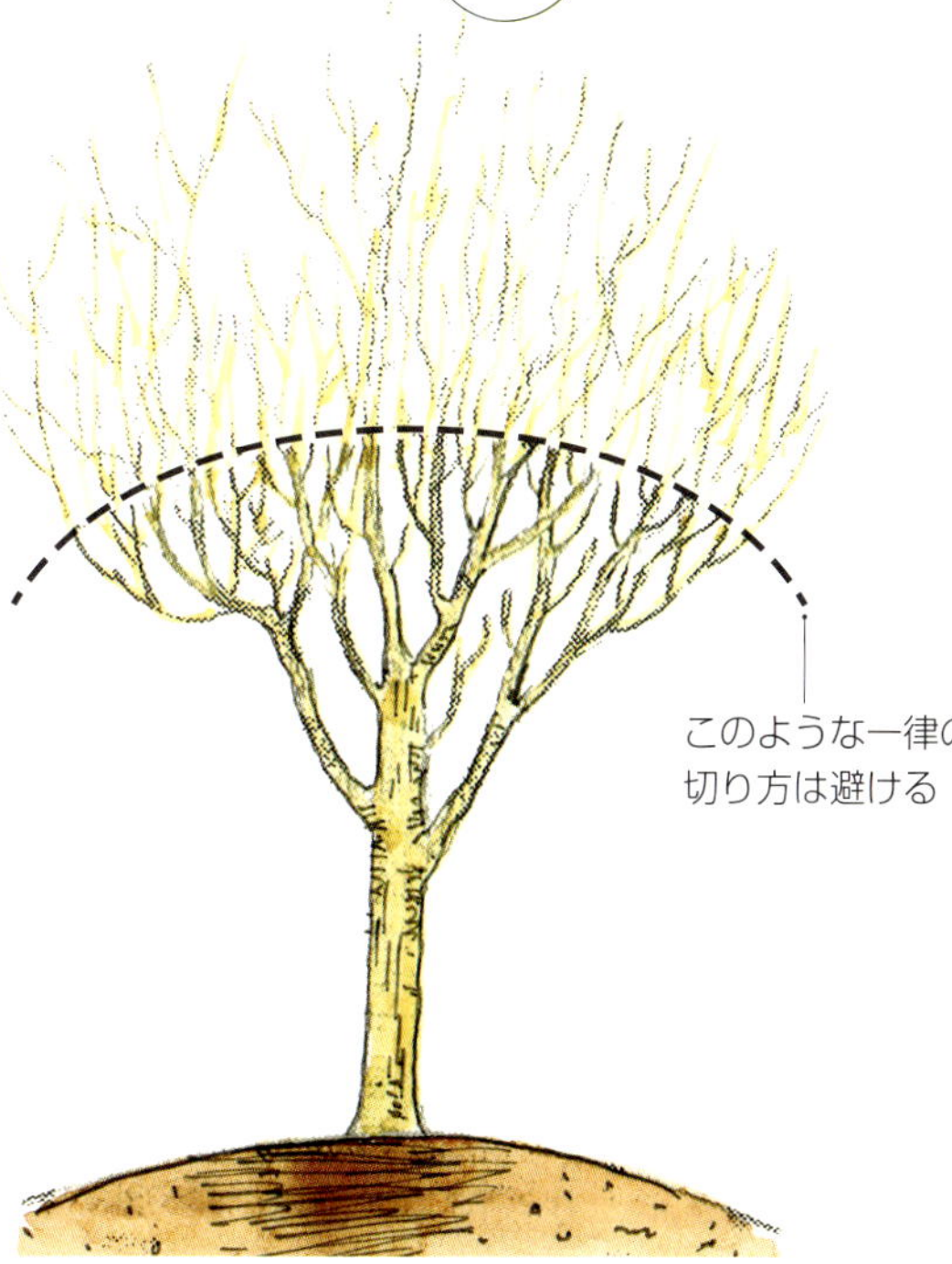
このような一律の
切り方は避ける

- 雑木類は軟らかな感じを失わないように枝を切る場合は必ずつけ根からきれいに切る
- 枝は太枝から中枝、小枝と順序よく整えていくことが大切である
- 太い枝や幹で切ることは避け、最も自然の状態を失わないように仕立てることが大切なコツである

植え込むときのバランスのとり方

●寄せ植えは大中小の木を使い、中心を高く、左右に低くつくり、樹冠線が不等辺三角形となるようにまとめる
●根締めとして低木を植えて、アクセントをつけると美しくまとまる

手入れ時期

1 2 3 4 5 6 7 8 9 10 11 12

落葉樹植えつけ（樹種によってちがう）
針葉樹植えつけ
常緑樹植えつけ

▼雑木類の植栽は一本だけ植えるということはごくまれで、複数の寄せ植えのような形で使う場合が多い。ときには一本植えることもあるが、このような場合は四方に均一に枝を張っているものを選ばなくてはならない。雑木も人為的に栽培したものであれば枝がよくできているが、山掘りではなかなか姿のよい木が見つけにくい。

▼枝の出方は南側と北側、東側と西側では多少異なるので、昔は、南側であった面を北側に回し、枝量を均一に出すようにするということがいわれたが、庭木としては最も葉が繁り、木の美しい面を表に出すようにする。

▼幹の曲がっている木は、木の芯をまっすぐに立てるようにし、根元をまっすぐにする場合は枝を切りつめ、芯もまっすぐになるように仕立てなおす。

▼寄せ植えは中心を高く太く、周囲を低くおさめていく。三本、五本の寄せ植えを集めてひとつの植栽群をつくる場合も、中心の寄せ植えを強く植え込むようにする。

植え込み方

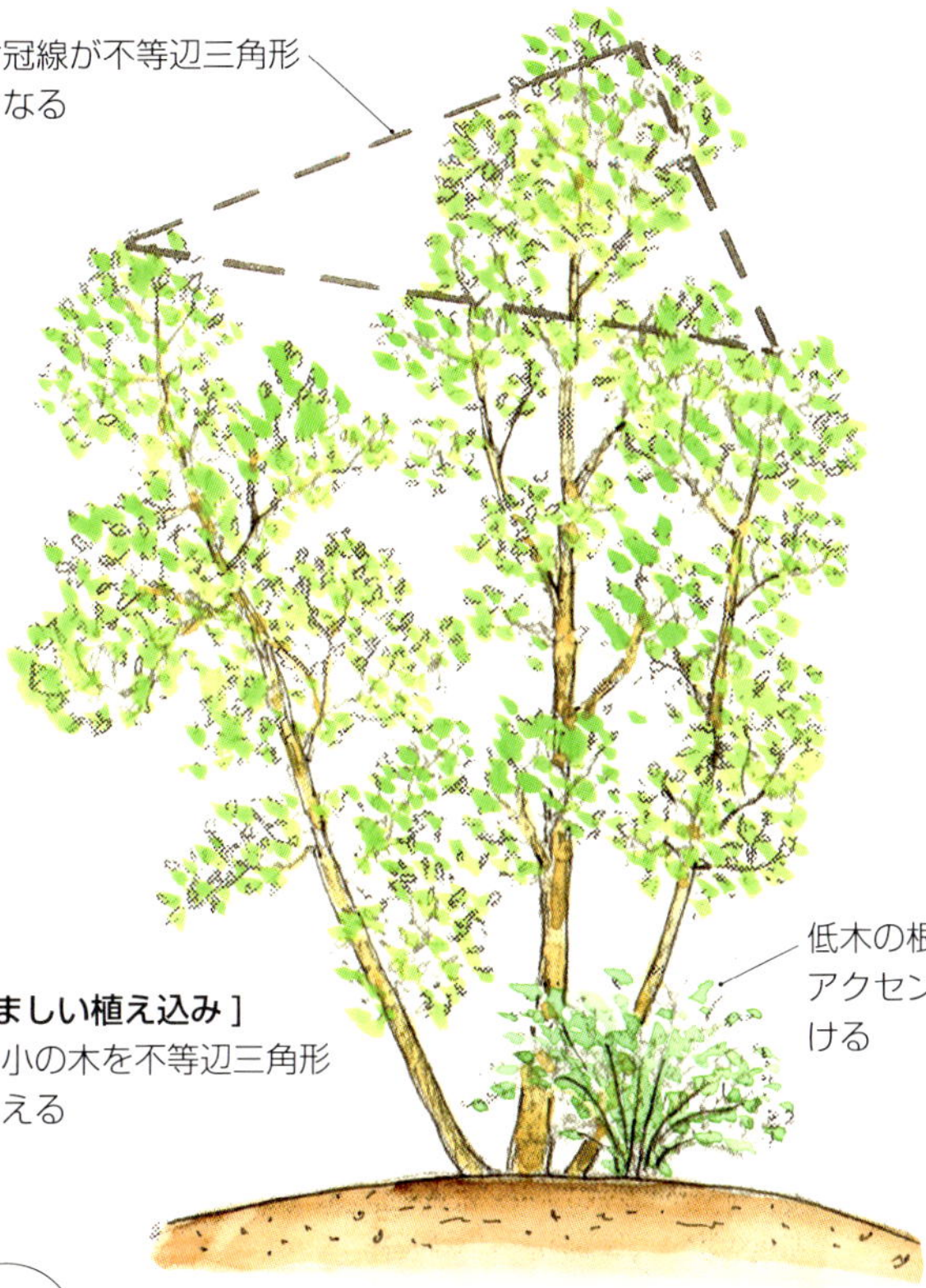
樹冠線が不等辺三角形になる
低木の根締めでアクセントをつける

[好ましい植え込み]
大中小の木を不等辺三角形に植える

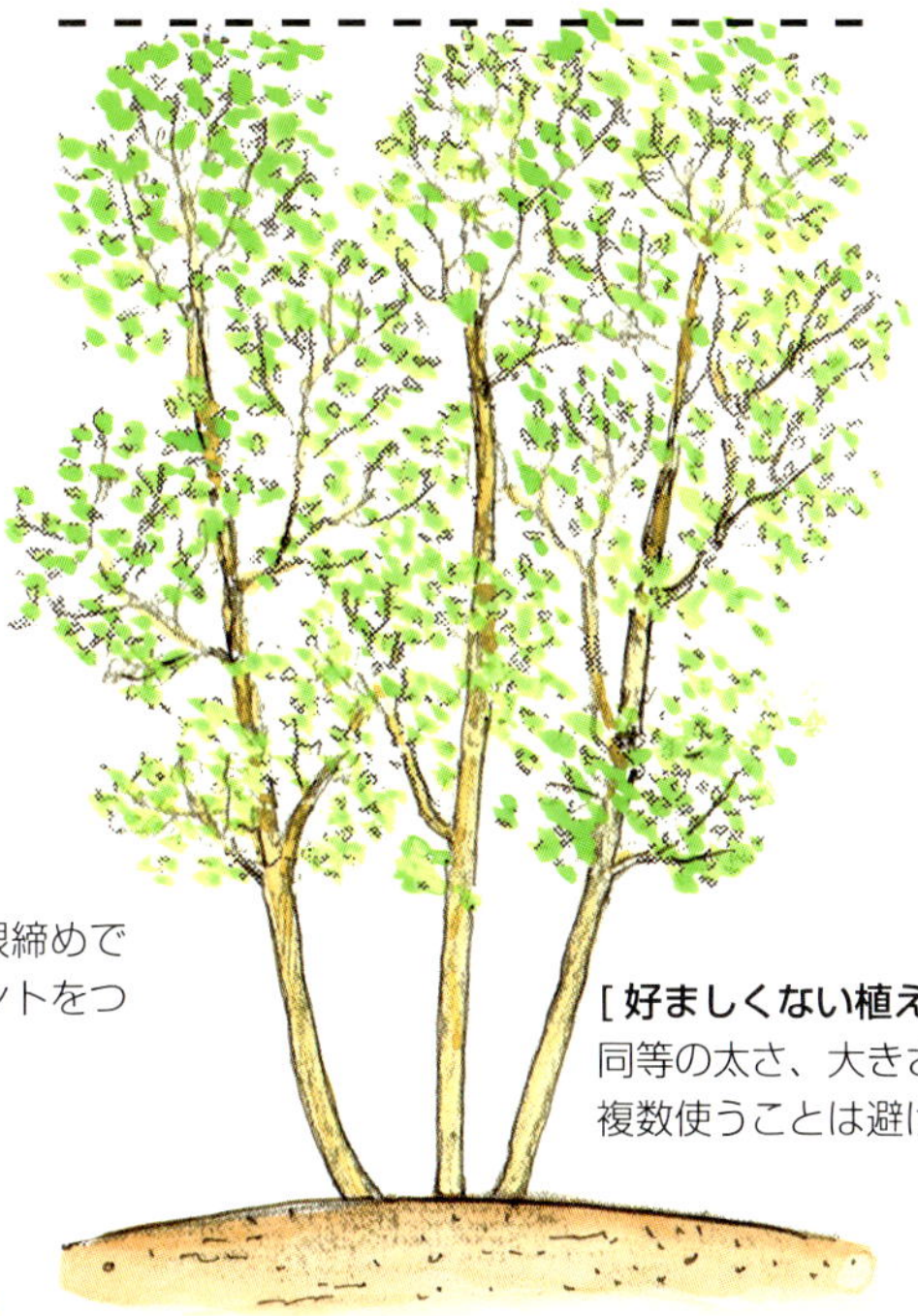

[好ましくない植え込み方]
同等の太さ、大きさの木を複数使うことは避けたい

幹が曲がっている木のあつかい方

- 雑木類は人為的な仕立ては極力避ける
- 小枝はあまり密生しないほうが野趣に富み、最も雑木らしくなる

支柱をしっかりと

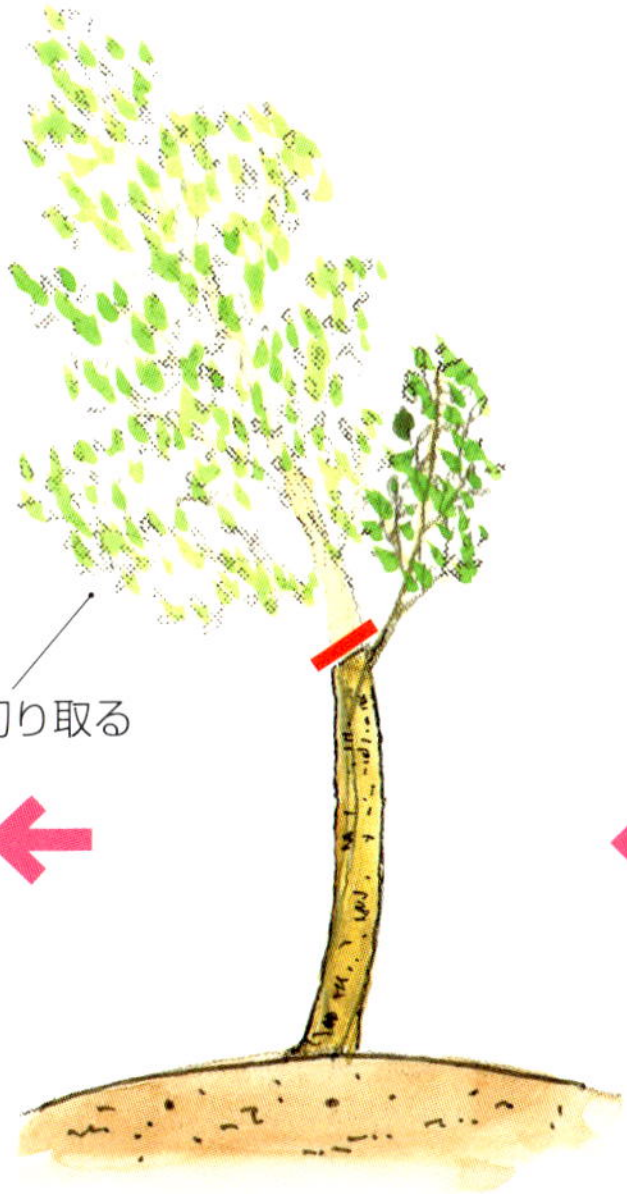
切り取る

仕立てなおしの場合、樹冠部分を切り取り、幹から最もまっすぐになる小枝を残し、これを育てて仕立てなおす

幹をまっすぐにしないで、樹冠部分をまっすぐに立てて植える

植え方

モウソウチクの美しい姿

芯を同じ高さで止め、
小枝も少し切りつめて
おくと美しい姿となる

手入れ時期

月	作業
1	
2	
3	植えつけ
4	植えつけ
5	
6	
7	
8	
9	植えつけ（カンチクなど）
10	
11	
12	

▼昔の言葉に五月十三日を「竹酔日」と呼び、この日は竹が酔っているので、まちがいなく活着する日とされている。ただ、これは旧暦なので、実際には六月中旬ということになる。

▼しかし、この言葉は中国で熱帯産のタケについていった言葉である。わが国には自生はないが、植栽されているダンチクや、鉢植えにされているホウオウチクなどは熱帯産のタケである。これらの大きな特徴は、地下茎が長く伸びず、株立ち状になることである。

▼わが国に自生するタケ類は耐寒性が強く、これら熱帯性のタケと異なるので、竹酔日のころの植えつけは好ましくない。適期は、タケノコの出る一カ月くらい前と考えてよい。モウソウチクやササのように、早くタケノコの出るものは三月上旬が適期といえるが、ほとんどは三～四月が適期である。しかし、カンチクのように秋にタケノコを出すものは、九月か早春がよい。植えつけでは、細根を乾かすことが最も禁物である。

地下茎の伸長の防止

- ただ植えると地下茎を長く伸ばし、建物の中や他の木の間にタケノコを出してくる
- これを防ぐには、直径30～60cm以上、深さ60cm以上のコンクリート枠を埋めその中に植えるとよい

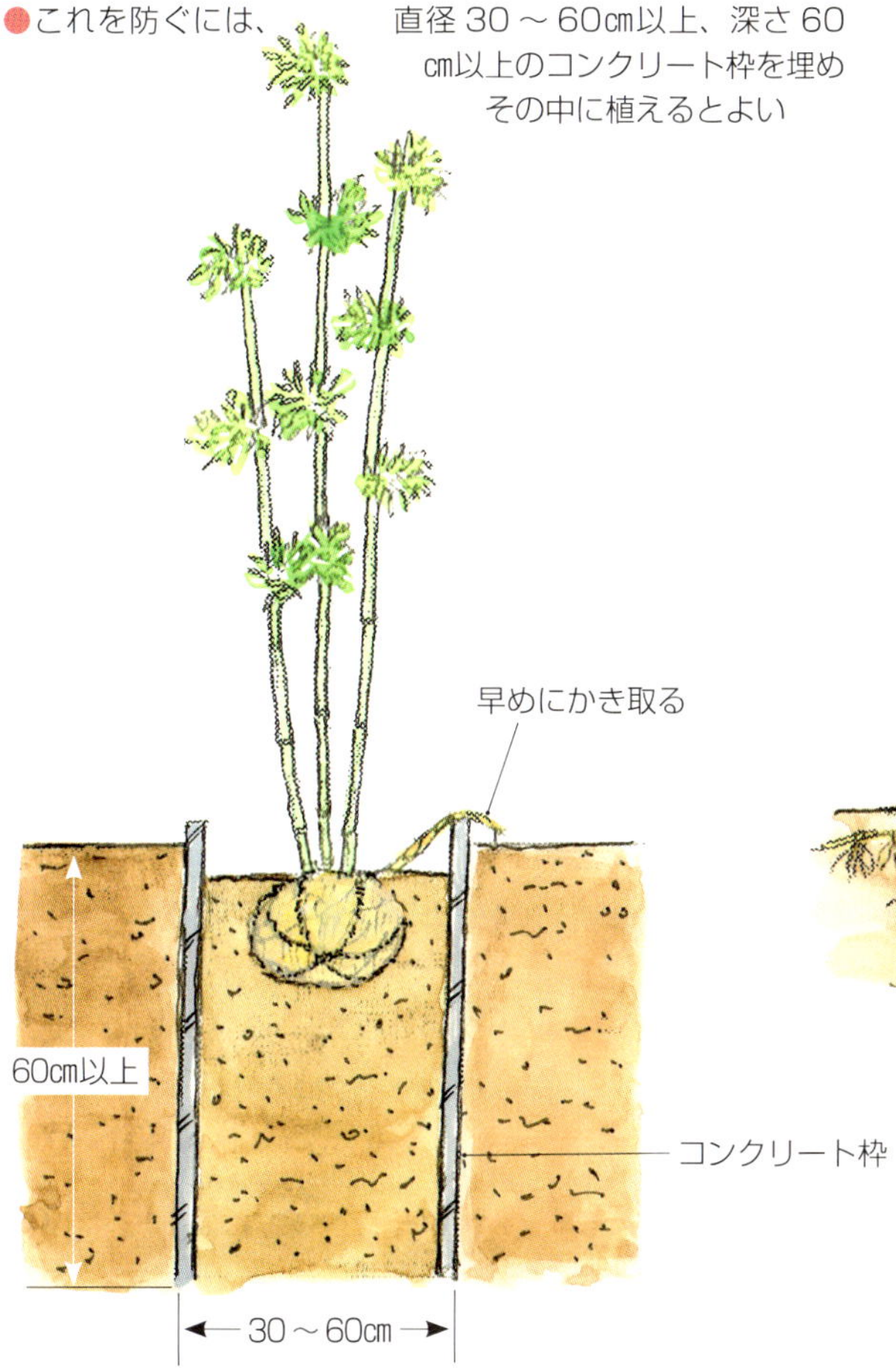
早めにかき取る
60cm以上
コンクリート枠
30～60cm

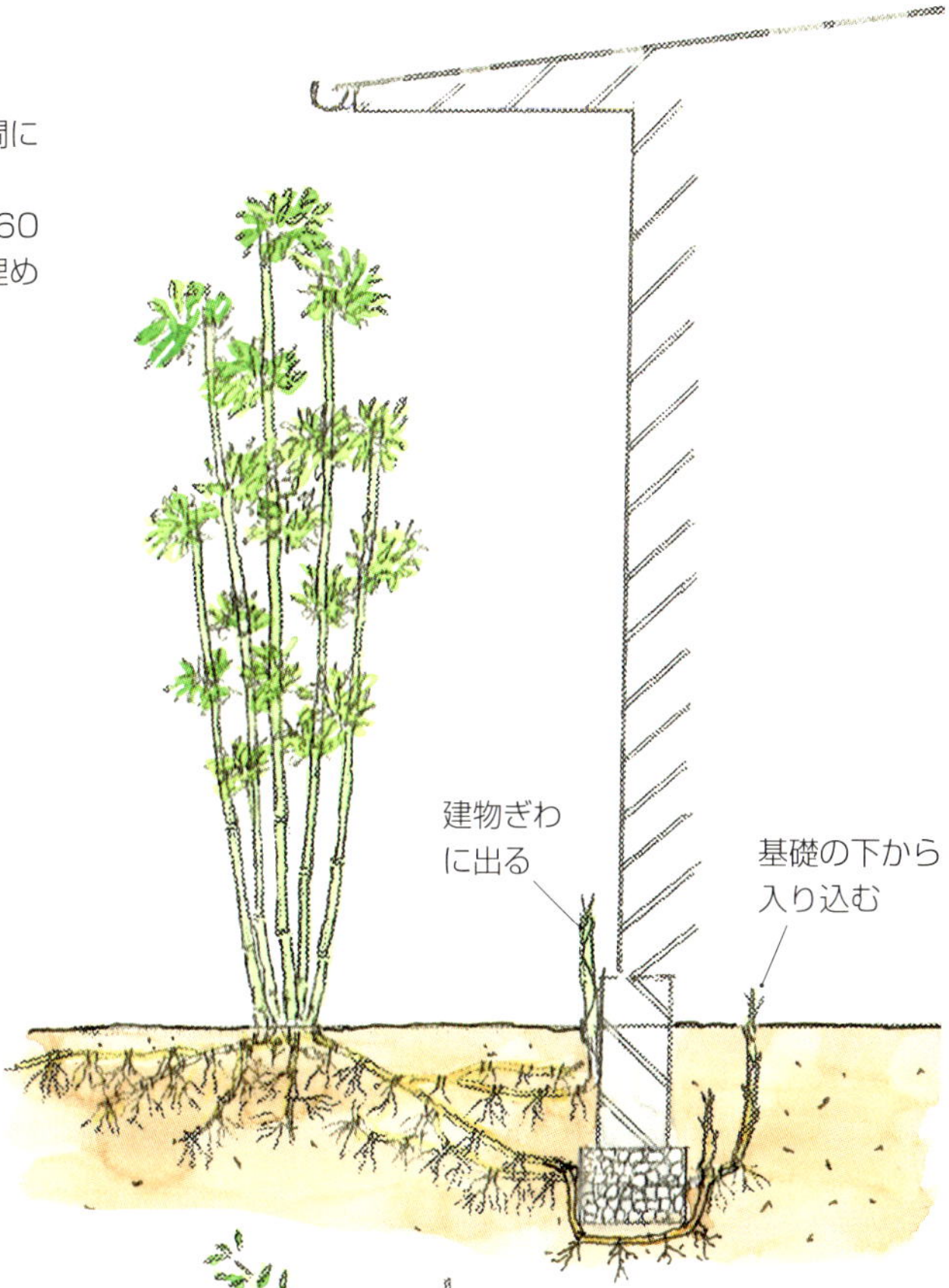
建物ぎわ
に出る
基礎の下から
入り込む

- タケ、ササ類は最も日本的な植物であり、狭い場所や半日陰地でも十分育つところから、広く利用できる
- 一度生育を始めると、地下茎をどこまでも伸ばすので、十分な対処が必要である

鉢植えのやり方

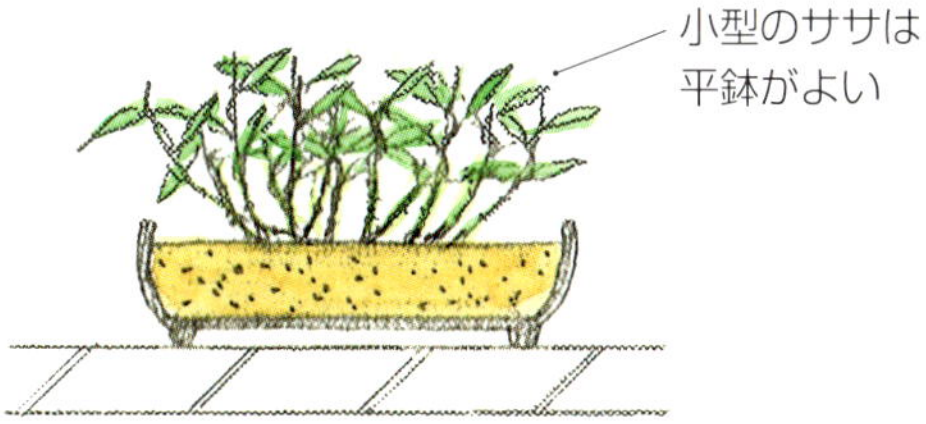
小型のササは
平鉢がよい

乾燥を嫌うので、
瀬戸鉢やプラ鉢が
よい
クロチク、ハチクなど
カンチクなど

中型、小型のタケ類は10号鉢なら立派に育てられる

整姿の方法

タケ、ササの種類

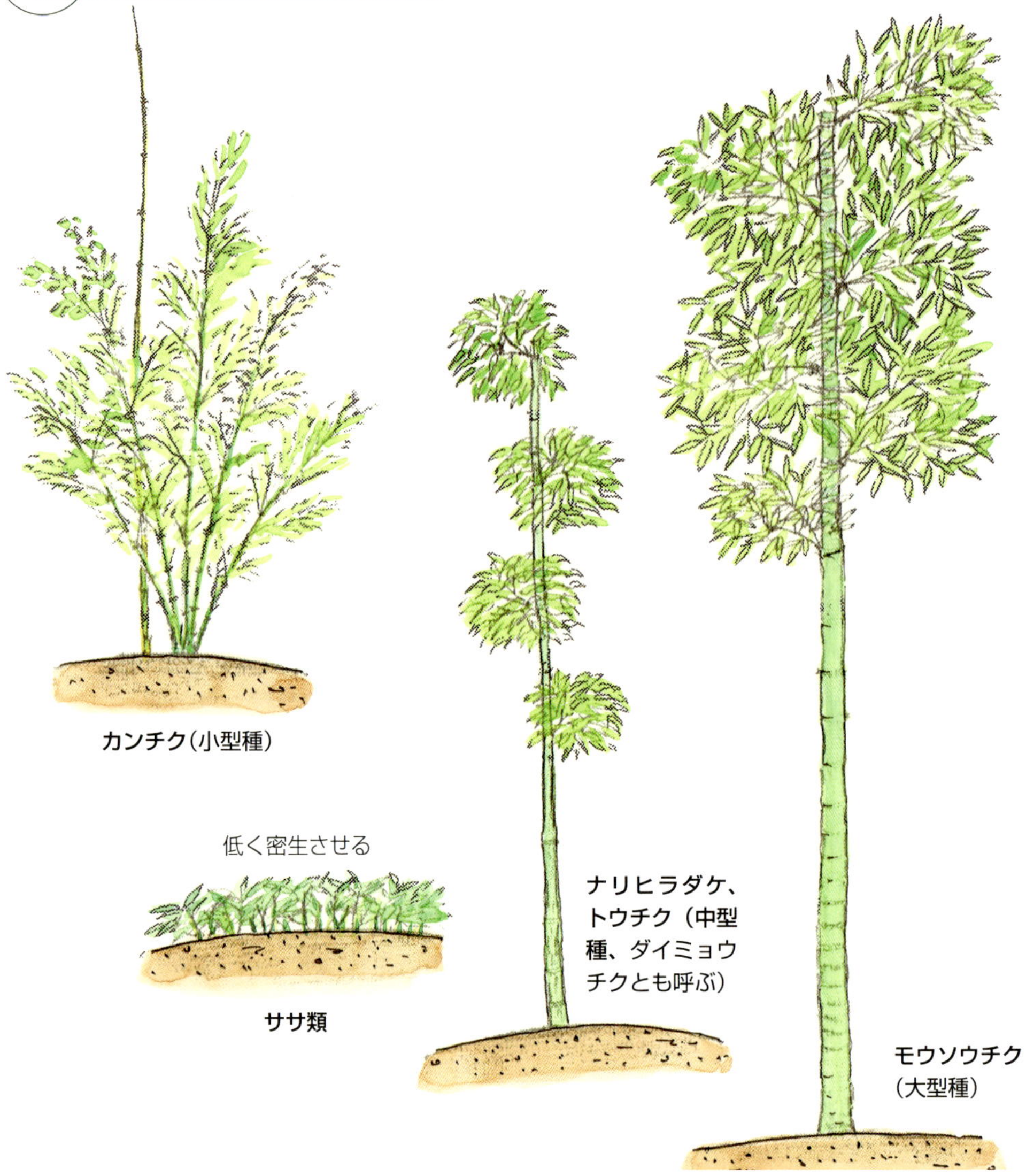
カンチク（小型種）
低く密生させる
ササ類
ナリヒラダケ、トウチク（中型種、ダイミョウチクとも呼ぶ）
モウソウチク（大型種）

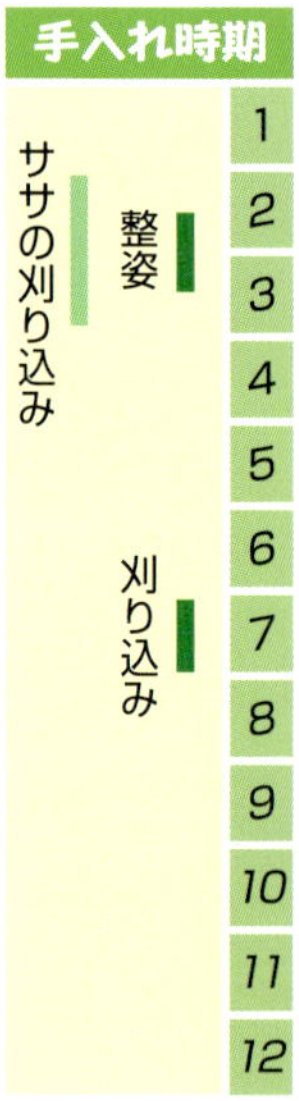
手入れ時期
1
2
3
4
5
6
7
8
9
10
11
12
整姿
刈り込み
ササの刈り込み

▼タケの整枝ということはあまり聞かないが、永年生の植物であるから、ときには整姿を行ない、樹形を整えてやる必要がある。

▼タケは、タケノコから生長するにしたがって枝葉を伸ばし、この枝は枯れるまでそのままの状態になっている。しかし、切りつめることによって毎年小枝を発生し、密生する性質がある。特にダイミョウチクと呼ばれている節間の長いナリヒラダケやトウチクは、各節の小枝を短く切り、美しい形にしている。放任してもあのように小枝が密生するものと思っている人が多いようだが、あの枝は二～四年かけて刈り込みをしながらつくっていくものである。

▼整姿の時期は二月中旬から三月上旬に行なう。モウソウチクのような大型種はハサミでていねいに切るが、中型のタケは一律に切ってしまってもよい。

▼また、ササのように低いものは地ぎわからカマか刈り込みバサミで刈るが、これは二～三月に一回行なえばよい。

整姿のやり方

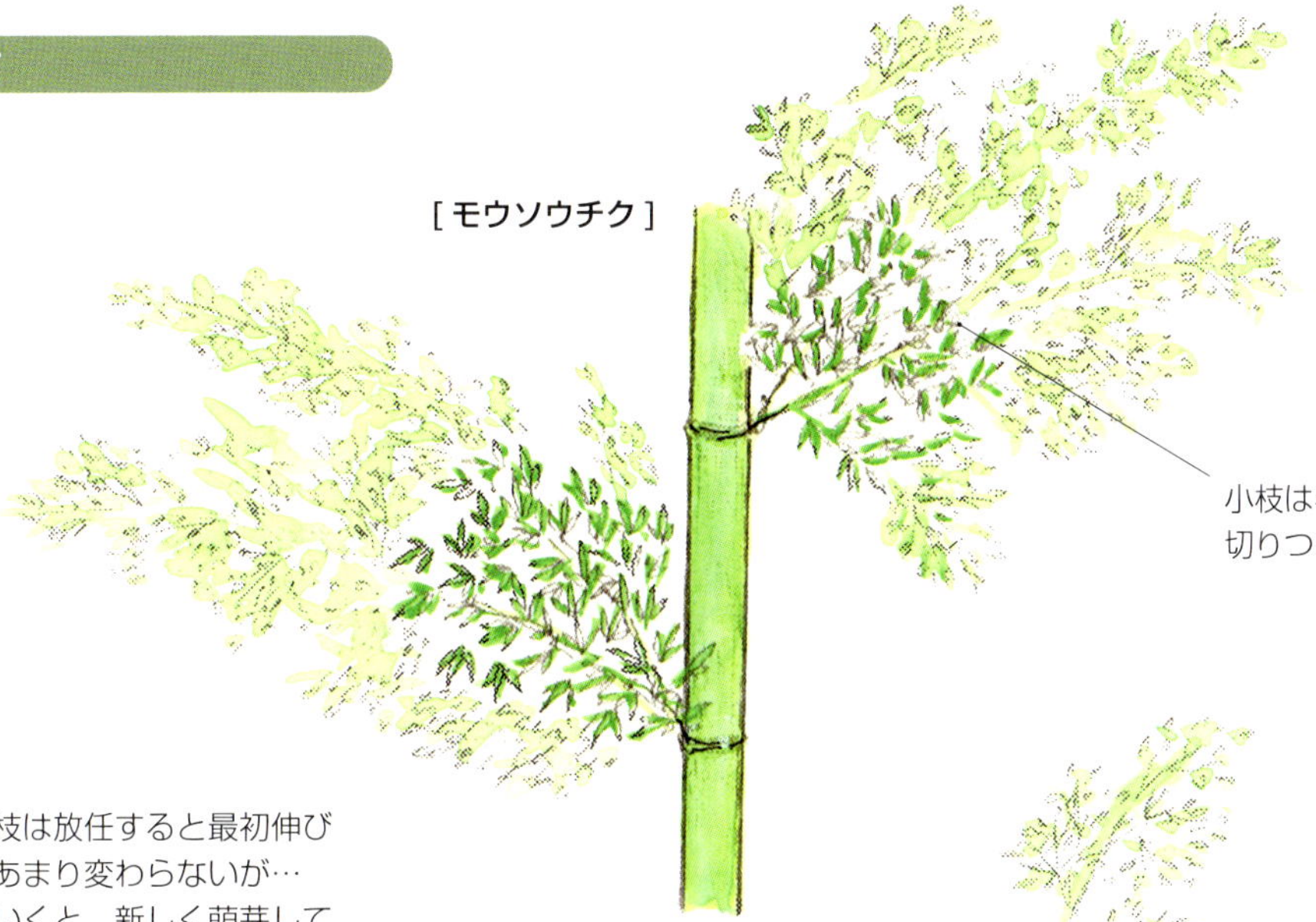
[モウソウチク]
小枝は半分くらい
切りつめる

- タケやササ類の枝は放任すると最初伸びたときの状態とあまり変わらないが…
- 毎年刈り込んでいくと、新しく萌芽して小枝を密生していく
- 大型のモウソウチクは 20 ～ 23 節で芯を止め、さらに小枝も半分くらいに切りつめる
- 中型のナリヒラダケ、トウチク（ともにダイミョウチクとも呼ぶ）は 10 節くらいで芯を止め、上から 3 ～ 5 節くらい小枝を残す
- 残した小枝は、さらに 2 ～ 3 節で切り、小枝の密生をはかる

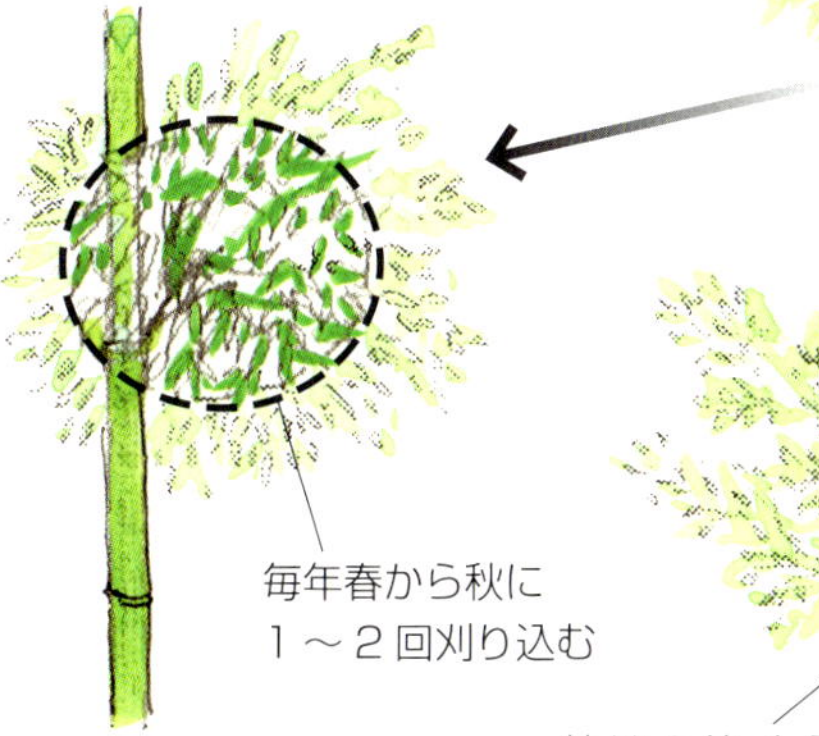
毎年春から秋に
1 ～ 2 回刈り込む

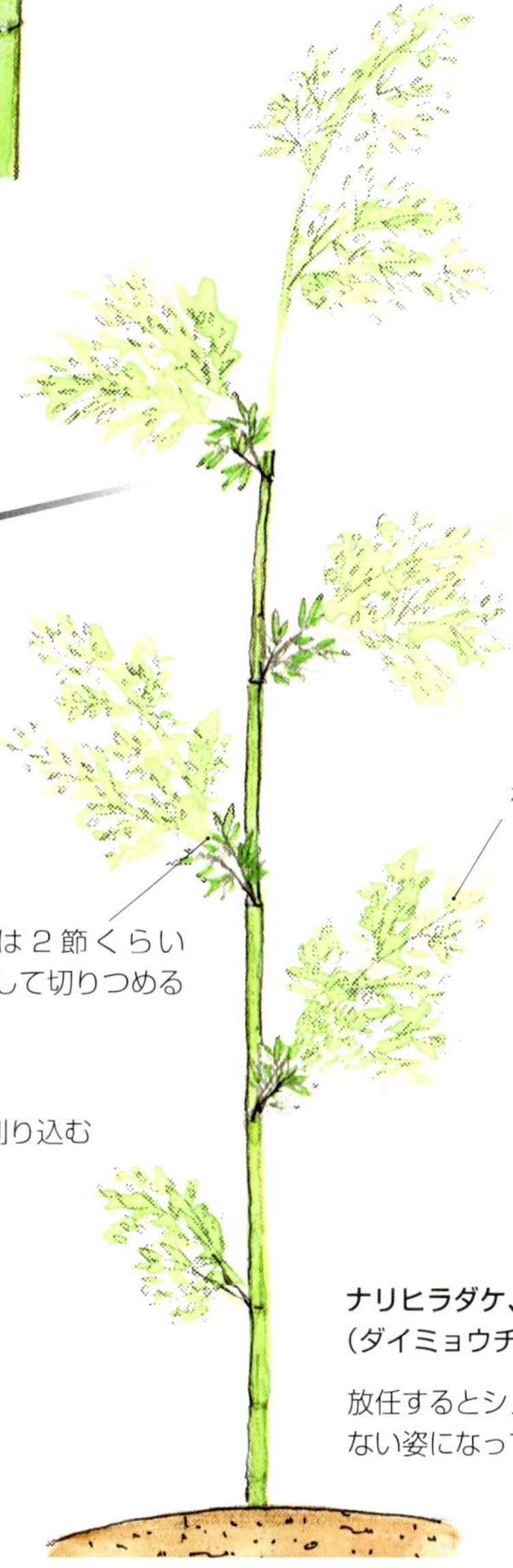
枝を切りつめる
枝は 2 節くらい
残して切りつめる

ナリヒラダケ、トウチク
（ダイミョウチクとも呼ぶ）

放任するとシノダケと変わらない姿になってしまう

[ササ類]

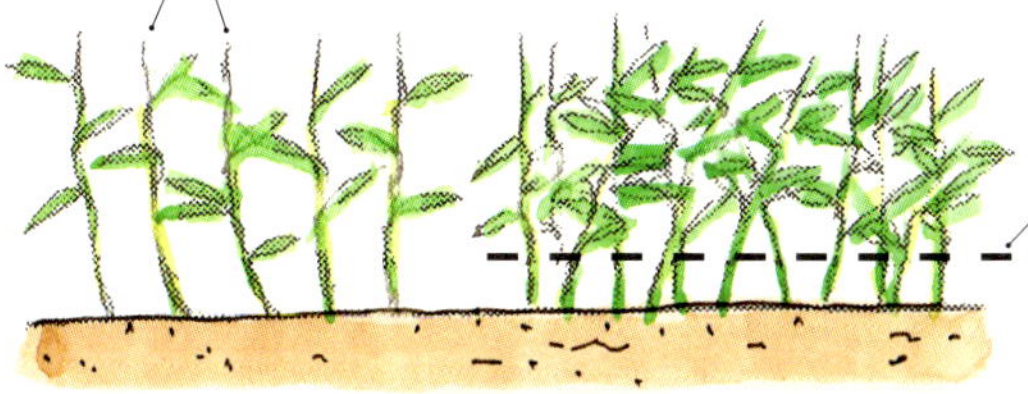
芯を抜く
刈り込む

- ササ類にも大型、小型がある
  クマザサやオカメザサなど、大型のものは 3 年に一度くらいの刈り込みでよく、生育期間中は芯を抜き取って高さをおさえていく
- 小型のササは 2 ～ 3 月に地ぎわで刈り込む

著者略歴

船越 亮二（ふなこし りょうじ）

1934年　埼玉県生まれ。

1957年　東京農業大学農学部造園学科卒業。埼玉県農業大学校、埼玉県住宅都市部公園緑地課長、大宮公園事務所長等を歴任。現在は（財）さいたま市公園緑地協会理事、専門学校中央工学校（土木測量系・造園デザイン科）講師等を務める。専門は都市緑化植物。埼玉県在住。

庭木、花木に関する著書が多数ある。

カラー図解

庭木の手入れコツのコツ

2010年8月30日　　第1刷発行
2020年8月30日　　第2刷発行

著者　船越亮二

発行所　社団法人　農山漁村文化協会
郵便番号 107-8668　　東京都港区赤坂7丁目6-1
電話 03（3585）1142（営業）　　03（3585）1147（編集）
FAX 03（3585）3668　　振替 00120-3-144478
URL http://www. ruralnet. or. jp/

ISBN 978-4-540-10167-0　　DTP製作／條 克己

印刷・製本／凸版印刷（株）
Printed in Japan
定価はカバーに表示

乱丁・落丁本はお取り替えいたします。